金融法学文库

刘志云 主编

投资银行勤勉义务研究

龙稳全 著

FINANCIAL LAW

法律出版社 LAW PRESS·CHINA

缩略语表

AIM	Alternative Investment Market(另类投资市场)
AICPA	American Institute of Certified Public Accountants(美国注册会计师协会)
BMA	Bond Market Association(美国债券市场协会)
COSO	Committee of Sponsoring Organizations of the Treadway Commission(美国反欺诈财务报告委员会发起组织委员会)
IOSCO	International Organization of Securities Commissions(国际证券委员会)
FSA	Financial Service Authority(英国金融服务管理局)
FCF	Financial Conduct Authority(英国金融行为监管局)
SEC	Securities and Exchange Commission(美国证券交易委员会)
SIA	Securities Industry Association(美国证券行业协会)

目录

绪　论

一、选题的背景与意义

（一）选题背景

投资银行[①]在金融业发达的国家或地区中扮演着重要的作用，其内涵及外延在历史演进中不断得到丰富和拓展，所承担的功能也越来越复杂，以至于有学者称："投资银行对于国民经济的重要程度怎么强调都不为

---

① 投资银行涵盖的业务极为广泛，各国称谓也不同。但投资银行的核心业务之一为"证券发行与承销"已经成为普遍的认识，同样也只有具备此项业务功能的才能称之为投资银行。而且在有的国家，如美国、中国，证券公司不一定都能够称之为投资银行，也有仅从事证券交易业务的证券公司。例如，库恩对投资银行的定义为：(1)最为宽泛的定义包括了华尔街大公司的全部业务，从国际承销业务到零售交易业务以及其他许多金融服务业务（如不动产和保险）；(2)较为宽泛的定义，包括所有资本市场的活动，从证券承销、公司财务到并购，及以公平观点来管理资金与风险资本；(3)狭义的定义，只限于某些资本市场活动，着重证券承销、合并与兼并；(4)最狭义的定位，投资银行应回到它过去的原则上，严格限于证券承销和一级市场上筹措资金，在二级市场上进行证券交易。参见[美]罗伯特·劳伦斯·库恩：《投资银行学》，李申、薛伯英等译，北京师范大学出版社1996年版，第5页。因此，为了保证论证的统一性，本书仍然以投资银行为研究的主体（其可能涵盖了证券公司、保荐机构、保荐人、承销商等，但又不同于类似称呼），勤勉义务履行的范围也仅局限于证券发行与承销。

过。"①同样，对于证券市场而言，投资银行通过勤勉尽责地收集和验证发行人的信息，能够促进证券市场实现资金有效配置。但是，理想与现实总是存在差距，投资银行在国内外证券市场的现实行为表现，让社会公众对其产生了质疑，市场不禁发出了"我们的中介机构在哪里"②之疑问。

1. 投资银行的实际表现与投资者期望存在较大差距

自证券市场诞生之日起，投资银行最为主要的功能就是能够让发行人从素不相识的投资者那里获得所需要的资金。但这取决于投资者对证券市场充满信心，相信发行人所发布的信息真实可信，愿意在证券市场与发行人合作。显然，通过自我保证的方式来确保信息的真实可信不具备足够的说服力，有一定公信力的第三方的出现就成为历史的必然。投资银行以其特有的职业形式和枢纽地位，连接着发行人与投资者双方，扮演着金融中介的角色，有效地提高证券市场的效率，降低发行人的融资成本。但从本质上来说，投资银行存在的最为关键的意义是扮演证券发行市场"信息生产者"和"认证中介"的角色，即通过自身的勤勉尽责地调查和验证，向投资者提供关于发行人有关股权结构、财务状况、发展趋势等信息，有效缓解因发行人与投资者之间存在的信息不对称所产生的"逆向选择"等问题。因此，投资银行是否真正履行勤勉义务就变得尤为重要，但投资银行的实际表现与投资者的期望存在较大的差距。

近年来，美国证券市场出现"安然事件""世通事件"等一系列的丑闻。而在国内证券市场，绿大地、新大地、胜景山河、万福生科、欣泰电气、振隆特产等案件也先后出现。这些案件发生的一个重要原因就是投资银行未能履行勤勉义务。例如，平安证券在万福生科案中，对主要客户的身份和销售合同真实性未进行核查，而且在调查笔录中也缺少被访谈客户的盖章或签

① [美]阿兰·莫里森、小威廉·维尔勒姆：《投资银行：制度、政治和法律》，何海峰译，中信出版社2011年版，第7页。

② Doald C. Langevoort, "Where Were the Lawyers? A Behavioral Inquiry into Lawyers 'Responsibility for Clients' Fraud", *Vand. L. Rev.*, 1993, 46(1), pp. 75–120.

名。[①] 南京证券在新大地案中,未进行实地访谈却虚假记载进行实地访谈。[②] 平安证券在胜景山河案中,未核查胜景山河前五大客户。[③] 信达证券在振隆特产案中,对振隆特产的生产情况、存货情况等未按规定审慎核查。[④] 一旦投资银行未能全面履行勤勉义务,必然会伤及投资者的信心,进而影响整个市场的诚信度和融资功能的发挥。

2. 投资银行勤勉义务履行让路于经济利益

尽管投资银行勤勉义务在诸多国家的立法中都得以确认,但由于任何的法律条文都不可能对行为主体的主观意愿以及勤勉程度进行详细具体的规定,实践中投资银行勤勉义务的履行经常屈从于经济利益。例如,在世通公司案中,投资银行所罗门美邦国际(Salomon Smith Barney,SSB)因为害怕冒犯到其客户,只是草草了事地进行"尽职调查",进行的调查极为马虎和呆板,根本算不上真正意义上的搜寻与调查。尽管其没有隐瞒任何信息,也没有任何欺诈,但是没有进行详细的调查。[⑤] 而且,SSB 在获取世通公司业务过程中,曾将世通公司首次公开发行的超过 74.8 万股的股份分配给了时任世通公司的首席执行官本哈特·艾博(Bernhard Ebbers),后者因此获得了大约 1100 万美元的利润。在此期间,SSB 参与世通公司的四项业务,获得了大约 6500 万美元的服务费。世通公司破产案的破产审查员理查德·托尔伯格(Richard Thornburgh)据此得出结论:SSB 在股票发行中有关股票

---

① 参见《中国证监会行政处罚决定书(平安证券有限责任公司、吴文浩、何涛等 7 名责任人)》(〔2013〕48 号),载 http://www.csrc.gov.cn/pub/zjhpublic/G00306212/201310/t20131018_236557.htm? keywords=%E4%B8%87%E7%A6%8F%E7%94%9F%E7%A7%91,最后访问日期:2018 年 8 月 13 日。

② 参见《中国证监会行政处罚决定书(南京证券有限责任公司、胡冰、廖建华)》(〔2013〕56 号),载 http://www.csrc.gov.cn/pub/zjhpublic/G00306212/201311/t20131115_238383.htm? keywords=%E6%96%B0%E5%A4%A7%E5%9C%B0,最后访问日期:2018 年 8 月 3 日。

③ 参见中国证监会:《中国证监会对胜景山河项目中介机构及其责任人员采取监管措施》,载 http://www.csrc.gov.cn/pub/newsite/fxjgb/baxyjg/jghdbrmd/201111/t20111130_202459.html,最后访问日期:2018 年 8 月 3 日。

④ 参见《中国证监会行政处罚决定书(信达证券股份有限公司、寻源、李文涛)》(〔2016〕109 号),载 http://www.csrc.gov.cn/pub/zjhpublic/G00306212/201609/t20160907_303117.htm? keywords=%E6%8C%AF%E9%9A%86%E7%89%B9%E4%BA%A7,最后访问日期:2018 年 8 月 3 日。

⑤ *Third and Final Report of Dick Thornburgh, Bankruptcy Court Examiner*. January 26, 2004, in In re WorldCom Inc, Ch. Ⅱ, Case No. 02 ~ 13533 (S. D. N. Y. 2004), pp. 113 – 121.

分配的相关情形,起到了“他们想要影响并实际影响到了本哈特·艾博聘请并继续聘请 SSB 担任世通公司首席投资银行的决定”①。同样,在“安然公司”案中,美林证券为了获得安然公司股票发行业务,按照安然公司的要求解雇了其能源市场的证券分析师约翰·奥尔森(John Olson),因为其曾经调低安然公司股票的投资级别。而约翰·奥尔森继任者多纳托·伊西(Donato Eassey)随后立即上调安然公司的投资级别。② 作为全球知名的投资银行尚且如此,其他投资银行可想而知。

反观国内投资银行,也同样如此。例如,在万福生科案中,证监会指出案件的发生就是源于缺乏有效的内部控制制度,虽然保荐业务制度已经在平安证券形式上建立,但平安证券没有严格执行已经建立的内部质量控制制度。③ 在海联讯案中,证监会指出案件的发生也与平安证券内部控制机制存在瑕疵有关,海联讯申报材料在提交平安证券内核时已经被指出了存在应收账款余额较大等问题,但未得到任何核查。④ 更有甚者,部分投资银行的员工直接入股所服务的拟申请上市的企业。例如,招商证券在江西西林科实业有限公司上市过程中,李黎明作为招商证券投行部工作人员,在保荐服务期间通过其实际控制的上海嘉晨投资咨询有限公司对江西西林进行投资入股。⑤ 国信证券在天润曲轴有限公司上市过程中,其员工戴丽君、刘兴华作为项目承揽人、项目负责人,在公司改制阶段利用他人名义突击入

---

① *Third and Final Report of Dick Thornburgh, Bankruptcy Court Examiner*, January 26, 2004, in In re WorldCom Inc, Ch. Ⅱ, Case No. 02 ~ 13533(S. D. N. Y. 2004), pp. 140 - 141.

② Kurt Eichenwald, *Conspiracy of fools: A True Story*, Broadway Books, 2005, pp. 182 - 186.

③ 参见《中国证监会行政处罚决定书(平安证券有限责任公司、吴文浩、何涛等 7 名责任人)》(〔2013〕48 号),载 http://www.csrc.gov.cn/pub/zjhpublic/G00306212/201310/t20131018_236557.htm? keywords = %E4%B8%87%E7%A6%8F%E7%94%9F%E7%A7%91,最后访问日期:2018 年 8 月 3 日。

④ 参见《中国证监会行政处罚决定书(平安证券有限责任公司、韩长风、霍永涛)》〔2014〕103 号,载 http://www.csrc.gov.cn/pub/zjhpublic/G00306212/201412/t20141215_265059.htm? keywords = %E6%B5%B7%E8%81%94%E8%AE%AF,最后访问日期:2018 年 8 月 3 日。

⑤ 参见《中国证监会行政处罚决定书(李黎明)》(〔2015〕9 号),载 http://www.csrc.gov.cn/pub/zjhpublic/G00306212/201507/t20150701_280112.htm,最后访问日期:2018 年 8 月 3 日。

股，通过发行上市后卖出以获取交易价差。[①] 可见，在利益面前，投资银行选择让勤勉义务“让路”。

3. 监管不断加强趋势下投资银行抗辩需求日益提升

每当欺诈发行案件发生时，投资银行总是首当其冲，面临着严重的处罚。2002年美国《公司改革法案》就将证券欺诈犯罪的最高刑期从5年提高到25年，同时对于“安然”案的有关主体采取严厉的处罚。美国华盛顿大学法学院教授布埃尔指出：为了纠正多年来对类似的案件处罚过轻，即便是有人认为判决过于严厉，但为了纠正这点，也要先矫枉过正一些，然后才能达到平衡。[②] 同样，在“万福生科”“欣泰科技”等案件出现后，2016年以来我国就多次组织对中介机构的专项执法行动，其中仅就信息披露违法涉及的中介机构新增立案案件25件，同比增长67%。[③] 2017年，证监会继续加强对证券违法活动的查办，新增立案案件同比增长1倍，并集中打击股票发行环节的虚假陈述，雅百特海外造假、昆明机床连续多年财务舞弊及相关中介机构未勤勉尽责等10起典型案件被查处。[④] 2018年上半年，证监会继续保持高压态势，新增立案案件中违规披露39件，同比增长50%，中介机构违规和从业人员违规15件。[⑤]

在这样一种环境下，投资银行抗辩需求就更加强烈。履行了勤勉义务作为一种最为重要的抗辩事由，投资银行出于利益的考量，也期望制度对其的保护更加具体。反之，监管机构则希望投资银行勤勉义务制度能够发挥更大的威慑力。可以说，在双向需求强烈的情况下，不得不更加予以重视。

---

① 参见《中国证监会行政处罚决定书(戴丽君、刘兴华)》(〔2015〕12号)，载http://www.csrc.gov.cn/pub/zjhpublic/G00306212/201506/t20150623_279508.htm，最后访问日期：2018年8月3日。

② 参见薛蒙、江雪晴：《舆论支持重判法院杀一儆百安然CEO被判24年》，载《环球时报》2006年10月26日，第3版。

③ 参见中国证监会：《2016年度证监会稽查执法情况通报》，载http://www.csrc.gov.cn/pub/newsite/zjhxwfb/xwdd/201702/t20170210_310614.html，最后访问日期：2017年9月18日。

④ 参见中国证监会：《证监会2017年稽查执法工作情况通报》，载http://www.csrc.gov.cn/pub/newsite/zjhxwfb/xwdd/201801/t20180126_333200.html，最后访问日期：2018年8月16日。

⑤ 参见中国证监会：《证监会上半年稽查执法工作情况通报》，载http://www.csrc.gov.cn/pub/newsite/jcj/gzdt/201808/t20180813_342587.html，最后访问日期：2018年9月20日。

(二)研究意义

投资银行作为一个“趋利避害”的理性矛盾体,自身常常纠结于法律与道德分裂的痛苦中,一方面标榜诚信对其最为重要,另一方面内心深处又极其排斥相关约束。实践也表明:当激励不够或约束不足时,投资银行要么“点到为止”,要么“开小差”,甚至会与发行人进行“合谋”。问题不言而喻,正如有学者指出的那样,“法学研究不可能是纯粹的知识论上的舞蹈,美轮美奂的逻辑要与千疮百孔的经验世界勾连,才能吸取生生不息的制度能量。既需要高屋建瓴,也需要伏地而行。理论是否成立,取决于逻辑;但理论能走多远,取决于效用”①。众所周知,由受到严格规制的金融中介机构来保证证券发行商信息披露的准确性,是美国证券市场和德国资本市场成功监管的共同因素。② 为了保证这种信息准确性,最为重要的措施之一就是赋予投资银行承担勤勉义务,要求投资银行勤勉地对发行人提供的信息进行核查、验证等。

我国证券市场从建立伊始,就寄希望于通过投资银行的专业核查来提升发行人质量以及信息披露的规范性和准确性。只是无论在审批制下,还是在核准制的“通道制”与“保荐制”下,由于制度设计的不完善,我国投资银行在对发行人进行尽职调查过程中,不仅未尽到勤勉尽责,甚至与发行人或其他中介机构进行合谋,给证券市场注入“有毒资产”,直接伤及证券市场赖以存在和运转的基础,动摇投资者信心。我国证券市场之所以表现出诸多乱象,虽然有多种因素,但一个重要的原因就是缺少“由受到严格规制的金融中介机构来保证信息的准确性”。而这种“信息的准确性”与证券市场的功能、投资者信心密切相关。易言之,证券市场的诚信度直接关系到一个国家的证券市场是否具备资源配置能力,是否能够为实体经济提供金融支持。③

---

① 刘连泰:《宪法另一端的风景》,载 http://mp.weixin.qq.com/s/i8VnR04sG2kdFLCdfKwW5w,最后访问日期:2017 年 12 月 5 日。

② 参见[美]拉菲·拉波塔、弗洛伦西奥·洛佩斯德西拉内斯、安德烈·施莱弗、罗伯特·维什尼:《投资者保护与公司治理》,缪因知译,载《金融法苑》2009 年第 1 期。

③ 参见刘道远:《中国证券市场国际化改革的法律困境及其破解——以美国证券法制为镜鉴》,载《法商研究》2016 年第 4 期。

没有他律，就没有自律。更进一步说，从源头上严把发行人质量关，最大限度减少“只荐不保”“一上了之”等现象，很大程度上取决于一个健全完善的投资银行勤勉义务制度，能够有效解决投资银行勤勉尽责存在的问题。因此，立足于我国证券市场实际，借鉴有关国家或地区先进成熟的经验措施，以此解决我国投资银行勤勉义务制度存在的问题，使投资银行无论出于何种目的，在勤勉义务制度的约束下都能够自觉履行勤勉义务，达到既能保护投资者，又能促进证券市场发展的目的，进而实现投资银行作为一个独立主体存在的历史价值，就变得极为重要。这也正是进行该研究的目的。

二、国内外文献研究综述

国内专门研究投资银行勤勉义务法律制度的文献相对较少，以“投资银行”和“勤勉义务”“证券公司”和“勤勉义务”或“投资银行”和“勤勉”“证券公司”和“勤勉”以及“保荐人”“保荐机构”和“勤勉义务”“勤勉”为主题或关键词，截至 2018 年 10 月 31 日在中国期刊网期刊数据库和硕博论文数据库中检索篇名，论及投资银行勤勉义务的文章仅为 20 篇。投资银行勤勉义务的内容主要在论述证券公司或保荐机构相关问题的论文中被提及。同时，以 HeinOnline、Westlaw、Google、百度学术、必应学术等网站，厦门大学图书馆的外文保存书库，厦门大学图书馆法学院分馆为依托就涉及投资银行勤勉义务的相关内容进行外文文献收集。对所收集的国内外文献，按照投资银行勤勉义务研究可能涉及的性质认定、判断标准、实现机制、法律责任等问题进行分类，以此厘清国内外研究现状及所研究的不同。下面对搜索到的国内外文献予以综述。

（一）投资银行勤勉义务的基本认识

我国学者对投资银行勤勉义务性质的认识存在分歧：一种观点认为是信托义务。例如，刘俊海认为：保荐机构应是公众投资者的受托人，即便是拟发行人向保荐机构付费的事实仍然无法改变保荐机构与保荐代表人对公众投资者诚实守信的法律关系。[①] 主力军认为：依据德国“附对第三人具保

---

① 参见刘俊海：《打造投资者友好型证券法，推动资本市场治理现代化》，载《法学论坛》2015 年第 4 期。

护作用的合同”理论，投资人会对中介机构所具有的专业知识而产生特殊的信赖，投资银行应对潜在的投资人负有注意、照顾和保护等义务①。另外一种观点认为是普通的民事义务。例如，陈甦、陈洁认为：发行人聘请并支付相关费用给保荐人的这一事实，决定了保荐人的勤勉义务仅是一种普通民事义务，且履行对象为发行人。② 另外，赵英杰在研究美国承销商法律责任时发现：承销商对投资者的信托责任是美国证券监管法规中承销商法律责任界定的设计基础，③这从侧面阐明了勤勉义务为信托义务的观点。

国外学者则基本认为投资银行勤勉义务为“注意义务”或“信托义务”。乔尔·塞利格曼(Joel Seligman)指出：在证券法领域，承销商所承担的勤勉义务与普通法上的“注意义务”并无差异。④ 约瑟夫·K. 莱希(Joseph K. Leahy)也认为：《美国1933年证券法》最初立法时第11条就明确规定“承销商是具有信托责任的人”(A person occupying a fiduciary relationship)，开明宗义地提及了“信托责任”，虽然1934年因投资银行界的反对而对这一措辞进行了修改，但始终明确要求承销商作为受托人必须进行尽职调查。⑤ 艾利斯·费伦则认为：在英国，《英国2000年金融服务与市场法》颁布之前，英国法院通常不会要求陈述人对信赖那些陈述并且遭受经济损失的人负有勤勉义务。英国法院认为：这些情形下必须限制勤勉义务的一个重要考量是因为“水闸理论”，即如果发布公告的陈述人被认为对任何信赖它的人负有勤勉义务，这将打开“在不确定的时间向不确定的群体承担数量不确定的义务”的闸门。⑥ 从以上所述可以看出：国外主流观点均倾向于认为投资银行勤勉义务是一种“信托义务”，而国内对此仍然存在分歧，特别是有观点认为投资银行履行勤勉义务的对象为发行人，是一种民事合同义务，

---

① 《联邦议院印刊》(BT ~ Drs.)，第13/8933卷，第76页。转引自主力军：《德国〈交易所法〉关于上市公司的上市申请材料不实陈述之民事责任介绍》，载《比较法研究》2005年第5期。

② 参见陈甦、陈洁：《证券法的功效分析与重构思路》，载《环球法律评论》2012年第5期。

③ 参见赵英杰：《美国注册制下承销商法律责任研究》，载《上海金融》2015年第8期。

④ Joel Seligman, “Accounting and the New Corporate Law”, *Wash. & Lee L. Rev.*, 1993, 50(3), p. 957.

⑤ Joseph K. Leahy, “The Irrepressible Myths of Barchris”, *Delaware Journal of Corporate Law*, 2012, 37(2), p. 456.

⑥ [英]艾利斯·费伦：《公司金融法律原理》，罗培新译，北京大学出版社2012年版，第455页。

这显然不符合投资银行勤勉义务制度的初衷,也不利于投资者的保护,这也正是本书所要厘清的。

另外,国外学者还对为何赋予投资银行勤勉义务进行论述。例如,小约翰·科菲(John C. Coffee,Jr)认为:金融中介机构的自律只有与政府的强力管制结合在一起,才能促进制度变迁和增长。① 本斯顿(Benston)认为:金融中介存在的最为基本的理由在于金融中介能够降低金融市场的交易成本。② 史蒂芬·J. 崔(Stephen J. Choi)认为:引入第三方不仅是必要而且是可行的。③ 另外,一些学者则从反面的角度论述投资银行承担勤勉义务的必要性。例如,施蒂格勒(George J. Stigler)认为:从一无所知到无所不晓所花费的信息成本,只有极少的交易者能够负担得整个过程。④ 阿兰·莫里森、小威廉·维尔勒姆认为:由投资者(买方)进行监督的制度,就会蚕食流动分工带来的诸多收益,由投资者所构建的监督体系就会面临着种种的漏洞。⑤ 而国内对此尚无详细之论述。总体上,这些观点多从金融学角度进行论证,都认为第三方监督的经济性和必要性,很少纯粹从权利义务的角度对此进行阐述。

(二)投资银行勤勉义务的判断标准

投资银行勤勉义务的判断标准是投资银行勤勉义务制度的重要组成部分。我国有学者认为:追究专业人士的法律责任,判断其"是否勤勉尽责是第一要求"⑥,或应以是否违反勤勉尽责义务作为判断虚假陈述行为是否具有违法性的标准⑦。国外对投资银行勤勉义务判断标准的看法也不尽相

① John C. Coffee,Jr,"Gatekeeper Failure and Reform:The Challenge of Fashioning Relevant Reforms",*Columbia Law and Economics Working Paper No.* 237. September 2003,Accessed October 11,2008. http://ssrn.com/abstract=447940.

② Geore J. Benston, Clifford, W. Smith, Jr, "A Transaction Cost Approach to the Theory of Financial Intermediation",*Journal of Finance*,2012,31(2),pp. 215 – 231.

③ Stephen J. Choi, "A Framework for the Regulation of Securities Market Intermediaries", *Berkeley Business Law Journal*,2004,1(1),pp. 1 – 2.

④ George J. Stigler,"Imperfections in the Capital Market",*The Journal of Political Economy*, 1967,75(3),p. 291.

⑤ Frank H. Easterbook, Daniel R. Fischel, "Mandatory Disclosure and the Protection of Investors",*Virginia Law Review*,1984,70(4),p. 669.

⑥ 彭冰:《中国证券法》,高等教育出版社 2005 年版,第 464 页。

⑦ 程啸:《证券市场虚假陈述侵权损害赔偿责任》,人民法院出版社 2004 年版,第 226 页。

同。例如,德国学者托马斯·莱塞尔、吕迪格·法伊尔认为:勤勉义务的标准应当按照最典型的特征来确定,它既取决于一般情况下对相关知识和精力投入的要求,又取决于在特定情形下对相关知识和精力投入的正常要求。① 而且,只有在投资银行有合理的理由怀疑上市申请材料不实的情况下,投资银行才应履行调查义务。对于上市公司的财务报告、年终报告和中期报告无进行重新审核的义务。对于会计师事务所、律师事务所、资产评估机构等中介机构提供的其他报告,一般情况下,投资银行无须进行审核和调查,除非具有充足的理由怀疑这些材料不实。② 在美国情况则相对复杂。例如,托马斯·李·哈森认为:应尽注意义务标准的高度现实性,排除了确定应尽注意义务范围时采用千篇一律模式,以保证成功进行必要的合理调查。发行人营业的特有风险可能产生更多的特别合理调查义务。③ 约瑟夫·K. 莱希认为:证券法中的"谨慎人"标准就是来源于信托法。④ 威廉·K. 霍姆斯特罗(William K. Sjostrom, Jr)认为:对非专家意见采用的是合理调查标准,对专家意见和官方意见适用的是合理信赖标准。一般情况下,合理信赖标准只适用于经审计的财务报表虚假陈述或遗漏;如果虚假陈述或遗漏出现在招股说明书的其他地方,则应适用于更严格的合理调查标准。⑤ 威廉·K. 霍姆斯特罗还认为:以"合理调查"作为非专家部分的标签是不准确的,法定的语言是要求被告"经过合理调查,合理理由相信"所有注册登记材料的陈述都是准确和完整的。因此,它可以更准确地说是"合理调查导致了合理相信"标准。⑥ 在其他地区,例如,我国香港特区证监会认为:评

---

① 参见[德]托马斯·莱塞尔、吕迪格·法伊尔:《德国资合公司法》(第3版),高晓军等译,法律出版社2005年版,第162页。

② 参见主力军:《德国〈交易所法〉关于上市公司的上市申请材料不实陈述之民事责任介绍》,载《比较法研究》2005年第5期。

③ 参见[美]托马斯·李·哈森:《证券法》,张学安等译,中国政法大学出版社2003年版,第89页。

④ Joseph K. Leahy, "The Irrepressible Myths of Barchris", *Delaware Journal of Corporate Law*, 2012, 37(2), p. 455.

⑤ William K. Sjostrom, Jr, "The Due Diligence Defense under Section 11 of the Securities Act of 1933", *Brandeis Law Journal*, 2006, 44, p. 19.

⑥ William K. Sjostrom, Jr, "The Due Diligence Defense under Section 11 of the Securities Act of 1933", *Brandeis Law Journal*, 2006, 44, p. 23.

估保荐人的工作不能按照事后标准来进行,应考虑上市申请时所有的事实和情况,按照保荐人的同业认为客观适当的方式来确定。①

还有学者认为:时代的变化给投资银行勤勉义务判断标准带来了困扰。例如,在 In re WorldCom, Inc. Securities Litigation 案中,包括小约翰·科菲(John C. Coffee, Jr)、乔尔·塞利格曼(Joel Seligman)、希拉里·A. 塞尔(Hillary A. Sale)美国证券法三位著名的教授在合著中指出:该案使得投资银行陷入了左右为难的境地,以前制定的关于要求投资银行进行合理调查的规范,当不当发行行为发生时,法院仍在适用。但是这些规则在实践中已经不再被遵守,因为在快速发行的时间压力下,投资银行很难进行尽职调查。② 同时,进入信息化时代后,美国著名证券法学者唐纳德·C. 朗格沃(Donald C. Langevoort)认为:一旦市场上技术或其他结构的变化使得筹集资本的方式超越了传统的承销,投资银行家将不再是看门人。他们的经济地位从而改变,由他们承担尽职调查责任的正当理由将会被严重削弱。③约翰·科菲(John C. Coffee)教授也指出:现在还不清楚今天的投资银行是否仍然执行经典的看门人功能,许多人认为在储架发行有限时间限制下,认真进行尽职调查根本不可行。④ 弗兰克·帕特诺伊(Frank Partnoy)也认为:投资银行"尽职调查"的作用是否是还完全合理,无利害关系的尽职调查已经成为一个例外而非规则。⑤

相比之下,国内虽然已经认识到投资银行勤勉义务判断标准在衡量投资银行是否已经尽到勤勉义务中的重要作用,但对此的深入研究尚无涉足,甚至在现行法律法规已经作了某些规定的情形下,理论界也未有足够的反应。但相比勤勉义务的其他方面研究,国内对判断标准这一块还算有一些

---

① 2012 年 12 月 12 日香港证券及期货事务监察委员会《有关监管首次公开招股保荐人的咨询总结》第 106 条。

② John C. Coffee, Jr., Joel Seligman, Hillary A. Sale, *Securities Regulation: Cases & Materials* (10th ed.), Foundation Press, 2006, p. 154.

③ Donald C. Langevoort, "Information Technology and the Structure of Securities Regulation", *Harv. l. Rev.*, 1985, 98(4), pp. 747 – 778.

④ John C. Coffee, "Brave New World: The Impact(s) of the Internet on Modern Securities Regulation", *Business Lawyer*, 1997, 52(4), pp. 1195 – 1211.

⑤ Frank Partnoy, "Barbarians at the Gatekeepers: A Proposal for a Modified Strict Liability Regime", *Washington University Law Review*, 2001, 79(2), pp. 491 – 522.

研究文献，尤其是有几篇硕士学位论文。反观国外，两大法系国家有关学者均对此进行论述，特别是美国学者进行了详细深入的论证，既强调标准的抽象性，也讲究具体情况具体分析，并分析了发行制度变革发展对投资银行勤勉义务判断标准的影响。虽然国情存在差别，但从证券市场历史发展的过程来看，在发展过程中都面临着类似的问题，这些对于我国投资银行勤勉义务判断标准的完善和构建都有着重要意义。

（三）投资银行勤勉义务的实现机制

任何制度价值目标的实现都不可能只依赖一种制度，其他制度的配合必不可少，投资银行勤勉义务制度同样如此，仍然需要诸如声誉机制、私人执行机制、媒体监督机制等配合。我国学者更多关注的是公共组织的有效监管。例如，沈朝晖认为：中国证监会重新塑造了一个承担地方政府角色的群体——保荐人，以搜集分散公司信息，相当于将原来政府拥有的权力向投资银行转移。[①] 但缪因知认为：公共证券监管组织存在一些不足：追求自我政治利益的最大化而非市场利益最大化、社会福利最大化为目标；产生"监管俘虏"问题；总是伴随寻租和腐败的可能；监管自身能力有限等问题。[②]

同样，国外学者也注意到了投资银行勤勉义务实现机制的重要性。例如，约翰·科菲认为：如果激励机制有问题，那么无论多少的政府监管都无济于事。[③] 伯纳德·S. 布莱克（Bernard S. Black）认为：促进投资银行履行勤勉义务，可通过以下方式予以解决：（1）建立第二层级的信誉中介为第一层级的中介机构提供担保；（2）由监管组织提供担保，对实施不端行为的成员驱逐出本行业；（3）综合使用中介机构对投资者责任和中介机构的最低质量标准，由监管部门颁发程序许可证，以及处以罚款，对出于故意的就启动刑事程序。[④] 乔纳森·R. 梅西也认为：单纯依靠投资银行显然难以让

---

① 参见沈朝晖：《证券法的权力分配》，北京大学出版社 2016 年版，第 152 页。

② 参见缪因知：《中国证券法律实施机制研究》，北京大学出版社 2017 年版，第 48～54 页。

③ 参见［美］约翰·C. 科菲：《看门人机制：市场中介与公司治理》，黄辉、王长河等译，北京大学出版社 2011 年版，科菲教授序。

④ Bernard S. Black, "The Legal and Institutional Precondition for Strong Securities Markets", *UCLA Law Review*, 2001, 48(4), p. 781.

人放心,为克服这个难题,可以运用以下手段(既可以单独使用,也可以结合在一起运用):(1)声誉投资;(2)将投资银行纳入一个严格的监管体系;(3)将投资银行置身于一个透明度和效率较高的交易环境,欺诈和虚假陈述行为因此很快就会由于市场专业人士之间的激烈竞争而被发现。①

值得注意的是:很多学者认为应加强以证监会为主体的监管。例如,爱德华·L.格拉泽(Edward L. Glaeser)和安德鲁·施莱弗(Andrei Shleifer)认为:证监会的监管作为一种公共执行机制具有明显的优势。② 小约翰·科菲认为:美国证券市场的吸引力在于在公司治理水准、信息披露水平和中小投资者保护等方面,提供了强有力的监管。③ 施蒂格勒也认为:证券交易委员会对证券市场的管制在所有对经济活动的公共管制中也许是最受赞扬的。④ 但安德鲁·施莱弗认为:如果证监会与投资银行关系过于亲密的话,就可能会出现监管政治化的问题,即监管的实施更多的是打击不听话的对象,而非违法者。⑤ 与此同时,一些学者认为证券交易所在监管中也能发挥积极的作用。例如,布莱恩·R.柴芬斯认为:证券交易所作为委托人的优势,可从现在其对上市公司的监管中可见一番。证券交易所相对于政府监管,则呈现出三个方面的优势:灵活性、专业性、低成本。⑥ 斯塔夫罗斯·加迪尼斯(Stavros Gadinis)和哈威尔·E.杰克逊(Howell E. Jackson)认为:交易所的监管还会努力提升市场主体的专业技能,并能合理地让参与者为其

---

① [美]乔纳森·R.梅西:《金融监管中的"监管者效应"》,赵渊译,载《证券法苑》2015年第1期。

② Edward L. Glaeser, Andrei Shleifer, "The Rise of the Regulatory State", *Journal of Economic Literature*, 2003, 41(2), pp. 401 - 425.

③ John C. Coffee, Jr, "Racing Towards the Top: the Impact of Cross—Listing and Stock Market Competition on International Corporate Governance", *Columbia Law Review*, 2002, 102(7), pp. 1757 - 1758.

④ 参见[美]乔治·J.施蒂格勒:《产业组织和政府管制》,潘振民译,上海人民出版社、上海三联书店1996年版,第179页。

⑤ Andrei Shleifer, "Understanding Regulation", *European Financial Management*, 2010, 11(4), p. 446.

⑥ 参见[加]布莱恩·R.柴芬斯:《公司法:理论、结构和运作》,林伟华、魏旻译,法律出版社2001年版,第411~430页。

作为市场机构的监管提供支持经费。① 但韦洛妮克·马尼耶认为:交易所并不是良好治理的看守人。②

此外,一些学者从诉讼机制、媒体监督机制等方面进行了论述。例如,哈利·凯文(Harry Kalven)和莫里斯·罗森菲尔德(Maurice Rosenfield)认为:投资银行违反勤勉义务的行为所造成的后果有一个鲜明的特点,就是受害人众多。因此,有必要设计一套有效且具包容性的集体诉讼机制。③ 康莱德·G. 古坎德(Conrad G. Goodkind)认为:应对承销与发行费用进行一定的限制,因为投资银行业有一个自然选择过程,通过销售投资质量较差的证券,收取较高的承销与发行费用。④ 伯纳德·S. 布莱克也指出:投资银行家的信誉取决于不销售价格过高的证券给投资者。⑤ 格雷戈瑞·S. 米勒(Gregory S. Miller)认为:专业性商业媒体更加愿意进行原创性的报道,而综合性的媒体或地区性的报纸则通常报道已经发生的信息。⑥

如前所述,为了保证投资银行勤勉义务制度的有效运转,国内外学者都力图从监管主体、诉讼制度、费用约束、声誉机制、媒体监督等方面来论证对投资银行履行勤勉义务实施激励与约束的必要性。也正是由于这些制度的作用,投资银行勤勉义务制度才得以最大限度发挥效用。从研究广度和深度来看,国内只有少数学者对该领域的某些方面进行了研究。国外学者的研究虽然更加详细、深入,但也只是局限于某一具体实现机制,并未对投资银行勤勉义务制度的整体实现机制进行分析。制度之间是相互联系、相互作用的,只有从整体上进行统一的探究分析,才能更好窥其全貌,了解作

---

① Stavros Gadinis, Howell E. Jackson, "Markets as Regulators: A Survey", *Southern California Law Review*, 2007, 80(6), p. 1239.

② 参见[法]韦洛妮克·马尼耶主编:《金融危机背景下的上市公司治理——旨在更好地保护公司利益》,姜影译,法律出版社2014年版,第42页。

③ Harry Kalven, Maurice Rosenfield, "The Contemporary Function of the Class Suit", *University of Chicago Law Review*, 1941, 8(4), pp. 684-686.

④ Conrad G. Goodkind, "Blue Sky Law: Is There Merit in the Merit Requirements", *Wis. L. Rev.*, 1976, 79, p. 89.

⑤ 参见[美]伯纳德·S. 布莱克:《强大证券市场的法律和制度前提》,洪艳蓉译,载《金融法苑》2003年第7期。

⑥ Gregory S. Miller, "The Press As a Watchdog for Accounting Fraud", *Journal of Accounting Research*, 2006, 44(5), pp. 1001-1033.

用机理。

（四）投资银行勤勉义务的法律责任

投资银行勤勉义务的法律责任包括民事责任、行政责任和刑事责任。因此，三种责任功能及彼此协调就成为研究的重点。例如，刘俊海认为：这三种责任制度所保护的法益各不相同，民事责任制度旨在修复被破坏的投资者与责任主体之间的民事法律关系；行政责任制度侧重于修复被破坏的监管者与违法者之间的行政法律关系；刑事责任制度则在于惩治严重侵害投资者利益的犯罪行为。[①]

由于投资银行对投资者承担民事责任能够一定程度弥补投资者的损失，我国学者普遍强调民事责任的作用。但就目前投资银行承担连带责任的方式，我国台湾地区学者刘连煜认为：对发行人以外之人，若已尽相当的注意义务，即使无过失，仍须负连带责任，显然过于苛刻，不能有效鼓励相关人员主动履职、防止公开说明书之不实制作。[②] 另外，我国学者对投资银行勤勉义务民事法律责任性质的探讨，主要存在两种观点：一种观点认为属于担保责任。例如，陈洁认为：由于保荐机构与投资者之间在法律关系形成上具有间接性，在义务承担上具有单向性，在责任承担上具有直接性，因而投资银行对投资者的民事责任具有担保属性。[③] 另一种观点认为是构成侵权责任。例如，齐斌认为：投资银行承担的完全是一种法定的义务，不具有一般契约法规定的相对性等特点，应是一种法定责任，即侵权责任。[④] 就保护投资者利益角度而言，投资银行违反勤勉义务构成侵权责任更加有利于投资者。

国外学者对此的研究更为深入，且在较多方面达成了共识。首先，对民事责任赔偿的范围进行限定。例如，丹尼尔·R. 费舍尔（Daniel R. Fischel）认为：适当的归责原则在认定投资银行勤勉义务法律责任中极为重要，因为如果投资者因虚假陈述或遗漏等遭受损失，投资银行就需要承担相应的责

---

① 参见刘俊海：《现代证券法》，法律出版社 2011 年版，第 594 ~ 595 页。

② 参见刘连煜：《论证券交易法上之民事责任》，台湾中兴大学法律学研究所 1986 年硕士学位论文，第 167 页。

③ 参见陈洁：《论保荐机构的担保责任》，载《环球法律评论》2010 年第 6 期。

④ 参见齐斌：《证券市场信息披露法律监管》，法律出版社 2002 年版，第 255 页。

任,而无论其是否勤勉地履行了职责,有谁还会努力去提升工作的质量?[①] B. S. 马克西尼斯(B. S. Markesinis)和 S. 迪肯(S. Deakin)认为:对于纯经济损失的保护范围一直在调整当中,试图使对纯经济损失弥补规则在社会需要、又符合常识及可操作的范围内发展。[②] 艾利斯·费伦也认为:英国判例法认为勤勉义务规则的赔偿需要遵守"间接规则",将赔偿责任限定于可预见损失。[③] 其次,对因果关系实行"两分法"。例如,路易斯·罗思、乔尔·赛里格曼、托马斯·李·哈森认为:投资银行勤勉义务法律责任的认定应注意因果关系,并将因果关系分为"交易因果关系"和"损失因果关系"。在"交易因果关系"下,仅仅要求证明交易条件明显受到了不法行为的影响。在"损失因果关系"下,必须证明损失是由不法行为所导致的。[④] 再次,重点强调行政责任制度的作用。例如,伊莲·韦勒(Elaine Welle)认为:行政处罚既保护了投资者,也促进了社会诚信,以及交易中的道德行为,同时也为社会设立了标准,以更容易让人接受的形式规范了个人行为。[⑤] 弗兰克·穆塞罗(Frank Musero)认为:民事责任的追究毕竟是一种被动过程,耗时较长,投资者需要对违法者给予快速、高效、严厉的惩罚,这主要依赖于行政责任制度。[⑥] 最后,对投资银行与发行人之间就违反勤勉义务所产生的法律责任进行约定的效力进行阐明。例如,大卫·L. 拉特纳(David L. Ratner)认为:这种补偿条款的合法性一旦得到认同,不仅利用投资银行监

---

① Daniel R. Fischel, "The Regulation of Accounting: Some Economic Issues", *Brooklyn Law Review*, 1986, 52, p. 1055.

② B. S. Markesinis, S. Deakin, "The Random Element of Their Lordships' Infallible Judgement: An Economic and Comparative Analysis of the Tort of Negligence from Anns to Murphy", *Modern Law Review*, 1992, 55(5), pp. 619-646.

③ 参见[英]艾利斯·费伦:《公司金融法律原理》,罗培新译,北京大学出版社 2012 年版,第 461 页。

④ 参见[美]路易斯·罗思、乔尔·赛里格曼:《美国证券监管法基础》,张路等译,法律出版社 2008 年版,第 911 页;[美]托马斯·李·哈森:《证券法》,张学安等译,中国政法大学出版社 2003 年版,第 696 页。

⑤ Elaine Welle, "Freedom of Contract and the Securities Laws: Opting out of Securities Regulation by Private Agreement", *Washington and Lee Law Review*, 1999, 56, pp. 519-541.

⑥ Frank Musero, "Survey Says: Investors Get Downgraded", *IPO Reptr. Aug.* 13, 2001.

督发行人的立法意图不能得到实现,而且投资银行也会失去进行调查的动力。[①] 托马斯·李·哈森也持类似观点,其认为如果允许证券发行的参与者通过合同约定来转嫁自己承担责任的风险,这将使他们不再全身心地履行其义务。[②]

从研究的情况来看,我国学者对投资银行违反勤勉义务的法律责任主要集中于民事责任领域,且对其责任性质的认识仍存在分歧,对此进行厘清仍有必要。而国外学者则侧重于分析投资银行民事责任赔偿的范围以及构成要件、投资银行行政责任的效果、投资银行进行责任转嫁的合法性等。与我国学者不同的是:国外学者对行政责任的重要性给予了充分肯定。国外学者的研究无疑为完善我国投资银行勤勉义务的法律责任制度提供了更为宽广的视角。

(五)我国投资银行勤勉义务制度存在的问题

实践是检验真理的标准。近年来,我国反复出现投资银行违反勤勉义务的事件,充分说明我国投资银行勤勉义务制度存在诸多问题。我国学者在分析保荐制度以及论述有关案件时,或多或少都提及我国投资银行勤勉义务制度存在的问题,主要表现在:

第一,在投资银行勤勉义务判断标准方面。例如,陈思远认为:我国投资银行勤勉义务判断标准缺乏抽象性标准。[③] 耿利航也认为:如果只是要求投资银行"按照业务规则和行业规范勤勉尽责"行事,投资银行的勤勉义务标准就容易成为一堆"乱七八糟"的"标准""先例"的集合,投资银行将会无所适从。[④]

第二,在投资银行勤勉义务实现机制方面。有学者从监管的角度进行论述。例如,郭锋认为:证监会对投资银行申报材料的审批,取决于政府或

---

① David L. Ratner, *Securities Regulation in a Nutshell*(6th Ed.), West Publishing Co., 2013, p. 88.

② Thomas Lee. Hazen, *Treaties on the Law of Securities Regulation* (Volume 6), West Publishing Co., 2013, p. 193.

③ 参见陈思远:《论发行审核制度与保荐制度的同步重构——以注册制改革为背景展开》,载《证券法苑》2013 年第 2 期。

④ 参见耿利航:《中国证券市场中介机构的作用与约束机制——以证券律师为例证的分析》,法律出版社 2011 年版,第 264 页。

有关部门的推荐或指示。[1] 沈朝晖也持同样观点，认为证券公司的核心竞争力不是业务能力与市场声誉，而是政治人脉。[2] 以此为论点，陆一认为：国内的证券监管并不是一种独立的第三方，而是一种利益的参与方，市场中介与其说是监管对象，不如说是政策工具。[3] 彭岳也认为：对于中介机构，监管者往往将之作为政策工具，荣辱与共。[4] 另外一些学者，则从投资银行自身的角度进行阐释。例如，尹蘅通过实证研究得出：众多的投资银行从业人员认为公司的政府背景和寻租能力是影响公司承销业务市场份额最为重要的因素，公司的承销行为受到证券监管当局处罚或诉讼对公司承销业务市场份额有影响但并非十分重要。[5] 还有学者对媒体的保障作用进行了论述。例如，醋卫华、李培功认为：通过选取96个违规公司样本研究发现，在我国资本市场中，媒体积极扮演了监督治理角色。[6] 但有学者认为：我国对媒体监督保障明显不足。例如，陈志武认为：在美国媒体败诉的概率为8%，而我国却高达70%。[7] 另外，有学者对我国投资银行勤勉义务的私人执行机制进行了论述。例如，黄辉认为：我国诉讼制度存在的问题，使得投资者在诉讼过程中需要"过关斩将"，严重影响了投资者提起诉讼的积极性。[8] 何朝丹的研究也指出：投资者起诉不积极的原因也在于法院。[9] 对此造成的后果，黄韬认为：在这样一个缺乏健全游戏规则或者尽管有这样的规则却无执行机制保障的条件下，很难指望来到这个市场的博弈者会有一种

---

① 参见郭锋：《中国证券监管与立法》，法律出版社2000年版，第279～280页。

② 参见沈朝晖：《证券法的权力分配》，北京大学出版社2016年版，第165页。

③ 参见陆一：《闲不住的手——中国股市体制基因演化史》，中信出版社2008年版，第129页。

④ 参见彭岳：《跨境证券融资的法律规制：以境外公司在境内上市的监管为视角》，法律出版社2011年版，第207页。

⑤ 参见尹蘅：《中国投资银行声誉机制研究》，中山大学出版社2008年版，第117～118页。

⑥ 参见醋卫华、李培功：《媒体监督公司治理的实证研究》，载《南开管理评论》2012年第1期。

⑦ 参见陈志武：《新闻媒体：市场经济的必要制度机制》，载http://www.aisixiang.com/data/98410.html，最后访问日期：2018年7月18日。

⑧ 参见黄辉：《中国证券虚假陈述民事赔偿制度：实证分析与政策建议》，载《证券法苑》2013年第2期。

⑨ 参见何朝丹：《虚假陈述证券民事诉讼法律实效研究》，载《证券法苑》2011年第2期。

持续参与的动力,而不是抱着"捞一票就走人"的心态。①

第三,投资银行勤勉义务法律责任方面。我国学者普遍认为:三种责任制度之间的衔接与配合不足,民事责任受到忽视。例如,证监会前主席肖钢就指出:证监会每年立案调查的案件,只有一半左右的案件作出了行政处罚,而且在移送的涉刑案件中,超过一半最终不了了之。② 还有学者认为:就投资银行违反勤勉义务民事责任的认定而言,我国的相关规定仅笼统地列举了各种不同的抗辩事由,未明确区分事实因果关系与法律因果关系的判断标准。③

可见,我国学者认识到了投资银行勤勉义务制度在实践过程所出现的问题,比如判断标准的模糊和缺失、监管不足、诉讼烦琐以及责任追究不力等,但并未就此进行专门和系统的研究,只是在分析保荐制度或相关案例时,提及投资银行勤勉义务制度可能存在类似问题。即便如此,也反映了我国投资银行勤勉义务制度存在多方面的问题。正视问题是解决问题的前提,只有将现行制度可能存在或已经出现的问题进行系统分析,才可能对该制度进行有效完善。

(六)我国投资银行勤勉义务制度的完善

针对我国投资银行勤勉义务所存在的问题,学者们从不同的角度提出了对策和建议:

第一,在投资银行勤勉义务判断标准方面。例如,陈少宏认为:我国投资银行勤勉尽责的认定标准应从主观与客观两个维度进行明确:主观上,对发行人披露的信息,投资银行"有合理理由相信并实际上相信"其真实性、准确性、完整性;客观上,对重大问题,投资银行经过合理调查后,均有确切核查。同时,加强行业自律、法院诉讼等多元证券监管机制,可以提升投资银行执业质量,引导投资银行勤勉尽责地维护投资者的合法权益。④

第二,在投资银行勤勉义务实现机制方面。例如,吴敬琏认为:证券市

① 参见黄韬:《"金融抑制"与中国金融法治的逻辑》,法律出版社 2012 年版,第 160 页。

② 参见肖钢:《监管执法:资本市场健康发展的基石》,载《求是》2013 年第 15 期。

③ 参见陈甦主编:《证券法专题研究》,高等教育出版社 2006 年版,第 299 页。

④ 参见陈少宏:《我国保荐人勤勉尽责认定标准研究》,中山大学 2015 年硕士学位论文。

场得以成功的症结,就在于投资者主权地位的确立。[①] 邢会强认为:应在《证券法》中直接规定,要求发行人在有关募集文件中,在醒目的位置,公开披露证券中介机构及其相关从业人员最近3年的诚信信息。[②] 证监会前主席肖钢认为:证监会应是一个特殊的机构,集必要的立法、行政和司法职权于一体的法定特设机构。[③] 但陈甦、陈洁认为:赋予证监会更加广泛权力的前提,必须充分转变权力行使理念,都应当服务于普遍利益,而非仅仅服务于狭隘的监管部门利益或相关政策性目的。[④] 安德烈·施莱弗认为:特别是在金融、环境等问题比较复杂的领域,监管者专业化是监管有效基础。[⑤] 谢平、邹传伟认为:对于投资银行而言,关键是薪酬结构改革方向。[⑥]

第三,在投资银行勤勉义务法律责任制度方面。例如,朱锦清认为:投资银行的过错却不等于每一个个人的过错,实际情况可能是这个人错这一点,那个人错那一点。所以,具体到每一个个人的过错责任时,还是应该根据其职务的要求和尽职的程度作出具体的分析,从而确定其有无过错和过错的大小。[⑦] 美国著名学者威廉·L. 普罗瑟(William L. Prosser)支持连带责任应向按份责任转变,其认为目前没有人能够证明,作为一种公共政策在损害是由两个人所引起时,要求其中一人承担全部责任是正当的,而且恐怕永远也不会有。[⑧]

解决问题的方式是基于所发现的问题,并由此决定解决方式的合理性和系统性。我国学者在论及投资银行勤勉义务制度完善时,虽有诸多启迪,但主要还是局限于某些具体问题的解决,或专注于某一制度的作用。因此,

---

① 参见吴敬琏:《改革:我们正在过大关》,生活·读书·新知三联书店2001年版,第257页。

② 参见邢会强:《证券欺诈规制的实证研究》,中国法制出版社2016年版,第192页

③ 参见肖钢:《证券法的法理与逻辑——肖钢主席在第四届"上证法治论坛"上的演讲》,载 http://www.csrc.gov.cn/pub/newsite/tzzbh1/tbgzdt/tbgzyw/201312/t20131218_240026.html,最后访问日期:2018年5月17日。

④ 参见陈甦、陈洁:《证券法的功效分析与重构思路》,载《环球法律评论》2012年第5期。

⑤ 参见[美]安德烈·施莱弗:《有效监管》,潘方方、丁丁译,载《比较》2010年第2期。

⑥ 参见谢平、邹传伟:《金融危机后有关金融监管改革的理论综述》,载《金融研究》2010年第2期。

⑦ 参见朱锦清:《证券法学》,北京大学出版社2004年版,第107页。

⑧ See Jordan H. Leibman, Anne S. Kelly, "Accountants' Liability to Third Parties for Negligent Misrepresentation: The Search for a New Limiting Principle", *American Business Law Journal*, 1992, 30(3), pp. 345 - 376.

无论是在深度,还是在广度上,在论及如何完善我国投资银行勤勉义务制度时,泛泛而谈居多,或是蜻蜓点水,对于如何有效构建整个制度体系或某一领域缺乏研究。

三、论证思路与方法

(一)论证思路

尽管关于投资银行的定义存在差异,而且各国或有关地区对投资银行称呼也不同,但认为投资银行是以证券发行与承销为基础业务,从事直接融资服务的金融中介机构,在各国或相关地区获得了共识。即便近年以来,证券发行与承销业务在投资银行业务中的比重呈下降趋势,但是仍然不可否认,"投资银行业务首先意味着证券的承销"[①],投资银行最为本源且最为核心的业务依然是证券发行与承销业务。因此,为了保证论证的统一性,本书仍然以投资银行为研究的主体(其可能涵盖了证券公司、保荐机构等,但又不同于类似称呼),勤勉义务的范围也仅局限于证券发行与承销。

任何研究必然遵循一定逻辑与体系,投资银行勤勉义务制度的研究同样如此。投资银行勤勉义务制度作为证券法律体系的一种制度构成,对我国而言,也是一种"舶来品"。研究投资银行勤勉义务制度的目的无外乎在于以下五个方面:一是投资银行为何要承担勤勉义务,这种义务的性质是什么;二是如何判断投资银行是否已经履行了勤勉义务;三是如何有效促进投资银行履行勤勉义务;四是投资银行不履行勤勉义务时法律后果如何;五是如何完善我国投资银行勤勉义务制度。主观目的决定论证思路,基于此,首先,必须对其渊源、性质、制度的理论基础进行厘清。其次,勤勉义务的制度价值在于履行,作为一种以行为或结果等形式进行衡量的制度,论述判断标准设立显得极其重要。再次,判断标准明晰后,就会涉及投资银行勤勉义务制度实现的保障以及未履行时如何追究投资银行责任。最后,制度研究的目的就是为了解决我国的现实问题,必然会借鉴相关国家或地区先进经验对我国投资银行勤勉义务制度体系进行完善。本书遵循了这样一种架构体

---

① [美]查理斯·R. 吉斯特:《金融体系中的投资银行》,郭浩译,经济科学出版社 1998 年版,第 2 页。

系和思路对投资银行勤勉义务进行论述。

(二)研究方法

证券市场兼顾公平与效率的属性,使证券法律制度天然蕴含这一特质,也就为研究方式的多样性提供了空间。规范分析、比较分析、案例分析、历史分析等方法都是法学研究常用的方法。本书在对投资银行勤勉义务研究过程中,结合投资银行勤勉义务的特性,特别强调各种方法之间结合运用,现就本文涉及的方法分述如下:

1. 规范分析方法

规范分析方法是法学研究的基本方法,它以制度规范,特别是以法律规范、法律体系为对象进行内涵与特征的诠释,对法律条文的具体含义与制度内涵等方面进行分析,力图能够全面解释制度规范的真正内涵。在法学研究中,规范分析的研究内容定位为法律规范本身,关注法律规范的建构和立法的完善,注重对法律规范内部的逻辑演绎和规范价值。研究投资银行勤勉义务法律问题时,需要对我国现有投资银行勤勉义务的相关制度进行规范分析,诠释相关制度的内涵,反思或发现投资银行勤勉义务法律制度存在的不足之处,进而提出完善建议。

2. 比较分析方法

投资银行勤勉义务制度在西方证券市场发达的国家经过了接近上百年的发展,美国、英国、德国等在投资银行勤勉义务的判断标准、实现机制、法律责任等方面都形成了鲜明的特色制度,并在促进证券市场发展方面都起到了重要作用。我国证券市场正处于一个不断完善发展的过程中,“以铜为镜,可以正衣冠;以人为镜,可以明得失”。[①] 将我国投资银行勤勉义务制度与其进行比较,可以发现问题所在。同时,“海纳百川,集众家所长”是我们应有的解决之道。不仅德日与英美等国家或地区的投资银行勤勉义务制度有着鲜明的差别,各有优劣,而且就是同一法系的相关国家也同样如此。这些发现,都依赖于对其进行详细的比较分析,进而提出有益建议。

---

① (后晋)刘昫等:《旧唐书(卷七十一,列传第二十一,魏征)》,北京当当电子科文有限公司,电子书稿网页地址:http://e.dangdang.com/pc/reader/index.html? id = 1900695156,最后访问日期:2018 年 9 月 7 日。

3. 跨学科研究方法

法律作为一种社会现象，决定了对其影响是多方面的，因而对其的研究也应该是多维度，不应存在门派之分。研究的目的是解决实际问题，甚至可以说“不管黑猫白猫，抓得到老鼠就是好猫”，只要能分析和解决存在的问题，又何必拘泥于形式。鉴于此，本书从政治学、法律经济分析等方面对投资银行勤勉义务制度进行分析，强调投资银行承担勤勉义务的必要性和合理性，并且引入其他法域的制度对投资银行勤勉义务制度进行完善。

4. 案例分析方法

众所周知，英美等国家或地区证券市场的发达程度明显高于大陆法系国家，成功的经验更加值得吸取。然而，英美法系与大陆法系显著区别之一就是判例也是法律渊源。因此，投资银行勤勉义务制度不可避免会涉及对大量案件的分析研究，唯有如此才能了解英美等国家或地区投资银行勤勉义务制度的全貌，并从中获取关键经验。同时，我国证券市场建立至今，发生了为数众多的投资银行未履行勤勉义务的案件，这些案件集中反映了投资银行行为特点以及不当行为的表现形式，透过现象方能看到本质，为真正解决实际问题提供坚实的基础。

5. 历史分析方法

以史为镜，可以知兴替。[①] 投资银行勤勉义务制度在证券市场较为发达的国家或地区经历了漫长的发展过程，制度几经变迁，反映着一个国家或地区法律价值取向、利益博弈过程、问题的产生及解决等。同样，我国从证券市场建立伊始，就意识到了投资银行履行勤勉义务的重要性，并在随后的发展中日渐完善，但始终与监管层、投资者的期望存在差距。任何问题的出现总有其历史产生根源，唯有从历史角度，对其发展的不同阶段进行联系和比较，厘清投资银行勤勉义务制度“来龙去脉”，从中发现问题，才能更好地认识现状和启示未来。

---

① （后晋）刘昫等：《旧唐书（卷七十一，列传第二十一，魏征）》，北京当当电子科文有限公司，电子书稿网页地址：http://e.dangdang.com/pc/reader/index.html? id = 1900695156，最后访问日期：2018 年 9 月 7 日。

四、创新之处与不足

（一）创新之处

一是在研究内容上，就国内研究状况而言，首次系统地对投资银行勤勉义务制度进行了阐述。投资银行勤勉义务制度在我国确立以来，尚未有对其进行专门研究的专著，甚至连涉及的期刊论文都少之又少。多数研究都集中于对虚假陈述、欺诈发行等行为表象，而对于真正造成上述行为的重要原因之一——违反勤勉义务，则缺乏必要的研究。实际上，正是由于未能给投资银行履行勤勉义务带来足够的激励与约束，才造成虚假陈述、欺诈发行等行为的发生。而且，证监会颁布的《证券发行上市保荐业务管理办法》《保荐人尽职调查工作准则》等相关文件都明确投资银行应履行勤勉义务，以及如何履行才能被视为尽到了勤勉义务，某种程度上我国投资银行勤勉义务的法律实践走在了理论研究的前面，这也正是对投资银行勤勉义务进行研究的目的和契机，也是创新之所在。

二是在研究架构上，构建了投资银行勤勉义务制度的完整体系。既对投资银行勤勉义务的性质与内容进行分析，也对投资银行承担勤勉义务的理论基础进行探讨，同时还对投资银行勤勉义务的判断标准、实现机制、法律责任等进行了详细论述。这些内容都是投资银行勤勉义务制度重要的制度构成，并且每一项研究的内容对现有国内的研究状况而言，都具有首创性。此外，还针对我国投资银行勤勉义务制度所存在的问题，从规制理念、判断标准、实现机制、法律责任四个方面提出具体的建议和对策，解决了理论联系实际的问题。

（二）不足

任何一个国家的法律制度都是一国政治、经济、文化等的集中反应。投资银行勤勉义务制度在英美、德日等国家经历多年的发展，已经形成了相对完善的体系，在促进证券市场的发展中起到了重要作用。然而，由于文化、文献乃至语言等的限制，很难对一个国家投资银行勤勉义务制度的产生、发展、缘由等进行全面深入的了解，也可能很难了解其真正的价值所在。尽管本书一直试图通过收集更为全面的文献进行更加深入的分析，来真正了解该项制度的全貌，但是无疑也具有一定的局限性。

第一章　投资银行勤勉义务的基本理论

无疑，投资银行勤勉义务的产生与证券市场的发展密切相关。英美、德日等发达国家在长期实践中，对其已经有了相对成熟的认知。尽管如此，由于法系特点差异，投资银行勤勉义务的法律制度体系往往通过一系列复杂的规定和判例予以阐释，探究其真实的面目并非易事。任何理论研究的基础都是从基本概念的厘清开始，尤其是在当前国内对投资银行勤勉义务研究乏善可陈的情况下更为必要。

第一节　投资银行勤勉义务的性质、内涵与内容

应当说，任何法律制度都包含三个基本因素：性质、内涵与内容。对这三项因素进行分析是认识一项法律制度的基本前提。因此，对投资银行勤勉义务的认识必须对其性质进行判断，对其内涵与内容进行认定，方能以正视听，为投资银行勤勉义务制度的发展奠定坚实

基础。

一、投资银行勤勉义务性质辨析

目前,学界对投资银行勤勉义务的性质认识存在分歧:一种观点认为是普通的民事义务。这种观点主要集中于我国学者,其不仅认为勤勉义务是一种普通的民事义务,而且还认为勤勉义务履行对象是发行人,唯有如此,才符合投资银行由发行人聘请并负担费用的制度安排①;另一种观点认为是“信托义务”或“注意义务”,多数学者倾向于这种观点。例如,美国著名证券法学者乔尔·塞利格曼认为:在证券法领域,对投资银行使用勤勉义务的概念,实际含义就是普通法上的“注意义务”。② 还有学者认为:依据德国“对第三人具保护作用的合同”理论,投资人会对中介机构所具有的专业知识而产生特殊的信赖,投资银行应对潜在的投资人负有注意、照顾和保护等义务。③ 这两种观点最大的不同在于投资银行勤勉义务的内涵及履行的对象。前一种观点认为投资银行勤勉义务履行对象应是发行人,后一种观点认为是投资者,正是由于履行对象的不同,导致了对勤勉义务性质认识的差异。

认为投资银行勤勉义务是一种普通的民事义务,且履行对象为发行人的观点的局限性不言而喻。由于投资银行在证券市场中扮演着提供信息产品的角色,其超越了投资银行与发行人之间的雇佣合同关系,对公众也承当了一份责任,并以此获得投资者的信赖。而投资银行与投资者之间并不存在合同关系,投资者利益的保护又不能通过他们之间的谈判予以解决,唯有法律的介入才能平衡二者之间的利益。换言之,投资银行与发行人之间的发行承销协议并不会导致投资银行对发行人负有勤勉义务,投资银行仅对发行人承担一般商事关系中的诚实信用义务,这种基于信义关系而产生的勤勉义务关系应当仅发生在投资银行与投资者之间。实际上,我国

---

① 参见陈甦、陈洁:《证券法的功效分析与重构思路》,载《环球法律评论》2012 年第 5 期。

② Joel Seligamn, “Accounting and the New Corporate Law”, *Wash. & Lee L. Rev.* , 1993, 50 (3), p. 957.

③ 《联邦议院印刊》(BT ~ Drs.), 第 13/8933 卷, 第 76 页。转引自主力军:《德国〈交易所法〉关于上市公司的上市申请材料不实陈述之民事责任介绍》,载《比较法研究》2005 年第 5 期。

也有学者认为投资银行勤勉义务是一种信托义务，并对勤勉义务履行对象是发行人的观点进行了批驳，其认为投资银行是投资者的受托人，发行人向投资银行付费的行为无法改变投资银行对公众投资者诚实守信的法律关系。①

同样，实践中也持相同的看法。在*Blue Grass Partners v. Bruns*一案中，法院指出："只要投资银行对所从事的证券发行承销业务已经尽到了最大的努力，投资银行无须向发行人承担受信义务。"②另外，在*Breakaway Solutions, Inc. v. Morgan Stanley & Co.*一案中，法院更是直接指明："合同关系并不所能涵盖受信义义务关系。在一般的合同商业关系中，当事人之间并不会引起或存在受信义务法律关系。"③而且，根据《美国1933年证券法》的规定，任何信息只要有利于保护公共利益和投资者，投资银行都有义务进行披露。在*HF Management Services v. Piatone*一案中，法官就认为信义义务关系不存在于投资银行与发行人之间，其应当被界定为一种完全相反的关系，法律也明文规定投资银行承担义务的目的是保护投资者而不是发行人。④

鉴于此，本书认为投资银行勤勉义务基于投资银行与投资者之间的信义关系而产生，是法律义务与道德义务的统一体，属于注意义务的范畴。

（一）投资银行勤勉义务基于信义关系而产生

信托制度自从产生以来，就以其极大的灵活性和包容性而富有生命力，被誉为"英国人在法学领域取得的最伟大、最独特的成就"，⑤信托制度弹性之强，涵盖之丰富，以至于难以对其作一个准确的定义。但普遍倾向认为"信托是一种信赖关系"，⑥或是"关于特定财产的一种信

---

① 参见刘俊海：《打造投资者友好型证券法，推动资本市场治理现代化》，载《法学论坛》2015年第4期。

② Blue Grass Partners v. Bruns, Nordeman, Ra & Co., 75 A. D. 2d 791, N. Y. S 2d, 1980.

③ Breakaway Solutions, Inc. v. Morgan Stanley & Co. Inc., WL 1949300 *12, Del. Ch. Aug. 27, 2004.

④ HF Mgt. Servs. v. Pistone, 34 A. D. 3d 82, 2006.

⑤ 何宝玉：《英国信托法原理与判例》，法律出版社2001年版，第1页。

⑥ 美国学者George T. Bogert对信托的经典定义是："信托是一种信赖关系，其中拥有财产权的人负有为他人利益管理或处分财产的衡平法义务。" See George T. Bogert, *Trusts*, West publishing Co., 1987, p. 1.

任关系"①。而藏身于信托制度之中的"信义关系理论"更是难以捉摸,其表现形式会因具体场景变化而不尽相同,但基本特征却未曾发生改变,那就是"一方负有保护另外一方利益的特别义务,或者一方信赖另外一方并依靠另一方的工作"②。由此可见,从法律关系的视角来看,信义关系的本质就是一方因其所处的不利地位而对另一方产生依赖,需要法律来进行调整,要求对方善意、谨慎行事来保障自身利益。换言之,法律之所以对一方课以信义义务,主要是因为其处于一种特殊的信赖情形中或特别的信任关系中。只要存在这样一种特定的关系,信义义务就可以存在于不同性质的法律关系之中。

在证券市场中,由于存在较大的信息不对称,投资者进行投资决策所依赖的信息,均是投资银行在严格审查并充分占有发行人有关资料上参与制作的,在这个场合中,可以合理期待投资者信赖投资银行提供或验证的信息。③ 也就是说,投资者与投资银行之间是一种明显的信义关系。在这种信义关系的制约下,只有让投资银行勤勉地对提供给投资者信息进行核查,将与投资有关的信息真实、准确、完整地传递给投资者,才不至于让投资者对其的信赖落空,亦即投资银行必须承担勤勉义务才能实现"保护不了解市场条件的人不受了解市场的人的影响"④的目的。实践中,相关国家的立法就充分证明了这一点。例如,根据《德国有价证券法》第34条第2a、2b款的规定,金融中介机构应当对投资者承担信托义务,问题只是在何种范围内而已。⑤《美国1933年证券法》最初立法时第11条就明确规定"承销商是具有信托责任的人"(A person occupying a fiduciary relationship),开明宗义提及"信托责任",虽然1934年因投资银行界的反对对这一措辞进行了修

① Halbach的定义则为:"信托是关于特定财产的一种信任关系。受托人为了他人利益而享有该特定财产的法律上所有权(Legal Title),该他人作为受益人则享有该特定财产的衡平法上所有权(Equitable Title)。"参见何勤华:《英国法律发达史》,法律出版社1999年版,第299页。

② Auriga Capital Corporation, et al v. Gatz Properties, LLC, et al, CA 4390 ~ CS.

③ 参见[美]莱纳·克拉克曼、亨利·汉斯曼等:《公司法剖析:比较与功能的视角》(第2版),罗培新译,法律出版社2012年版,第311页。

④ Charles Hughes & Co. , Inc. v. SEC 139 F. 2d 434, 2d Cir, 1943.

⑤ [德]托马斯·M. J. 默勒斯:《欧洲资本市场法的新发展——从德国的视角》,申柳华、李海等译,中国政法大学出版社2015年版,第2页。

改,但始终明确要求承销商作为受托人必须进行尽职调查。① 甚至有学者基于此指出:美国证券法以承销商对投资者的信托责任为基础设计了承销商法律责任界定体系。② 可见,证券立法的理念与信义关系理论一脉相承。

因此,证券法通过对因专业知识、职业技能而具有优势地位的投资银行赋予勤勉义务的方式来实现对投资者利益的保护,正是源于投资银行与投资者的信义关系,即投资银行主导或参与了证券发行,投资者是否决定投资与投资者对投资银行的信赖有着重要关联。

(二)投资银行勤勉义务属于注意义务的范畴

投资银行勤勉义务是基于信义关系而产生的义务,并不体现在投资银行与投资者的约定中。事实上,二者之间也并不存在直接的合同关系,其是为了保护处于弱势地位的投资者利益,防止投资银行滥用权力而直接源于法律的规定,且一般不允许通过协议予以免除。在信义关系下,受信人一般都被要求履行管理财产或行使权利时有足够的注意义务。也就是说,在投资银行勤勉义务产生的过程中,就一直认为其就是注意义务。例如,乔尔·塞利格曼就认为:投资银行勤勉义务的实际含义就是普通法上的“注意义务”。③ 在美国,也一直秉承认为投资银行“对公众负有一种义务,应该根据证券发行的具体情况尽到合理的注意,以此保证招股说明书的记载准确无误”的理念。④

而且,从最早涉及勤勉义务的英国 *Hedley Byrne & Co Ltd v. Heller & Partners Ltd* 案来看,也认为勤勉义务就是注意义务。该案提出:“在某些特定情形下,因其所处的位置使得其他人对其技能产生合理信赖,其向依赖自己建议或信息的人提供建议或信息时,或同意他人向依赖人传递该信息或建议时,则信息提供人对依赖人产生一种注意义务,无论其是否与对方或者他人订立了合同。”⑤只是,普通法意义上的注意义务在受到严格监管的证

---

① Joseph K. Leahy, “The Irrepressible Myths of Barchris”, *Delaware Journal of Corporate Law*, 2012, 37(2), p. 456.

② 参见赵英杰:《美国注册制下承销商法律责任研究》,载《上海金融》2015 年第 8 期。

③ Joel Seligman, “Accounting and the New Corporate Law”, *Wash. & Lee L. Rev.*, 1993, 50(3), p. 957.

④ In re Charles E. Bailey & Co., 35 SEC 33, 1953.

⑤ Hedley Byrne & Co Ltd v. Heller & Partners Ltd, AC 465, 1964.

券法领域,发展成为一种更高标准的注意义务。美国就将尽到处于类似情形下的普通理性人的标准,提高到了谨慎人管理自己的财产时应尽到的注意水准,即投资银行必须履行《美国1933年证券法》第11条项下的“合理调查”和第12条项下的“合理注意”的要求。在我国香港特区,成文法上的一些基本要求甚至只能被视为投资银行履行勤勉义务的最低标准,我国香港特区2012年12月发布的《有关监管首次公开招股保荐人的咨询总结》就认为:“由于投资者十分依赖上市文件内提供的资料,故此有充分理由提出高于此最低标准(《企业融资顾问操守准则》内的‘认识你的客户’规则)的要求。”①

即便在对投资者保护相对较弱的大陆法系国家,也持同样的观点。例如,在德国,因银行等机构拥有足够的资金和专业人员,证券上市发售所需要的材料和上市申请说明书一般都由银行团参与制作或进行专业性的审核,其对上市公司和上市申请说明书的内容有全面的了解,而一般的投资者则缺乏足够的时间和必要的专业知识,认真阅读并真正理解上市申请说明书及相关资料的内容。正因如此,普通投资者会对银行等金融机构具有特殊的信赖,使银行等金融机构对投资者负有真实、全面告知的义务。② 这本质上也是一种“注意义务”的表述。

(三)投资银行勤勉义务是法律义务和道德义务的统一体

从投资银行诞生之日起,因其承担证券市场看门人的角色,所从事的职业就要求具有某种道德操守。随着社会经济的快速发展,投资银行的作用不断得到加强,其对发行人状况所作的陈述可以更加深入和广泛地影响到社会公众的经济利益,对其道德品质也提出了更高的要求。而且,“勤勉”本身就是一个充满道德评价的表述,强调的是行为的优良程度,要求投资银行“勤勉”所要表达的是一种明显的利他主义,利他主义曾被称为“令人赏

---

① 香港证券及期货事务监察委员会:《有关监管首次公开招股保荐人的咨询总结》(2012年12月12日),载 http://www.sfc.hk/edistributionWeb/gateway/TC/consultation/conclusion's refNo=12CP1,最后访问日期:2017年9月20日。

② 参见主力军:《德国〈交易所法〉关于上市公司的上市申请材料不实陈述之民事责任介绍》,载《比较法研究》2005年第5期。

心悦目的鲜花”“就像良好风俗一样,可以赞赏”①。

因此,证券法赋予投资银行勤勉义务,本身就带有极强的道德感要求。正如美国最高法院在 *Affiliated Ute Citizens v. United States* 案中所指出的那样,“美国联邦证券法的目的之一就是以披露宗旨代替警告宗旨,在证券行业促成一个更高的职业道德标准”②。但是,对于投资银行行为的约束,不可能仅仅是道德标准的约束,哪怕是理想中的最高标准,由于缺乏强制执行力的保障,效用也会受到重大影响。投资银行应该受到比市场道德更为严格标准的约束,诚如富勒先生所言:“只有义务的道德才是法律规范的对象,只有义务的道德才能够为法治所推进。”③投资银行勤勉义务欲实现其目的,必然蕴含了这种“义务的道德”。因此,投资银行勤勉义务是道德义务与法律义务统一体,具有天然的模糊性。也正因如此,才需要对“勤勉”这种具备较大弹性的标准或行为进行规范。

二、投资银行勤勉义务内涵剖析

投资银行勤勉义务是源于信义关系而产生的注意义务,具备了注意义务的一般特征。同时,由于因公司法与证券法的同源性,投资银行勤勉义务的内涵可从注意义务和董事勤勉义务的分析讨论中获取相关启示。

从注意义务一般范畴来看,对于受托人是否履行信义义务一般从显失公平、善意、被信任者三个维度进行判断,三方面的要求是依次递进的,都关注受托人应承认并尊重另一方当事人利益。④ 也有观点认为:注意义务包含三个方面内涵:(1)善意(Good faith)。受信人在行为时必须是善意的,即知道自己行为的性质和后果是符合受益人利益的;(2)勤勉尽责。不存在偷懒、消极怠工,尽到了类似职务的人同等程度的勤勉、注意和付出;(3)合理地相信其行为有利于受益人利益的最大化。⑤

---

① [澳]杰弗瑞·布伦南、[美]詹姆斯·M. 布坎南:《宪政经济学》,冯克利、秋风等译,中国社会科学出版社 2004 年版,第 60~74 页。

② Affiliated Ute Citizens v. United States, 406 U. S. 128, 1972.

③ [美]富勒:《法律的道德性》,郑戈译,江西人民出版社 1998 年版,第 145 页。

④ 参见沈达明编著:《衡平法初论》,对外经济贸易大学出版社 1997 年版,第 191 页。

⑤ 罗培新、李剑、赵颖洁:《我国公司高管勤勉义务之司法裁量的实证分析》,载《证券法苑》2010 年第 3 期。

从公司董事勤勉义务范畴来看,在英美法上,对于公司法董事勤勉义务的内涵,英国著名学者保罗·戴维斯(Paul L. Davies)将其总结为:(1)正当地履职;(2)善意地为公司的最佳利益行事;(3)亲自行使裁量权。① 这一理念也体现在英美有关的立法上,如《英国2006年公司法》第174条要求"公司的董事必须展现出合理的注意、技能和勤勉",并明确界定了什么是合理的注意,即"这是指合理勤勉的人将会展现出的注意、技能和勤勉,且这个人:(a)具备履行与董事在公司中履行的同样职责的人所合理期待的一般知识、技能与经验,而且(b)具备董事拥有的一般的知识、技能与经验"。② 美国《2002年标准公司法》第8.30条对董事履行勤勉义务的方式也作出了类似的规定。③ 大陆法系则认为董事勤勉义务与"善良管理人的注意义务"趋同。例如,日本学者认为,董事所应尽到的注意主要指:(1)参与管理事务必须尽到足够的注意;(2)处理事务时要尽到高度的注意,不只是普通人的注意;(3)注意义务是董事处理事务时应尽到的义务。④

可见,注意义务具有相当的灵活性与开放性,但无论是何种法系、何种范畴的注意义务都包含了一些核心要素。首先,必须是善意,即受托人是出于善意的目的行事;其次,必须尽到适当的注意,即受托人行事时尽到普通人在类似情形下尽到的注意;最后,必须是受托人相信其行事符合委托人利益。同样,投资银行勤勉义务的内涵应包含上述要素。实际上,一些国家或地区有关投资银行勤勉义务的立法就汲取了这些要素。例如,我国香港特区在定义持牌人或注册人(含投资银行)勤勉尽责时,认为勤勉尽责就是为了维护客户的最佳利益,投资银行从事业务时应当以适当的技能、小心审慎

---

① Paul L. Davies, S. Worthington, E. Micheler, *Gower and Davies' Principles of Modern Company Law*(7th Ed.), Sweet & Maxwell, 2003, p. 381.

② *Company Act* 2006 *Duties of Company Directors*, Ministerial Statements DTI. June, 2007.

③ 美国《2002年标准公司法》第8.30条规定:"作为一个董事包括委员会的成员,必须依照以下规定履行其义务:(a)以善意(或诚实)的方式;(b)应当以普通谨慎的人在类似的状况下能够尽到的注意;而且(c)必须按照一种他合理地相信是符合公司最佳利益的方式处理事务。"参见沈四宝:《最新美国标准公司法》,法律出版社2006年版,第233页。

④ [日]宫本仁:《试论董事的注意义务》,载《亚太经济》1997年第2期。

和勤勉尽责的态度行事。① 在英国,伦敦证券交易所也要求保荐人必须始终以应有的技能和谨慎行事。② 在日本,要求金融商品中介业者及其管理人员、使用人应对客户诚实且公正地执行其业务。③ 鉴于此,投资银行勤勉义务的内涵应至少包含以下内容。

(一)善意地以投资者利益行事

任何一种生活,都不可能没有道德的责任。④ 勤勉作为一种明显的道德责任,必然要求投资银行的行为是善意的。换言之,规定投资银行勤勉义务的目的之一就是要求投资银行在证券发行与承销过程中,履行职务行为时必须具有善意,且行为的出发点应是投资者的利益。这是从主观方面对投资银行行为的一种要求,一种对投资银行勤勉义务是否得到履行的抽象性和原则性的审查,唯有如此,才能应付证券发行过程中出现的万千变化。因此,善意内嵌了投资银行必须为投资者利益行事,不能为投资者以外的第三方或自身利益行事。反之,即便投资银行主观上是善意,只要不是为了投资者利益,也不能视为尽到了勤勉义务。当然,如果投资银行明知其行为会造成投资者利益的损失并放任了这种行为的发生,或者自身行为不足以维护投资者利益时,仍然未寻求其他协助手段,则不能构成善意。

诚然,任何行为都具备一定的复杂性,且行为的主观目的可能有多个。投资银行履行勤勉义务时同样如此,既可能是为了满足监管层的要求,也可能是为了迎合发行人的要求,亦可能是满足自身保护投资者利益的内心信仰,或是兼而有之。当投资银行在从事业务过程中有多个目的,当且仅当只能按照抓住"矛盾主要方面"的马克思主义哲学方法,对投资银行的主要目

---

① 我国香港特区2017年6月版《证券暨期货事务监察委员会持牌人或注册人操守准则》一般原则GP2条规定:"持牌人或注册人在经营其业务时,应以适当的技能、小心审慎和勤勉尽责的态度行事,以维护客户的最佳利益及确保市场廉洁稳健。"

② "AIM Rules For Nominated Advisers"(July 2018) Part Two "Continuing Obligations of a Nominated Adviser",16 Due skill and care,"A nominated adviser must act with due skill and care at all times".

③ 《日本金融商品交易法》第66条之七规定:"金融商品中介业者及其管理人员及使用人应对客户诚实且公正地执行其业务。"参见中国证券监督管理委员会编译:《日本金融商品交易法及金融商品销售等相关法律》,法律出版社2015年版,第407页。

④ 参见[古罗马]西塞罗:《西塞罗三论:论老年论友谊论责任》,徐奕春译,商务印书馆1998年版,第91页。

的进行考察，只要主要目的是投资者利益且实际产生的结果并未给投资者利益带来损害，也应视为善意，即若体现为善意，投资银行行使权利的目的必须正当。

（二）谨慎且熟练地从事

究其本质，投资银行勤勉义务实际上是一种注意义务，必然要求投资银行在执业过程中应运用其所拥有的技能、知识、判断和经验达到保护投资者利益的目的。谨慎和熟练的技能都是勤勉义务所隐含的含义，也是投资银行履行职务的基础。例如，《德国有价证券交易法》第 31 条第 1 款规定："有价证券服务企业负有义务：以必要的专业知识、谨慎和责任心为其客户的利益提供有价证券服务和有价证券附加服务。"①至于何为投资银行谨慎且熟练地从事，无外乎考虑两个方面的因素：一是投资银行自身，即投资银行自身不超过其管理自身财产时所具有的，可以合理期待的知识和经验的程度来履行义务；二是从事相同业务的投资银行，即必须以与投资银行从事相同业务的第三方可以被期待的合理谨慎来运用其技能。因此，"谨慎且熟练地从事"，意味着投资银行在履行职务过程中，应当具备与从事相同业务的投资银行所能够合理预期的、该投资银行拥有或者声称拥有的以及作为一个金融中介应当具备的合理的任何专业知识、技能和经验，并且其所应当知道或查明的事实、应当得出的结论及应当采取的措施是一个尽了合理勤勉义务的人应当知道或查明的，采取的或得出的。

（三）勤勉尽责

任何一种法律制度，首要的功能都是导向，即为人们提供某种行为模式，指引人们可以为、不可以为或必须为。就"勤勉"一词本身而言，其意指"常常尽力或努力"，②或是"长时间不懈地努力工作或学习"③。据此，勤勉义务强调投资银行要以一种积极的态度来面对自己的工作，要兢兢业业而不是消极懈怠，更多代表的是一种积极的作为义务和对投资银行自身身体力行的要求，强调要花费足够的时间和精力用于执业活动。例如，在 1963

---

① 中国证券监督管理委员会编译：《德国证券法律汇编》（中德文对照本），法律出版社 2016 年版，第 399 页。

② 夏征农主编：《辞海》（缩印本），上海辞书出版社 2000 年版，第 580 页。

③ 商务印书馆辞书研究中心：《应用汉语词典》，商务印书馆 2000 年版，第 568 页。

年有关 Richmond 公司的停止登记令（Stop order）程序中，美国证券交易委员会（The U. S. Securities and Exchange Commission, SEC）就批评投资银行未能进行合理调查，并强调仅依赖发行公司管理层的说明不能满足投资银行承担的相关义务。SEC 认为：合理调查是一项积极义务，投资银行应履行合理调查的积极义务，不能自由到仅“靠碰运气”的程度，其参与推荐的证券必须具备充足的依据。① 因而，投资银行从事业务过程中必须勤勉尽责，应以最有利于投资者利益的方式努力不懈地履行职责，有足够能力、细心和认真地提供服务，并且在一段时期内持续性地对发行人进行关注，不能完全依赖或委托他人履行其固有职责，更不能存在主观上的疏忽或故意不履行的情形。

三、投资银行勤勉义务内容探讨

为了确保发行人提供给投资者完整和准确的信息，证券市场长期以来就一直依赖第三方来充当“信誉中介”，其中投资银行的角色最为重要。在证券发行过程中，为了将证券法上所规定的投资银行勤勉义务落到实处，各国或相关地区均对投资银行在证券发行过程中的具体职责作出明确规定，这些规定实际上就是投资银行勤勉义务的具体化，也构成投资银行勤勉义务的主要内容。具体而言，投资银行勤勉义务的内容主要包含以下几个方面。

（一）勤勉地辅导

对于任何一个国家的证券资本市场而言，绝大多数的发行人及其内部管理人员对复杂的资本市场规则并不熟悉。因此，绝大多数的国家和地区都规定了投资银行应对发行人及其内部管理人员进行必要的辅导，保证其掌握了解有关法律法规，熟悉应履行的义务和责任，以期能够履行应尽的义务。例如，英国长期以来就依赖投资银行辅导上市申请人遵守相关规则，并向交易所保证，这些规则得到了完全的遵守，其在《上市规则》中明确规定，投资银行必须向伦敦证券交易所证明其已经辅导上市公司或申请人理解并

---

① In re The Richmond Corp. ,41 SEC 398,1963.

履行其基于上市规则而应承担的责任。[①] 根据我国香港特区在2017年6月发布的《证券及期货事务监察委员会持牌人或注册人操守准则》(以下简称《操守准则》)第17.3条(b)款规定,保荐人应就上市申请人及其董事在《上市规则》及其他适用于香港上市公司及其董事的相关监管规定下的责任,向上市申请人及其董事提供意见及指引,并采取合理步骤,确保他们在上市申请过程中均了解及履行这些责任。凡保荐人识别出上市申请人的运作及架构、程序及系统,或其董事及主要高级管理人员有重大不足之处,保荐人应就此提供足够的意见及建议,协助上市申请人补救该等重大不足之处。实际上,辅导作为投资银行勤勉义务的重要内容,发行人及其管理人员通过辅导掌握相关规则后,既能够有效地参与发行工作,也能够知晓违反规则的后果,这对于投资银行勤勉义务的履行有着较大的促进作用。

(二)尽职调查

在尽职调查过程中,投资银行必须按照证券行业公认的业务标准和道德规范,对发行人的业务情况、财务状况、治理机构等有关重要事项和问题进行独立的调查。由于尽职调查直接关系到投资者获得发行人的信息是否真实、完整,最能体现投资银行是否尽到了勤勉义务。可以说,尽职调查是投资银行勤勉义务最为重要的内容,也是各国或有关地区投资银行勤勉义务立法所关注的重点。例如,香港联合交易所有限公司就保荐人的首次上市申请进行的尽职调查就专门依据上市规则制定了《第21项应用指引》,明确投资银行应依据合理的尽职审查,对上市申请人的历史及背景、业务及表现、财务状况及前景、运作及架构、程序及系统和该上市申请人的董事、主要高级管理人员及(如适用)控股股东的个人和业务背景等事项有充分了解。美国合理的尽职调查具体工作内容包括但不限于:(1)审阅发行人的内部财务预测、合约及其他文件;(2)对发行人的主要工作场所进行现场检查;(3)聘用对发行人业务熟悉的行业分析师;(4)同发行人的高层和中层管理人员进行了广泛的接触;(5)会晤发行人的主要客户、拜访质量顾问、审计师和法律顾问;(6)就发行人的财务状况在最后一期审计结束之日

---

① [英]保罗·戴维斯、莎拉·沃辛顿:《现代公司法原理》(第9版),罗培新等译,法律出版社2016年版,第915~916页。

后没有发生实质性变化,从审计师处取得安慰函。[①] 可见,尽职调查所涉及的内容极为广泛,甚至可以说在一定程度上,投资银行的勤勉义务就是尽职调查,即尽职调查是狭义上的“勤勉义务”。

(三)审慎核查

众所周知,证券发行文件的编制是多方共同参与的一项合作性行动,虽然由证券发行申请人所聘任的投资银行负责统筹,但也必须结合第三方提供意见成果。尽管如此,普遍认为投资银行并无具体进行尽职审查的第三方(诸如律师、会计师)的专业知识、胜任能力、法定授权或资格。但是,投资银行不可单纯接受或盲目依赖第三方或专家的工作,应依照相应的标准和程序对第三方或专家的工作成果进行审慎核查,一旦在证券发行申请文件中援引第三方或专家的意见出现陈述不实时,而投资银行未进行审慎核查则需承担相应的责任。在美国,《美国1933年证券法》第11条就对投资银行上市登记注册文件中援引的专家意见和非专家意见提出了核查的要求,只是核查的标准不同而已。在我国香港特区,则是保荐人应履行《操守准则》第17.7条有关专家及其报告的尽职审查程序,并于履行该等程序后,应没有合理理由相信专家报告所载资料有失实、误导成分或有任何重大遗漏。若要依赖非专家第三方的工作,保荐人须履行《操守准则》第17.6(g)条的尽职审查程序。

(四)谨慎推荐

无疑,投资银行勤勉义务制度设立的目的就是保证向投资者提供一个合格的产品,即优质合规的证券。这就决定投资银行不能随意向证券市场推荐发行人发行证券。因而,谨慎推荐必然是投资银行勤勉义务的一个重要内容。投资银行经历勤勉地辅导、尽职调查、审慎核查后,必须做出一个合理判断,决定是否进行推荐,并因所进行推荐的行为而对申请文件记载的内容承担相应的责任。例如,在英国,投资银行向英国金融行为监管局(Financial Conduct Authority,FCA)提交上市申请时,如果按照法律要求必须制作招股书,除非“投资银行在经过及时且仔细的询问调查之后,基于其合理的判断,认为:(1)申请人已经满足了《上市规则》中有关准许上市的全

① 汤欣:《公司治理与资本市场法制》,法律出版社2015年版,第167~168页。

部要求;(2)申请人已经满足了有关招股说明书的各项规则中的全部要求”,否则不得提交该申请。① 在我国香港特区,依据《操守准则》第17.4条规定则更为严格,投资银行呈交上市申请前须进行合理尽责调查,确保申请版本所载数据的完整性,以及完成解决根本的合规事宜、识别重大事宜等工作后,才能提交上市申请。

(五)持续督导

鉴于发行人申请证券发行与上市的复杂性,同时为了防止投资银行推荐上市过程中存在机会主义的行为,投资银行勤勉义务的履行并未随着发行人成功上市而结束,而是在发行人上市成功后,投资银行仍然须对上市公司遵守上市规则的情况进行督促、审核,这类似商品生产企业对自己所生产的产品有一定质量保证期的规定,当然很多行业也存在类似的规定。因此,投资银行对上市公司的持续督导,也是投资银行履行勤勉义务的一个组成部分,这部分义务的履行对促进发行人的诚信和良好的经营有着重要作用,是对投资者利益保护不可或缺的一部分。例如,在英国,发行人在另类投资市场(Alternative Investment Market,AIM)上市之后,为了能够掌握了解发行人的最新情况,并辅导发行人持续理解其在《AIM上市规则》下的义务,投资银行要与上市公司保持经常性联系,同时对相关公告进行事先复核,并监控其推荐公司的证券交易活动以确定是否有消息须进行披露,以及对公司提出的董事会发生的任何变动进行调查和建议。② 在马来西亚MESDAQ市场上,投资银行上市后的第一年继续作为发行人的保荐人,履行相关职责,不得辞职。③

---

① [英]保罗·戴维斯、莎拉·沃辛顿:《现代公司法原理》(第9版),罗培新等译,法律出版社2016年版,第915~916页。

② Financial Service Authority,“The Listing Rules”,Accessed August 29,2018. http://www.fsa.gov.uk/pubs/other/merged_lrs.pdf/.

③ 参见金晓斌主编:《创业板市场的保荐人制度》,经济科学出版社2001年版,第133页。

第二节 投资银行勤勉义务的产生与反思

对投资银行勤勉义务的考察,“不能将其限定在僵硬的定义之中,要在其历史的或者逻辑的形成过程中加以阐明”①。一项法律制度的产生与发展都蕴含着一个国家长期以来诸多的故事情节,投资银行勤勉义务的产生与发展不可避免地卷入历史发展的大潮。

一、投资银行勤勉义务产生的背景

尽管从19世纪下半叶开始,以投资银行、审计师等为主体的职业就开始成为具有某种道德操守义务的职业。这种情况最先在美国堪萨斯州成为现实,1911年堪萨斯州通过的《蓝天法》规定:对于证券发行,如果银行专员认为其对一些投资者缺乏公平公正或者具有欺诈性,可以根据《蓝天法》进行阻止。② 在美国联邦层面,在奉行自由放任监管政策的指导下,这时所谓的“投资银行勤勉义务”只是出于朦胧、不成形的状态。实际上,随着工业革命在美国的深入发展,美国的铁路、钢铁等行业对资金的需求进一步提升,发行股票成为这些行业的公司筹集资金的一个重要渠道,随之投资银行在国民经济发展过程中起着越来越大的作用。正所谓“地位越高、责任越大”,经济危机的爆发让西方各国,特别是美国对危机的产生进行了反思,直接诱发了投资银行勤勉义务产生。

(一)1929年大股灾与投资银行角色的扮演

亚当·斯密在西方社会中有着显赫的地位,其关于政府与市场的论述被视为经典,同时也曾成为指导西方经济发展的主流思想,蓬勃发展的证券市场也不例外。由于自由主义的影响,《美国1933年证券法》出台之前,美国政府对证券市场的发展基本采取自由放任的政策,对证券市场没有进行

① 《马克思恩格斯全集》(第25卷),人民出版社1974年版,第17页。

② 参见应展宇:《美国投资银行监管制度演变的政治经济分析》,载《国际经济评论》2015年第5期。

实质性干预,证券资本市场的运行主要由证券交易所、证券商协会等实施自律监管。不可否认,自由主义的指导思想极大地推动了美国证券市场的发展,但也带来了巨大的弊端,大量的违法违规行为在市场上出现,后经证实为美国1929年大股灾的重要原因之一。20世纪20年代金融市场最具有代表性的事件之一就是美国股票市场的泡沫及其破灭。1929年9月至11月,美国证券市场价格下跌了45%。随着股市的崩盘,投资银行的专业技能和职业操守受到了严重的质疑。他们被认为像是拥有超级力量的巨人,并毫不负责地利用这种超级力量谋取私利,并以那些已经被他们剥夺了选择权的普通劳动人民的利益为代价。① 在舆论的压力下,美国国会对投资银行进行了一系列的调查,其中进行了两次特别有影响的听证。

第一次是约翰逊听证。美国国会所进行的第一次听证是针对外国债券发行。1931年12月18日,根据美国参议院的授权,参议员海勒姆·约翰逊主持历时15天听证会。调查显示:从1923年到1930年的8年间,美国证券市场共销售了63亿美元的外国债券,占同期美国证券价值的10%。② 但到了1931年12月,特别是14个拉美国家的债券价值出现了大幅下跌,债券价值总额仅为票面价格的26%,秘鲁债券价格跌至7%以下。③ 听证发现,这些债券价格大幅下跌的原因,在于投资银行不仅未核查所承销债券的真实价值,而且所知悉的风险也没有披露给投资者,甚至有些投资银行的债券发行权乃是通过对国外政要贿赂所取得。所有被调查的每个人都认为这些情况"相当常见"。④

第二次是帕克拉听证。自约翰逊听证会后,美国国会在随后的两年里又多次举行听证会,其中影响最为深远是由参议院银行委员会的法律顾问费迪南德·帕克拉(Ferdinand Pecora)所主导的听证会。《美国1933年证券法》和证券交易委员会就是帕克拉听证的直接产物。"帕克拉听证"指出:

---

① [美]阿兰·莫里森、小威廉·维尔勒姆:《投资银行:制度、政治和法律》,何海峰译,中信出版社2011年版,第224页。

② *United States Bureau of the Census. Historical Statistics of the United States: Colonial Times to* 1970, Government Printing Office, 1975, 12, p. 1006.

③ Henry Doyle, "Investors Losses in South America", *Current History*, 1932, 35(5), p. 720.

④ Joel Seligman, *The Transformation of Wall Street: A History of the Securities and Exchange Commission and Modern Corporate Finance*, Northeastern University Press, 1995, p. 10.

"根据大量证人证言,承销商未披露有关发行人发行目的或预期等重大信息就向公众推销证券。例如,一个与一家大型纽约银行有关联的证券公司销售了大量的拉西丁美洲债券,却未披露发行方正处于破产边缘,该债券大量用于通过关联银行清偿债务。"①该证券公司指的就是花旗投资公司,花旗投资公司分别于1927年3月、1927年12月、1928年10月承担了1500万美元、5000万美元、2500万美元秘鲁债券的发行工作,该公司海外经理多次提醒公司管理层,秘鲁的流动性乃至政治形势都充满不确定性。② 但是花旗投资公司在三次债券发行所作的债券说明书中,没有一份提到秘鲁恶劣的债务记录,也没有提及任何其他不利的经济信息。相反,花旗投资公司却在这些说明书第一页下端印上了这样的免责声明:"如上声明都是基于权威界的电报和其他渠道所得的信息而作出的。尽管对此我们没有得到任何保证,但是我们相信他们是可信的。然而,在任何条件下他们不能解释为我们的陈述。"③到1933年2月美国参议院调查委员会着手调查为止,投资者因为秘鲁债券损失将近7500万美元,而在发债过程中中介机构得到的发债佣金高达450万美元。④ "帕克拉听证"同时也发现:"证券公司在与客户交往中处于一种优势的地位,在许多案例中,证券公司的高级管理人员或者是其同事及熟人,能够获得公众所不能分享的投资机会"⑤。

因此,当社会公众获取听证会的结果后,华尔街的投资银行成为了众矢之的。就连罗斯福也公开表示:"这些毫无道德感的投资银行的行为应接受民众的审判,并应遭到灵魂和思想的唾弃。"⑥当时一份国会的报告甚至将1929年大股灾归咎于证券行业道德沦丧,毫不留情地指出:"证券市场上

---

① [美]哈威尔·E.杰克逊、小爱德华·L.西蒙斯:《金融监管》,吴志攀等译,中国政法大学出版社2003年版,第636页。

② [美]乔尔·塞利格曼:《华尔街变迁史——证券交易委员会及现代公司融资制度的演化进程》(修订版),田风辉译,经济科学出版社2004年版,第27~28页。

③ [美]乔尔·塞利格曼:《华尔街变迁史——证券交易委员会及现代公司融资制度的演化进程》(修订版),田风辉译,经济科学出版社2004年版,第27~28页。

④ [美]乔尔·塞利格曼:《华尔街变迁史——证券交易委员会及现代公司融资制度的演化进程》(修订版),田风辉译,经济科学出版社2004年版,第27~28页。

⑤ [美]哈威尔·E.杰克逊、小爱德华·L.西蒙斯:《金融监管》,吴志攀等译,中国政法大学出版社2003年版,第636页。

⑥ Charles R. Geisst, *Wall Street*: *A History*, Oxford University Press, 1997, p. 213.

之所以存在大量毫无价值的证券，正是源于投资银行抛弃了公平、诚实和谨慎的职业标准，而这些标准正是投资者在证券市场进行投资的保障。”[1]正如美国著名证券法学家托马斯·李·哈森所指出的那样，虽然1929年华尔街崩盘的根本原因是整体经济状况长期累积发展的结果，但证券欺诈发行的大量出现也不能忽视。事实上，在美国国会关于联邦证券法第一次立法听证会上，大量对全国经济产生灾难性影响的证券推销人的无耻行为之事例随处可见。[2]

（二）投资银行勤勉义务的正式确立

《美国1933年证券法》通过之前，证券发行说明书包含了“迅速致富”的承诺，但是公众对证券计划的进行，甚至连证券发行人的背景等有用的信息却知道极少。[3]“无赖们意识到：用证券的价值去欺骗别人要比用马去欺骗别人容易得多，而且操控虚假股票的价格也要比操控房地产价格容易。”[4]“帕克拉”听证之后，投资银行之前的行为模式已经不可避免被抛弃。通常，社会变化会引起法律变化。[5] 投资银行在1929年股灾中表现出来的不法行为，直接促成证券法规的制定。1932年以美国总统罗斯福为代表的民主党在竞选纲领中，主张对证券法进行改革：“我们有义务保证在各州之间进行销售的那些证券应该完全实现公开化，并应该提供充分的相关信息，同时与发行有关的任何基本重要信息都不应被掩盖起来，‘一经售出概不退换’的古老交易原则应该添入新的内容：‘销售者也应该小心从事’，这样

---

① David Ferber, “The Case Against insider Trading: A Response to Professor Manne”, *Vanderbilt Law Review*, 1970, 23, pp. 622 – 661.

② 参见［美］托马斯·李·哈森：《证券法》，张学安等译，中国政法大学出版社2003年版，第5页。

③ Thomas A. Halleran, Johnn. Calderwood, “Effect of Federal Regulation on Distribution of and Trading in Securities”, *Geo. Wash. L. Rev.*, 1959, 28(1), pp. 86 – 94. 同时，劳伦斯·斯隆在1929年大萧条爆发之前就美国一项主要大公司财务信息公开的调查表明，有关公司的财务报告“信息严重不足”，缺乏统一和有意义的解释。他甚至认为，在一些重要的方面，就是无论如何严厉地批评其滥用信息不对称也不为过。See Laurence H. Sloan, *Corporation Profits*, Harper & Brothers, 1929, p. 334.

④ ［美］弗兰克·B. 克罗斯、罗伯特·A. 普伦蒂斯：《法律与公司金融》，伍巧芳、高汉译，北京大学出版社2011年版，第152页。

⑤ 参见［美］J. H. 梅里曼：《“法律与社会发展研究”的特性》，俗僧译，载《比较法研究》1990年第2期。

充分揭示事实的义务就落到了销售者的身上，同时它也会促进诚实交易的做法，从而达到重建公众信心的目的。"[①]同时，在法学领域中，尤其以奥利弗·温德尔·霍姆斯和路易斯·布兰代斯为代表，他们对自然法学说提出了挑战，他们主张法律应当成为社会变革的工具，而法律应当以实用主义作为其哲学思想，他们的挑战反映了美国法律理论思想的转变。[②]

现在回头过来看，人们会清楚地发现：正是由于股灾的推动，美国人的政治观念由柯立芝总统所倡导的自由放任理念逐渐转向与罗斯福新政相关的监管革新的理念。在罗斯福的支持下，《美国1933年证券法》获得通过，目的就是让投资者能够作出有根据的投资决策，其既禁止"虚假陈述实质性事实"，也禁止省略"说明实质性事实、鉴于要说明的情况，有必要作出说明，而不是误导"。[③] 为了实现这个目标，《美国1933年证券法》第11条明确规定投资银行是对证券发行注册报告书承担责任的主体之一，并视材料类型的不同，履行程度不一的勤勉义务。随后的1934年，肩负"保护投资者，维护公平、有序和有效市场，并促进资本形成"[④]使命的美国证券交易委员会成立和《证券交易法》的诞生。《美国1934年证券交易法》在引言部分就明确指出："极端的投机恶化了公众的福利"，其结果是"联邦政府被迫做出的巨大牺牲就是加重国家的信用贷款负担"。至此，相对完整的投资银行勤勉义务制度得以全面建立，并在世界各国获得推广。

二、投资银行履行勤勉义务的内在诱因

（一）投资银行规避自身风险的需要

资本市场发展至今，证券发行制度主要有核准制与注册制两种，而且一个基本的趋势是注册制处于主导地位，核准制逐步向注册制过渡。实际上，

---

① ［美］乔尔·塞利格曼：《华尔街变迁史——证券交易委员会及现代公司融资制度的演化进程》（修订版），田风辉译，经济科学出版社2004年版，第52～53页。

② 参见［美］P. S. 阿蒂亚、R. S. 萨默斯：《英美法中的形式与实质——法律推理、法律理论和法律制度的比较研究》，金敏、陈林林、王笑红译，中国政法大学出版社2005年版，第208～217页。

③ ［美］理查德·斯考特·卡内尔、乔纳森·R. 梅西、杰弗里·P. 米勒：《美国金融机构法》（下册），高华军译，商务印书馆2016年版，第99页。

④ SEC, "What We Do", Accessed June 23, 2017. https://www.sec.gov/Article/whatwedo.html.

二者的界限越来越模糊，一些实行核准制的国家，比如中国，也宣称证监会的审核不代表对证券投资价值的判断。而且，无论在哪种体制下，都将原由监管部门享有的部分权力转移给中介机构行使，投资银行等中介机构的作用变得越来越大。在这样一种趋势下，毫无疑问，投资银行等资本市场的中介机构迅速得到发展壮大。但是机遇总是与风险并存，一旦发行人出现任何的风吹草动，投资银行往往首当其冲。法律上的责任姑且不论，舆论和民意的审判就足以使投资银行名誉扫地。但是，谁也不能保证发行人在证券发行过程中不会出现任何问题，如果任一问题的出现都要追究投资银行的责任或承担不利的后果，对投资银行而言显然是不能承受之重。

面对此种情况，对于投资银行最为有效的策略就是具有法定免责事由，即便是发行人出现了不法行为，只要投资银行能够证明在从事业务过程中，尽到了自己所应承担的义务，便不应再承担相应的责任。而这个法定的免责事由只有“履行了勤勉义务”最为合适。客观上来说，投资银行承担的风险也应适度，不能对整个行业产生阻吓效应，使外来者不敢进入或寻求转入其他行业，从而导致一个已经被实践证明社会所需要的职业的覆灭，而阻止这些后果的发生都有赖于投资银行勤勉义务制度的建立。

（二）投资银行商业机会的获取

事物总是有其自身的两面性，投资银行勤勉义务既可能是护身符，也可能是自身风险的来源，但同时意味着重要的商业机会。投资者的信心是资本市场得以建立且有效运转的关键，然而投资者信心极其脆弱，任何风吹草动都会对其有很大影响，并且很难恢复。鉴于此，证券立法的目的，就是用一种透明的方式，保证投资者对证券市场信心，继续在证券市场中进行投资。投资银行在证券市场之中，是一个处于投资者和发行人之间的中介机构，最主要的功能就是为需要融资的公司安排证券发行，同时也是证券市场有关发行人信息的主要来源。投资者在很大程度上就是信任投资银行提供的信息产品而继续留在证券市场中，如果其在提供信息产品过程中履行了勤勉义务，无疑会给其带来良好的声誉，所推荐的发行人也会获得更高的认可，进而可能会有更多的发行人与之进行合作。

反之亦然，投资银行不履行勤勉义务，在有效市场的情况下，必然会被贴上不道德的标签，进而以此绑定其所推荐的发行人。即便是不诚信的发行人,也不愿意与之进行合作。但投资银行不履行勤勉义务带来的后果显然不止于此,其更有可能伤及投资者的信心,进而会阻止投资者对证券市场进行投资,这个后果比其直接带来的损害严重得多。有研究表明:2000 年德国发生德国通信公司、Comroad 远程信息供应公司以及 EM. TV 公司不实陈述案后,越来越多的德国人放弃了更高回报率的股票投资转而购买低回报率的养老保险,德国在证券交易所持有股票的人数下降接近 200 万人(总量为 620 万人),导致德国许多小公司难以筹集到风险资金,从而降低了其国际竞争力,给德国的经济发展带来严重的负面影响。[①] 反过来,公司难以在资本市场获得融资后,发行上市的意愿就会明显降低,而这必然会使投资银行丧失更多的商业机会。

三、投资银行勤勉义务的反思

唯物辩证法认为:任何事物的发展都是前进性与曲折性的统一。投资银行勤勉义务的产生与发展因利益诉求的驱使和监管导向变迁,同样会周期性出现扩张与紧缩的交替更迭和循环往复。在 1929 年之后产生的《格拉斯—斯蒂格尔法案》《美国 1933 年证券法》和《美国 1934 年证券交易法》固然对保护投资者的利益起到了重要作用,但其建立的独立投资银行体系则为投资银行的进一步发展壮大提供了契机,同时也为投资银行的勤勉义务让位于利润的驱动埋下了隐患。特别是 20 世纪 80 年代以来,在芝加哥"自由放任"学派提供合法性背书的情况下,投资银行自身陷入了毫无节制追逐利润的状态,如贝尔斯登 CEO 就曾公开宣称他只雇用 PHD,但不是指高高在上的博士,而是贫穷(Poor)、饥饿(Hungry)和一心赚大钱(Desire of money)的人。[②] 而且承担对投资银行监管任务的 SEC 自身也在一定程度上迎合放松管制的主张,甚至放弃严格履行监管责任的立场。随后发生"安然公司案""世通公司案"等又再次将投资银行推到风口浪尖。

尽管《美国 1933 年证券法》明确规定了投资银行的勤勉义务,应当"合

---

① 参见[德]托马斯·M. J. 默勒斯:《欧洲资本市场法的新发展——从德国的视角》,申柳华、李海等译,中国政法大学出版社 2015 年版,第 33 页。

② 吴清、张洪水等:《美国投资银行经营失败案例研究》,中国财政经济出版社 2010 年版,第 75 页。

理调查”发行人在注册文件中所作出的陈述,但是在“世通公司”案中,投资银行 SSB 在 2000 年和 2001 年承销世通公司的两项债券发行中,仍然只是草草了事地进行“尽职调查”。审理世通公司集团诉讼案的美国联邦地区法院更是发现:SSB 在该案应履行的勤勉义务少得可怜,即“投资银行 SSB 在 2000 年的债券发行中履行了尽职调查义务的唯一书面记录就是其法律顾问格拉韦斯·斯威因和穆尔律师事务所(Gravath, Swaine & Moore)制作的备忘录,记录了从 5 月 15 日至 5 月 23 日所履行的尽职调查义务,其中记录的 5 月 17 日与世通公司首席财务官 Sullivan 的一个对话显示:在这个对话中 Sullivan 仅预测了世通公司 2000 年的增长率大约为 14%,2000 年债券发行的收益主要是用来偿还商业债务,同时指出世通公司面临着激烈的竞争,但是这样的竞争环境自 1999 年开始就是如此,其同时声明除了他在电话中谈到的问题,世通公司没有其他重大的问题”[①]。正如约翰·科菲所指出的那样,看门人在安然公司和世通公司案中履行调查义务草草了事,虽然没有积极参与欺诈行为,但是极其懈怠,似乎都戴上了眼罩。[②]

安然、世通等公司的相继破产,人们又再次质疑投资银行等中介机构在这些丑闻中所起的作用:我们的中介机构在哪里?为什么有这么多天才般的专业人员而没有一人……发出警告并制止欺诈事件的发生?[③] 正如美国 SEC 主席威廉·唐纳德森(William H. Donaldson)所说的那样,这些案件书写了美国商业历史上沉痛的一页,那些投资银行把牟取暴利建立在投资者信任的基础之上,但却最终背叛了这种信任。[④] “道高一尺,魔高一丈”,过于关注金融机构的利益诉求而忽视对投资者利益的保护,必然结果是破坏金融业赖以存在和发展的基础。2010 年 7 月 21 日,随着《多德—弗兰克华尔街改革和消费者保护法》(以下简称《多德—弗兰克法案》)的正式生效,美国对投资银行监管进入了一个新的历史阶段。

---

① In Re WorldCom, Inc. Securities Litigation, 308 F. Supp. 2d 214, 2004.

② 参见[美]约翰·C. 科菲:《看门人机制:市场中介与公司治理》,黄辉、王长河等译,北京大学出版社 2011 年版,第 62 页。

③ Donald C. Langevoort, “Where Were the Lawyers? A Behavioral Inquiry into Lawyers' Responsibility for Clients' Fraud”, *Vand. L. Rev.*, 1993, 46(1), pp. 75 – 120.

④ 金泽刚:《证券市场监管与司法介入》,山东人民出版社 2004 年版,第 121 页。

第三节 赋予投资银行勤勉义务的理论阐释

尽管法律服务于多个目标,但促进公民福祉是法与法律制度的核心旨趣,为了提高公民福祉的水平,可以通过施加基本义务和构建授权体制两种方式为行为人营造激励。① 对于投资银行而言,其作为一个私人主体,期待可以减少发行人与投资者之间的信息不对称,对其施加义务显然比对其授权更加可靠。

一、赋予投资银行勤勉义务的政治学基础

证券市场的发展历程已经证明了其存在严重的信息不对称,并因此而诱发了"道德风险"和"逆向选择"的问题。对证券市场进行必要的监管以避免产生类似的问题也已成为各国的共识,所不同的无非就是监管理念、监管主体、监管方式的不同,而这必然会涉及政府与市场及社会主体关系的处理。投资银行因其在证券市场的中介地位不可避免地涉及其中。换言之,谁也避免不了不受政治思维、政治导向的影响。

自文明社会以来,政府与市场以及社会主体的关系就一直处于焦点之中,并因此而提出了各种理论,力图定位或解决二者的关系,划定各自活动空间。有限政府理论最先尝试解决这一问题。有限政府顾名思义,政府的职能、权力是有限的,不能介入社会的方方面面。"有限政府理论"最早由洛克提出,其认为国家起源于"契约",经社会契约而产生的国家权力是有限的,人民在缔结契约时,并未将所有的权力都授予国家,只是将制定和执行法律的权力委托给国家。② 这意味着:政府享有的一切权力受制于法治,以人民同意授予为前提,且只能用于人民同意的目的。③

---

① 参见[美]乔迪·S.克劳斯、史蒂文·D.沃特:《公司法和商法的法理基础》,金海军译,北京大学出版社2005年版,第114页。

② 参见[英]洛克:《政府论》(下篇),叶启芳、瞿菊农译,商务印书馆1964年版,第3~77页。

③ 参见[美]路易斯·亨金:《宪政·民主·对外事务》,邓正来译,生活·读书·新知三联书店1996年版,第11页。

基于有限政府理念下所划定的行动空间，正是投资银行等社会组织得以存在发展的基础。随后，“瘦身国家”理论对有限政府理论作了进一步发展，对政府与社会组织的关系作出更为明确的指导。“瘦身国家”是指国家应退出大部分社会领域，相对于国家领域而存在的社会领域地位得到加强。[①] 具体而言，“瘦身国家”理论的核心在于划定政府与社会组织之间的功能定位，政府应该充分发挥社会组织的功能，将自身主要职责定位于保障公共服务与公共产品的提供，而不是亲自生产，即政府执行政策可以借助社会组织、企业等其他组织的协助。[②] 这样，就为其他社会主体留下了自由活动空间。

从中可以看出：无论是“有限政府理论”，还是“瘦身国家”理论，实质都是限制政府的权力，扩大市场主体的权力。证券市场属于一个显著信息不对称的市场，即便是再强大的政府，治理手段也会因信息不对称而受到严重影响。换言之，政府（决策机构）不具备亲自“实干”的能力，这种将治理与“实干”混在一起的做法只会削弱决策的能力，也意味着干蠢事，而且从根本上来说这也不是政府（决策机构）应该做的事。[③] 鉴于此，无论是实行注册制还是核准制的国家或地区，都在顺应历史的发展潮流，力图赋予证券市场中介机构更多的权力和职责，以彰显其是“有限政府”的美誉。

但是，人类的历史发展证明，尽管“有限政府”并不一定会带来低效，但仅仅只是“有限政府”显然不够，市场的作用并不完美，如果放任就可能产生不公正或低效率的行为。事实上，经济的成功取决于具备稳定的产权及公正的契约执行权利和不存在掠夺行为两个必要条件，而“强化市场型政府”是能够获得繁荣的关键，因为其能够运用权力去创造和保护私人产权并强制执行合约，且受到严格约束不能剥夺这些权利。[④]

金融所要服务的目标都源自民众，其存在是为了实现社会目标，并非

---

① 参见［德］乌茨·施利斯基：《经济公法》，喻文光译，法律出版社2006年版，第131页。

② 参见［美］戴维·H.罗森布鲁姆、罗伯特·S.克拉夫丘克：《公共行政学：管理、政治和法律的途径》（第5版），张成福等校译，中国人民大学出版社2002年版，第23页。

③ 参见［美］戴维·奥斯本、特德·盖布勒：《改革政府：企业家精神如何改革着公共部门》，周敦仁等译，上海译文出版社2006年版，第7页。

④ 参见［美］曼瑟·奥尔森：《权力与繁荣》，苏长和、嵇飞译，上海人民出版社2014年版，序，第2~3页。

"为了赚钱而赚钱"。① 但证券市场的行为主体就如人类本身一样,不可能人人都是天使,人的本性使证券市场不得不总要防范欺诈等风险。因此,在"有限政府"理念指导下应在赋予投资银行等主体更多的权力和职责的同时,也要建立"强化市场型政府"有足够的权力避免投资银行进行机会主义行为。如同小约翰·科菲教授曾经指出的那样,只有金融中介的自律与政府的强力管制二者的结合,才能真正促进制度变迁和经济增长。② 显然,赋予投资银行勤勉义务是最为有效的选择,以赋予投资银行承担勤勉义务方式加强自律,同时可依据所赋予的勤勉义务对投资银行的行为进行审慎规制,才能有效遏制其机会主义行为,增强投资者信心。

二、赋予投资银行勤勉义务的法律经济分析

信息既是证券市场得以有效运转的基础,也是证券市场面临的主要问题的根源。在证券发行市场,发行人比投资者拥有更多关于自身的信息是一种常态,由此而产生的信息不对称严重性达到一定程度时必然会导致逆向选择,即由于投资者缺乏必要信息判断发行人的真实价值,只能愿意以市场平均价格来支付,优质的公司因无法获得足够的认同而选择逐渐退出市场,只有质量较差的发行人愿意进入市场进行融资,结果是"劣币驱逐良币",资金不能转移到最具有生产效率的发行人手中,最终可能导致股票市场丧失资源配置功能。换言之,对于有效配置资金和优化投资者投资,精确的信息都是极其必要的,一个信息不真实、不充分或充满欺诈的世界,就是一个投资极少、容易误导的世界。③

证券市场作为市场经济的重要组成部分,具有市场的一般特性,不能寄希望于其能够自觉意识到其所产生的问题,更不能指望其自身能够解决所存在的问题。就像阿克洛夫(A. Kerlof)教授所说的那样,信息不对称一旦

---

① [美]罗伯特·希勒:《金融与好的社会》,束宁译,中信出版社 2012 年版,第 10 页。

② John C. Coffee, Jr, "Gatekeeper Failure and Reform: The Challenge of Fashioning Relevant Reforms", *Columbia Law and Economics Working Paper No.* 237, September 2003, Accessed October 11, 2007. http://ssrn.com/abstract=447940.

③ Frank H. Easterbrook, Daniel R. Fischel, "Mandatory Disclosure and the Protection of Investors", *Virginia Law Review*, 1984, 70(4), pp. 669–715.

达到严重程度,如果不采取行动来实现市场信息平衡,市场就有可能陷入崩溃。[①] 因此,要避免"逆向选择",必须设法缓解信息的不对称,解决这一问题无外乎有以下几种方式:一是政府生产信息;二是发行人主动传递信息;三是投资者搜寻信息;四是中介机构等第三方收集和验证信息。

(一)政府生产信息的可行性分析

诚然,直观来看,由具有较强公信力的政府来进行信息生产,直接发布发行人的各种信息,对于投资者而言是一个很大的福音。但现实中,任何一个政府都不具备类似的能力。首先,发行人与政府之间本来就存在信息不对称,信息主要存在于发行人内部,更为严重的是:政府面对的发行人数量是不确定的。如果任何一家公司的信息都依赖于政府亲自去收集,所花费的成本无疑是巨大的,对于任何一个受到严格财务预算约束的政府而言都是不可承受的。其次,由于存在社会分工,公司发行上市在任何一个国家都是一个专业性较强的工作,政府也不可能完全的"公司化"去聘用足够的专业人才,花费大量的时间去对一个拟申请发行上市的公司进行调查,如果必须完成"这个不可能完成的任务",则要么增加人员,但可能会行政成本巨大,机构臃肿;要么人为地缩短调查时间,但无法把控发行人质量,从而使政府生产信息失去意义。最后,历来绝大多数政府都是"站在办公室行使权威的",不会主动亲自去获取有关经济社会所有的信息作为国家手段的行为依据,其更加关注的是国家利益和社会利益,[②]要发现发行人可能存在的隐瞒和欺骗行为并不容易。

因此,即便是在不考虑政府被发行人"俘获"的情况下,基于对成本因素的考量,政府也不可能真正、全面掌握有关市场和企业的全部信息。正如哈耶克所指出的那样,"经济活动的信息存在于不同的个体,具有分散性和不完整性,中央计划者并不拥有全部的相关知识"[③]。故而,由政府进行信息生产,不仅不符合现代政府的主流趋势,也难以有效缓解证券市场的信息

---

① George A. Akerlof, "The Market for 'Lemons': Quality Uncertainty and the Market Mechanism", *Q. J. ECON*, 1970, 84(3), pp. 488 – 490.

② 参见邓辉:《论公司法中的国家强制》,中国政法大学出版社 2004 年版,第 97 页。

③ F. A. Hayek, "The Use of Knowledge in Society", *The American Economic Review*, 1945, 35(4), pp. 519 – 520.

不对称。

(二)发行人传递信息的可行性分析

发行人拥有的信息优势显而易见,在自身财务状况、经营业绩和未来现金流的分布情况等方面,发行人显然要比投资者更了解自己,甚至可以说是垄断了证券发行全部的信息。虽然各国或有关地区的证券法都建立了相应的信息披露制度,强制发行人自觉地进行信息传递,但"人们都希望有选择地透漏有关自身的事实,以此操纵他们周围的世界"①。因此,由发行人来进行信息生产至少不可避免会带来两个问题:一是"真实性""可信性"问题。无论企业如何标榜,真实性、可信性问题都不能靠"我说的是真的""反正我信了"之类的语言予以解决。因此,即使发行人提供了真实、准确、完整的信息,也不具备足够的能力使投资者相信其所提供信息的真实性和可信性。二是"利益冲突问题"。市场经济主体都有一定的"精致利己主义者"成分,进行的信息披露必然具有"自我服务"的意识,会依据自身的"能"与"不能"来实现其所达到的目的,将"不可行"变为"可行",即发行人在预期可能出现不利结果时,可能会隐瞒或遗漏相关信息,以此获得市场认可。

上述问题的不能避免,就决定了由发行人主动进行信息披露依然会带来严重的"逆向选择"问题,即质量较高的发行人无法通过主动传递信息与质量较低的发行人进行区分,即便提供了真实、准确的信息也是如此,而质量较低的发行人天然就有隐瞒信息的冲动,并由此获得较大收益。长此以往,证券市场上高质量的发行人会越来越少,受到损害的必然是证券市场和投资者利益。因此,对于一家拟进入证券市场的企业,通过发行人主动进行信息传递的方式,并不必然会增强自身的信用,投资者依然无法进行有效选择,证券市场配置资源的功能未能体现。

(三)投资者搜寻信息的可行性分析

对于投资者主动收集信息而言,由于自身不可解决的缺陷,所带来的问题甚至可能比发行人主动传递信息更为严重。

首先,投资者是更为明显的利己主义者,对成本与收益的衡量有着更高

---

①　[美]理查德·A. 波斯纳:《正义/司法的经济学》,苏力译,中国政法大学出版社 2002 年版,第 242 页。

的敏感性。理论上,处于信息劣势的投资者可以通过自身主动的搜寻行为获得大量的信息,甚至可能是比较完全的信息,但信息的搜寻是需要成本的。[①] 只要投资者认为搜寻信息的成本大于预期收益,就不会进行信息的收集来克服信息的劣势。在证券市场中,由于发行人信息构成的复杂性,投资者的支付能力甚至不足以支付获取信息所支付的代价。正如施蒂格勒所言:"只有极为少数的投资者能够承担得起从一无所知到无所不晓的整个过程所花费的信息成本。"[②]因此,对于绝大多数投资者而言,出于成本与收益的考量,极有可能不会进行搜寻信息活动。而且,如果对于每一个发行人而言,每个投资者都单独进行信息的收集或验证,无疑会造成资源的重复投入和浪费。

其次,由于投资者天然禀赋和偏好的不同,在投资者之间形成了新的信息不对称。在证券市场上,即便就单一的发行人而言,每个投资者由于先天禀赋和后天培养的不同,拥有的知识结构和分析判断能力都有所不同,即使面对同一个发行人,每个投资者获取的信息必然存在差别。更何况,在证券发行市场中,发行人不仅众多,而且所处的行业各异,经营状况和盈利能力参差不齐。即使个别投资者专业能力较强,也不可能横跨所有领域,也只是在自身的专业领域具有一定的相对优势,在其他领域仍然无能为力。此外,在同一个证券市场内,如果能力强就会获得更多的信息的话,无异于证券市场奉行的是胜者为王的"丛林法则",将会对能力弱或自认为是能力弱的人产生挤出效应,进而伤害维系证券市场有效运转的根本。另外,对于投资者而言,对投资对象都有所偏好,只会对其可能要进行投资的对象进行信息收集,对于其他则忽略不计,根本不能形成证券市场实际所需的共同信息。

最后,由于投资者无法完美地专享其独自调查所获信息带来的全部收益,生产信息的动能也不足。信息具有明显的公共产品属性,即便是投资者不对外公开其进行调查的成果,但其投资行为已足以表明其获得了大量信息,尤其是对于实力较强的投资者而言,纵使其多不愿意让他人知晓其获得

---

① 参见王俊豪:《政府管制经济学导论——基本理论及其在政府管制实践中的应用》,商务印书馆2001年版,第352页。

② George J. Stigler, "Imperfections in the Capital Market", *The Journal of Political Economy*, 1967,75(3),p.291.

信息的事实。对于已获得相关信息的投资者而言，排除他人分享信息要花费巨大成本，信息分享者数量增加却不会导致成本增长。① 因此，出于自身能力或成本的考量，一些投资者转而采取“搭便车”的方式，放弃对信息的收集，跟随其中一些投资者进行投资，以保证未来机会成本最低。如此一来，结果必然是“三个和尚没水吃”，都想让其他投资者支付成本来进行信息收集，最后谁也不生产，信息匮乏。

因此，基于“搜寻成本”“能力局限”和“搭便车”等情形的存在，使得在证券市场中，只有少数的信息能够得到验证。事实上，投资者主观上只想成为利益的消极接受者，不愿意亲自调查企业，而且由于投资者数量众多，其对某个发行人的调查可能只是重复别人的劳动。因此，由投资者所构建的监督体系蚕食了劳动分工所带来的好处，面临着诸多漏洞。② 因此，从本质上来说，投资者期望能够存在一个主体为其提供信息的收集和验证服务，从而避免各自进行单独、重复地搜寻，降低投入成本和投资风险。

（四）投资银行进行信息收集和验证的可行性分析

证券市场之所以出现，就是因为其自身能够解决信息的分散性问题，以统一的标准让投资者获得普遍性的信息。如前所述，无论是政府直接生产信息，还是发行人主动传递信息，或是投资者自己搜寻信息，不仅未能有效缓解因证券市场信息不对称引发的“逆向选择”等问题，反而可能引发新的不公正问题或加重原有的问题，甚至或多或少地在某种程度上破坏了证券市场内在的统一性和天然具有的品质。

矛盾解决的关键在于谁能够最大限度地保障大多数人的利益，解决最主要的问题。证券市场中主要矛盾的解决在于通过缓解信息不对称，平衡发行人与投资者的利益，而二者之间的矛盾并不能通过合约予以解决。现代金融中介理论认为：金融中介机构的主要功能是信息生产，金融中介具有信息生产的优势，主要源于具有专业的信息加工和信息处理的专门技术和人才，同时也能够解决信息生产过程中“搭便车”的问题和证券市场中的逆

---

① 参见［美］斯蒂格利茨：《经济学》，梁小民、黄险峰译，中国人民大学出版社 1997 年版，第 147 页。

② Frank H. Easterbrook, Daniel R. Fischel, “Mandatory Disclosure and the Protection of Investors”, *Virginia Law Review*, 1984, 70(4), p. 669.

向选择问题,并对发行人道德风险具有一定委托监控功能。[①] 信息经济学也认为:在一个信息不对称的市场中,建立专门的中介机构为供需双方来提供信息服务,有利于提高市场效率。[②] 因此,可以说投资银行的产生是对信息不对称、目标不一致、产权不清晰等这些复杂问题的反应。[③] "金融中介这一行业得以存在的最为基本的理由,在于其能够降低金融市场的交易成本。"[④]固然,投资银行的设立和运营都会带来巨大的成本,但相比每个发行人、每个投资者,以及政府所要付出的成本,仍然要小得多。具体而言,主要体现在以下几个方面:

(1)对于政府(监管机构)而言,投资银行的存在不仅使其能够实现成为"有限政府"的可能,更为其节约了大量的运行成本。至少,从形式上看,任何一个国家都不允许存在多个政府,但都会允许存在多个投资银行,这样的结构本身就足以使投资银行能够有效降低发行上市的整体成本。换言之,如果有人相比其他人能够以相对较低的成本观察到一个人的行为,让其行使监督的权力就可大量节约监督成本。[⑤] 而且,从事务的繁杂上来看,政府(监管机构)存在的目的显然不可能仅是进行信息获取这一项业务,而投资银行则能够表现出业务的单一性,在成本不能无限投入的情况下,投资银行所生产信息的质量要可靠得多。

(2)对于发行人而言,投资银行的存在避免了设立复杂且昂贵的信息验证措施。如前所述,证券市场以集中统一形式体现效率,投资银行的存在避免了发行人为了证券发行而建立相应的机构和配置相应的专业人员。如果任何一个发行人为了发行上市而需要组建相应的机构和聘用相关人员,不仅对任何一个发行人而言,成本都是极其昂贵,而且对整个证券市场而

① 参见秦国楼:《现代金融中介论》,中国金融出版社 2002 年版,第 54~55 页。

② 参见宋伟岩:《论证券市场法治化中的诚信原则》,吉林大学 2007 年博士学位论文,第 135 页。

③ 参见[美]阿兰·莫里森、小威廉·维尔勒姆:《投资银行:制度、政治和法律》,何海峰译,中信出版社 2011 年版,第 91 页。

④ Geore J. Benston, Clifford, W. Smith, Jr, "A Transaction Cost Approach to the Theory of Financial Intermediation", *Journal of Finance*, 2012, 31(2), pp. 215-231.

⑤ 参见张维迎、邓峰:《信息、激励与连带责任——对中国古代连坐、保甲制度的法和经济学解释》,载《中国社会科学》2003 年第 3 期。

言,也是极其的不经济,与证券市场建立的目的背道而驰。投资银行的存在则可将发行人因为发行上市所需支付成本分散于众多的发行企业和发行业务之中,因为作为一个专门的机构,能够重复进行发行上市业务,具有明显的规模经济优势。同时,投资银行作为证券市场重复交易者,所积累起来的声誉在一定程度上能够解决发行人主动传递信息所面临的“平均质量定价”问题,经投资银行给予信用增强的发行人能区别于其他的发行人,从而使发行人的品质能够表现出应有的价值,避免资本的错配。

(3)对投资者而言,由于投资者“集体行动”困境的存在以及自身能力的局限性,投资银行以其专业和技能上的优势,对同样信息产品的收集,所花费的成本较众多的投资者而言要低得多。而且,投资银行能够从信息收集和验证的过程中获取一定的收益,并将信息的搜寻成本通过发行人支付的方式隐性分散于众多的投资者当中,避免了“搭便车”问题的发生。

综上所述,由于政府、发行人、投资者谁也无法独自以较低的成本解决所存在的问题,此时,三者之间具有某种程度的一致性利益,都有动机去构建解决方案以克服困扰发行人与潜在投资者的缔约难题。[①] 由第三方(投资银行)进行信息的收集必然成为他们共同的唯一选择。实际上,人类社会的发展史也表明:当双方存在利益冲突不可调和时,比如作为“中立者”法庭的建立、“第三方”认证引入等都已经表明,引入第三方不仅是必要而且是可行的。引入市场中介可以在一定程度上降低交易成本,但随之而来的是:如何解决市场中介的代理问题?[②] 即投资银行在从事业务过程中,因其专业性和复杂性,所生产的信息产品具有“信任型”产品的特性,这种产品和服务的质量,使用前和使用后都很难对其质量进行检验和评价,即便是能够做出评价,成本也十分巨大。[③] 这样就使投资银行有很大的可能性实施机会主义行为,并由此而获得较大收益。尽管戴蒙德证明了即使考虑到

---

① Stephen J. Choi, Andrew T. Guzman, “Portable Reciprocity: Rethinking the International Reach of Securities Regulation”, *Southern California Law Review*, 1998, 71(5), pp. 941 - 942.

② Stephen J. Choi, “A Framework for the Regulation of Securities Market Intermediaries”, *Berkeley Business Law Journal*, 2004, 1(1), pp. 1 - 2.

③ Michael R. Darby, Edi Karni, “Free Competition and the Optimal of Fraud”, *Journal of Law & Economics*, 1973, 16(1), pp. 68 - 69.

金融中介自身可能存在的激励问题和代理成本因素,金融中介仍具有信息生产和监控的相对优势,可以解决事后的信息不对称。[①] 但显然,就任何一个国家而言,对于任何主体的机会主义行为,都是应尽力避免的。在现代法治国家的框架下,政府所采取的手段似乎只有赋予相关主体承担一定的义务,并对违反义务的行为予以一定的惩罚。因此,赋予投资银行承担勤勉义务就成为了必然的选择。

虽然法律制度一般通过公平公正原则来证明其制度设立的正当性,但是对经济学而言,正是交易成本的下降证明了法律制度和规则的正当性。公司法、证券法最主要的优势就是能够降低交易成本,其通过提供一套合理高效可预测的规则来强制执行交易义务,以及相对统一的违约条款,在很大程度上能够减少投资者交易成本。[②] 实际上,立足于降低证券发行成本的投资银行勤勉义务制度自身就能取得类似的效果。在美国就存在这样一种监管策略,通过对看门人的监管,能够使有限的执法资源发挥最大的威慑作用。[③] 也就是说,通过对投资银行赋予勤勉义务的方式,而不是直接控制"发行人"的行为,实现了对分散个体的有效监督,能够以最小的成本将机会主义行为降至最低程度。

而且,发行人与投资者之间的信息不对称通过事前的磋商或事后法院的执行都面临着巨大的成本,从而使发行人与投资者之间无法进行交易。同时,由于当事人之间存在信息不对称和金融自身所固有的风险及不确定性,任何想依赖未来情况并制定完备协议的做法都难以实现。[④] 通过赋予投资银行勤勉义务的方式,可将发行人与投资者之间的谈判成本内化为投

---

① 参见龚明华:《现代金融中介和金融市场理论:演进及前沿》,经济科学出版社2006年版,第30~31页。

② 参见[美]弗兰克·B.克罗斯、罗伯特·A.普伦蒂斯:《法律与公司金融》,伍巧芳、高汉译,北京大学出版社2011年版,第25~26页。

③ John C. Coffee, Jr., "Gatekeeper Failure and Reform: The Challenge of Fashioning Relevant Reforms". *Columbia Law and Economics Working Paper No.* 237, Accessed October 21, 2017. https://papers.ssrn.com/sol3/papers.cfm? abstract_id = 447940.

④ John H. Langbein, "The Contractarian Basis of the Law of Trusts", *Yale Law Journal*, 1995, 105(3), p. 658.

资银行的损害赔偿，使原本极高的交易成本转化为可以合理预见的预防成本。[①] 所以说，赋予投资银行勤勉义务是对发行人与投资者之间的事前磋商和法院事后执行的最佳替代方案，监管部门无须再通过对拟进入证券市场的每个发行人都严加盘查的事先监督方式，而是以阻吓的形式来实现法律的威慑作用。[②]

此外，投资银行作为证券市场的重复交易者，其特性在一定程度上能够解决证券市场信息的"可信性"问题。对于投资者而言，由于其无法了解投资银行是否坚持独立、公正的立场，所依据的信息是否真实、完整等，很难对投资银行所生产的信息产品的质量高低进行判断，进而也无法确定在多大程度上具有可信性。往往等出现问题时，才发现质量的优劣，但损失已经既成事实。由此，投资者的"信心"还需得到进一步的增强，最好是有人承诺其即使发生损失，也能够得到弥补。显然，由作为公共利益代表者的政府通过立法的方式对投资银行赋予勤勉义务，要求其勤勉尽责地对发行人进行调查并收集相关信息，及时准确地进行公布，否则将对其课以相关责任。这样的立法便将投资者对投资银行的"信任"变成了一种"商品"，一种可以预期弥补其损失的"商品"，并可作为在证券市场上进行投资的"可信赖的并值得信赖的靠山"。同时，也迫使投资银行不得不去管理那些令他们难熬的"利益冲突"。

著名法学家庞德曾强调："法的目的和任务在于以最小的牺牲和浪费来尽可能多地满足各种相互冲突的利益。"[③]因此，金融过程不再依赖人与人之间的私人信任关系，而是依赖于超越私人关系的，被哈耶克称作抽象规则的那种制度。[④] 投资银行作为证券发行市场最为重要的中介机构，通过对其施加勤勉义务，实际上就是选准了证券发行过程中交易成本最低而能够实现效应最大化的一环，即便是基于成本的控制无法对发行人进行有效

---

① 参见[美]罗伯特·D. 考特、托马斯·S. 尤伦：《法和经济学》，施少华、姜建强等译，上海财经大学出版社 2002 年版，第 245 页。

② 参见[美]弗兰克·伊斯特布鲁克、丹尼尔·费希尔：《公司法的经济结构》（中译本第 2 版），罗培新、张建伟译，北京大学出版社 2014 年版，第 92 页。

③ [美]庞德：《通过法律的社会控制——法律的任务》，沈宗灵译，商务印书馆 1995 年版，第 35 页。

④ 参见辜宏强：《中国股票发行监管制度研究》，经济管理出版社 2011 年版，第 3 页。

威慑的情况下，也能够通过对投资银行的约束有效阻止资本市场中的不当行为，从而保证证券市场资源配置功能的发挥。

三、赋予投资银行勤勉义务的法理支持

法律规范的形成，既取决于法理念，也取决于其所规范对象的性质。[①]证券发行法律关系是一个典型的一对多法律关系，区别于普通的一对一的民商事法律关系，这种法律关系因众多投资者利益的存在形成一种具有普遍性的利益，即社会公共利益。这就决定了对这种法律关系的调整排除了发行人与投资者简单地进行利益约定，唯有从社会本位出发，以立法的形式形成一种普遍使用的规范。但一项制度内容的构成，特别是一种义务的创设则需要一些特别的缘由，否则会形成新的不正义。赋予投资银行勤勉义务，至少在法律理念上存在这样的理由。

（一）权利义务对等的驱动

法哲学意义上的权利与义务的关系表现为结构上的相关关系、数量上的等值关系、功能上的互补关系。[②] 在经济法律关系中则主要表现为责任权利统一，即各主体所承担的责任、权力和利益必须相一致。[③] 从中可以看出，虽然权利与义务之间不存在绝对的平衡，但至少二者之间在结构上不能过度失衡、数量上差距较大、功能上错位。因此，对等是权利义务配置的一个基本法则。

在证券发行市场中，投资银行是联系发行人与投资者之间的桥梁，承担着将发行人信息有效传递给投资者的任务，投资者因其工作而对证券市场具备继续游戏下去“信心”，发行人因其工作而获得市场的认同并因此满足了融资需求，监管机构也因其工作节约了成本以此实现对证券市场有效的监管。可以说，投资银行的地位极其重要，一旦在执业过程中有所懈怠，必然使诸多利益受损。与此同时，投资银行因其地位而获得了巨大的收入，并因此成为金融行业“皇冠上的明珠”，人人趋之若鹜，但实际为投资银行执

---

① 参见黄茂荣：《法学方法论与现代民法》，法律出版社2007年版，第489页。

② 参见张文显：《法哲学范畴研究》（修订版），中国政法大学出版社2001年版，第338页。

③ 参见潘静成、刘文华主编：《经济法》，中国人民大学出版社2008年版，第75页。

业行为支付最终对价的却是投资者。此外,投资银行之所以重要,也与其长期形成之专业技能有莫大的关系。但是,无论何人,只要具备相应的职业技能,不管是否有协议对技能的运用进行约定,均应按法律运用一定程度的技能。①

正是由于这些人所取得的社会地位,社会公众不得不信赖他们,法律必须通过施加义务的方式确保这些人不会滥用社会公众对他们的信赖。② 因此,投资银行因其特殊地位而被赋予诸多职权,同时也给其带来特殊的财富,必然要求其在履行服务过程中承担相应的义务,本质上体现为权利义务的对等,即投资银行应承担勤勉义务才能与之所享有的职权和财富相称。③

(二)平等原则的必然

证券法的核心使命是:如何平衡证券法律关系中的强者与弱者、本人与代理人之间的利益关系。④ 在证券发行法律关系中,投资者与发行人、投资银行之间的关系是证券发行法律关系的主要方面,与发行人、投资银行相比,投资者无论是资金的掌有量,还是信息的占有量都处于相对弱势的地位。但是,证券市场建立与运行的资金基础的主要构成系来自于投资者的投资,如果投资者不进行投资活动,企业就不能获得融资,证券市场也不可能长期维持。换言之,在某种程度上,一个证券市场的存在显得有些不可思议,因为投资者通过支付给陌生人大量货币换取无形权利的价值,完全取决于发行人的诚信和投资者得到的信息质量。⑤ 因此,在发行人、投资银行一方掌握信息本身就超过投资者的情况下,如果未向投资者公开相关信息或

---

① J. A. Jolowicz, T. Ellis Lewis, *Winfield on Tort* (7th Ed.), Sweet & Maxwell, 1963, p. 6.

② Nicholas Rafferty, *The Tortious Liability of Professionals to Their Contractual Clients*, Issues in Tort Law, Edited by Freda M. Steel, and Sanda Rodgers—Magnet, The Carswell Company Limited, 1983, p. 246.

③ 我国学者周有苏、罗华兰也认为:证券法所以要对承销商规定尽职核查义务,主要是因为发行人的募集文件一般都是在承销商参与的情况下制作、完成的,承销的证券公司作为证券业内机构,对证券发行的技术规范和业务内容都比较熟悉,又从证券发行中直接获取经济利益。因此,根据权利义务对称的法律原则,承销商事前应当对发行文件进行认真的审查。参见周友苏、罗华兰:《论证券民事责任》,载《中国法学》2000 年第 4 期。

④ 参见刘俊海:《现代证券法》,法律出版社 2011 年版,第 578 页。

⑤ 参见[美]伯纳德·S. 布莱克:《强大证券市场的法律和制度前提》,洪艳蓉译,载《金融法苑》2003 年第 7 期。

者未经任何调查、核实相关信息就与投资者进行交易，是一种内在的不公平。

平等原则是法律的基本原则，向弱者适度倾斜是平等原则的重要内容。在证券资本市场同样如此。保护投资者，尤其是中小投资者，是证券立法和证券监管的一个基本的出发点。① 各国的立法莫不如此，其原因就在于证券市场要实现发展国民经济、共同富裕的目标，必须以人民普遍参与证券市场为基础，而这又取决于投资人相信其正当利益不会受到损害，证券市场的活动是公平公正进行的，为了防止投资者因受到不当行为的侵害，减损对证券市场公平性、公正性的信赖，而不愿意参与证券市场活动，使证券市场无法健全发展，对投资者保护予以特别的规范，有其必要性。② “给投资者予以特别的规范”就是平等原则的直接体现。但是，立法目的的实现有待于具体制度的支撑，否则等同于束之高阁的“权利宣言书”，提供心理安慰而已。证券发行法律关系中，要实现平等原则，关键在于必须使发行人、投资银行尽最大努力、最大限度谨慎地将其信息准确无误地传递给投资者，并针对投资银行、发行人发布不充分、不真实、不完整乃至错误信息的行为，预先设置补偿和惩罚机制。这种当且仅当赋予投资银行勤勉义务方可实现。

四、赋予投资银行勤勉义务理论间的关系

法律蕴含着一个国家数个世纪发展的故事。③ 这种“故事”既包含政治、经济等因素，也包含法律制度自身的发展规律。投资银行勤勉义务的出现是多重因素相互作用的必然结果，并不为某一理论就可充分论证。赋予投资银行勤勉义务的政治学、法律经济分析、法理学三个层面的维度分析本质上是贯通的，并不是割裂的领域，甚至可以说是递进的，相互促进的。具体而言，只有解决了投资银行存在的空间，才有赋予勤勉义务的可能；也正是因为有限政府的存在，投资银行承担勤勉义务才有交易成本最低的可能性。同时，也是由于赋予投资银行勤勉义务带来的价值，使其承担勤勉义务

---

① 参见吴敬琏：《改革：我们正在过大关》，生活·读书·新知三联书店2001年版，第256页。

② 参见林国全：《证券交易法研究》，中国政法大学出版社2002年版，第6页。

③ 参见［美］小奥利弗·温德尔·霍姆斯：《普通法》，冉昊、姚中秋译，中国政法大学出版社2006年版，第1页。

更加符合公平正义。简言之,政治上观念的变革是赋予投资银行勤勉义务的基础,经济上交易成本最低是赋予投资银行勤勉义务的价值所在,法律上公平正义是赋予投资银行勤勉义务的根本需求。

(一)"有限政府""瘦身国家"是投资银行承担勤勉义务的基础

在人类历史的发展过程中,政府更多的是以"全能政府"的面目出现,直至近代,随着经济的发展,以及洛克、孟德斯鸠、卢梭等思想家的大力倡导与宣传,"有限政府"的理念才逐步得到重视,并进而影响整个国民政治生活。"有限政府"的出现意味着国家与市民、市场之间有了明确的空间划分,亦即有了投资银行存在的可能。"瘦身国家"在"有限政府"的基础上更加予以明晰,直接阐明了社会组织能够协助或共同执行公共政策,社会组织在执行公共政策方面能够取得越来越好的效果,如同彼得·德鲁克所言:"单纯的行政命令式管理越来越会让人不满。"①作为一种制度安排,政府管制与社会组织的管理存在一定的相互关系,这种关系可能是互补的,也可能是互相替代的。

就证券市场而言,在"有限政府""瘦身国家"影响下,政府对于证券市场不当行为的监管权逐步让渡予投资银行。但是投资银行作为市场主体,市场经济对其逐利性的烙印使其行为经常会偏差于公共政策目的,偏离于"有限政府""瘦身国家"的主旨。因而,唯有通过对其施加"勤勉义务",投资银行才能够按照制度的目的最大限度地履行应有的职能。换言之,只有在"有限政府""瘦身国家"下,才有投资银行存在的空间,才有其承担勤勉义务的可能。同样,正是通过赋予投资银行勤勉义务,"有限政府""瘦身国家"的理念在证券市场才得以落实。

(二)降低交易成本是赋予投资银行勤勉义务的价值所在

法律经济分析的目的在于通过制度交易成本的分析来论证法律规则的正当性。② 如前所述,由于"有限政府""瘦身国家"的限制,在证券市场中政府直接进行信息生产并不符合现代国家的主流,且从成本上来说收集信

---

① [美]彼得·德鲁克:《公司的概念》,慕凤丽译,机械工业出版社2006年版,第78页。

② 经济分析法学认为:效率是以价值较大化的方式利用资源和获得满足,并认为所有的法律活动和全部法律制度,都蕴含一个基本目的,即有效地利用自然资源、最大限度地增进社会财富。参见张文显:《二十世纪西方法哲学思潮研究》,法律出版社1996年版,第209页。

息对于现代财政预算国家而言相对较高。同样,由发行人直接进行信息生产,既解决不了"真实性""可信性"问题,也解决不了"利益冲突的问题",只有建立复杂且昂贵的信息验证措施,发行人与投资者之间才会进行交易。投资者由于"搜寻成本""能力局限"和"搭便车"等因素影响,投资者无法甚至也不愿意进行信息生产,使整个市场交易成本巨大。因而,政府、发行人、投资者都不能以较低的成本解决证券市场信息生产的问题,但是规范有序的证券市场能为政府、发行人、投资者带来共同的利益,由投资银行承担信息生产自然成为三者共同的选择。

制度要使证券市场的运行达到最优,就要做到目标最优和途径最优。证券市场监管制度设计的目标最优是指最大化整个证券市场运行所有参与者的得益函数的加总的值达到最大;途径最优是指在进行证券监管的时候选择的监管工具能以最低的成本最好地实现最终的目标。① 由投资银行承担信息生产的职能,虽然较政府、发行人、投资者而言,成本相对最低,但是投资银行中介市场的信息不对称却限制了其发挥保证披露质量,从而减少证券市场上的信息不对称这个作用的能力。② 解决办法就是赋予投资银行勤勉义务,将较高的交易成本转换为预防成本(投资银行违反勤勉义务的赔偿),从而有效控制投资银行的机会主义行为,这也是赋予投资银行勤勉义务的价值所在。

(三)"权利义务对等""平等原则"是赋予投资银行勤勉义务的根本要求

公平正义是法律制度所应追求且应当具有的最高价值,其通过"权利义务对等""平等原则"等来实现。在证券市场中,投资者相对发行人、投资银行处于一个相对弱势的地位,投资银行、发行人能够轻易地利用信息优势对投资者利益造成损害。虽然基于"有限政府""瘦身国家"以及交易成本的考量,投资银行进行信息生产具有可行性和必要性,但是投资银行进行信息生产也会受到其作为"经济人"的影响,且现代法治的一个基本倾向是保

---

① 参见赵岗、朱忠明、王博林:《中国证券业监管发展与改革研究》,中国发展出版社 2015 年版,第 28 页。

② 参见[美]伯纳德·S. 布莱克:《强大证券市场的法律和制度前提》,洪艳蓉译,载《金融法苑》2003 年第 7 期。

护弱者利益,要求追求效率价值的同时不能伤害公平正义。规则的制度优势在于精准和确定、公平和统一、可预测性和透明性。① 欲将投资银行在信息生产过程中所具有的效率价值蕴含公平正义的因子,必然对投资银行施加某种义务,让投资银行与投资者的利益处于一个相对平衡且向投资者倾斜的状态。显然,这种义务就是勤勉义务,明确告知投资银行,什么样的行为才属于被认可的行动,或者说投资者可以依据他们就可行使相应的权利。

综上所述,赋予投资银行勤勉义务是政治、经济、法律等多方面因素综合的结果,三者之间的共同追求促成投资银行勤勉义务的产生,投资银行承担勤勉义务既符合现代国家基本政治理念,也能够显著降低交易成本,更契合公平正义的价值追求。

本章小结

无疑,认为投资银行勤勉义务是一种信托义务(注意义务),更加有利于投资者保护,证券市场的发展历程也证明了这一点。赋予投资银行勤勉义务是证券市场历史发展的必然,这种必然包含了多重因素,甚至也不仅仅是证券市场本身,从政治学、法律经济学、法理学三个维度进行的阐释都说明了这一点,赋予投资银行勤勉义务既是有限政府的要求,也是交易成本最低实现信息生产最真实完整效应使然,更是权利义务对等与平等原则的驱动。证券市场的长远发展取决于能否给投资者适当的保护,而这又取决于投资者能否了解公司商业价值的充分信息和不会有人骗取他们的投资。如果这两个条件能顺利实现,一个国家就具备了构建一个可供成长中公司融资的富有活力的证券市场的可能,尽管并一定能够建立起这样的市场。② 赋予投资银行勤勉义务就是这样一种尝试,明确向投资者宣示:你所了解到的信息投资银行已经尽力获取或验证,而且即使轻易地被骗也不会没有补

① John C. Coffee, Jr., Hillary A. Sale, "Redesining the SEC: Does the Treasury Have a Better Idea?", *Virginia Law Review*, 2009, 95(4), p. 751.

② 参见[美]伯纳德·S. 布莱克:《强大证券市场的法律和制度前提》,洪艳蓉译,载《金融法苑》2003 年第 7 期。

救的方法。

不可否认，即便赋予了投资银行勤勉义务，也不能够完全保证信息的准确或者完整，因为“法律没有办法可用以强迫一个人做到他力所能及的优良程度”①。而且，任何机制都不可能是完美的，或多或少地都存在各种各样的问题。即使是在权利保护最好的社会里，投资银行的不法行为也可能而且确实经常发生。但是，不能否认的是：至少赋予投资银行勤勉义务极大地增强了传递给投资者信息的准确性，而且法律上要求其应成为“一个勤勉的人”比起成为“一个普通的人”，显然更能够让人值得相信，这一点对证券市场的存在与发展尤为重要。

此外，投资银行存在的一个目的就是通过勤勉尽责地调查、核实、验证等行为筛选出优质的发行人，将劣质的发行人阻挡在证券市场之外，从而提高证券市场的质量。但是，投资银行已经被证实有自己的偏好，而且在发行人的压力面前特别脆弱。如果是在一个有泡沫的市场里，更容易降低尽职调查和职业标准。但是，它们仍然不可或缺，因为有些时候，投资者自己无力承担这些行家里手承担的核实和评估任务。② 我们必须面对这个现实，可行的办法就是通过赋予其勤勉义务，降低其实施机会主义行为的可能性。因为，对人类本性的支配，过去是，现在也是通过人们对每个人所施加的压力来保持。③

① ［美］富勒：《法律的道德性》，郑戈译，商务印书馆2005年版，第7页。

② 参见［美］小约翰·科菲、希拉里·塞尔：《重构美国证监会：财政部有更好的主意吗?》，辛亚杰译，载《比较》2009年第1期。

③ 参见［美］庞德：《法理学》（第3卷），廖德宇译，法律出版社2007年版，第6页。

第二章　投资银行勤勉义务的判断标准

投资银行勤勉义务的判断标准如何界定是一个极其复杂的问题，若标准过高，投资银行无论如何努力都不能够达到，不仅会给投资银行带来较重的责任，甚至可能使投资银行放弃勤勉的努力或选择退出，伤及整个行业的发展。标准过低的危害更加显而易见，不仅会助长投资银行的懈怠，更是直接伤及投资者的信心，影响证券市场的有效运转。从历史发展来看，投资银行勤勉义务的判断标准很多时候总是表现出更加靠近某一方的趋势，而不是处在二者的中间。因为证券市场总是避免不了受某种思潮的影响，当然各利益团体的游说也不可忽视。因此，多数时候总是有一方占据了上风，但是也表现出“价值规律”般的特性，一方总是围绕另一方在上下跳动，始终没有偏离太远，这一点美国相关立法与实践表现得特别明显。

第一节 投资银行勤勉义务判断标准的本质与作用

一、投资银行勤勉义务判断标准的本质探源

“法者,天下之仪也。所以决疑而明是非也。”①投资银行勤勉义务制度一旦确立,其制度的价值就是在于为投资银行提供一个行为规范,为司法机关提供裁判的标准,为投资者提供请求的依据。因此,投资银行勤勉义务的判断标准不能宽泛到谁都可以随意宣称其已经履行了应尽的义务,否则便失去存在的意义。因而,投资银行勤勉义务制度的内涵也必然蕴含着如何判断投资银行是否已经履行勤勉义务的问题。如何判断投资银行是否履行或完整履行了勤勉义务就成为重中之重。我国也有学者认为:追究专业人士的法律责任,判断其“是否勤勉尽责是第一要求”,②或“应以是否违反勤勉尽责义务作为判断虚假陈述行为是否具有违法性的标准”③。因此,投资银行勤勉义务判断标准的本质就是投资银行在执行业务过程中履行勤勉义务的程度,是判断投资银行是否履行勤勉义务并承担责任的尺度和基本依据,是对投资银行勤勉行为及其法律后果的评价标准。目的在于促使投资银行在履行职务过程中呈现出应有的勤勉与注意,为投资者提供准确、完整的信息,以维护投资者的利益。具体而言,其本质主要体现在以下几个方面。

(一)投资银行勤勉义务判断标准是投资银行的行为标准

投资银行勤勉义务判断标准的建立,根本的目的肯定不是为了在投资者出现损失时追究投资银行的责任,而是通过督促投资银行认真履行勤勉义务来保护投资者利益。尽管投资银行勤勉义务判断标准具有事后评价的特征,但判断投资银行是否尽到了合理勤勉义务时,不能够做“事后诸葛

① 姜涛:《管子新注》,齐鲁出版社2006年版,第383页。

② 彭冰:《中国证券法》,高等教育出版社2005年版,第464页。

③ 程啸:《证券市场虚假陈述侵权损害赔偿责任》,人民法院出版社2004年版,第226页。

亮”,或从事后出现的不当行为的结果来探询,而是必须要回溯到投资银行进行执业行为时的情境中。虽然证券监管是一个相对专业化的领域,这在一定程度上也意味着:结果解释在证券监管领域比其他领域更具有优势。[①] 但是,采用结果责任是一种由于人们无法确认损害事实背后所隐藏的深层次原因而采取的一种简单的方法。[②] 只有在具体情境中投资银行不按照勤勉义务的标准执行业务行为,其才变成为追究投资银行责任的基本依据,但也并没有否认投资银行勤勉义务判断标准作为一种事前行为标准的本性。因为作为一种判断标准,天然地涵盖了是非判断,事后司法或执法裁量时,必然以标准为依据,这反而说明了投资银行勤勉义务判断标准是一种事前的行为标准,而不是以事后结果进行判断。

(二)投资银行勤勉义务判断标准是普适性的标准

任何一个国家的证券市场,都存在为数众多的投资银行,在规模、声誉、经营能力上面存在较大的不同。在现代国家法治体系下,不可能根据各个公司的不同逐一规定投资银行的各自勤勉义务履行标准,这既不符合法律所固有的特性,也违背基本的公平正义原则。只能根据投资银行业内均可接受的业务能力及公众的期望进行平衡后确定一个具有普适性的法律标准,为投资银行是否已经达到法律或公众期望的要求提供一个方向。如同霍姆斯指出的那样,法律标准并不会因个人的特殊性而不同,其所考虑的是一般人的智力和谨慎程度,是一般适用的标准。[③] 而且从其他国家的实际来看,尤其是证券市场最为发达的美国,其投资银行勤勉义务的判断标准,都是在对一个又一个的投资银行行为进行判断的过程中逐渐形成的,并成为后续投资银行是否履行勤勉义务的判断标准。

(三)投资银行勤勉义务判断标准是抽象与具体的结合体

作为普适性标准,因其是对投资银行勤勉义务履行行为共同特征的一般归纳,表述了投资银行勤勉义务履行要求的基本原则,必然具有抽象性的

---

① James M. Landis,“A Note on ‘Statutory Interpretation’”, *Harvard Law Review*, 1930, 43(6), pp. 886 - 893.

② 参见陈婉玲:《经济法责任的归责原则》,载《政法论坛》2010 年第 6 期。

③ 参见[美]小奥利弗·温德尔·霍姆斯:《普通法》,冉昊、姚中秋译,中国政法大学出版社 2006 年版,第 94 页。

特征。但是，无论是对投资银行，还是对投资者而言，过于抽象的标准必然会带来无所适从，有时可能会带来过重的责任，或是会带来过轻的责任，这种不确定性也是法律所尽量避免的。诚如德国学者所言，勤勉义务的标准应当按照其最典型的特征来确定，既取决于一般情况下对相关知识和精力投入的要求，又取决于在特定情形下对相关知识和精力投入的正常要求。①德国学者虽然说的是董事勤勉义务的判断标准，但是投资银行勤勉义务判断标准也不例外。抽象的标准并不能很好引导投资银行全面合理地履行勤勉义务，也不可能成为执法部门或司法机关确定投资银行是否履行了勤勉义务的唯一依据。实际上，抽象标准本身就包含具体情况具体分析的内容。由此，为了更好引导投资银行履行勤勉义务，一般都制定了投资银行勤勉义务履行的具体规则，即便是在判例法国家，如美国，法院在审理投资银行勤勉义务案件过程中，也总结出类似案件应该注意的基本因素（本章第二节对将此进行详细论述）。

二、投资银行勤勉义务判断标准的作用解析

（一）弥补投资银行行为规则的漏洞

"合抱之木，生于毫末。"②既然是标准，必然是原则性和导向性的，并具有抽象性兜底条款的特性。法律本来就具有滞后性的特征，为了解决因此而出现的法律漏洞，无论是法哲学层面，还是在具体的立法中，都提及一般法律原则或标准的作用，以此作为行为或裁判的一般准则，以保证法律的完整性和权威性。因而，在适用法律过程中，即使未有具体的规则，也可依据所确立的投资银行勤勉义务判断标准进行判断。

即便抛开法律的滞后性不说，基于人的理性的限制，具体法律规则也很难说自身已经达到一个完美的程度。面对复杂的证券发行市场，新类型的违法行为层出不穷，不能指望一项法律规定就调整所有的违法行为。但实际上，违法行为的动因"万变不离其宗"，主观上必然表现为要么是故意，要

---

① 参见［德］托马斯·莱塞尔、吕迪格·法伊尔：《德国资合公司法》（第3版），高晓军等译，法律出版社2005年版，第162页。

② （春秋）李耳：《道德经》（第六十四章），金盾出版社2009年版，第57页。

么是过失，在形式上则为“一个诚实与正直的人”都知道其行为是否适合，或至少是不那么道德或正义的。一个抽象的投资银行勤勉义务判断标准必然蕴含这样的内容，这样就赋予法院一个灵活的裁判形式，使其可以在各个具体情况下，较好地发挥拾遗补缺的功能，填补因证券法律规则的僵硬性和滞后性而造成的法律上的空白，从而避免严格僵硬地适用具有确定性的法律而导致不公平。

实际上，如果缺乏抽象性的判断标准，就有可能带来法律规则的机械性适用，放弃基本的职业判断，从而背离立法的本意。例如，在安然公司案中，安达信首席执行官乔·贝拉尔迪诺就明确宣称：“会计准则并没有要求披露隐藏在特别目的实体的风险和损失，安达信无权迫使客户对此予以披露，不能要求客户遵循更高的标准。”[①]在这样的理念驱动下，最终导致安然案的发生。反之，美国证券立法中的10(b)－5规则是这方面的经典范例，从规定来看，并无明确的具体内容，但其所表述的禁止一切欺诈行为、保护投资者利益的内涵，使美国法院能够对该条款进行合理的解释和适用，从容应付个案中的各种事实，并由此形成了美国灵活弹性而内容丰富的反欺诈判例体系。[②] 甚至被认为：像这样的条款在美国证券法典中很难找到第二个例子，其通过立法与司法的互动从一无所有最终长成参天大树。[③] 这个规则在遏制证券市场欺诈方面起到了重要的作用。

因此，基于投资银行勤勉义务判断标准能够弥补法律规则漏洞的特性，如果对其的确定充满立法的艺术和智慧，极有可能在一个心不在焉的瞬间创造出名垂青史的经典，从“一个立法的小橡果成长为司法的大橡树”[④]。

（二）明确投资银行的行为边界

法律的一个重要作用是指引人们的行为。投资银行勤勉义务在很大程

---

① 葛家澍、黄世忠：《安然事件的反思：对安然公司会计审计问题的剖析》，载《会计研究》2002年第2期。

② Jennifer O'Hare, "Director Communications and the Uneasy Relationship between the Fiduciary Duty of Disclosure and the Anti－Fraud Provisions of the Federal Securities Laws", *University of Cincinnati Law Review*, 2002, 70(2), pp. 475－530.

③ 参见[美]路易斯·罗思、乔尔·赛里格曼：《美国证券监管法基础》，张路等译，法律出版社2008年版，第683页。

④ 美国首席大法官Rechnquist语。See Blue Chip Stamps v. Manor Drug Stores. 421 U.S. 737, 1975.

度上表现为一种积极肯定的义务，主要是要求投资银行进行积极的作为，多体现为能力上的要求。但是基于各种限制，任何人都不可能做到无限度的努力，事实上法律也无法强迫任何人达到一种理想的优良程度。如果缺乏投资银行勤勉义务的判断标准，投资银行很有可能陷入无穷尽的信息搜寻工作中，而且无论如何勤勉、谨慎，最终可能都避免不了需要承担责任。此外，由于判断标准的缺乏，也可能导致投资银行在执业过程中即便消极行事，也能取得想要的结果。因此，投资银行勤勉义务判断标准的确立，规定了履行勤勉义务应达到的底线，让投资银行知晓其应当达到的努力程度，相当于给投资银行确定一个基本的行为边界，转而促进投资银行提高自身业务技能和道德素养，约束投资银行不当行为的发生。

而且，投资银行勤勉义务判断标准由于其抽象性的特点，一旦得以确立，会表现出高度的稳定性。例如，普通注意义务上的“理性人”标准，其本质内涵就未曾发生过较大的变动。这对于投资银行而言，无论具体规则发生何种程度的变化，只要执业过程秉承一般的判断标准，如同人类内心秉承诚实与善良的信念行事一样，就不会超出良法所界定的基本框架，为投资银行行为提供一个良好的边界。

（三）合理区分投资银行的责任

既然是判断标准，必然需要对“是非”“对错”以及“责任归属”进行区分。因而，投资银行勤勉义务的判断标准就成为证券法中用以平衡责任承担的重要调节手段：既防止投资银行承担过重的责任，又能够让投资者得到合理的补偿。对于投资银行与投资者而言，如果投资银行在业务活动过程中，严格遵循投资银行勤勉义务的各项规则，即便是投资者遭受损失，也不能主张投资银行承担相应的责任，应当由投资者或其他有责任的主体承担相应的责任。反之，如果因证券发行的任一行为而使投资者遭受损失，投资者都可寻求投资银行承担相应的责任的话，不仅对投资银行本身不公平，而且也背离了金融的本质，金融本身就具有风险分散的功能，投资者也需要承担相应的投资风险，何况即便是“保险”都存在一定的免责事由。在一个合理制度中，权利义务的平衡应成为一种常态，即便是倾斜保护，目的也是为了平衡，而不是“矫枉过正”。

因此，尽管投资银行勤勉义务制度的设立目的就是防止投资银行的不当行为给投资者利益带来损害，但绝不是为投资者提供保证，保证投资者所受的损失都能够得到弥补。而这有赖于投资银行勤勉义务判断标准的确立，如果缺乏必要的判断标准，勤勉义务制度本身就是投资者寻求投资银行承担其投资损失的一个重要借口，即便是不成功，频繁的诉讼也会使投资银行不厌其烦。从这个层面上来说，投资银行勤勉义务判断标准对风险与责任进行了合理分配。

第二节　投资银行勤勉义务判断标准的分类及评析

无论是美国、英国及我国香港特区，还是德国、日本等都对投资银行勤勉义务的判断标准有所规定，只是由于英美及我国香港特区的证券市场比较发达，在长期实践中形成了相对较为完善的判断标准，德国、日本等国家受其影响较大，甚至在某种程度上，德国、日本的投资银行勤勉义务判断标准只是英美等勤勉义务判断标准在该国的复制演绎。具体而言，无论是德国、日本，还是英美及我国香港特区，投资银行勤勉义务的判断标准主要表现为“谨慎人”判断标准和“理性人”判断标准。

一、“谨慎人”标准的内涵界定、作用分析及形成探因

美国证券立法深受信托制度的影响，投资银行勤勉义务的产生与履行同样源于“一种我们不能不称之为协议的东西”①，有着深刻的道德渊源。美国信托法在继受英国信托法初期，受托人行使投资权的谨慎投资义务标准遵从的是“法定名录规则”，即受托人的投资对象只能是名录规定的对象，其实主要就是政府债券和银行证券。但是，在19世纪初期，美国的投资市场并不像英国如此发达，缺乏像英国一样安全的政府债券和银行证券这种稳定的投资对象。如果一直严格执行“法定名录规则”，美国的信托投资实践将受到严重影响。至1830年，美国马萨诸塞州 Harvard College v. Amory 案对“法定名录规则”进行了突破，确立了“谨慎人”标准，即受托人

① [美]约翰·H.兰贝恩：《信托法的合同基础》，何美欢译，载《清华法学》2004年第1期。

对投资对象的判断，不是为了投机的目的，而是按照一个谨慎的、聪明的人是如何管理自己的事务进行投资，如果受托人足够谨慎且运用了良好的判断，则能够进行任何投资。①《美国信托法重述（第2版）》将 *Harvard v. Amory* 案的规则概括为：谨慎人对待自己利益的注意标准，并在174条中规定客观的谨慎标准要求受托人“运用一个普通谨慎的人管理自己的财产所用的小心和技能，为受益人管理信托财产”。② 该案标准确立以后，“谨慎人”标准与“法定目录”规则仍然并行使用，直至20世纪20年代末30年代初美国陷入经济大萧条，各界在反思经济危机产生原因的过程中，普遍认为中介机构的道德沦丧是经济危机出现的一个重要原因，要求相对更为严格的“谨慎人”标准才得以广泛使用。

在美国经济大萧条时期，因证券市场上投资银行为了追求盈利而丧失道德底线的行为相继被揭发和暴露，引起了投资者愤慨。为了加强对证券市场的监管，这种衡量信托受托人在管理、处分信托财产时必须尽到一个正常人像处理自己的财产一样管理、处分信托的谨慎义务标准随之被用于投资银行。“谨慎人”标准既体现在成文法中，也体现在具体的判例中。具体而言，主要体现在《美国1933年证券法》第11条，同时SEC制定的《第175号规则》《第176号规则》《第415号规则》中对第11条进行了补充和发展，美国法院则通过判例对其内涵作了更深层面的阐释。

根据《美国1933年证券法》第11条（b）款之规定，投资银行就登记说明书中不是根据专家意见编制的任何部分，只要投资银行进行合理调查后有合理理由相信，而且也确实相信，这些部分生效时，其内容是真实的，没有遗漏重大事实，也没有遗漏导致误导的事实，就不应当承担相应的责任；对登记说明书中根据专家（除他本人以外）意见和官方意见所编制的任何部分而言，投资银行有理由相信，而且确实也相信，这些部分生效时，其内容是真实的，没有遗漏重大事实，也没有遗漏导致误导的事实，也不需要承担相应的责任。因此，对非专家意见采用的是合理调查标准，对专家意见和

① 参见余辉：《英国信托法：起源、发展及其影响》，清华大学出版社2007年版，第185～186页。

② Restatement of Trusts (Second), § 174 (1959).

官方意见适用的是合理信赖标准。而且一般情况下,合理信赖标准只适用于经审计的财务报表的虚假陈述或遗漏;如果虚假陈述或遗漏出现在招股说明书的其他地方,则应适用于更严格的合理调查标准。①

对于何为专家,《美国1933年证券法》第11条并没有给予明确的定义。但根据《美国1933年证券法》第7条规定,一般认为会计师、工程师、评估师或其他因其职业关系而使其陈述有权威性的人均为专家。② 在实践中,只要查阅注册报告书中的"专家"部分,就可知晓该次证券发行那些机构构成了美国证券法中所言明的专家。但是,发行人或投资银行的顾问律师即便是参与了编制发行证券登记说明书的大量工作,也不能认为是第11条项下的专家。同时,为了进一步明确什么是"合理调查"或者"合理信赖"中的"合理",《美国1933年证券法》第11条(c)款言明:判断是否构成合理调查或有合理理由相信,其标准是"一个谨慎的人管理自己财产时所应达到的标准"。简言之,《美国1933年证券法》第11条所确立的投资银行勤勉义务判断标准为"谨慎人"标准,同时亦表明"谨慎人"标准包含了"合理调查"和"合理信赖"两个标准。

值得注意的是:尽管美国在联邦法层面针对不同的材料类型,规定了不同程度的勤勉义务,但是无论是"合理调查",还是"合理信赖",或者"谨慎人",这些均是高度抽象的概念,在适用过程中,往往让各方主体无所适从。也就是说,《美国1933年证券法》只是提供了一些最基本的指导。鉴于此,美国联邦法院和SEC从不同的层面展开了努力。

(一)SEC层面对投资银行勤勉义务判断标准的阐明

1.在执法层面

SEC在1963年有关Richmond公司的停止登记令(Stop order)程序中,

---

① William K. Sjostrom, JR, "The Due Diligence Defense under Section 11 of the Securities Act of 1933", *Brandeis Law Journal*, 2006, 44, p. 19.

② 《美国1933年证券法》第7条关于"注册报告书中所需要提供的内容和资料"中规定:"如果任何会计师、工程师、鉴定人或那些职业赋予他权力可这样做的人因准备或核实注册报告书的一部分,或是因准备或核实与注册报告书有关的一份报告或评价书被列入名单,必须有该人的一个书面同意字据与注册报告书一起提交存档。"

第一次确认了投资银行对发行人独立核查责任。① 在该案中，投资银行未实地调查发行人的资产情况，也没有对公司的信用状况进行核查，而是完全依赖发行人 Richmond 公司管理层提交的资料和陈述。SEC 认为：投资银行参与推荐证券发行的行为表明其应承担一种合理调查的积极义务，仅依赖发行人管理层陈述所进行的有限调查行为不能说明其已经尽到了勤勉义务。②

2. 具体规则制定方面

《美国 1933 年证券法》实施以来，如何判断构成第 11 条项下的"合理调查"和"合理信赖"就一直困扰着整个投资银行业。但各界一直拒绝做出明确指示，如美国全美承销商协会，也一直拒绝制定一个全行业统一谨慎标准的建议，其认为制定一个统一的标准将会不合理地限制一个可能具有效率的选择，可能会使合理的变更导致责任，可能会使一个在诉讼中的抗辩变成一个确定性的义务。③ 但 1981 年 SEC 还是通过了"可影响对是否构成《美国 1933 年证券法》第 11 条项下'合理调查'和'有合理理由相信'判断的考虑因素"的 176 规则，即在判定一个人的行为是否构成满足第 11 条(c)款所述标准的"合理调查"或者"有合理理由相信"判断时，以下相关因素应被考虑在内：(1) 发行人的类型；(2) 证券的种类；(3) 该等人士的类型；(4) 当该人是经理时，其职位如何；(5) 当该人为董事或被提名董事时，与其发行人之间存在或不存在其他关联关系；(6) 对经理、雇员或其他因职责可以知晓特定事实人员的合理依赖(取决于该特定人员与发行人和申报有关的作用和职责)；(7) 当该人为承销商时，承销的类型、作为承销商的特定人的作用，以及与注册有关的其他可获得信息；以及(8) 对于通过批注方式加入的事实或者文件，该特定的人是否在申报时对新增批注的事实或文件负有责任。④

---

① 参见胡华勇：《投资银行的尽职调查责任：美国联邦立法及判例》，载《保荐业务通讯》2010 年第 1 期。

② In re The Richmond Corp. ,41 SEC 398 ,1963.

③ 参见耿利航：《中国证券市场中介机构的作用与约束机制——以证券律师为例证的分析》，法律出版社 2011 年版，第 228 页。

④ 中国证券监督管理委员会编译：《美国〈1933 年证券法〉及相关证券交易委员会规则与规章》，法律出版社 2015 年版，第 307 页。

虽然176规则是为了回应投资银行的关切而通过,但是176规则没有达到投资银行所希望能达到的程度,它没有为尽职调查程序建立一个安全港,也没有真正解决投资银行的主要关切问题。如同弗兰克·帕特诺伊所指出的那样,"这个规则如同 *Escott v. BarChris Constr. Corp* 案一样宽泛,并没有什么实质意义"①。为了回应投资银行可能对所提交的文件承担潜在责任的担忧,SEC指出任何错误或遗漏,先前在注册登记中提交的文件都可以进行改正。而且基于现实的考量,不是所有的投资银行在业务过程都能够按照这样的方式进行,SEC清楚地表明:是否采取176规则所列明的方式并不具有强制性。实际上,176规则并没有超出SEC对影响尽职调查程度情况的现有的所有看法。在这样的情况下,法院应考虑到:即使在176规则的情况下,也应考虑合理调查标准的具体事实。同样SEC也指出:其他一些在176规则之外所列举的情况也会对第11条项下的行为人行为的合理性产生影响;第11条的司法解释已证实合理调查和合理信赖依据取决于每个登记的情况。②

由于投资银行不断表达希望进一步明确标准的诉求,1998年SEC建议修订176规则加强对投资银行尽职调查的指导,提出投资银行的尽职调查应当考虑的6个因素。这些因素包括:(1)承销商是否审查了注册声明书并进行了合理的调查……这将使一个合理的人质疑注册声明书的真实性;(2)投资银行是否与发行人中确信不在误导或遗漏的管理人对注册登记说明书进行了讨论;(3)投资银行是否收到了审计标准的声明;(4)投资银行是否收到发行人律师赞同的意见书;(5)投资银行是否保留了律师出具的赞同的观点;(6)投资银行在发售之前6个月内是否聘用或咨询了分析师,对发行人或发行人所处的行业进行了分析。③ 由于目前投资银行正被市场期望要

---

① Frank Partnoy, "Barbarians at the Gatekeepers: A Proposal for a Modified Strict Liability Regime", *Washington University Law Review*, 2001, 79(2), p. 514.

② William K. Sjostrom, Jr., "The Due Diligence Defense under Section 11 of the Securities Act of 1933", *Brandeis Law Journal*, 2006, 44, pp. 23 – 24.

③ Marc I. Sreinberg, *Understanding Securities Law* (4th Ed.), Matthew Bender & Company, 2007, p. 1552.

进行证券“快速发售”,2005 年 SEC 决定不通过 176 规则的拟议修订。[①] SEC 认识到:市场力量将继续寻求对尽职调查的改革,但很快指出这种替代方案需“同样彻底”。[②]

(二)联邦法院层面对投资银行勤勉义务判断标准的解释

尽管《美国 1933 年证券法》以及随后的一些规则明确了针对不同的材料类型,规定不同类型的判断标准,但仍然显得过于抽象。基于现实的复杂性,而且从 SEC 实际的态度上来看,也不愿意过多涉及。可以说,美国将判断标准更多的问题交给了法院解决。

1. 关于对“合理调查”标准的判例解释

如前所述,“合理调查”标准要求投资银行对非专家意见也非官方意见支持的注册登记说明书的部分进行合理调查,且调查后有合理理由相信也确实相信该部分的内容是真实的,投资银行才能就注册登记说明书所发生的虚假记载或遗漏不承担责任。反之,如果投资银行没有进行合理调查,则需要承担相应责任。但是何为“合理调查”仍是一个需要进行判断的问题,即尽到何种程度的谨慎和注意才能构成法律所要求的勤勉尽责,美国法院通过一系列的判例进行了表达。

(1)*Escott v. BarChris Constr. Corp* 案的首次尝试:具体情况具体分析

至今为止,1968 年由纽约联邦地方法院裁判的 *Escott v. BarChris Construction Corp* 案[③]一直都是在有关勤勉义务判断标准方面最为重要的案件。该案对证券发行过程中涉及的各个被告是否尽到勤勉义务都进行了分析,在判决过程中提出了“滑动义务标准”,即以地位和专业知识的不同对各被告进行区别对待,并课以不同的责任。判决指出:投资银行、会计师事务所、律师事务所等中介机构仅需视具体情况承担相应的合理调查义务,而公司内部人员特别是高级管理人员负有最高程度的注意义务。[④] 对于投

---

① J. William Hicks, *Civil Liabilities: Enforcement and Litigation under the* 1933 *Act*(4th Ed.), West Group, 2008, p. 108.

② Frank Partnoy, “Barbarians at the Gatekeepers: A Proposal for a Modified Strict Liability Regime”, *Washington University Law Review*, 2001, 79(2), p. 406.

③ Escott v. BarChris Constr. Corp., 283 F. Supp., S. D. N. Y., 1968.

④ 参见[美]托马斯·李·哈森:《证券法》,张学安等译,中国政法大学出版社 2003 年版,第 279 ~ 280 页。

资银行而言,在该案的重要意义主要在于法院第一次以司法判例的形式对投资银行勤勉义务进行了确认,即对投资银行的行为是否构成合理调查进行了详细的分析,以判例的形式明确投资银行应对发行人承担独立核查的责任,并就何种程度的核查才符合第11条项下的“合理调查”标准提出了看法。

Barchris建筑公司是一家专门从事保龄球中心建设业务的公司。1961年5月,Barchris公司以5.5%的年利率发行可转换次级公司债券,但随后由于客户不能按期支付工程款和租金而陷入困境,Barchris公司于1962年10月向法院申请破产,提出不能支付将于1962年12月1日到期的债券利息。该债券的购买人遂根据《美国1933年证券法》11条项下的有关规定,对发行人、董事、投资银行、会计师事务所、律师等提出诉讼。原告认为:Barchris公司发行该次级公司债券的已生效注册文件中存在重大错误信息和重大遗漏,主要涉及财务报告内容的错误、没有披露提供给职员的贷款、债券收益用于其他用途和未披露的商务活动等。

Drexel & Co是该案的主承销商,在该案中投资银行Drexel & Co出席了Barchris高管召开的几次会议讨论招股说明书。在这些会议上,Drexel & Co询问包括有关人员的贷款客户违约率、募集资金使用和保龄球场运营等几个问题。在所有这些问题上,Drexel & Co从Barchris公司收到了满意答案。但是法院发现:Drexel & Co所聘用的职员没有对Barchris与其最重要的客户的协议进行检查,也没有检查Barchris会计记录,访问Barchris仅持续了一天,主要是阅读董事会议记录,而且未能发现Barchris销售收入、毛利率、在手订单和或有负债存在虚假陈述,并且还遗漏了贷款、欠款以及募集资金使用和潜在的将成为Barchris几个保龄球馆竞争者等信息。但是投资银行认为,注册登记说明书中的陈述并不是投资银行的,仅仅只是公司的陈述,投资银行不必独立核查,有权依赖公司员工和律师所作出的陈述。最终,法院没有接受投资银行的观点。

因此,纽约南区联邦地区法院认定上述调查不构成Drexel & Co相对于非专家部分的招股说明书建立尽职调查辩护。合理调查应该被认为需要付出更多的努力,为了使投资银行对企业的调查对投资者具有价值,投资银行必须做出一些合理的尝试并予以证实后才能将企业信息提交给投资者。他们不能仅仅依靠公司的管理层或公司的顾问,一个谨慎的人管理自己的财产不会仅是依靠他们。[①] 在该案中法院也拒绝做出一个统一的标准,并认为这是一个度的问题,每一个案件应视具体的情况而定。也就是说,这个统一的标准隐含在投资银行及其顾问尽职调查失败的清单中,包括:(1)董事会、执行委员会、主要分支机构等会议记录;(2)与发行人主要贷款人的协议和信函;(3)客户合同;(4)任何库存的组成。如果上述项目发生缺失,投资银行应继续进行调查和核实。最终法院判决,由于投资银行 Drexel & Co 未核实有关发行人的许多信息,不能视为已经尽到合理调查义务,应承担《美国 1933 年证券法》第 11 条项下有关的责任。[②]

可以看到:尽管该案对发行人管理层、会计师、律师和投资银行等不同主体的责任进行了详细分析和比较,但是对于投资银行所期待的"合理调查"判断标准没有给出一个明确的判断,依然是"一个谨慎的人在管理自己的财产时所应达到的标准"。但是,该案依然产生了重大影响,使得投资银行等主体意识到此前的行为存在问题,并重新审视自己的行为,避免陷入《美国 1933 年证券法》所布置的责任网。因为,虽然在《美国 1933 年证券法》就已经规定了证券发行时的民事赔偿,但直到该规定实施 35 年后,美国法院才受理第一个相关的案件——*Escott v. BarChris Constr. Corp* 案,在此之前,发行人已经向 SEC 申报了 27000 份登记文件,发行证券的金额超过 3000 多亿美元。[③] 从而使该案产生了重要影响。

实际上,由于该案在判例上首次明确了投资银行应当承担相应的责任,从而奠定了其历史地位。同时,该案中提出的"具体情况具体分析的标准",具备高度灵活性,为后续判例完善投资银行勤勉义务判断标准提供了空间。换言之,某种程度上说,后续的判断标准都是延续了"具体情况具体分析的标准"的内涵,并在这一标准的前提下,不断衍生、完善、明确。

(2)*Feit v. Leasco Data Processing Equip. Corp* 案:站在发行人对面

Feit v. Leasco Data Processing Equip. Corp 案[④]也被认为是判断投资银

---

① Escott v. BarChris Constr. Corp. ,283 F. Supp. 697 , S. D. N. Y. ,1968.

② Escott v. BarChris Constr. Corp. ,283 F. Supp. 643 , S. D. N. Y. ,1968.

③ 参见朱伟一:《美国证券法判例解析》,中国法制出版社 2002 年版,第 281 页。

④ Feit v. Leasco Data Processing Equip. Corp. ,332 F. Supp. , E. D. N. Y. ,1971.

行是否进行了“合理调查”方面的一个重要案件。该案的投资银行与 *Escott v. BarChris Constr. Corp* 案中的投资银行有所不同，投资银行主要合伙人在 *Escott v. BarChris Constr. Corp* 案发前在 BarChris 公司担任发行人的董事，而在 *Feit v. Leasco Data Processing Equip. Corp* 案中，投资银行与发行人没有直接的隶属关系或联系，是真正的“外部人”。

Reliance 是一家火灾和意外伤害保险公司，由宾夕法尼亚州保险委员会进行监管，根据监管要求，该类公司必须保持足够的盈余，而且这种“盈余”不能与公司的保险业务分开。1968 年 8 月，Leasco 公司以换股兼并的方式对 Reliance 公司进行了收购。1969 年 10 月，所有在 1968 年 8 月 19 日至 11 月 1 日之间接受换股收购的 Reliance 股东委托原告 Feit 代表他们，对 Leasco 公司以及投资银行 White-weld 公司及雷曼兄弟公司提起诉讼，认为 Leasco 在为本次换股收购公告的文件中，没有披露盈余的金额，也没有准确披露收购的目的以及收购公司后转移盈余的方式，违反了《美国 1933 年证券法》第 11 条项下的有关规定。

在案件讨论过程中，纽约东区联邦地区法院认为必须特别谨慎地审查承销商的行为，因为他们应该站在发行人管理层的对立面，对于发行人管理层而言，他们被认为是采取相反姿态的人。普通投资者可能假定一些发行人会撒谎，但他们可能对已经建立了良好声誉的投资银行道德水准的平均水平有更多的信心。① 当然，不能期望投资银行如公司内部董事一样熟悉地掌握着公司的信息，因为，投资银行的调查职责受到了访问权限的限制。然而，投资银行仍然被期望对公司陈述所作的调查和独立核实应当体现更高程度的注意，对管理层声明的默认依赖是不可接受的，投资银行必须唱反调。②

在这个案件中，法院注意到投资银行 White-weld 公司及雷曼兄弟公司几乎满足尽职调查标准，尽到了独立核查的责任。具体来说，投资银行彻底审查了 Leasco 的审计和 Reliance 精算报告，对 Leasco 的主要银行进行了查询，审阅了 Leasco 的公司会议记录和主要协议。更为重要的是：投资银行

---

① Feit v. Leasco Data Processing Equip. Corp., 332 F. Supp. 581, E. D. N. Y., 1971.

② Feit v. Leasco Data Processing Equip. Corp., 332 F. Supp. 582, E. D. N. Y., 1971.

与Reliance管理层讨论了该项盈余估计,仔细考虑了这个问题,经过各种比对之后,投资银行相信Reliance公司的盈余不能以任何的形式进行精确计算,因为Reliance管理层不会提供计算所需的数据。因此,投资银行有合理理由相信被忽略的具体数据是正当的,法院最终裁决投资银行的尽职调查抗辩成立。

可见,该案从标准上诠释了投资银行勤勉义务的本质,投资银行勤勉尽责的对象应该是投资者,即使是受到某些客观条件的限制,依然应该站在投资者的角度,而不是为了发行人利益进行工作。美国法院的判决也充分说明了投资银行勤勉义务并不是一种无底线的责任,只要站在投资人的角度充分履职,其抗辩就应成立。实际上,该标准也可以说是“具体情况具体分析的标准”的深化,明确了投资银行行为的前提。

(3)In re Software Toolworks,Inc. Securities Litigation案:特殊情形下可以依赖管理层陈述

Software Toolworks是一家生产游戏系统软件的公司。1990年7月,该公司的股票以每股$18.50向公众发售,但到1990年10月,该公司的股票下降到每股$2.375。投资者对包括投资银行在内的被告提起诉讼,指控发行人招股文件存在重大虚假陈述,违反《证券法》第11条、第12条第2款,相关主体应该承担责任。在In re Software Toolworks,Inc. Securities Litigation案[①]中,法院采用了一个新的观点,不同于以前BarChris和Leasco案。

尽管在BarChris和Leasco案中投资银行要符合合理调查标准,承销商不能仅仅依赖管理层的陈述,而是应独立地验证注册登记声明书中的准确性和完整性,但这并不是绝对的。在In re Software Toolworks,Inc. Securities Litigation案中,法院认为在一些特殊的情况下,投资银行依赖管理层的陈述是合理的。具体而言,如果与发行人相关的信息仅仅掌握在管理层手中,而且也不能由第三方进行合理地验证,那么这种依赖就不是不合理的。法院对此解释到:“不能期望投资银行能够了解到管理层所知道的公司的一切,他们仅需要合理地验证和相信招股说明书中信息的准确性。”[②]这是对

① In re Software Toolworks,Inc. Sec. Litig.,789 F. Supp.,N. D. Cal.,1992.

② In re Software Toolworks,Inc. Sec. Litig.,789 F. Supp. 1496,N. D. Cal.,1992.

验证要求的合乎逻辑的改进，比如，发行人对发行募集资金的预期用途，除了管理层的表达之外根本不可验证。① 在上诉中，第九巡回上诉法院对上述观点予以确认。②

在同一时期的类似案件中，法院更为仔细地审查了承销商的尽职调查做法。例如，在 *Weinberger v. Jackson* 案中，就是因为投资银行也进行了类似的努力，法院才最终认为他们的调查是合理的。具体而言，投资银行在整个调查期间都与律师、会计师一起协同工作，对发行人的管理层和员工进行大量的访谈，对第三方如发行人的客户、供应商和经销商进行了现场考察和深度的询问。③

可以看到：自从美国法院通过判例明确了投资银行未履行勤勉义务应当承担一定责任后，美国法院就通过有关判例来防止投资银行责任的泛化，并就一些特别的情形豁免投资银行的责任，从而使投资银行勤勉义务的判断标准更加具体化，同时将这些具体化的情形演绎成为一种标准，使投资者、投资银行、监管机构都能更好地判断投资银行是否已经尽到了勤勉尽责。

（4）In re WorldCom，Inc. Securities Litigation 案：合理调查要求标准从未降低

合理调查标准在 In re WorldCom，Inc. Securities Litigation 案④中又得到重新审视，这个案件是由于前巨头 WorldCom 电讯公司崩溃所引起的。WorldCom 公司成立于 1983 年，并于 1989 年上市，后通过连续不断的并购成为世界第二大通讯服务商。但同时也因为如此而承担了大量的债务，为了缓解公司的财务压力，WorldCom 公司于 2000 年、2001 年通过储架发行方式分别发行了 50 亿美元、119 亿美元公司债券。后因 WorldCom 公司爆出财务丑闻而于 2002 年 7 月 21 日提出破产申请。随即，购买了 WorldCom 公司 2000 年、2001 年两次发行的债券的投资者对参与 2000 年和 2001 年两次债券发行的投资银行，以及 WorldCom 公司等主体提起集团诉讼。

---

① In re Software Toolworks，Inc. Sec. Litig.，789 F. Supp. 1496，N. D. Cal.，1992.

② In re Software Toolworks，Inc. Sec. Litig.，50 F. 3d 615 – 620，9th Cir.，1994.

③ 1990 U. S. Dist. LEXIS 18394，N. D. Cal.，Oct. 11，1990.

④ In re WorldCom，Inc. Securities Litigation. 346 F. Supp. 2d，S. D. N. Y.，2004.

具体而言,原告声称审计报告和非专家化的中期财务报告被纳入了注册登记声明书中,而这其中包含着 WorldCom 的线路成本、资本支出、折旧和摊销、资产和商誉相关的虚假陈述。投资银行应承担《美国 1933 年证券法》第 11 条项下的有关责任。投资银行则认为其参与了 WorldCom 管理层和 WorldCom 的审计员阿瑟·安德森(Arthur Andersen)的几次电话会议,并审查了 WorldCom 董事会会议记录、SEC 文件、新闻稿等,并还获得了审计员阿瑟·安德森出具的关于中期财务报告问题的安慰函。安慰函表明:阿瑟·安德森已经审查了中期财务报告,并没有发现虚假陈述问题。特别是考虑到 2000 年和 2001 年所进行的是简式储架发行登记,投资银行的调查并不特别广泛。而且,在该案中,投资银行特别提出希望能够参照以往的判例由法官进行即决判决。[①] 为了强调合理调查标准适用于非专家化的中期财务报告,法院就 BarChris 和 Leasco 案进行了讨论,认为第 11 条要求投资银行采用最大程度的注意义务去调查和独立验证公司的陈述。而且,从 1934 年到 1993 年词典中的比较了"调查"定义,认为《美国 1933 年证券法》第 11 条成为法律时,"调查"一词意味着完全彻底的查找。[②] 此外,法院也指出该词语也可以指调查的过程,并得出结论:"在后一种定义下,调查也并没有要求不高,因为'调查'一词被定义为'系统地关注细节和关系'。"[③] 法院认为:即使考虑到合理调查标准所具有强调具体情况的特性,一些法院也作出了支持投资银行满足合理调查标准的即决判决。但在这个案件中,法院发现按照是否满足合理调查标准存在一些事实争议,从而否决了投资银行关于对中期财务报告虚假陈述作出即决判决的动议,即当案件事实有较大争议时,应交由陪审团而不是法官进行判决。法院注意到:在确定承销商的调查是否合理时,陪审团必须考虑第 176 规则中列举的非排他性清单的因素。法院指出:投资银行应承担第 11 条项下的谨慎人标准没有被任何监管规则的改变所稀释,尽管尽职调查的过程和进行的时间都发生了变化,但对于每一特定证券发行中合理行为的最终判断仍旧保持不变。[④]

---

① In re WorldCom, Inc. Securities Litigation. 346 F. Supp. 2d 660 - 661, S. D. N. Y., 2004.

② In re WorldCom, Inc. Securities Litigation. 346 F. Supp. 2d 675 - 676, S. D. N. Y., 2004.

③ In re WorldCom, Inc. Securities Litigation. 346 F. Supp. 2d 678, S. D. N. Y., 2004.

④ In re WorldCom, Inc. Securities Litigation. 346 F. Supp. 2d 682 - 685, S. D. N. Y., 2004.

该案是关于合理调查标准适用于储架发行的第一案,判决意义不亚于*Escott v. BarChris Construction Corp.* 案的影响。从该案可以看出法院的观点,以前关于合理调查的要求应该毫无折扣地适用于储架发行,投资银行应在储架发行中履行与其他发行行为无异的尽职调查行为,不应有所不同。该案的判决给投资银行带来了巨大的困扰,也带来较大的争议。该案的判决迫使为大型公司服务的投资银行在客户希望进行快速的储架发行与在进行尽职调查中尽合理注意义务之间进行选择,要么继续坚持完全尽职调查或失去客户。① 美国证券法三位著名的教授,即小约翰·科菲、乔尔·赛利格曼和希拉里·A. 塞尔在合写的著作中也明确指出:该案使得投资银行陷入了左右为难的境地,以前制定的关于要求投资银行进行合理调查的规范,当不当发行行为发生时,法院仍在适用,但是这些规则在实践中已经不再被遵守,因为在快速发行的时间压力下,投资银行很难进行尽职调查。②

从上述案例可以看出:投资银行勤勉义务合理调查标准的本质内涵一直得到彻底的坚持,从 BarChris 案开始,美国法院在明确投资银行违反勤勉义务判断标准应承担一定责任的同时,又从"站在发行人对立面"和"特殊情形下信赖管理层陈述"两方面对投资银行的责任进行限定,防止投资银行承担无底线的调查责任。同时,在储架发行中,投资银行抱怨几无空间和时间来履行勤勉义务,美国法院仍然坚守投资银行应当毫无折扣地履行勤勉义务,强调勤勉义务的标准从未降低,防止投资银行为了利益而损及投资者权益。因而,美国法院在诠释投资银行勤勉义务判断标准时,保护投资者利益这一根本目的从未发生改变,但又十分注重平衡,防止投资银行责任过大同时,也避免投资银行责任过小。

2. 关于对"合理信赖"标准的判例解释

如前所述,"合理信赖"标准主要适用于存在专家意见或官方意见的情形,具体而言,投资银行必须证明它"没有合理的根据相信和不相信"注册声明中包含对重要事实的错误陈述或遗漏的部分(该部分是基于专家意见

---

① Joseph K. Leahy, "What Due Diligence Dilemma? Re – Envisioning Underwriters' Continuous Due Diligence after WorldCom", *Cardozo Law Review*, 2009, 30(5), p. 2001.

② John C. Coffee, Jr., Joel Seligman, Hillary A. Sale, *Securities Regulation: Cases & Materials* (10th Ed.), Foundation Press, 2006, p. 154.

作出的,或是摘自专家报告,或是引自公开的官方权威文件)。对于何种情形才能构成合理信赖,美国法院也提出了自己的看法。

(1)*John Nuveen & Co. v. Sanders* 案:经审计的财务报告可合理依赖

虽然1968年*Escott v. BarChris Constr. Corp*案的意见涉及合理信赖的标准,但并没有深入的论述,第一个有意义的司法判决是美国联邦最高法院作出*John Nuveen & Co. v. Sander*案①。John Nuveen公司是一家投资银行,其在1969年7月为一家消费信贷公司Winter&Hirsh公司发行无担保的短期票据,该短期票据由John Nuveen公司在全美的分支机构出售,但在1970年2月该公司无力再履行兑付义务。投资者认为:所进行的购买行为系受到了虚假陈述的招股说明书误导。该案件的审理历时11年,历经1972年、1975年、1977年的数次判决。1981年,美国联邦最高法院对此案作出最终判决。

该案涉及第七巡回上诉法院根据《美国1933年证券法》第12条(a)(2)款对合理注意标准的解释。在对比第12条(a)(2)款和第11条的语言时,鲍威尔法官讨论了合理信赖标准:即在第11条项下,投资银行完全不用对注册登记说明书任何用权威专家提出的部分承担责任,如果投资银行没有理由相信或不相信该部分存在误导。例如,投资银行没有理由相信或不相信注册会计师提供的信息存在误导,因为经注册会计师认证过的财务报告是值得信赖的。② 鲍威尔法官还认为:依赖经认证财务报告"对证券市场的正常运作、证券交易、银行和金融机构的借贷至关重要。会计违规行为的发生,是会计师本身的问题,而不是信赖他们职业技能的人的问题,谁有过错谁才该负责任"③。据此,联邦最高法院认为:第12条(a)(2)款的"合理注意"和第11条的"合理调查"的立法本意并未要求投资银行对审计报告的真实和完整性进行独立的核查。

可以看到:该案的重要意义在于通过明确合理信赖标准的形式,明确区分了投资银行与其他中介机构的责任,既符合社会分工的本质,也在一

① John Nuveen & Co. v. Sanders, 450 U. S. , 1981.

② John Nuveen & Co. v. Sanders, 450 U. S. 1007, 1981.

③ John Nuveen & Co. v. Sanders, 450 U. S. 1010, 1981.

定程度上减轻了投资银行的责任,避免投资银行陷入无休止的尽职调查怪圈。同时,也通过该标准,明确了其他中介机构的职责,使其更加勤勉尽责。

(2)In re Software Toolworks,Inc. Sec. Litig 案:不能盲目信赖财务报告

在 Software Toolworks 案中,也讨论到了合理信赖标准。原告声称:事实中存在虚假的陈述与投资银行应该努力调查,或者需要的关于 Toolworks 财务报告中来自与 OEM 公司营业收入的确认有关。原告认为:投资银行的依赖是不合理的,因为"红旗警报"(Red flags)表明关于 OEM 公司收入的处理是不正确的,一个所谓的"红旗警报",是一份 OEM 公司的备忘录中指出,OEM 已经追溯与 Toolworks 的合同,该公司可以确认收入的合同在 1990 财年,而不是 1991 年。但由于该部分是德勤会计师事务所作出的,符合第 11 条项下专家化的部分。法院把投资银行对财务报告的合理信赖作为一个法律问题,尽管投资银行看到了这一份备忘录,法院认为该"红旗警报"并不能使投资银行的信赖不合理,因为投资银行提出了问题,并得到了德勤与其他会计师事务所的保障,尽管进行了回溯,但关于公司与 OEM 收入确认是合适的。法院指出:Toolworks 公司收入的确认是否恰当是德勤会计师事务所的责任,而且鉴于软件许可收入确认的复杂性,如果投资银行在审阅合同的过程中,提出德勤会计师事务所的报告是错的,这无疑是很荒谬的。①

该案虽然明确认为:投资银行不要独立全面地核查审计报告的真实性、完整性,可以合理信赖审计报告。但是也提出了一个重要的观点:投资银行可以合理信赖审计报告,但这种信赖不是盲目的,当有明显迹象显示审计报告存在问题时,单纯信赖审计报告并不能满足免责要求。可以看到:美国法院通过"红旗警报"规则,避免合理信赖标准的绝对化,防止投资银行在一些特殊情况下出现道德风险。可以说,美国法院在确立一个基本标准原则后,又根据出现的一些特殊情形,对标准进行补充,使之更加完善,从而使立法目的得以实现。

---

① In re Software Toolworks,Inc. Sec. Litig.,50 F. 3d 615 – 624,9th Cir.,1994.

(3) In re Worlds of Wonder Securities Litigation 案:进一步确认了信赖的合理

在 In re Worlds of Wonder Securities Litigation 案①中,法院同样强调了合理信赖标准。Worlds of Wonder 是一家高科技玩具公司,在早期取得了一些成功,但最终失败并申请破产。原告指控:投资银行、德勤会计事务所等违反了第 11 条项下的有关规定,因为财务报告包含了许多错误。在处理这一案件时,法院指出:由于财务报表是由德勤出具的专家材料,合理信赖标准可适用于德勤之外的投资银行等,在应用这一标准时,法院注意到 Worlds of Wonder 管理层已向德勤全面披露了有关被认为是问题交易的所有相关信息,并且是德勤独立作出的收入确认决定。法院也提出:德勤是否承认收入与会计专业的标准相一致,这一问题极为复杂。各方已经就这些问题产生了 100 多页相互矛盾的专家证词。在这种情况下,原告提出会计师之外的被告可能已经知道德勤的任何错误,这是荒谬的。最终法院认为投资银行可以适用合理信赖标准。②

在上诉中,原告争辩:投资银行不能满足合理信赖标准,因为其不仅仅知道因 Worlds of Wonder 存在错误和误导的审计报告所引发的交易,而且还积极设计和参与这些交易。法院发现:这一论点没有抓住要点,问题不是投资银行是否知道或参与交易,而是他们依赖德勤关于交易的会计决定是否合理。法院认定信赖是合理的,因为交易的性质已完全向德勤披露。法院认为:这些专家意见是原告对财务报表的攻击依据,恰恰代表了第 11 条规定下允许非专家可以依赖的"认证"信息的类型。③

这一案例再次强调了合理信赖会计师审计报告标准的合理性,从而使这一标准得以坚持,"红旗警报"只是一个例外规则,且只能在一些特殊情形下才能予以适用。

---

① In re Worlds of Wonder Securities Litigation, 814 F. Supp., N. D. Cal., 1993.

② In re Worlds of Wonder Securities Litigation, 814 F. Supp. 850, N. D. Cal., 1993.

③ In re Worlds of Wonder Sec. Litig., 35 F. 3d 1407 - 1421, 9th Cir., 1994.

(4) In re WorldCom, Inc. Sec. Litigation 案中:“红旗警报”对合理信赖的负面影响

在 WorldCom 一案中法院指出:至少有两个方面构成了红旗警报:一是2000 年 WorldCom 的注册文件披露的其 E/R 率(成本与收入的比率)明显低于两个最紧密的竞争对手;二是世通公司的 MCI 长途业务的下降。此情况下投资银行有义务对据以确定该比率的基础事实和 MCI 长途业务进行调查。即使确定该比率和 MCI 长途业务数据是经过审计的,投资银行也应进行调查。[①] 在 WorldCom 案中,法院详细阐述了“红旗警报”让对专家的信赖变得不再理所当然。在回顾了有关证券交易法第 10 条(b)款“红旗警报”的判例法概念后,法院认为:在证券法第 11 条下,设立“红旗警报”目的是因为任一关于证券登记说明书中基于财务审计报告部分准确性的信息,都会严重动摇对被告信息准确性的信心。法院进一步解释到“是否构成‘红旗警报’取决于具体案件的事实和背景”,并指出“一个合理谨慎的人应该知道怎么做才特别符合陪审团的意图”。[②]

最终法院认为:投资银行对于专家意见的信赖不能盲目。当与专家意见有关的部分存在红旗警报时,“红旗警报”触发了调查义务,仅仅对于专家意见的信赖并不能使投资银行免责,投资银行单纯依赖经审计的财务报告不能使合理依赖辩护成立。但是仍然有学者认为:虽然投资银行在财务方面具有专门技能,但他们不能被认为是会计专家,也没有资格进行审计。承销商在尽职调查过程中,也可以获得非公开的公司信息,但他们不像审计师那样拥有专业知识、资源和持续访问公司信息的途径,而在发现财务报表中的重大遗漏或错报中处于最佳位置。因而,对审计报告的合理信赖标准不应因“红旗警报”的存在而使信赖变得不合理,作为一个标准就不应该让信赖变得不合理,除非投资银行已经意识到或已经发现以及拥有确凿的证据。[③]

可以看出:在 In re WorldCom, Inc. Sec. Litigation 案中,“红旗警报”规

---

① In re WorldCom, Inc. Sec. Litig., 346 F. Supp. 2d 679, S. D. N. Y., 2004.

② In re WorldCom, Inc. Sec. Litig., 346 F. Supp. 2d 674, S. D. N. Y., 2004.

③ William K. Sjostrom, Jr, “The Due Diligence Defense under Section 11 of the Securities Act of 1933”, *Brandeis Law Journal*, 2006, 44, p. 60.

则同样强调具体情况具体分析,但是由于具体情况难以把握,而且法院也认为具体情况的把握取决于投资银行对正当价值的坚守。基于此,美国学者认为:“红旗警报”规则使合理信赖标准适用出现了偏差,投资银行难以把握是否可以合理信赖。实际上,“红旗警报”规则正是为了防止投资银行尽职调查过于依赖会计师而忽略了自己应尽的职责,将其作为合理信赖标准的补充是合理的。

从上述案例可以看到:无论是“合理调查标准”还是“合理信赖标准”,美国法院在建立一个标准的同时,又尽力避免该标准在适用过程中出现僵化的情况,体现出美国投资银行勤勉义务判断标准高度的原则性和灵活性,根本目的在于通过勤勉义务判断标准的形式,合理划分美国投资银行应当承担的责任,从而得以维护证券市场的健康发展。

(三)SEC175 规则、415 规则等新规对勤勉义务判断标准的影响

1.175 规则对勤勉义务判断标准的影响

预测性信息主观性和推测性很强,有可能误导投资者,SEC 不主张对其进行披露。但在实践过程中,对公司未来经营发展预测的披露对投资者保护愈发重要,但是根据之前的披露规则,如果发行人或投资银行对其进行披露,则有可能需要承担相应的责任。为了鼓励发行人在披露文件中对未来经营状况进行预测,1978 年,SEC 就制定了 175 规则——“发行人对某些特定陈述的责任”。根据该规定,投资银行对披露文件中的收入、盈利、管理层讨论与分析等预测及展望性陈述可以合理信赖。①

1989 年的 *Wielgos v. Commonwealth Edison Co.* 案,从判例上正式确认了投资银行对预测信息不需承担尽职调查责任。Commonwealth Edison 是一家以经营核电为主要业务的电力公司,1983 年 12 月通过储架发行的方式成功发行 300 万股普通股,但在申请储架发行时,该公司还正在建设 5 座核电站,且都未取得经营许可。为此,发行人及投资银行在披露的文件中对

---

① 175 规则——“发行人对某些特定陈述的责任”规定:“该预测及展望性陈述包括以下范围:对收入、盈利、亏损、每股盈利或亏损、资本支出、股息、资本结构等财务指标的预测性陈述;关于管理人员的经营计划和目标的陈述;管理层关于未来财务状况与经营成果的分析性陈述;关于相关假设条件的披露。”参见中国证券监督管理委员会编译:《美国〈1933 年证券法〉及相关证券交易委员会规则与规章》,法律出版社 2015 年版,第 306 页。

此进行了预测,一般情况下只要符合安全经营的条件,监管当局都会予以许可,在建的电站建成后应能实现顺利经营。但是,由于当时一些正在运行的老旧核电站出现安全隐患,美国监管当局在1984年1月出于谨慎的考虑,否决了Commonwealth Edison的许可申请。这项决定直接对Commonwealth Edison公司的股票价格产生了重要影响,投资者损失惨重。原告Wielgos对发行人、投资银行等主体提起诉讼,认为其对获得申请许可的信息存在误导。第七巡回法院依据175规则,做出了有利于投资银行的判决。①

该规则的确定,实际上是为发行人或投资银行对公司经营状况的预测确立了一个"安全港",对于发行人或投资银行等所作的预测及展望性陈述,除非能被证明缺乏合理基础或恶意披露,一般不应当被认定为具有欺诈性质。由此,投资银行对预测性信息实际上适用合理信赖标准。

2.415规则对投资银行勤勉义务判断标准的影响

从《美国1933年证券法》实施一直到1970年,美国证券发行一般都要经历几个月才能完成。然而,到1980年年初,SEC意识到大量的发行人希望利用有利的市场情况快速进入资本市场,同时尽量减少注册登记成本。1983年,SEC创建了一个俗称"储架"的系统——"延迟或持续性的证券承销",即"415规则"。根据415规则,发行人申请储架发行经SEC备案通过后,在两年内可分次发行,每次发行时只需更新和补充的特定信息,而且具有一定股本规模且为分析师重点跟踪的发行人,可以根据市场时机发行证券。②

在储架发行规则下,在核准了注册声明之后,发行人准备发行证券,只需就发行的具体细节更新登记即可,且SEC一般不审查。由于SEC审查没有延迟,发行人可以采取从一个储架上登记,以"几个小时"的速度快速出售。与传统的登记说明书相反,投资银行一般有几周或更长的时间去执行尽职调查,储架发行下投资银行只有几天或更少。在储架发行下,如果执行传统的尽职调查方法,会产生明显的延迟。因而,其给投资银行带来最大的困扰是在有限的时间内无法按传统方式完成尽职调查,但是按照《美国

---

① Wielgos v. Commonwealth Edison Co.,892 F.2d 509-514,7th Cir.,1989.

② 参见中国证券监督管理委员会编译:《美国〈1933年证券法〉及相关证券交易委员会规则与规章》,法律出版社2015年版,第405~407页。

1933 年证券法》规定,时间有限不是投资银行未能履行勤勉义务的理由,从而使投资银行如何履行勤勉义务陷入困局。

事实上,储架发行实施以来,美国证券行业协会(Securities Industry Association,SIA)、投资银行和律师事务所一再向 SEC 提出意见表示对这些影响的关注。美国著名的苏利文·克伦威尔律师事务所(Sullivan and Cromwel)就评论到:“在这种便捷且快速的发行中,可能对投资银行的预期有反补贴的作用。”①纽约市律师协会也表示:“投资银行进行同样类型的尽职调查,这是不切实际的期望。”②美林证券也警告说:“所有这些因素都会导致承销商根本无法执行 SEC 所设想的调查类型。”③为了回应投资银行对储架发行减少了尽职调查时间的担忧,美国证券交易委员会指出:“投资银行在完成尽职调查之前,决不会被迫进行报价。”④但证券界的担忧仍未平息,许多人认为储架发行严重损害了投资银行尽职调查力度,因为:(1)承销商通常不参与纳入参考披露起草;(2)他们可能不会有太大的成功说服发行人披露信息的变化;(3)他们在这有限的时间进行尽职调查;及(4)他们面临来自其他投资银行竞争加剧。⑤

WorldCom 案的发生使这种恐惧成为现实。2004 年,在 In re WorldCom, Inc. Securities Litigation 案中,投资银行认为鉴于储架发行时间快捷的特点,所完成的尽职调查应当符合免责要求。⑥ 审理 WorldCom 案的法院认为:(1)176 规则对传统登记注册和储架发行的要求是相同的,尽管投资银行时间有限和没有参与起草文件;(2)告诫投资银行他们有充分的机会通过持续尽职调查以满足该任务。然而,法院对投资银行是否能够实际执行或有

① Lynnni Cholas, *The Integrated Disclosure System and Its Impact upon Underwriters' Due Diligence: Will Investors Be Protected?*, 11 SEC. REG. L. 3, 4 n. 37, 198328 – 29.

② Lynnni Cholas, *The Integrated Disclosure System and Its Impact upon Underwriters' Due Diligence: Will Investors Be Protected?*, 11 SEC. REG. L. 3, 4 n. 37, 198328 – 29.

③ Lynnni Cholas, *The Integrated Disclosure System and Its Impact upon Underwriters' Due Diligence: Will Investors Be Protected?*, 11 SEC. REG. L. 3, 4 n. 37, 198328 – 29.

④ William K. Sjostrom, Jr, "The Due Diligence Defense under Section 11 of the Securities Act of 1933", *Brandeis Law Journal*, 2006, 44, p. 23.

⑤ Marc I. Steinberg, *Securities Regulation: Liabilities and Remedies*, Law Journal Press, 1984, p. 4.

⑥ In re WorldCom, Inc. Sec. Litig., 346 F. Supp. 2d 679, S. D. N. Y., 2004.

任何动机进行持续尽职调查保持沉默。[①] 在该案中,《美国1933年证券法》第11条首次适用于储架发行,长期以来存在的投资银行尽职调查困局争议终成现实,促使所有的监管机构、投资银行顾问和投资银行家都必须重新审视由什么构成以及由谁来履行持续的尽职调查。在WorldCom案中,罗伯特·怀斯(Robert Wise)则代表美国证券行业协会SIA和债券市场协会(Bond Market Association,BMA)出具一份非当事人意见陈述,表示储架发行增加了灵活性的同时也带来了不利的一面,储架发行过于追求发行速度,使得投资银行几乎没有时间进行尽职调查,两协会均支持投资银行在WorldCom案中的做法。[②]

实际上,在判决之前的一段时期里,美国证券法学界就一直对投资银行在储架发行规则下,仍然执行与传统一样的标准表示质疑。美国著名证券法学者唐纳德·C.朗格沃写道:"一旦市场上技术或其他结构的变化使得筹集资本的方式超越了传统的承销,投资银行家将不再是看门人。他们的经济地位从而改变,由他们承担尽职调查责任的正当理由将会被严重削弱。"[③]约翰·科菲教授也指出:"现在还不清楚今天的投资银行是否仍然执行经典的看门人功能……许多人认为在储架发行有限时间限制下,认真尽职调查根本不可行。"[④]进入电子时代,弗兰克·帕特诺伊质疑:"投资银行的'尽职调查'的作用是否是还完全合理,无利害关系的尽职调查已经成为一个例外而非规则。"[⑤]

然而,"一波未平一波又起"。在2005年,SEC关注"快速发行"的理念进一步提升到了极致,其认为"由于买方的特征发生了变化,20年前的交易可能需要6个月,5年前可能需要两周时间。而今天,它可以在一夜之间完

---

① Joseph K. Leahy, "What Due Diligence Dilemma? Re – Envisioning Underwriters' Continuous Due Diligence after WorldCom", *Cardozo Law Review*, 2009, 30(5), p. 2029.

② Michael Bobelian, "Uncertainty Looms for Underwriters after WorldCom", *New York Law Journal*, May 17, 2005.

③ Donald C. Langevoort, "Information Technology and the Structure of Securities Regulation", *Harvard Law Review*, 1985, 98(4), p. 778.

④ John C. Coffee, "Brave New World: The Impact(s) of the Internet on Modern Securities Regulation", *Business Lawyer*, 1997, 52(4), p. 1211.

⑤ Frank Partnoy, "Barbarians at the Gatekeepers: A Proposal for a Modified Strict Liability Regime", *Washington University Law Review*, 2001, 79(2), p. 522.

成,下一年可能需要更少的时间,SEC努力避免在发行过程中插入不必要的速度障碍,以使发行人和投资银行能够迅速地按照他们的意愿行事。事实上,委员会正在考虑通过证券法规则改革,进一步减少发行速度的障碍,从而可能增加发行产品的时间压力,尤其是那些知名的经验丰富的发行商"[①]。实际上,也有学者的研究结果对SEC的看法予以支持。例如,有学者对415规则进行实证研究之后发现:平均而言,由于采用了储架发行而增加融资总额,所有投资银行的承销收入都有所增加。但是,大型投资银行的承销收入相对于融资总额而言有所增加,较小的投资银行的承销收入与融资总额之间的关系不明显,储架发行并没有影响到规模相对较小的投资银行。[②] 因此,2005年12月,SEC发布了"Well-known, seasoned issuers"即"WKSI"规则,允许一些知名的、大型的已经上市的发行人自行发行证券。[③] 对于WKSI发行人,承销商在上市期间进行尽职调查的时间窗口在理论上已经从微小变为不存在。如果说WorldCom案只是让其产生困境,而"WKSI"规则则使其进一步恶化。

正如2005年4月时任美国SEC主席威廉H.唐纳森(William H. Donaldson)在债券市场协会(BMA)的演讲中指出:"我很清楚你们所面临的竞争压力,客户要求你们尽快完成交易,我知道'迅速'现在就意味着'现在',但你可能还记得那句古老的谚语:'结婚太急,后悔多'。尽管尽职调查原则是在一个节奏较慢的时代创造的法律责任标准,但仍然是《证券法》所载明的法律标准。你们可以像你们喜欢的那样快速行动,但是你们的客户会受到那个标准的保护。你们必须确定,在有限的时间范围内,你们是否

---

① William H. Donaldson, "Speech by SEC Chairman: Remarks before the Bond Market Association", Accessed December 12, 2017. https://www.sec.gov/news/speech/spch042005whd.htm.

② M. Waynemarr, Jeffry M. Netter, Annette B. Poulsen, "Effects of Securities Deregulation in Underwriting: An Analysis of SEC Rule 415", *Journal of Regulatory Economics*, 1994, 6(1), pp. 27-39.

③ "WKSI"规则:要求市值超过7亿美元以上,提交了发行注册申请文件之后,注册文件马上生效,SEC无须对申请文件事前审阅;申请文件生效之后三年内,发行人可以根据自动注册程序,在任何时候发行任何数量的上市证券。See SEC, Revised Statement on Well-Known Seasoned Issuer Waivers, Accessed October 20, 2018. https://www.sec.gov/divisions/corpfin/guidance/wksi-waivers-interp-031214.htm.

有能力运用你的业务能力、法律和财务知识对发行人的业务和前景进行尽职调查,以满足你们所期望的尽职调查抗辩。”①但其同时也指出:“如何适用是一个更加微妙的问题,特别是对于知名发行人和投资银行持续跟踪的情况。”②

在这样的困境下,投资银行不可能继续玩这个游戏,但投资银行又不能改变规则或拒绝执行,因为这样代价太大。其唯一可能的选择是“放下他们的装备,离开球场,寻找更好的比赛”。但是如果没有他们,这个游戏就不能玩了。目前已经到对以前的规则进行修改,并让投资银行回到游戏中的时候了。③ 约翰·科菲主张:投资银行应该通过向发行人提高收费来分散他们的负债风险。④ 约瑟夫·K. 莱希则认为:事实上 WKSI 发行也没有如此的困难,建议在今天快如闪电般的证券发行下,将持续的尽职调查作为投资银行开展合理尽职调查的一个关键。⑤ 另外一些则强烈主张:SEC 应制定符合现代的勤勉尽责标准为投资银行提供安全港。⑥ 毫无疑问,证券业的游说力量,证券业协会和债券市场协会仍然会向过去一样支持建立投资银行的“安全港”,如果存在尽职调查困境,会有一股强大的力量推动 SEC 予以消除。

最终,来自实践的建议是:投资银行如果要避免未来再陷入 WorldCom 案中的境地,必须重新审视由谁来进行调查以及如何才能构成尽职调查,并在调查过程中记录一切。今天,许多投资银行家和他们的律师对“尽职调

---

① William H. Donaldson, “Speech by SEC Chairman: Remarks before the Bond Market Association”, Accessed December 12, 2017. https://www. sec. gov/news/speech/spch042005whd. htm.

② William H. Donaldson, “Speech by SEC Chairman: Remarks before the Bond Market Association”, Accessed December 12, 2017. https://www. sec. gov/news/speech/spch042005whd. htm.

③ Eric Seitz, “Underwriter Due Diligence: It's [Not]. A Whole New Ballgame”, *Smu Law Review*, 2008, 61, p. 1662.

④ John C. Coffee, Jr, “A Section 11 Safe Harbor”, *N. Y. L. J.*, 2005, 9, p. 24.

⑤ Joseph K. Leahy, “What Due Diligence Dilemma? Re – Envisioning Underwriters' Continuous Due Diligence after WorldCom”, *Cardozo Law Review*, 2009, 30(5), p. 2007.

⑥ Christian A. Young, “Looking Back on WorldCom: Addressing Underwriters' Due Diligence in Shelf Registration Offerings and the Need for Reform”, *Suffolk U. L. Rev.*, 2007, 40, pp. 547 – 548.

查”的概念持狭隘态度。因此,投资银行的“尽职调查档案”很少包含持续尽职调查的文件,这必须改变。为了在持续尽职调查的基础上建立一个成功的辩护,投资银行需要仔细记录所有持续的尽职调查,包括客户关系团队成员进行的与证券发行无关的行为。① 但是 SEC 对这种做法进行了批评,“我们会对任何过分依赖清单的做法提出警告……检查‘箱子’的行为不能代表已经进行了判断”②。

无疑,在“储架发行”规则下,尽管美国理论界和实践界都有质疑,投资银行在新发行规则下已经不具备履行勤勉义务的空间,但美国法院仍然坚守投资银行应履行相应的勤勉义务,原因就在于投资银行仍然是这个市场的看门人,仍然是发行人与投资者联系的纽带,只要投资银行承担的角色没有发生变化,仍然应当履行勤勉义务。但是从实际情况来看,由于投资银行在时间上无法做到如同之前一样有足够的时间来履行勤勉义务,从行业利益的角度出发,实践中通过“清单式”列明文件来说明投资银行已经尽到了勤勉义务,但是监管机构对此持批评的意见。可以预见,博弈仍然会持续,美国法院、监管层、行业协会、投资银行之间仍然会小心翼翼地维护着利益的平衡,呵护行业发展。

3. 2002 年《萨班斯—奥克斯利法案》的影响

2002 年《萨班斯—奥克斯利法案》(Sarbanes-Oxley Act)颁布后,投资银行尽职调查的内容和范围逐步加入了一些新鲜元素。根据这项立法,投资银行应该审查披露由首席执行官和首席财务官提交财务报告是否符合了法案 302 条和 906 条要求,以及与首席执行官和首席财务官探讨对公司的内部控制信息的披露。此外,投资银行还应与审计委员会探讨确保准确的财务信息和适当内部控制的有效性。也就是说,在《萨班斯—奥克斯利法案》之后,投资银行对财务数据审查的压力进一步增大。这也在某种程度上反映,近年来证券市场上出现的案件多半是因财务丑闻所引起,监管层意识到投资银行参与财务报告出具过程的重要性,于是要求投资银行更多地参与

---

① Joseph K. Leahy, “What Due Diligence Dilemma? Re – Envisioning Underwriters’ Continuous Due Diligence after WorldCom”, *Cardozo Law Review*, 2009, 30(5), p. 2009.

② William H. Donaldson, “Speech by SEC Chairman: Remarks before the Bond Market Association”, Accessed December 12, 2017. https://www.sec.gov/news/speech/spch042005whd.htm.

财务报告出具的过程,否则将不能被视为合理信赖。当然,这并不意味着投资银行不能合理信赖审计报告。

(四)对“谨慎人”判断标准的评价与分析

1.对“谨慎人”判断标准的基本评价

规则之美在于其清晰与规整,衡平之美在于其灵活与可塑性。[①] 在成文法方面,美国立法机关以高度抽象的语言对投资银行勤勉义务判断标准进行界定,联邦法院又通过具体的案例进行完善与解释,形成了一个明确底线但又极富弹性的投资银行勤勉义务判断标准体系。

(1)合理区分了对不同类型材料的核查标准

诚然,不同类型材料的公信力是不一样的,特别是由具有特殊职业技能或知识的中介机构出具材料或意见更是如此。《美国1933年证券法》基于材料的不同类型确定了不同程度的标准,实际就是基于一个简单的常理“公信力”进行区分,这种区分的优势显而易见。就官方文件而言,如果还由投资银行进行验证其真实性,无疑是荒谬的,假定投资银行还需对SEC出具的文件进行合理调查,则证券市场已无存在必要。就会计师出具的文件而言,会计师无论是在东方,还是在西方,都有很好的职业美誉,所出具的报告因专业性而备受瞩目,也具备法定的法律效力。投资银行如果对其都不能信赖,不仅会蚕食社会分工所带来的好处,而且也会陷入无穷尽的重复劳动之中。相反,对其进行区分,则首先确认了社会分工的价值,符合社会的基本规律,投资银行与会计师等都是具备专业技能的主体,同样是证券市场的“看门人”,理应为自己行为尽到合理的注意义务,法院的历次判决无疑都确认了这一点。在时间有限的情况下,事无巨细的结果要么是懈怠,要么就是无论如何努力都够不到。这种区分使投资银行能够更加专注于可能会产生虚假陈述或遗漏的领域,为其履行勤勉义务创造必要的条件,实现制度的价值。

(2)实现了抽象与具体有效结合

无论是“合理调查”,还是“合理依赖”,或是“一个谨慎的人管理自己财

① 参见吴经熊:《正义之源泉:自然法研究》,张薇薇译,法律出版社2015年版,第273~274页。

产时所应达到的标准”都是高度抽象的概念,而且联邦法院作出许多判决的落脚点都是认为投资银行“未能达到一个谨慎的人管理自己财产时所应达到的标准”,未有合理调查或不能合理依赖。同时,也认为“尽职调查必须根据不同的具体情况来进行,并不存在一个适用于所有证券发行的勤勉义务判断标准”①。但是这并不是说法院或投资银行可以随意按照自己的标准进行判断,比如仅仅依赖发行人的陈述等。为此,SEC制定176规则明确一些可参考的因素的同时,也试图出台更加具体的规则,并对因未进行充分的尽职调查导致的诉讼进行分析后,指出因勤勉尽责而发生的诉讼主要围绕以下三个问题进行争论:①是否有“红旗警报”表明列入注册登记材料中的信息是不完全准确;②那些进行尽职调查的人是否对他们所获得的信息进行了批判性的评价;③是否收集有关外部信息对管理层提供的信息进行验证。② 以期能够为投资银行提供必要的指导。

而且,美国法院也注意到不同的法院在审查投资银行尽职调查时也会关注以下因素:①熟悉发行人的财务状况、管理和运营;②了解发行人的行业;③对员工进行访谈;④对发行人来自与发行人的客户或第三方的数据进行确认;⑤收到来自发行人或外部律师的书面确认,确认招股书是准确的,没有重大遗漏。③ 某种程度上来说,投资银行勤勉义务判断标准看似虚无缥缈,但它又是实实在在存在。作为一个行为标准,合理性除了在具体情况中是没有意义的。④ 美国的证券法律法规可以说成功地做到了这一点,其以投资银行实际行为以及行为态度,而不是行为的最终结果来评价投资银行是否履行了勤勉义务,避免了投资银行无论如何努力都达不到和无论怎么懈怠都不会被追究。这相当于为投资银行划定一个合理的责任范围,就

---

① Escott v. BarChris Constr. Corp. ,283F. Supp. 697,S. D. N. Y. ,1968.

② *The Regulation of Securities Offerings.* File No. S7 – 30 – 98; Release No. 33 – 7606A, March 16, 1999. Accessed October 28, 2017. https://www. sec. gov/rules/proposed/s73098/allison1. htm.

③ International Rectifier,1997 WL at ∗11. Quoted from DENNIS J. BLOCK,JONATHANM. HOFF,Underwriter Due Diligence in Securities Offerings, Accessed December 30,2017. http://corporate. findlaw. com/finance/underwriter – due – diligence – in – securities – offerings. htm.

④ *Report of Task Force on Seller' s Due Diligence and Similar Defenses under the Federal Securities Laws*(“*Task Force Report*”),991 PLI/Corp. 123,172,reprinted in 48 Bus. L. 1185,May 1993.

像“任何一个律师都不能保证其能够打赢所有的官司，任何外科医生也不能保证完全的手到病除”①一样，即便是具备技能且应尽合理注意，也不能够没有底线。

(3)以投资者利益为终极目标的判断标准

法律的生命不在于逻辑，而在于经验。② 美国的判例法清楚表明：投资银行应是投资者利益的保护神，应对发行人进行独立核查，不仅不能单纯依靠发行人的陈述，而且当存在“红旗警报”时，对专家意见的依赖也要保持足够判断力，即便是在“储架发行”规则下，投资银行勤勉义务的判断标准也不能有丝毫的降低，无论外界如何地质疑其不合理。SEC也同样如此，无论是在储架发行规则下，还是WKSI发行规则下，SEC在面对巨大游说力量的情况下，始终认为：“投资银行作为资本市场上的看门人，有能力也有义务体现他们的核心作用，尽职调查的本质是了解发行人的业务模式及其所面临的风险，然后找出相关事实并对其进行判断。”③这其中的根源显而易见，就是美国自罗斯福总统时期以来确立的投资者利益至上的理念一直得到遵循，这也是美国证券市场能够始终不为其他力量所左右，并能处于领先地位的有力保证。

但是没有任何东西是完美无缺的。首先，从立法语言上，有学者就认为以“合理调查”作为非专家部分的标签是不准确的，法定的语言是要求投资银行“经过合理调查，合理理由相信”所有注册登记材料的陈述都是准确和完整的。因此，它可以更准确地说是“合理调查导致了合理相信”标准。④其次，高度抽象的概念也会给行为人带来无所适从，特别是对投资银行而言，出于利益的考量，总是希望能够有具体的步骤或参照，而且在SEC制

---

① Rm Jackson, Jllb Powell, *Jackson & Powell on Professional Negligence* (4th Ed.), Sweet & Maxwell, 2002, p. 6.

② [美]霍姆斯：《法律的生命在于经验——霍姆斯法学文集》，明辉译，清华大学出版社2007年版，第1页。

③ William H. Donaldson, "Speech by SEC Chairman: Remarks before the Bond Market Association", Accessed December 12, 2017. https://www.sec.gov/news/speech/spch042005whd.htm.

④ William K. Sjostrom, Jr, "The Due Diligence Defense under Section 11 of the Securities Act of 1933", *Brandeis Law Journal*, 2006, 44, p. 23.

定相关规则的过程中，总是有一股力量试图让投资银行勤勉义务判断标准更加清晰，这至少说明对有一方的利益是损害的或可能会是造成损害的。最后，从SEC制定的相关规则来看，投资银行勤勉义务根本的判断标准虽然未曾发生变化，但是"承销商面临更大的时间压力，因为科技和通信的进步彻底地改变了信息的收集和传播"①。换言之，投资银行勤勉义务履行的空间或条件逐步在丧失，甚至有可能会对投资银行承担"看门人"的角色进行抛弃。无论从哪个方面来说，可能受损更多的都是投资者的利益。

2."谨慎人"判断标准形成之探讨

实际上，美国形成如此复杂但实际上又很清晰的投资银行勤勉义务判断标准体系有着其历史的必然。

(1)美国证券法律基因的内在特质

美国的法律闻名于世的原因不在于其系统的完善性，而是其法律能够迅速根据危机反应并发展出新的制度。② 在某种程度上，这也是美国证券法律的基因。1929年金融危机之后，就迅速发布了具有颠覆性意义的《美国1933年证券法》和《美国1934年证券交易法》，1998年金融危机后颁布了《萨班斯—奥克斯利法案》《多德—弗兰克法案》等。在投资银行勤勉义务判断标准的发展过程中同样如此，其通过不同的判例，根据实际情况发展了相应的规则，有效避免了投资银行或其他主体对标准底线的试探或突破。事物总是存在两面性，也正是这样的基因，决定了其内在缺点。既然重要的基础性法规是金融危机的产物，立法过程必然相对仓促，特别是《美国1933年证券法》其起草就是詹姆斯·M.兰蒂斯(James M. Landis)和本杰明·V.科恩(Benjamin V. Cohen)在"汤普森"议案在1933年4月5日的听证中被否决后在不到一周的时间匆忙完成的，虽然前后进行了一定的修改完善，但不到一个月的时间内(5月4日)就提交给了美国国会讨论，并于5月27

---

① *The Regulation of Securities Offerings*, File No. S7 - 30 - 98; Release No. 33 - 7606A, March 16, 1999. Accessed October 28, 2017. https://www.sec.gov/rules/proposed/s73098/allison1.htm.

② [德]托马斯·M.J.默勒斯：《欧洲资本市场法的新发展——从德国的视角》，申柳华、李海等译，中国政法大学出版社2015年版，第11页。

日就获得通过,其规定自然会相对模糊和概括。①

(2)司法保守主义与精英主义的相互影响

保守主义与精英主义的相互影响使投资银行勤勉义务判断标准在不断被试探的同时能够坚守底线。从上述司法判例可以看出,法院一直坚守着其保守主义的立场,"一个谨慎的人在管理自己财产所达到的标准"得到了一以贯之的遵循,不因投资银行的游说或学者的质疑而有所变化。甚至在过去一段时间内,SEC 在陷入迷失或者如坐针毡时,同样如此。但是,现实是毕竟千变万化的,任何一个法律都不可能做到包罗万千,而且随着社会的发展,或多或少的会显示出其的不合时宜。在成文法与判例法并存的独特影响下,美国法官有着天然的"造法"动机,总是希望所主导的判决能够对后面的判决产生约束力或对以前的判决进行颠覆,从而彰显自己的地位,特别是具有某些知识或从业背景的法官更是如此,有关投资银行勤勉义务判断标准的司法判例就有效证明了这一点。例如,负责审理 *Feit v. Leasco Data Processing Equip. Corp* 案的纽约东区联邦地区法院法官温斯丁其出身贫寒,后经过努力成为教授,且是证据法方面的专家,著作常被引用,对许多问题都有强烈的看法。② 这样就会使投资银行勤勉义务判断标准在发展过程不断出现许多"标志性"的规则,如"红旗警报"规则、"具体情况具体分析"等。

(3)"三权分立"体制的互相制约

近些年来,SEC 的工作重心被认为是从保护投资者转到了保护发行人和投资银行。实际上,自储架发行以来,特别是"WSKI"规则实施以来,就明显带有这种倾向,美国第 28 任 SEC 主席克里斯多佛·考克斯(Christopher Cox)就宣称:"SEC 的三大使命之一就是使融资变得更加容易,为此,SEC 所做的一切——或者应该为我们国家所做的——都是为了帮助创造和维持一个促进经济增长的环境。"③其甚至指出:"我们当然要避免

---

① 参见王书丽:《新政时期美国联邦政府证券监管问题研究》,人民出版社 2013 年版,第 116～118 页。

② 朱伟一:《美国证券法判例解析》,中国法制出版社 2002 年版,第 90 页。

③ Hristopher Cox, "Speech by SEC Chairman: Remarks before the Economic Club (New York, December 12, 2005)", Accessed July 10, 2018. https://www. sec. gov/news/speech/spch121205cc. htm.

如此复杂的规则,它们实际上有助于掩盖我们试图阻止的不法行为。因为复杂性是最好的伪装。这些让人产生混淆的规则,很大程度上,不仅仅是立法技术低下,而且也是粗制滥造和草率思考的产物。"①其所主张不仅与《美国1933年证券法》以及《美国1934年证券交易法》所确立的维护公共利益与保护投资者利益的主旨背道而驰,甚至对美国证券法所起的作用表示质疑。这在美国并非孤例,2004年10月SEC委员保罗·S.阿特金斯(Paul S. Atkins)在演讲中就认为:"市场表现不佳和大萧条的原因不是市场失灵的结果,而是美国的经济和监管政策。政府未能认识到,它试图通过干预市场力量来修复经济,首先加剧了股市泡沫,然后使市场陷入旋风般的崩溃,然后延长了经济萧条。20世纪30年代初,华尔街成了美国经济恶化的替罪羊,政客们用一支笔来惩罚(通过立法)那些被认为是对市场崩溃负有责任的人,而且国会通过的《美国1933年证券法》并不是基于当代占主流的监管哲学通过的,其在资本募集的过程中施加了太多的限制……真正的危险是政治家和立法者们在通过立法满足公众的诉求上时走得太远,取代了市场的判断。"②

尽管如此,由于美国国会以及联邦法院的制约,SEC即便一直试图极力松开对发行人和投资银行的制约,制定具体规则为投资银行提供更加明确的保护,也未能偏离《美国1933年证券法》所确立的最基本标准。反而在互相角力的过程中,联邦法院通过对一个个案件的审理对《美国1933年证券法》所确立的基本原则进行完善,赋予新的生命力,甚至使SEC在一定程度上放弃了努力制定更加具体规则的意图。

二、"理性人"标准的内涵界定、作用分析及形成探因

19世纪上半叶,为了判断行为人是否存在过错,英美侵权法创立了一个

---

① Hristopher Cox, "Speech by SEC Chairman: Remarks before the Economic Club (New York, December 12, 2005)", Accessed July 10, 2018. https://www.sec.gov/news/speech/spch121205cc.htm.

② Paul S. Atkins, "Speech by SEC Commissioner: Remarks before the Securities Traders Association (Boca Raton, FL October 7, 2004)", Accessed October 19, 2017. https://www.sec.gov/news/speech/spch100704psa.htm.

具有普通的谨慎、注意“理性人”的概念，通过将被告的预防行为与一个理性之人在相同情况下可能会做到的事加以比较，以此来衡量行为人的行为是否恰当及是否违反相关义务。① 实际上，“理性人”是法律虚拟出来的标准化的人，最初仅是指社会中一般理智的人，以一般普通公众的认识水平和条件为参照。但随着某些职业技能的人或行业在社会中起到越来越大的作用，如何判定其是否已经尽到了应有的注意义务变得越来越重要。“理性人”标准不再仅仅是参照社会普通公众的一般水平，而是同一行业中具备类似技能的人所应具有的水平。随后，这种理念在英美法系中广泛地被运用到公司法中，并将其作为判断公司董事是否履行勤勉义务的基本依据。之所以采取“理性人”标准，就是因为在信息瞬息万变，决策随时可能需要做出的情况下没有更好的办法来明确该项义务，除了将此项义务描述为一个理性之人在类似情形下应尽的义务。② 即要求董事处理公司事务时“以处于相似地位的普通理性人在相似的情况下所应尽到的注意为之”。作为源于公司法中的证券法，自然而然的吸收了这种理念。“理性人”标准以英国③、

---

① 参见[美]罗伯特·D. 考特、托马斯·S. 尤伦：《法和经济学》，施少华、姜建强等译，上海财经大学出版社2002年版，第454页。

② 参见[美]威廉姆·T. 爱伦：《公司法和公司治理初论：当代中国公司法中新增勤勉信义义务的前景和问题展望》，黄婕、许世夺译，载《法学适用》2006年第3期。

③ 伦敦证券交易所规定：保荐人应确保尽职调查过程对申请人和交易是适当的，并且对由此产生的任何重大问题的处理或以其他不影响申请人对AIM的适当性。为了保证这一要求，保荐人通常应确信适当的财务和法律尽职调查是由适当的专业公司进行的。这实际就是一种理性人标准的表述，强调勤勉的程度参照标准为“适当的专业公司”。See “AIM Rules For Nominated Advisers”(July 2018), DUE DILIGENCE AR3 – The nominated adviser should oversee the due diligence process, satisfying itself that it is appropriate to the applicant and transaction and that any material issues arising from it are dealt with or otherwise do not affect the appropriateness of the applicant for AIM. In meeting this, the nominated adviser should usually: (1) be satisfied that appropriate financial and legal due diligence is undertaken by an appropriate professional firm(s); (2) be satisfied that appropriate working capital and financial reporting systems and controls reviews are undertaken (usually including reports or letters from accountants to the applicant); (3) consider whether commercial, specialist (e. g. intellectual property) and/or technical due diligence is required and be satisfied that it is undertaken where required; (4) agree the scope of all such due diligence and reports (including, in relation to the working capital report, assumptions and sensitivities); (5) review and assess the above due diligence, reports and adviser comfort letters, considering any material issues, recommended actions or adverse analysis raised and be satisfied that appropriate actions have been undertaken to resolve such matters or otherwise be satisfied that such matters do not affect the appropriateness of the applicant for AIM.

我国香港特区为典型，德国①、日本②等国家次之。

(一)“理性人”判断标准的内涵及核心要素

我国香港特区作为东西方沟通的桥梁，其判断标准兼具了两大法系特点，因而选择了以香港“理性人”标准为典型，对“理性人”标准的内涵及核心要素进行剖析。我国香港特区“理性人”标准体现在《操守准则》(2017)、《有关监管首次公开招股保荐人的咨询总结》(2012)、《上市规则》《第21项应用指引》等相关规定中。2012年12月12日发布的《有关监管首次公开招股保荐人的咨询总结》(以下简称《咨询总结》)认为：评估保荐人的工作不能按照事后标准来进行，应考虑上市申请时所有的事实和情况，按照保荐人的同业认为客观适当的方式来确定。③ 而且明确指出：“从一开始就应该接受不能期望它可确保不出现任何欺诈、伪造或蓄意不作披露的行为。这是因为尽职审查程序并非旨在及不大可能揭露上市申请人管理层的任何欺诈、保留、隐瞒或错误陈述。”④

因此，香港证监会并不期望保荐人将能侦察出上市申请人或其他人士所有企图隐瞒数据以误导他人的行为。证监会承认：即便是完全按照规定来进行合理尽职调查，市场也不能期望如此就能确保不会发生欺诈、伪造或

---

① 德国学术界普遍认为：故意提供虚假信息能够构成故意违反善良风俗的行为。德国联邦最高法院认为，法官应当在个案中依据公平与正义原则将社会上不同的道德观念与具体法律条文相结合，进行一定的价值判断，从而构成确定个案中善良风俗的合理判断标准。参见主力军：《欧盟与德国资本市场法研究》，上海社会科学院出版社2018年版，第179页。这些内容也体现在了德国的相关规定中。例如，《德国有价证券交易法》第31条“一般行为准则”规定：“有价证券服务企业负有义务：(1)以必要的专业知识、谨慎和责任心为其客户的利益提供有价证券服务和有价证券附加服务；(2)致力于避免利益冲突，并且在客户设施客户的交易之前，只要按照本法第33条第1款第2句第3项所采取的有组织预防措施经过理性判断，不足以避免妨害客户利益的风险，那么必须向客户明确陈述这些利益冲突的普遍形式和根源。”参见中国证券监督管理委员会编译：《德国证券法律汇编》，法律出版社2016年版，第399页。

② 《日本金融商品交易法》第43条规定：“金融商品交易业者等，应尽善良管理人的注意对客户提供有价证券管理业务。”参见中国证券监督管理委员会编译：《日本金融商品交易法及金融商品销售等相关法律》，法律出版社2015年版，第309页。实际上，善良管理人就是一种典型的“理性人”标准。

③ 2012年12月12日香港证券及期货事务监察委员会《有关监管首次公开招股保荐人的咨询总结》第106段。

④ 2012年12月12日香港证券及期货事务监察委员会《有关监管首次公开招股保荐人的咨询总结》第79段。

蓄意不作披露等行为。[①] 这是一种明显的“理性人”标准。对于投资银行而言，其提供的是专业服务，不同于普遍理性人，不能再以普通理性人的标准来判断，而应以投资银行行业成员在处理类似事务时尽到的注意、技能和知识为标准，除非其声称拥有更高的技能或知识。根据我国香港特区的相关规定，“理性人”标准主要涵盖合理判断、专业的怀疑态度、适当的核实等要素。

1. 合理判断

在香港，投资银行履行勤勉义务的目的是通过对上市申请人的认识及了解，以此确保上市文件内所载之事实陈述及意见均为真实、准确及完整。这必然涉及对所掌握的材料和事实进行判断。“合理判断”系指投资银行应通过尽职调查，彻底了解发行人，合理相信并确实相信所披露的信息。投资银行应在综合考虑所有相关事实和情况后，合理判断尽职调查的性质、范围。尽职调查的性质和范围应依据具体事实和情况来确定，因不同个案而异，不存在适用于所有情况的尽职审查清单，因为这会助长投资银行“剔格子”这种只按清单工作的心态。[②] 而且，即便是在香港联交所制定的尽职调查具体指引中即《第 21 项应用指引》也明确指出：该应用指引绝不是要列出在任何个别情况下可能属适当的实际步骤。每名上市申请人均属独立个案，因此就其上市申请而言属适当的尽职审查亦各不相同。投资银行应自行判断就个别个案而言属适当的调查为何，以及尽职审查的程度。[③]

一般情况下，投资银行应基于对发行人的业务、目前经营的市场及申请人于业务计划内预计进一步发展的市场的充分了解而行使其酌情权。但是多数情况下，投资银行都必须作出判断，以确定对资产（如物业、机器、产品或存货）进行尽职审查或确定受访分销商、供货商或客户的数目时所适用的重要性水平。投资银行在评估所需进行的尽职审查性质及规模时，应向

① 统筹律师行、易周律师行：《香港保荐人尽职调查指引》，HKCFEF Limited 2013 年版，第一章，第 2 页。

② 2017 年 6 月 9 日香港证券及期货事务监察委员会发布的《证券及期货事务监察委员会持牌人或注册人操守准则》第 17.6(a) 段和 2012 年 12 月 12 日香港证券及期货事务监察委员会《有关监管首次公开招股保荐人的咨询总结》第 13 段。

③ 香港联合交易所有限公司《证券上市规则》之《第 21 项应用指引》第 3 条。

联交所作出确认,招股说明书所披露的内容具有充分依据,合理的人能够根据此对发行人的股份、财务状况及盈利能力作出有支撑的意见。[①] 同时,香港联交所认为:投资银行必须于呈交上市申请后更新其尽职审查,以掌握其后的各项变动。然而,如果某些特定事项于呈交上市申请前已经存在,则投资银行应得出意见认为所有就该事项应进行的合理尽职审查已经完成,而无论该事项是否可能于日后发生变化。但必须将该事项列为"保持检讨"的项目,于上市前再次检讨。[②]

值得注意的是:香港对投资银行的执业水平尤其关注,认为这是合理判断的基础。一项香港证监会的调查就表明95%的散户投资者、94.2%的有意投资人士及100%的机构投资者认同需要提高香港市场保荐人的水平。[③] 香港在《上市规则》《咨询总结》以及《操守准则》中都对投资银行执业水平做出了要求,并明确投资银行应按照发行人的预计时间表判断其是否有足够时间履行《操守准则》及《上市规则》规定的责任及职责,必须保证在整个工作任务期间,有具备适当专业水平的员工从事该项工作。如果没有足够时间完成所需工作,投资银行就不应接受委任。[④]

2. 专业的怀疑态度

专业的怀疑态度是指投资银行在执行业务过程中,对发行人的陈述或其他材料,应抱着提问求证的心态,作出批判性的评估,并特别关注存在矛盾或可能使陈述及资料可靠性受到质疑的资料(包括专家所提供的资料)。[⑤] 特别是在审查对尽职审查提问所获得的回复时,投资银行必须以适当程度的批判评论性的评估来审查回复,而非纯粹个别独立处理,并根据尽职审查过程中获得的相关资料考虑所得的回复。例如,香港证监会就认为:

---

① 香港联合交易所有限公司《证券上市规则》之附录:十九(保荐人的声明)。

② 2012年12月12日香港证券及期货事务监察委员会《有关监管首次公开招股保荐人的咨询总结》第108段。

③ 参见深圳证券交易所综合研究所:《境外创业板上市公司监管制度研究》(深证综研字第0175号),2010年,第195页。

④ 2017年6月9日香港证监会发布的《证监会持牌人或注册人操守准则》第17.11(a)和(b)段。

⑤ 香港联合交易所有限公司证券上市规则《第21项应用指引》第2条以及2017年6月9日发布的《证监会持牌人或注册人操守准则》第17.6(b)段。

在洪良国际案中，投资银行就未以“专业的怀疑态度”进行调查。在该案中，投资银行兆丰资本允许洪良国际提出兆丰资本不应直接联络洪良集团的供应商、顾客和特许经营商的要求，所有访谈不仅全部由洪良国际安排，而且是在洪良国际代表在场的情况下进行。在没有任何质询的情况下，兆丰资本就接受了洪良国际就有关部分供应商/顾客拒绝与兆丰资本进行面对面访谈的说法。此外，兆丰资本接受由洪良国际安排与供应商/顾客的电话访谈。最后，由特许经营商证实他们为独立于洪良国际的书面确认均透过洪良国际取得。因此，香港证监会认为：兆丰资本缺乏专业的怀疑态度，不当地依赖了发行人，所有针对洪良集团的供应商、顾客和特许经营商的尽职审查工作中重要范畴的资料均来自洪良国际，未经过独立的审察。①

3. 适当的核实

在我国香港特区，对于发行人或其管理层提供的所有资料，投资银行应根据数据的性质和来源，以及资料提供的背景，履行适当的核实程序（审阅源文档、询问有关专业人士等），不能照单全收。投资银行过分依赖管理层来核实发行人的数据，不能被视为合理的尽职审查。同时，我国香港特区也同样适用“红旗警报”规则，即当投资银行意识到其获得的数据或资料可能会受到质疑，或者可能存在问题时，必须进行额外的尽职调查，以确定信息的真实性、完整性。②

值得注意的是：核实工作通常不会涵盖上市文件所载的财务数据和专家部分，主要是核查上市文件所载陈述的准确性，而并非为了探讨整体尽职审查过程所应涵盖与上市申请人有关的其他重大事宜。目的在于协助上市申请人及其董事履行核查责任，确保上市文件在所有重大方面均准确完整，且并无误导或欺诈成分，以支持其依赖所可能需要及潜在的免责辩护。主要涉及对上市文件的内容进行核查，以证实（1）有合理理由相信各项重大陈述属真实且并无误导成分；（2）识别出意见、估计及预测的陈述，有关陈述乃基于合理理由作出；（3）从各项该等陈述合理得出的任何推论均属正

① 参见香港证监会：《证监会向兆丰资本（亚洲）有限公司施加罚款并撤销其牌照》，载 http://sc.sfc.hk/gb/www.sfc.hk/edistributionWeb/gateway/TC/news-and-announcements/news/enforcement-news/doc?refNo=12PR39，最后访问日期：2018年5月18日。

② 2017年6月9日发布的《证监会持牌人或注册人操守准则》第17.6(c)段。

确且并无误导成分;(4)上市文件并无遗漏任何内容导致任何有关陈述不准确或存在误导成分;及(5)识别适当源文档并保存以备日后参考之用。[①]换言之,核实属于更广泛的尽职审查过程的一部分。例如,在洪良国际案中,香港证监会指出投资银行兆丰资本并未适当核实就洪良国际提供的特许经营商的姓名、地址等资料。[②] 在中国惠农资本集团有限公司(中国惠农)案中,香港证监会就运用了"红旗警报"规则,认为投资银行交银国际在意识到其获得的资料可能存在问题的情况下,没有进行额外的尽职审查,以确定中国惠农提供的资料的真实性和完整性。[③]

(二)"理性人"判断标准的构成——合理信赖与合理调查标准

编制发行人的上市申请文件是一项由投资银行负责统筹的合作性行动,也是结合了董事及高级管理层、获委聘进行具体尽职审查任务的第三方及上市申请人委聘的专家提供意见的成果。一般情况下,投资银行并无会计师、估价师、律师等方面的专业知识、职业技能或者相关的法定资格。因此,必然会涉及对第三方工作成果的确认。"理性人"标准依据材料类型的不同采取了"合理信赖"和"合理调查"两种标准,但不同的国家和地区之间表现又有所不同。

1. 我国香港特区的"合理信赖"与"合理调查"

香港证监会认为:投资银行不可单纯接受或盲目依赖第三方或专家的工作。就上市文件的专家部分而言,应按照《操守准则》第 17.7 段和《第 21 项应用指引》第 14 条规定进行调查,即投资银行须对专家的资历、经验及资源,专家所依赖的事实资料,专家意见所依据的假设等进行核查。同时,《操守准则》第 17.7(e)段明确规定在进行上述审查程序时,投资银行"应符合以其本身并非处理有关专家报告的事宜的专家,而可对其预期的标

① 易周律师行:《香港保荐人尽职调查指引》,HKCFEF Limited 2013 年版,第六章,第 1 页。

② 参见香港证监会:《证监会向兆丰资本(亚洲)有限公司施加罚款并撤销其牌照》,载 http://sc. sfc. hk/gb/www. sfc. hk/edistributionWeb/gateway/TC/news - and - announcements/news/enforcement - news/doc? refNo = 12PR39,最后访问日期:2018 年 7 月 18 日。

③ 参见香港证监会:《交银国际(亚洲)有限公司因在担任保荐人期间的缺失而遭证监会谴责及罚款 1500 万元》,载 http://sc. sfc. hk/gb/www. sfc. hk/edistributionWeb/gateway/TC/news - and - announcements/news/enforcement - news/doc? refNo = 17PR34,最后访问日期:2018 年 7 月 18 日。

准”。只有这样,投资银行才能有权依赖专家报告,除非其认为或有合理理由相信专家报告所载资料有失实、误导成分或有任何重大遗漏。

就上市文件的非专家部分而言,则需履行《操守准则》第17.6(g)段的尽职审查程序后,在上市文件刊发时,投资银行应有合理理由相信并应该相信:(1)上市文件内非专家部分所载的数据在所有重大方面均属真实、准确及完整,以及在任何重大方面没有误导或欺骗成分;及(2)并无遗漏任何事项或事实而致使上市文件的非专家部分所载的任何数据或上市文件的任何其他部分产生重大方面的误导。①

同时根据《香港主板上市规则》第3A.01条的规定,我国香港特区对成为专家部分的文件给予严格限制:一是身份的限制,主要限于会计师、估价师、工程师等;二是专家明确同意且未给予撤回;三是非专家部分不因专家意见而成为专家部分。②

2.英国“合理信赖”与“合理调查”

根据《英国2000年金融服务与市场法》第90条及其附录10:《损害赔偿:豁免》,合理信赖主要适用于以下情形。

(1)合理信赖被认为真实的声明。该声明系指上市公告书中的任何不真实或误导性声明或者是上市公告书中遗漏了必须要求列入的任何事项。

---

① 2017年6月9日发布的《证监会持牌人或注册人操守准则》第17.6(g)段规定:“保荐人不能免除尽职审查的责任。凡保荐人委聘第三方协助其进行特定的尽职审查工作(如委聘律师核实物业业权、委聘会计师审查内部监控措施、委聘顾问公司进行市场研究、委聘代理机构进行调查工作),保荐人仍须就该等特定工作所涉及的事项负责。某第三方的工作本身并不构成充分证据,证明保荐人已履行其进行合理尽职审查的责任。在何种程度上可以依靠第三方的工作,可视乎执行有关工作的第三方的专业资格而定。保荐人最低限度应:(i)评估该第三方是否具备适当资格及胜任能力进行获委派的工作;(ii)考虑该第三方将进行的工作的范围及程度;(iii)评估该第三方进行的工作的结果,并就有关工作是否能提供充分的基础断定已进行合理尽职审查,以及是否须作进一步尽职审查,达致其本身的意见;(iv)评估工作的结果是否与保荐人所知的其他数据(包括保荐人由进行其他尽职审查工作而得到的数据)一致;及(v)评估应否将有关工作的结果纳入上市文件以及应否知会监管机构。”

② 根据《香港主板上市规则》第3A.01条的规定:“专家是包括每名会计师、工程师或估价师,或任何由于其专业以致其所作的陈述具有权威性的人士。所谓的专家部分就是指就上市文件而言,上市文件内声称是由权威专家编制的任何部分或声称是专家报告、意见、陈述或估价文件的文本或其摘录,而有关专家同意将有关文本或摘录包括在上市文件内,并且上市文件载有一项陈述,说明该名专家已给予同意,且未有将其撤回;委任专家就上市文件内任何非专家部分向新申请人或保荐人提供意见或给予协助,不会令该部分成为专家部分。”

如果投资银行使法院确信上市公告书中提交给主管机关时，其合理相信“声明是真实的且没有误导性”或者“造成损失的遗漏为正当遗漏”，且满足下列任一或多项条件时：①投资银行在相关证券被购买时一直相信；②在合理可行地让可能购买相关证券的人注意到改正以前，证券即被购买；③在证券被购买以前，投资银行采取了所有对其而言合理的措施，以确保可能购买证券的人会注意到改正；④当事人一直相信如此，直到证券在列入正式上市名单并开始交易以后，并且在情有可原的情况下在其正当购买证券的期间结束后购买证券。[①] 投资银行即可构成“合理信赖”。

(2)合理信赖专家声明。所谓专家，是指包含其职业、资格或经验使他作出的声明具有权威性的任何工程师、估价人、会计师或其他人。[②] 专家声明必须经专家做出或授权作出，并且表明经专家同意列入上市公告书中，才能构成专家声明。对于专家声明，如果投资银行使法院确信上市公告书中提交给主管机关时，投资银行合理相信专家有能力作出或授权作出声明，并且专家已经同意将声明列入包含该声明的形式和上下文，同时满足下列一项或多项条件：①投资银行在证券被购买时一直相信；②在合理可行地让可能购买相关证券的人注意到专家没有能力或没有同意以前，证券即被购买；③在证券被购买以前，投资银行采取了所有对其而言合理的措施，以确保可能购买证券的人会注意到该事实；④在证券或者在受管制的市场上市并开

---

① 《英国2000年金融服务与市场法》之《损害赔偿：豁免》第1条规规定：“被认为真实的声明：(1)本条中，声明系上市公告书中的任何不真实或误导性声明；或者2.上市公告书中遗漏了第80条或81条要求列入的任何事项。(2)如果当事人使法院确信上市公告书中提交给主管机关时，他合理相信前款所述另一人属于下列情况，则对声明造成的任何证券方面的损失不承担任何第90条第(1)款的规定的责任：1.声明是真实的且没有误导性；或者2.造成损失的遗漏为正当遗漏，且满足本条第(3)款中规定的一项或多项条件：1.当事人在相关证券被购买时一直相信；2.在合理可行地让可能购买相关证券的人注意到改正以前，证券即被购买；3.在证券被购买以前，当事人采取了所有对其而言合理的措施，以确保可能购买证券的人会注意到改正；4.当事人一直相信如此，直到证券在列入正式上市名单并开始交易以后，并且在情有可原的情况下在其正当购买证券的期间结束后购买证券。”参见中国证券监督管理委员会编译：《英国2000年金融服务与市场法》，法律出版社2014年版，第825页。

② 《英国2000年金融服务与市场法》之《损害赔偿：豁免》第8条规定：“‘专家’包含其职业、资格或经验使他作出的声明具有权威性的任何工程师、估价人、会计师或其他人。”参见中国证券监督管理委员会编译：《英国2000年金融服务与市场法》，法律出版社2014年版，第831页。

始交易之后，投资银行仍然相信，经过较长时间之后证券被买入。① 投资银行即可构成“合理信赖”。

同时，对于包含在上市公告书中的官方人士作出的声明，或者包含在上市公告书中的公共官方文件中包含的声明，投资银行只要使法院确信该声明被准确和适当复制即可，似乎比“合理信赖”的程度更低。② 对于其他材料则适用“合理调查”标准。值得注意的是：尽管英国对不同的材料类型给予投资银行施加了不同程度的勤勉标准，但是其合理信赖标准与“证券交易”关联在一起，即以证券被交易之前作为一个明显的节点，投资银行需要在证券交易之前或截止证券交易之前作出相关行为，“合理依赖”才能构成对投资银行是否履行勤勉义务的正当防护。

3. 德日的“合理信赖”与“合理调查”

在德国，根据《德国有价证券法》第 31 条③和《德国交易所法》第 44

---

① 《英国 2000 年金融服务与市场法》之《损害赔偿：豁免》第 2 条规定：“(1)专家声明是指声称由另一人作为专家做出或授权作出；并且表明经该人同意列入上市公告书中。(2)如果当事人使法院确信上市公告书中提交给主管机关时，他合理相信前款所述另一人属于下列情况，则对声明造成的任何证券方面的损失不承担任何第 90 条第(1)款的规定的责任：1. 该另一人有能力作出或授权作出声明，并且：2. 已经同意将声明列入包含该声明的形式和上下文。而且满足本条第(3)款中规定的一项或多项条件；(3)前款所述的条件为：1. 该另一人在证券被购买时一直相信；2. 在合理可行地让可能购买相关证券的人注意到专家没有能力或没有同意以前，证券即被购买；3. 在证券被购买以前，该另一人采取了所有对其而言合理的措施，以确保可能购买证券的人会注意到该事实；4. 当事人一直相信如此，直到证券在列入正式上市名单并开始交易以后，并且在情有可原的情况下载其正当购买证券的期间结束后购买证券。”参见中国证券监督管理委员会编译：《英国 2000 年金融服务与市场法》，法律出版社 2014 年版，第 827 页。

② 《英国 2000 年金融服务与市场法》之《损害赔偿：豁免》第 4 条规定：“当事人对下列声明造成的损失，不承担任何第 90 条第(1)款的责任：1. 包含在上市公告书中的官方人士作出的声明，或者；2. 包含在上市公告书中的公共官方文件中包含的声明，如当事人使法院确信该声明被准确和适当复制。”参见中国证券监督管理委员会编译：《英国 2000 年金融服务与市场法》，法律出版社 2014 年版，第 829 页。

③ 《德国有价证券交易法》第 31 条：“一般行为准则”规定：“有价证券服务企业负有义务：1. 以必要的专业知识、谨慎和责任心为其客户的利益提供有价证券服务和有价证券附加服务；2. 致力于避免利益冲突，并且在客户设施客户的交易之前，只要按照本法第 33 条第 1 款第 2 句第 3 项所采取的有组织预防措施经过理性判断，不足以避免妨害客户利益的风险，那么必须向客户明确陈述这些利益冲突的普遍形式和根源。”参见中国证券监督管理委员会编译：《德国证券法律汇编》，法律出版社 2016 年版，第 399 页。

条[1]规定,有价证券服务企业应以必需的专业知识谨慎和认真地为其顾客的利益来提供有价证券服务和有价证券附加服务,如果投资者根据已获准上市交易的有价证券的招股说明书书面取得有价证券的,当招股说明书中对于评价有价证券有意义的重要信息不正确或不全面时,投资银行应当承担责任。但是对于投资银行有无进行积极的调查义务和进行何种程度的调查义务,在德国学术界意见不一。一般认为,只有在投资银行有合理的理由怀疑上市申请材料不实的情况下,投资银行才应履行调查义务。而且按照德国的法律,会计师事务所是法定的企业财务报告、年终报告和中期报告的审核义务人,投资银行对会计师事务所出具的发行人财务报告、年终报告和中期报告没有重新审核的义务。对于会计师事务所、律师事务所、资产评估机构等提供的其他报告,一般情况下,投资银行无须进行审核和调查,除非具有充足的理由怀疑这些材料不实。[2] 据此,德国也是依据材料类型的不同划分不同程度的勤勉义务标准,只是在德国划分更为彻底,对会计师事务所出具的财务报告,投资银行当然地免于承担勤勉义务。对专业机构出具的其他报告需有充足理由,才需进行积极核查;对其他材料,也只是有合理理由怀疑时才需进行调查。可以认为,在德国只有存在合理怀疑时,投资银行才须履行勤勉义务,而且某些特殊情形下,"红旗警报"须极其明显。

在日本,投资银行对有价证券申报书中就重要事项存在虚假记载或欠缺应记载的重要事项或者为避免误解所需重要事实的记载时,投资银行应对投资者承担因记载虚假或欠缺而产生的损害赔偿责任。[3] 对于财务报告

---

① 《德国交易所法》第44条规定:"如果根据已获准上市交易的有价证券的招股说明书书面取得有价证券的,当招股说明书中对于评价有价证券有意义的重要信息不正确或不全面时,那么有价证券的取得人可以要求:1. 对招股说明书承担责任的人员;2. 公布说明书的人员;作为连带债务人,在购买价不超过有价证券首次发行价的范围内,以购买价全数承接有价证券,并要求其承担与购买有关的通常费用,只要该购买交易是在招股说明书公布后且有价证券首次发行后6个月内订立的。"参见中国证券监督管理委员会编译:《德国证券法律汇编》,法律出版社2016年版,第236页。

② 主力军:《德国〈交易所法〉关于上市公司的上市申请材料不实陈述之民事责任介绍》,载《比较法研究》2005年第5期。

③ 《日本金融商品交易法》第43条规定:"金融商品交易业者等,应尽善良管理人的注意对客户提供有价证券管理业务。"参见中国证券监督管理委员会编译:《日本金融商品交易法及金融商品销售等相关法律》,法律出版社2015年版,第309页。

的部分，采取了与德国类似的做法，《日本金融商品交易法》第21条规定，投资银行对于对经注册会计师和监察法人出具了记载无虚假或无欠缺的证明的财务计算文件的相关部分，只要合理相信即可（不知虚假记载或欠缺），不承担调查义务；对财务计算文件相关部分以外的部分，则与德国存在差异，无论是否存在"红旗警报"，投资银行都需尽相当的调查义务。①

（三）对投资银行勤勉义务"理性人"判断标准的评价

总体上，投资银行勤勉义务"理性人"判断标准同样充满高度的抽象性，正是这种高度的抽象性，使其同样需要通过制定具体的规则来使自身更加具有适用性。同时，由于对"理性人"的学理探讨相对深入，"理性人"标准用于投资银行勤勉义务判断更加易于把握。

第一，在自身特质上，兼具原则性与灵活性的统一。"理性人"标准以同业成员作为基本的参照，而不是以行为的结果作为衡量，将投资银行的勤勉义务限定在一个合理的范围之内。在监管部门对投资银行所应具备的专业知识和技能通过一定的职业许可方式予以确认的情况下，"理性人"标准的最终落脚点往往是细致的业务规则，只要过程未按照业务规则进行，一般就认为是违反了"理性人"标准。但是，由于"理性人"标准同样给予法官或执法部门较大的自由裁量权，而且规则本身也说明其不能涵盖所有情形，只要投资银行不具备这个"拟制的人"的一般理性，也认为其未能履行勤勉义务。法官的自由心证在这过程中，起到了决定性的作用。可以说，"理性

---

① 《日本金融商品交易法》第21条规定："有价证券申报书中就重要事项存在虚假记载、或欠缺应记载的重要事项或者为避免误解所需重要事实的记载时，下列业者对接受募集或发售而取得该有价证券的业者承担因记载虚假或欠缺而产生的损害赔偿责任。但取得该有价证券的业者在其申购之际已知悉存在虚假记载或欠缺的，不在此限。……四、与募集相关的有价证券发行人签订总承销合同的金融商品交易业者或注册金融机构。前款情况下，下列各项业者，已证明该各项所列事项时，免于承担同款规定的赔偿责任：……三、前款第四项所列业者：证明不知虚假记载或欠缺，且对第193条之二第1款规定的财务计算文件相关部分以外的部分，尽管尽了相当的注意却没能知悉。"参见中国证券监督管理委员会编译：《日本金融商品交易法及金融商品销售等相关法律》，法律出版社2015年版，第63页。《日本金融商品交易法》第193条之12第1款规定："在金融商品交易所上市的有价证券的发行公司等政令规定的其他业者（在次条中称特定发行人）依据本法规定提交的资产负债表、损益计算书等内阁府令规定的其他财务计算相关文件（在第四款及次条中称财务计算相关文件），应取得与无特别利害关系的注册会计师或审计法人的审计证明。"参见中国证券监督管理委员会编译：《日本金融商品交易法及金融商品销售等相关法律》，法律出版社2015年版，第901页。

人”标准一样有效集合了统一性与灵活性,使标准不至于僵化,能适应证券市场的复杂与多变。

第二,在具体运用上,实现了一般性与特殊性的有效结合。“理性人”标准是对投资银行是否履行勤勉义务的基本判断标准,具有普遍的适用性。而“合理信赖”和“合理调查”标准则是在针对不同的文件时所应尽到的特别要求,是“理性人”标准的深化。换言之,如果不能满足“理性人”标准,则不可能满足“合理信赖”和“合理调查”标准。也就是说,只有在满足了“理性人”标准的前提下,才有适用“合理信赖”和“合理调查”标准的必要。但是“合理信赖”也是衡量“理性人”的一个度,在专家部分只要尽到了合理信赖,就视为已满足一个“理性人”的标准。“合理调查”标准同样如此。所以说,“理性人”标准与“合理信赖”“合理调查”之间是相辅相成的。

第三节　投资银行勤勉义务判断标准的比较分析

由于投资银行勤勉义务判断标准的重要性,有关国家或地区的证券法中都对此予以规定。虽然不同国家或地区的投资银行勤勉义务判断标准在表述及其渊源上有所不同,但还是表现出一些共同点:首先,相关国家或地区都对专家材料或非专家材料进行了区分,赋予投资银行不同的勤勉要求;其次,都将投资银行勤勉义务判断标准作为投资银行一般的行为标准,用以衡量投资银行行为的妥当性,并以此决定是否应该对投资银行课以相关责任,避免对投资银行的勤勉行为以结果进行判断;最后,由于判断标准的抽象性,都赋予法官较大的自由裁量权。但是,由于立法背景、经济发展、国民性格等因素的影响,仍然表现出诸多的差异。

一、“谨慎人”标准在理念层次上高于“理性人”标准

如前所述,美国采取的基本标准是“谨慎人”标准,即“一个谨慎的人在管理自己财产时所应达到的要求”,而英国、我国香港特区等采用的基本标准是“理性人”标准,即“类似的人在类似情况下所应尽的勤勉”。这种差别显而易见,“谨慎人”标准的参照物为自己,而“理性人”标准的参照物则为

拟制的"第三人"。这个标准反映了投资银行勤勉义务判断标准构建理念的不同,这种理念的差别显然是由于各国及有关地区所秉承的基本价值观及其历史所造成的,只有放在其产生的历史背景中才能反映其内在的差别。

实际上,"谨慎人"标准来源于信托投资业务中,最初在美国市场上实行的是英国的"法定目录规则",即投资项目只能投资于法定目录内的标的类型和范围。但是到了1830年,出现了与之不同的案例,美国通过 *Harvard College v. Amory* 案表明了适用新规则的态度,在该案中马萨诸塞州最高法院法官帕特南(Putnam)认为:对受托人投资的全部要求,他应向谨慎、明辨且理智之人管理自己事务那样,考虑投资资本的可能收益和本金的安全进行投资,并对基金资产进行长期安排,不能进行投机活动。① 这个案例所确立的规则被后人称为"谨慎人规则"(Prudent man rule),被誉为是"在银河中新发现的一颗闪耀的星辰"②,即从事信托财产投资时,受托人应该像一个谨慎的人处理他自己的财产一样,而且,如果其具备高于一般谨慎的人处理自己事务的注意和技能,如未尽此注意能力,也应承担责任。美国证券法在立法时,信托责任理论就是美国证券法的法律理论基础,自然而然的吸收"谨慎人规则"。实际上,美国学者就直接指出:"证券法中的'谨慎人'标准就是来源于信托法。"③反观之,"理性人"标准源于英国1837年的 *Vanghan v. Menlove* 案。在该案中,法官指出:"原告向被告指出他建造干草的方式是危险的。众所周知,干草会发酵,如果不小心可能会着火。堆干草堆需尽到一个普通谨慎人的那样的谨慎。"④随后,在1883年的"希温诉彭德案"认为理性人是"采用一般注意和技能的人"。⑤ 可见"理性人"自始至终都是要求行为人按照一个具有普通理性的人处于类似情形下的行为标准行事,

---

① Harvard College v. Armory, 26 Mass. 469, 1830.

② Mayo Adams Shattuck, "The Development of the Prudent Man Rule for Fiduciary Investment in the United States in the Twentieth Century", *Ohio State Law Journal*, 1951, 12, p. 508.

③ Joseph K. Leahy, "The Irrepressible Myths of Barchris", *Delaware Journal of Corporate Law*, 2012, 37(2), p. 455.

④ Vaughan v. Menlove, Accessed October 21, 2017. https://en.wikipedia.org/wiki/Vaughan_v_Menlove.

⑤ 蒋文玉:《理性人标准在侵权行为中的适用研究》,载《黑龙江省政法管理干部学院学报》2010年第12期。

即在同样的或同种情况下，人们通常所达到的注意程度。

从中可以看出：从规则产生之日开始，二者的注意程度就完全不一样。“谨慎人”规则实际源于信托制度，在西方信托法律制度中，都是要求受托人要足够的忠实与勤勉，并具备最大程度的诚信，在道德层面有着极高的要求。而“理性人”规则则源于普通的民事行为，二者对行为人的要求不可同日而语。即便是此后将“理性人”标准运用到其他领域，赋予“理性人”必须具备该类行业的水准。更进一步来说，即便是“谨慎人”与“理性人”在技能、道德、勤勉上已无差异，但由于“谨慎人”标准所要求的情景是“管理自己财产”，而“理性人”要求的情景是“拟制的人在类似情况下”，意味着谨慎人在从事业务过程中，不再追求自己或他人利益，而是将他人利益像实现自己利益一样为目标，“没有谁能够比自己更加爱惜自己”，二者之间存在显著的差异。“谨慎人”标准下所要求的勤勉程度应是最为严格的道德要求，也是一种最高的勤勉程度标准。因此，谨慎人标准在理念上对投资者的保护更为严格、更为彻底。

二、英美及我国香港特区的判断标准较德日更有利于投资者保护

就投资者角度而言，投资银行进行更多调查，履行更多的调查程序，意味着投资者可能得到的保护更多。总体上，英美以及我国香港地区无论从基础判断标准，还是对专家材料与非专家材料的信赖要求或调查要求，程度上都要比德日等国家更为严厉，程序也更为复杂。无论德国还是日本，投资银行履行勤勉义务要求程度之低显而易见。

美国投资银行勤勉义务判断标准实行的是“谨慎人”标准，要求具备职业技能的人处理同一事务时“像处理自己事务一样”，远比“理性人”标准所要求的“像他人在类似情况下处理类似事务”勤勉程度更加严格。德国、日本则以“理性人”标准作为基本判断标准，虽然英国、我国香港特区也是以“理性人”标准为基本判断标准，但是要求程度与德国、日本存在着重大差别，更加严格。例如，对于专家材料部分，德国、日本都规定无须进行任何调查，采取的是完全无例外的合理信赖标准，而且德国对于非专家材料，只有存在“红旗警报”的情况下，投资银行才会承担合理调查的义务。即便采取同一基础判断标准的我国香港特区，对专家材料的审核标准也要更为严格，

合理信赖专家报告时，也必须按照规定的程序进行调查，同时还实行"红旗警报"规则。

可见，无论是在何种标准下，对于投资者保护而言，英国、美国等国家或地区通过施加投资银行更多的义务给予投资者更为有效的保护。这实际上与著名学者拉斐尔·拉波尔塔（Rafael La Porta）、弗洛伦西奥—洛佩兹—德—西兰斯（Florencio Lopez-de-Silanes）、安德鲁·施莱弗、罗伯特 W. 维什尼（Robert W. Vishny）所研究结论相一致，即以英国判例法为起源的国家在保护投资者的法律及其执行实效性方面表现得最强，以德国、北欧各国法律体系为起源的国家表现居中，以法国成文法为起源的国家表现最弱。①

三、不同国家或地区相同事项勤勉尽责要求程度不一

如前所述，不仅同一法系下的美国与英国及我国香港特区的投资银行勤勉义务判断标准有所不同，而且不同国家或地区之间就相同事项的要求也存在明显差别。从总体上看，英国、美国及我国香港特区要求普遍相对严格，而德国、日本要求相对宽松。

就英美及我国香港特区专家材料部分而言，美国实行合理信赖的标准，但如果存在"红旗警报"的情形，则需要进行合理调查。而我国香港特区不仅规定"红旗警报"规则，而且对专家部分也规定专门的尽职调查程序，如果投资银行未按照程序进行核查，则需承担未履行勤勉义务的责任。此外，在我国香港特区并没有明确对官方文件应履行何种程度的调查，在美国、英国均可以合理信赖。因此，就专家材料而言，在我国香港特区投资银行对专家部分材料应履行的勤勉义务重于美国。

就英美及我国香港特区非专家材料部分而言，美国在一些特定的情形下，投资银行可以信赖发行人的陈述，而在我国香港特区，并无类似的规定；同时从投资银行能否通过对自身行为的记录来证明其是否尽到了勤勉义务来看，虽然实践中各投资银行都制定了尽职调查清单，但美国监管机构一直拒绝制定具体的尽职调查准则，并对投资银行依赖清单进行调查的行

---

① Rafael Laporta, Florencio Lopez—De—Silanes, Andrei Shleifer, Robert W. Vishny, "Law and Finance", *The Journal of Political Economy*, 1998, 106(6), pp. 1113 - 1155.

为表示“警告”。我国香港特区虽然认为清单不能包含一切，但也制定了详细的清单和调查程序，使投资银行有明确的参考。因而，就非专家材料而言，总体上，在香港，投资银行更能预测自身行为是否尽到了勤勉义务，对投资银行而言香港更为有利。

就德国、日本而言，二者之间也存在明显差别。就专家材料而言，德国对财务报告适用完全合理信赖标准。在日本法中，如果明知有虚假和遗漏，则需进行调查。对于其他专家材料，德国只有在“红旗警报”极其明显的情况下才需要积极进行核查。对于非专家材料，德国认为投资银行有合理理由怀疑时才需进行调查。而在日本，除财务报告以外的所有材料，都需要进行积极得核查。可见，同为大陆法系，德国投资银行所应尽到的勤勉义务标准相对较低。

本章小结

由此可见，各国或有关地区结合各自实践，在如何判断投资银行是否履行勤勉义务过程中分别衍生出了“谨慎人”标准和“理性人”标准。“谨慎人”标准主要适用于美国，美国法院通过判例的形式不断完善“谨慎人”标准，使之兼具原则性和灵活性。而且，正是通过判例，使“谨慎人”标准所坚守的理念得以维系，从而得以维护投资者利益和美国证券市场的健康发展。同时，也可以看出，在“谨慎人”标准的适用及完善过程中，充满利益的博弈，投资银行等利益团体一直不断地呼吁能够出台更加具体化的标准，减轻其应承担的责任，甚至美国监管层有时也更多地为投资银行服务。但由于美国法院始终坚守《美国 1933 年证券法》的立法理念，美国投资银行在整体上始终也未曾过分背离勤勉义务的基本标准，这也促进了美国证券市场的繁荣。而“理性人”标准则适用于除美国以外的其他的国家或地区，但细节要求差别巨大，英国及我国香港特区虽然与美国在理念上有所差别，但在细节上更加接近于美国，甚至在某些层面更严于美国，其他的诸如德国、日本等则相对宽松，对投资银行勤勉尽责要求较轻。

同时，正是由于采取高度抽象的“谨慎人”标准或是“理性人”标准作为判断投资银行行为适当性的基本标准，这些标准避免了因对投资银行损害无法确认时所采取一种简单以结果进行认定的办法，更多的是以过程符合相关行为标准为判断，使投资银行勤勉义务成为一种积极的过程导向的义务。在一定程度上说，正是依据"理性人""谨慎人"这些经实践检验了的不朽的法律概念，投资银行的勤勉义务判断标准才能成为衡量投资银行行为的"尺度"，在合理确定投资银行行为边界和责任的同时，也为投资者提供良好的保护。

但应尽勤勉义务标准的高度现实性，排除了确定应尽勤勉义务范围时采用千篇一律模式，以保证成功进行必要的合理调查。发行人营业的特有风险可能产生更多的特别合理调查义务。① 现实中，无论"理性人"标准，还是"谨慎人"标准，因其弹性较高在制度价值的实现上获得了更大的空间。甚至可以说"理性人"标准或"谨慎人"标准就像是由法庭用各种规范和道德判断填充后，决定具体场景下什么是合理的"空桶"。② 因而在具体的认定过程中，法官的个人价值判断难免不会进入"理性人"标准或是"谨慎人"标准的运用中。因此，实际上，无论何种模式，认定时很大程度上是法官"自由心证"的结果，这种标准抽象的人——"理性人""谨慎人"甚至包括何为"合理注意"等，其并不是一个实实在在的人或一种客观实在，这种抽象的概念"要么只存在于每个法官心中，要么就是法官自己"③。这样就很可能会导致不同的法官就同一行为是否符合勤勉义务的判断标准得出不同的结论。

"万物之始，大道至简。"④投资银行勤勉义务判断标准应当朝着更为明确具体的方面演进，诚如美国最高法院大法官霍姆斯所言："如被告应尽到普通谨慎人在类似情况下应尽的注意这种缺乏个性的一般化概念，应当逐

---

① ［美］托马斯·李·哈森：《证券法》，张学安等译，中国政法大学出版社2003年版，第89页。

② Steven P. Scalet, "Fitting the People They are Meant Serve to: Reasonable Persons in the American Legal System", *Law & Philosophy*, 2003, 22(1), p. 75.

③ 喻敏：《对侵权行为法中过错问题的再思考》，载《现代法学》1998年第4期。

④ （春秋）老子：《道德经》，中国华侨出版社2014年版，第36页。

步让位于具体情形，其所应当达到的标准应是具体的作为或者不作为标准。”[①]实践也给予了充分的证明，特别是在美国，将这种抽象的“谨慎人”标准运用到具体案例中时，法官通过自由裁量权对其不断进行调整，使之能够满足实践的需要，这本身就是“具体化”的需求。因此，在肯定抽象性标准作用的同时，也应制定具体的规则不断完善投资银行勤勉义务的判断标准。

① Oliver Wendell Holmes, *The Common Law*, Createspace Independent Publishing Platform, 2014, p. 89.

第三章　投资银行勤勉义务的实现机制

在任何一个国家，法律制度都是一个体系，制度与制度之间具有关联性且相互依存。因此，一种制度价值目标的实现在任何时候都不可能只依赖某一个制度，而需要的是一套相互制约和补充的制度。[①] 投资银行勤勉义务制度无论在制度的设计上如何完美，但是如果缺乏与之相配套的其他制度，制度预期的设计效果将很难实现，有时甚至可能会出现适得其反的结果。故而，投资银行勤勉义务制度的有效实施依赖其他制度予以可靠的保障。

第一节　投资银行勤勉义务实现机制的分类与构建

实质上，法律实现指的就是法律制度的有效性，追求的是对社会实践的影响，其理论的内涵和外延核心集

---

① 苏力：《制度是如何形成的》，北京大学出版社2007年版，第55页。

中于法律拟规制的主体是否真正履行了相关法定职责。① 因此，投资银行勤勉义务实现机制主要是指围绕投资银行是否确实履行了相关法定职责而设计出来的一系列制度，目的在于实现投资银行勤勉义务制度的价值。

一、投资银行勤勉义务实现机制构建的考量因素论析

任何制度的设置都会受限于主客观条件的制约，投资银行勤勉义务实现机制同样如此。而这些所谓的主客观条件，无外乎就是成本与收益、激励与约束、内因与外因等。

（一）内因与外因

唯物辩证法认为：事物的发展是内因和外因共同起作用的结果。内因是事物变化发展的根据，外因是事物变化发展的条件，外因通过内因起作用。内因和外因是辩证统一、互相联系、互相转化的。因此，投资银行勤勉义务实现机制的设计应从投资银行内部和外部同时构建互相结合的机制。在投资银行内部，主要关注于投资银行从业人员，由于投资银行从业人员作为一个标准的“经济人”，在具体承担投资银行业务过程中，不可避免面临着巨大的道德风险，即所谓的“堡垒最容易从内部攻破”。一旦如此，投资银行勤勉义务的实现就成为空谈，因而证券法等相关法律法规要为或促使投资银行履行勤勉义务构建内部实现机制。实际上，现代公司几乎所有的内部管理制度都是围绕着其从业人员而展开的，只是有效程度不一而已。同时，投资银行自身也具有“经济人”的属性，仅仅靠内部制约显然是不够的，只有存在外部监督力量时，其内部自觉才能得到更好的发挥。因此，在构建投资银行勤勉义务实现机制过程中，必须注意内因与外因之间的关系。

（二）激励与约束

勤勉义务作为一种积极义务，目的在于引导投资银行勤勉地履行职责。在经济学上，投资银行与投资者之间的关系属于委托代理关系，为了保障交易的顺利进行，维护自身利益，必须对代理人进行适当的激励与约束，才能

---

① 参见［美］E. 博登海默：《法理学——法律哲学与法律方法》，邓正来译，中国政法大学出版社2004年版，第347页。

解决代理人偏离委托人利益行事的问题。[①] 而且在实践中,投资银行服务于多个目标,维护和促进投资者利益是投资银行勤勉义务制度的根本价值所在,为了提高投资者福祉水平,也必须为投资银行提供激励。显然,投资银行的“勤勉”是需要动力的,投资银行勤勉义务制度欲实现其价值目标,关键在于设计合适的实现机制,以克服可能出现的投资银行动力不足的问题。因此,如果我们寄希望于投资银行勤勉地工作,只是阻止或预防其将权力为其所用是不够的,必须以某种方法鼓励其运用法律所赋予的职能服务于投资者。反言之,如果仅仅是“鼓励”,而不去阻止其将权力为己所用也是不够的。投资银行勤勉义务的履行不能完全指望于投资银行自身的道德自觉,就像汽车之所以称为汽车,原因就在于汽车既安装了“发动机”,也安装了“刹车装置”。因此,投资银行勤勉义务制度的实现机制,必须从激励与约束两个方面来对投资银行是否或如何履行勤勉义务进行调整,以此平衡投资银行与投资者利益,从而实现证券市场的有效运转。

(三)成本与收益

众所周知,制度的建立和执行都是存在成本的。法律的目的在于推进市场交换,并促进交易成本最低化。在存在交易成本的情况下,能使交易成本最小化的法律是最适当的法律。[②] 投资银行勤勉义务制度实质上就是控制并减少投资调查的成本,从而降低证券发行的成本。因此,投资银行勤勉义务实现机制也得服从勤勉义务制度自身的特质,在实现机制的设计上应当考虑兼顾成本与收益。因为在实现机制的设计过程中,每增加一项激励或约束都是成本不断上升的过程,姑且无论证券市场本身就是效率提升的直接体现。而且,基于预算的约束,投资银行的实现机制也不可能无限制的投入,也要考虑有限的监管资源和监管效果的平衡,巨大的投入只会带来过度的反应,使投资银行不能或不愿履行勤勉义务,进而导致制度目的落空。如同有学者指出的那样,“无视交易成本而强化政府管制的法律可能比没有法律更为危险”[③]。

① 参见胡乐明、刘刚:《新制度经济学原理》,中国人民大学出版社2014年版,第86页。

② 参见[美]理查德·A.波斯纳:《法律的经济分析》(上),蒋兆康译,中国大百科全书出版社1997年版,第7页。

③ 方流芳:《民事诉讼收费考》,载《中国社会科学》1999年第3期。

二、投资银行勤勉义务实现机制的分类及内容构成

投资银行在证券市场中以其对信息披露质量的保证而彰显存在的价值,但由于投资银行中介市场的信息不对称,在一定程度上制约了其作用的发挥,影响到投资银行勤勉义务制度价值的有效实现。证券市场已经证明纯粹的私人协定体系是没有效率的。[①] 易言之,投资银行勤勉义务制度价值的实现在投资银行自身范围是不能解决的,必须依赖于其他的手段,也就是"实现机制"。

(一)投资银行勤勉义务实现机制的分类

如前所述,投资银行勤勉义务实现机制的构建必然考虑到内因与外因、激励与约束、成本与收益等类型化因素。正是源于投资银行勤勉义务实现机制这种考量因素的类型化,使实现机制本身也具备了类型化的必要。简言之,投资银行勤勉义务实现机制的类型划分基于构建投资银行勤勉义务实现机制的基本考量因素,源于考量因素的不同,实现机制的类型划分也不同。

1. 内部与外部实现机制

投资银行勤勉义务制度价值的实现或制度的有效运转,必然是内外部因素共同作用的结果。如同凯恩斯所指出的那样,多数时候人类的经济行为源于理性的动机,但有时也受"动物精神"的支配,起源于"动物的本能"。[②] 因此,投资银行勤勉义务实施机制的类型可分为投资银行勤勉义务的内部实现机制和外部实现机制。具体而言,在内部实现机制上,主要从公司内部管理手段方面进行考量,建立权责清晰、奖惩分明的机制来鼓励和督促投资银行从业人员履行勤勉义务,以此保证法律所赋予投资银行的勤勉义务能够得到执行。在外部实现机制上,则应当更多考量监管部门如何更加有效监管、社会如何评价、投资者如何制约等,以此促使投资银行更加勤勉地执行法律所赋予的职责,提供合格的信息产品为投资者谋取更大的

---

① Richard A. Posner, *Economic Analysis of Law*(4th Ed.), Little, Brown, and Company, 1992, pp. 90 – 91.

② [英]约翰·梅纳德·凯恩斯:《就业、利息和货币通论》(重译本),高鸿业译,商务印书馆2009年版,第165页。

利益。

2. 激励与约束机制

无论是内因与外因，还是成本与收益，其目的要么在于实现激励，要么在于实现约束。换言之，任何制度在功能上，无非就是给予鼓励或是施以约束来实现制度目的。因此，从实现机制的功能上看，投资银行勤勉义务的实现机制可分为激励机制和约束机制。激励与约束机制在诸多领域都得以运用，主要原因在于其讲究一种平衡，无论是激励还是约束都不能过度，都需要对方或对自身予以限制，以期能发挥最大的效果。香港证监会前主席沈联涛也认为："金融市场的监管工作需要在既奖励信实和效率，又在惩处违法分子这个困难而微妙的取向上谋求平衡。"①具体而言，投资银行勤勉义务激励机制主要目的在于促进投资银行积极履行勤勉义务，主要通过晋升、薪酬、良好评价等方式来实现。约束机制则以自我约束或外部监督两个方面来进行，通过内部和外部都施加压力的方式来保证投资银行勤勉义务制度得以有效、有序地实施。

（二）投资银行勤勉义务实现机制的内容构成

实际上，无论是内部与外部实现机制，还是激励与约束机制，均依赖于具体的手段予以实现，最终的落脚点都在具体实施的制度上。在探讨如何促进投资银行才能更好履行勤勉义务过程中，一些学者对此提出看法。例如，伯纳德·S. 布莱克就认为可通过以下方式予以解决：(1)建立第二层级的信誉中介为第一层级的中介机构提供担保；(2)由监管组织提供担保，将实施不端行为的成员驱逐出本行业；(3)综合使用中介机构对投资者责任和中介机构的最低质量标准，由监管部门颁发程序许可证，以及处以罚款，对于出于故意的就启动刑事程序。② 乔纳森·R. 梅西则认为：单纯地依靠投资银行显然难以让人放心，为克服这个难题，可以运用以下手段（既可以单独使用，也可以结合在一起运用）：(1)声誉投资；(2)将投资银行纳入一个严格的监管体系；(3)将投资银行置身于一个透明度和效率较高的交易

---

① 邓宝凌：《安然事件对金融市场监管的影响——香港证监会主席沈联涛访谈录》，载《国际经济评论》2002年第6期。

② Bernard S. Black, "The Legal and Institutional Precondition for Strong Securities Markets", *Ucla Law Review*, 2001, 48(4), p. 781.

环境,欺诈和虚假陈述行为因此很快就会由于市场专业人士之间的激烈竞争而被发现。[①] 陈志武则指出:有两类制度可起关键的作用:(1)是否存在不受控制的新闻媒体独立地验证信息;(2)是否存在保护投资者利益的法律和相匹配的司法体系与诉讼程序。[②] 从中可以看出:投资银行勤勉义务实现机制至少包含以下几个方面的内容:(1)声誉评价;(2)诉讼机制;(3)媒体监督;(4)监管部门或自律组织的监管;(5)市场竞争机制等。

综上所述,投资银行勤勉义务实现机制可分为内部与外部机制和激励与约束机制,在内容上主要涵盖声誉机制、诉讼机制、媒体监督机制、监管部门或自律组织的监管机制等。鉴于投资银行勤勉义务的实现机制无论作何种划分,主要目的在于激励或约束投资银行的行为。因此,在以下投资银行勤勉义务实现机制论述中,以投资银行勤勉义务的激励机制和约束机制进行展开。

第二节　投资银行勤勉义务激励机制的运转及效应分析

投资银行勤勉义务作为一种积极义务,其"积极性"天然地蕴含了"激励"的要求,不能对此置之不理。投资银行勤勉义务的实现如果缺乏"激励"的因素,"积极性"可能随时都会发生动摇。因此,激励机制对投资银行勤勉义务的实现具有重要作用,约翰·科菲教授甚至指出:"如果激励机制有问题,那么,无论多少的政府监管都无济于事。"[③]激励机制的核心在于如何使投资银行及其从业人员的利益与勤勉义务制度设立的目的相统一。显然,这必须依靠投资银行内部和外部都要给予"激励"足够的重视,才能构建良好的激励机制以促进勤勉义务的履行。

---

① 参见[美]乔纳森·R. 梅西:《金融监管中的"监管者效应"》,赵渊译,载《证券法苑》2015年第1期。

② 陈志武:《媒体、法律与市场》,中国政法大学出版社2005年版,第4页。

③ [美]约翰·C. 科菲:《看门人机制:市场中介与公司治理》,黄辉、王长河等译,北京大学出版社2011年版,科菲教授序。

一、投资银行薪酬与晋升机制的运转及绑定效应

无论何种体制、何种制度，人始终是最基本、最为关键的因素。投资银行对信息的搜寻及判断都依赖于其从业人员，尤其是发行承销业务更是依赖业务人员经验、技能。特别是经验丰富员工的经验、技能，更是投资银行能履行好勤勉义务，保持其竞争能力的关键。著名的投资银行高盛在其行为规范里就明确指出："我们明白在服务行业里，缺乏最拔尖的人才就难以成为最拔尖的公司。"①但是，投资银行这些拥有特别经验或技能的从业人员却具有高度的流动性，而投资银行业务的特性导致经验、技能很难被复制，且难以通过学校或培训机构获得，多数时候只能靠业务实践过程中的言传身教实现传承。也就是说，投资银行履行勤勉义务过程中所需要的经验、技能很难与员工，特别是资深员工相分离。因此，投资银行如何防止技能熟练的员工跳槽并使之能够将有关经验、技能传授给其他员工就成为重中之重。对于此，无非就是通过薪酬和晋升机制将员工与投资银行进行绑定。

（一）投资银行的薪酬机制

如前所述，投资银行最重要的资产是人，但人同时又是最为理性的动物。特别是对具有较强专业技能的员工而言，由于其所具有的技能在投资银行业内的任何一家公司都能够得到运用，只要其他的公司能够给予更好的待遇或发展空间，就有可能跳槽。而且，投资银行业人员本身就具有极高的流动性，投资银行业界内就有句名言形象地描述了这一事实："当你的员工走下电梯的时候，你不清楚他明天是否能回到办公室继续工作。"②这会使得投资银行履行勤勉义务的能力受到很大影响，能否制定一份既能阻遏仓促解职，又能避免不希望发生离职的薪酬方案显得极为重要。"人类所有的活动都不是免费的"。③ 虽然所有薪酬计划的目的都是为使员工与公

---

① 高盛高华：《企业文化——十四条业务准则》，载 http://www. gsgh. cn/our_firm/business_principles/index. html，最后访问日期：2018 年 8 月 30 日。

② 陈和、蔡晓珊：《投资银行治理研究：基于专业服务企业特性的视角》，载《商业经济与管理》2015 年第 12 期。

③ ［美］尼考拉斯·莱斯切尔：《认识经济论——知识理论的经济问题》，王晓秦译，江西教育出版社 1999 年版，第 7 页。

司的利益倾于一致。但是,根据赫兹伯格的双因素理论,基本的薪酬福利只属于保健因素,不会激发被激励者内心的积极性,为了获得基本薪酬的行为只会是消极的"保管者"行为。① 故而,薪酬结构里必须包含一定的风险因素。

一般而言,现代公司薪酬的构成基本一致,主要由基本工资、奖金以及期权或股权等部分组成,而且不同的公司在支付时间以及所承担的职责都各不相同。也就是说,现代公司的薪酬结构里基本都包含浮动的正向激励条款,只是程度和效果存在差别。投资银行也不例外,投资银行勤勉义务薪酬机制所要解决的就是以何种指标与薪酬挂钩,才能衡量投资银行从业人员是否勤勉和勤勉的程度,以及如何促进其勤勉。为了解决该问题,各国的投资银行一般采取分类解决的方式:对于投资银行承做的单个项目,在项目成功发行时,以项目奖金的形式予以绑定;对于投资银行具有丰富经验和技能的员工,由于其处于一个相对有利的地位,投资银行进行薪酬设计时一般给予特别的考量,主要以股权期权予以绑定,在条款的设计上一般都会对期权作一些限制,诸如"一定期限内不能转让""违反相关规定时可收回"等条款。对于股权期权这种形式,有学者认为是受到了两种意识形态的影响:一是源于代理问题的重视。尤其是新制度经济学、法律经济学中基于自利的理性人的假设,强调产权对公司治理的重要性,将管理人员和员工变成小规模的与公司业绩有关的所有者,可以降低代理中的偷懒和自利行为;二是受到了大众资本主义等政治意识形态的影响。② 不可否认,这些措施在促使投资银行履行勤勉义务方面起到了重要作用。

但是,对于这两种方式,批评者也众多。对于前者即把奖金和短期结果联系在一起的薪酬方案,认为没有对风险作出足够的调整,促成了上至管理者下至普通工人,都愿意冒较大风险这样一种环境。③ 在这种方案下,投资银行从业人员的收入直接与项目收益挂钩,与投资银行的自身风险以及长期业绩无关,形成较高的"道德风险",刺激投资银行的从业人员忽视公司

---

① 陈学彬等:《论金融机构激励约束机制》,复旦大学出版社 2006 年版,第 49 页。

② 邓峰:《普通公司法》,中国人民大学出版社 2009 年版,第 601 页。

③ 参见[美]本·伯南克:《金融危机对经济学的启示》,王旭译,载《比较》2010 年第 5 期。

长期利益，而刻意追求短期效益，即为了获得项目的成功发行，忽视勤勉义务的履行，或甚至可能以身犯险。美国学者斯科特·格林（Scott Green）对巴林银行、基德—皮巴迪证券公司、大和银行纽约分行、爱尔兰联合银行等事件进行研究之后，发现这些公司都有一个共同的特点，就是奖励当前的投资回报，不考虑道德要求和长期后果。[①] 而对于股票期权行为，小约翰·科菲教授则指出：以期权为基础的薪酬方案的一个副作用是更多的期权往往意味着更多的欺诈，因为投资银行具有特别经验或技能的人具有强烈的财务动机去操纵项目，以期行使期权获得的收入最大化。[②]而且，华尔街爆发的系列丑闻也已充分证明，现有的制约机制都不能抗衡以期权为基础的薪酬机制所带来的副作用。[③] 因此，就投资银行而言，薪酬机制的设计应专注于促进投资银行从业人员通过勤勉地履行职责获取利益，而不是因薪酬带来的利益自身使投资银行从业人员寻找更加便捷、更加低成本的手段来实现。

（二）投资银行的晋升机制

任何领域的从业人员对薪酬和晋升都有着天然的偏好，实质上饱含着人类对"名"与"利"的追求。在投资银行的薪酬机制不足以给予投资银行从业人员足够激励的情况下，投资银行的晋升机制往往可能起到意想不到的效果。因为对于优秀员工而言，金钱和权力都很重要，但是更重要的是要给他们以机会，让他们内心的激情得以燃烧。[④] 通常而言，投资银行的员工如果能够获得"晋升"，一般意味着员工的工作能力较强，相当于给员工贴上了一个"标签"，这个标签在资本市场即意味着身价或工作机会。即便是所在的投资银行未能给其身份足够的定价，也实际上创造了类似的可能。因为投资银行从业人员寻求其他工作机会或更高的定价时，由于存在信息不对称，潜在的雇主无法全面细致地考察其工作能力高低，只能依据晋升的

---

① 参见［美］斯科特·格林：《萨班斯法案内控指南》，张翼、林小驰译，经济科学出版社2007年版，第6～7页。

② Joel Seligman, "A Sheep in Wolf 's Clothing: The American Law Institute Principles of Corporate Governance Project", *Geo. Wash. L. Rev.*, 1987, 55(2), pp. 62－64.

③ Jeffrey N. Gordon, "The Rise of Independent Directors in the United States, 1950－2005: of Shareholder Value and Stock Market Prices", *Stanford Law Review*, 2007, 59(6), p. 1536.

④ ［美］唐纳德·基奥：《管理十诫》，蒋旭峰、璩静译，中信出版社2015年版，第165页。

"标签"进行判断,获得晋升至少说明其工作能力得到了认可,反之亦然。另一方面,由于很多时候"晋升"通常与"走人"是结合在一起的,对于投资银行从业人员,不能晋升意味着很可能会被解雇,这意味着其可能会较难获取新的工作机会或更好的薪酬。如果在员工难以找到一份具有相同吸引力的工作时,对员工个人而言,解雇对其的代价就会显得特别的高;如果能使其在其他的企业都不能升职,这样代价就会显得更高。因而,将投资银行履行勤勉义务的过程或结果作为其"晋升"机制的一个组成部分,对于投资银行勤勉义务制度价值的实现有着不可忽视的作用。

二、投资银行声誉机制的运转及标签效应

投资银行勤勉义务制度一个重要的目的就是通过赋予投资银行勤勉义务的方式减少投资者对投资银行机会主义行为倾向的担忧。但是,影响投资银行是否勤勉的因素不仅仅只是因其违反义务所应承担的责任。很多时候,投资银行积极从事某些行为并不是基于法律责任的威慑或短期利益的诱惑,而是基于"声誉"的考量。美国奥利弗 · E. 威廉姆森教授就认为:即便缺乏法律救济,有时也能够通过一些所谓的"绑定机制"对行为人进行制约。① 这种所谓的绑定机制实际上指的就是"声誉机制"。

投资银行的声誉如同人的"道德美誉"一样,是对投资银行过往行为的一种综合记录和概括,是判断投资银行职业操守和专业能力的一个重要标志。良好的声誉传递的是这样一种"信号",声誉高的投资银行承销的企业是品质较高的企业,对发行人而言自然愿意与声誉较高的投资银行进行合作,因为这意味着品质的可靠和更高发行价格的可能性,同时也意味着高声誉的投资银行往往可以获得更多的市场份额。② 换言之,为了维持这种获得更高"市场份额"的可能性,声誉越高的投资银行维持自身声誉和保持自律的动机就越强,这会促使声誉高的投资银行更加勤勉地进行信息收集和判断,以确保其"信息生产"的真实性和可靠性。同时,由于投资者

① Oliver E. Williamson, "Credible Commitments: Using Hostages to Support Exchanges", *Am. Econ. Rev.*, 1983, 73(4), p. 519.

② CRAIG GDUNBAR, "Factors Affecting Investment Bank Initial Public Offering Market Share", *Journal of Financial Economics*, 2000, 55(1), pp. 3-41.

可通过投资银行的执业历史来证实其声誉,使投资银行在信息的生产和认证过程中必须长期遵循严格的执业标准,才能建立良好的执业历史记录,并以此建立和维持声誉。① 此外,投资银行声誉如同人的"声誉"一样难以获得,其积累需要较长的时间和过程,但是极为容易失去,一旦失去了它,很难重建。华尔街就一直认为:"投资银行在资本市场上拥有的一切就是它的声誉"②。著名的投资银行高盛就在其行为规范里明确指出:"我们最重要的三大财富是员工、资本和声誉。三者之一若有受损,最难重建的是声誉。"③

因此,对投资银行而言,即使在缺乏有效法律制约的情况下,投资银行也会有动力去抵制发行人要求同流合污的诱惑,或清除投资银行从业人员所可能带来的"道德风险"。因为作为一个证券市场的重复玩家,投资银行未来的发展与"声誉"息息相关,面临的潜在损失可能远远超过与发行人同流合污或因容忍员工不道德行为所获得的一时收益。于是,现代的投资银行家可以依赖他们极强的声誉使投资者相信:他们有能力管理住那些他们不可避免会遇到的利益冲突,从而实现价值最大化。④ 可见,声誉机制在规范投资银行的发行与承销行为,促进投资银行履行勤勉义务过程中有着重要作用,能够促使其对发行人进行谨慎、深入地尽职调查,向投资者传递关于发行人真实、准确、完整的信息,以此积累和维护自身良好的声誉,进而获得更多的利益。

但是,投资银行声誉机制的缺陷也不可忽视。首先,投资银行之所以愿意建立和维护"声誉",根本原因仍然是利益的驱动,因为投资银行这样做可能会给其带来更大或更加长远的收益。换言之,声誉可能给投资银行带来未来的预期收益,有可能是以投资银行放弃了眼前利益为代价的,是投资

---

① Thomas J. Chemmanur, Paolo Fulghieri, "Investment Bank Reputation, Information Production, and Financial Intermediation", *Journal of Financial Economics*, 1994, 49(1), pp. 57 – 79.

② [美]米歇尔·弗勒里耶:《一本书读懂投资银行》,朱凯誉译,中信出版社 2010 年版,第 136 页。

③ 高盛高华:《企业文化——十四条业务准则》,载 http://www.gsgh.cn/our_firm/business_principles/index.html,最后访问日期:2018 年 8 月 30 日。

④ 参见[美]阿兰·莫里森、小威廉·维尔勒姆:《投资银行:制度、政治和法律》,何海峰译,中信出版社 2011 年版,第 174 页。

银行权衡眼前和长远利益后作出的一个决定。一旦投资银行降低勤勉程度且不那么容易被发现,或即使被发现后果也不那么严重时,只要短期收益明显大于维持声誉能为其带来的收益,甚至是在短期收益不至于给保持声誉带来的收益小得太多时,投资银行也有足够的冲动放弃维持声誉。其次,由于投资银行的声誉不是一朝一夕就能形成,需要较长的时间才能形成具有较高价值的声誉。这对投资银行或是从业人员,却可能是遥不可及的。眼前利益更为重要,没有人会对不确定的未来拼命工作。而且,由于投资银行从事的证券发行与承销工作较为专业,处理的问题也更加复杂,在证券市场中实施机会主义的行为获益往往较为可观。最后,"声誉机制"效果的发挥一定程度上取决于投资者知道投资银行存在不法行为后不再购买其承销的发行人的股票。但是,现实中投资者能做的选择极其有限,因为几乎所有的国家都对投资银行业实行准入高门槛,投资银行业也基本控制在为数不多的寡头手中,声誉有可能成为掩盖其没有发挥"看门人"作用的伪装,而不是作为资本市场"看门人"发挥作用的有效激励。①

综上所述,一旦法律风险下降或证券市场出现泡沫,中介机构就有可能会牺牲声誉,声誉机制并不始终奏效。② 但这并不能否认声誉机制的重要作用,因为作为一种可能带来收益的道德期望,谁也不愿意被贴上不顾"声誉"的标签。仅此一点,投资银行勤勉义务制度价值实现便离不开声誉机制的协助。

三、看门人监督机制的运转及竞争效应

投资银行业发展到今天,基本已经形成一个并不是充分竞争的市场,特别是一些投资银行经过长期发展具有明显的竞争优势。学者的研究表明:投资银行业一直是一个高度集中的行业。以美国为例,美国 20 世纪 60 年代至 70 年代,市场占有率排名前 5 名的投资银行在市场所发行的股票价值

---

① Jeffrey Manns, "Rating Risk after the Subprime Mortgage Crisis: A User Fee Approach for Rating Agency Accountability", *North Carolina Law Review*, 2009, 87(4), p. 1011.

② John C. Coffee, Jr, "Gatekeeper Failure and Reform: The Challenge of Fashioning Relevant Reforms", *New York NY*10027 - 7201, *Working Paper No.* 237, September 2003. Accessed July 18, 2018. http://ssrn.com/abstract = 44794.

占到全部股票价值的38%,而前10家的占有率为62%;到了2003年,前5家投资银行和前10家投资银行在股票发行市场的占有率分别达到64%和87%。而且,在20世纪60年代许多排名靠前的公司到了2003年依然处于领先的位置。事实上,出现在20世纪60年代排行榜前10名,而没有出现在2003年排行榜前10名的投资银行,都是被排行前10名的投资银行在此期间合并掉了。[①] 如果投资银行业处于一种寡头的状态,固然更加有能力抵御发行人同流合污的压力,但是也可能随之消极堕落,没有动力去提高服务的质量。因此,各国都试图创造一个更为竞争的市场促使投资银行更加勤勉尽责。

在美国,投资银行对发行人的尽职调查,很多时候依靠审计师事务所和律师事务所来完成。而且,在尽职调查过程中,投资银行一般要求审计师就一些问题进行详细说明并出具"安慰函"等,以此减轻投资银行可能面临的责任。面对该种情形,审计行业开始担心投资银行依赖审计行业构建起投资银行业的勤勉义务履行抗辩,从而使审计师变成一个受人指责的剩余责任承担人。美国注册会计师协会(American Institute of Certified Public Accountants, AICPA)对此采取的立场来是:审计师甚至不该回答"投资银行提出的关于审计人所能够察觉到的任何欺诈或非法行为事例的问题"[②]。虽然最近最终结局已经演变成了美国证券行业协会(SIA)、债券市场协会(BMA)与美国注册会计师协会(AICPA)之间的一种地盘竞争。[③] 但即便目的并不那么单纯,这在客观上也有效促使投资银行更加关注尽职调查。

而且,美国《萨班斯—奥克斯利法案》第307条以及相关的条款赋予了律师新的责任,主要是要求律师要视情况向公司的首席法律顾问、首席执行官、董事会及其董事会下属的审计委员会或是董事会下属的某一委员会报

---

① 参见[美]阿兰·莫里森、小威廉·维尔勒姆:《投资银行:制度、政治和法律》,何海峰译,中信出版社2011年版,第15页。

② Floyd Norris, "Are Auditors Not Doing Due Diligence?, *New York Times*, 2005-08-07 (C-1)", Accessed August 12, 2018. http://www.nytimes.com/2005/10/07/business/are-auditors-not-doing-due-diligence.html.

③ [美]约翰·C. 科菲:《看门人机制:市场中介与公司治理》,黄辉、王长河等译,北京大学出版社2011年版,第213~214页。

告公司违反证券法律的行为及不履行受托义务的行为,或类似的违反行为。① 由于在美国,招股说明书一般都由律师撰写,《萨班斯—奥克斯利法案》第307条的规定使得投资银行不能施加更多压力给律师,相当于无形中增加了一个监督者。在英国,《上市规则》第8条规定,发行人申请发行上市的保荐人可以为公司经纪人、投资银行或其他职业顾问,在一些情形下也可以是律师事务所或会计师事务所。② 这直接破除了投资银行在证券发行与承销中的垄断地位。同样,我国香港特区虽然是银行保荐人在保荐人业界占重要地位,但并不排除其他从业者成为保荐人。同时,香港特区也强调发挥律师事务所、会计师事务所等主体的责任。例如,香港发生的洪良国际控股公司欺诈发行上市案,就是源于洪良国际所聘用的核数师和申报会计师所在的毕马威会计师事务所主动的揭发,毕马威会计师事务所发现其员工接受洪良国际的贿赂后,主动向香港证监会进行举报。③

因此,为了避免投资银行因其行业垄断或优势竞争地位而带来的懈怠,有关国家或地区都十分注意发挥其他“看门人”的作用,给投资银行造成一种不勤勉便要被替代或被其他主体揭发的氛围。值得注意的是:2008年至2009年的金融危机其中的一个教训是:如果看门人竞争是为了满足发行人的偏好,竞争机制就可能会失败,只有出于维护投资者利益时,竞争机制才

---

① 针对安然、世通等财务欺诈事件,美国国会出台了《2002年公众公司会计改革和投资者保护法案》。该法案由美国众议院金融服务委员会主席奥克斯利和参议院银行委员会主席萨班斯联合提出,又被称作《2002年萨班斯—奥克斯利法案》(简称《萨班斯法案》)。《萨班斯法案》第307节关于律师职业责任的规定:“在本法案颁布后180日内,SEC应本着维护公众利益及保护投资者的宗旨,对作为发行证券公司代理人的律师的言行制定最低要求,包括:(1)要求律师向公司的首席法律顾问或首席执行官报告公司(或其代理)的违反证券法律的行为及不履行受托义务的行为(或类似的违反行为);(2)如果该公司的法律顾问或执行官员未对律师的上述报告做出适当回应(如对违法行为采取适当的补救措施或惩罚措施),则要求律师向该公司的董事会下属的审计委员会报告,或是向该公司董事会下属的某一委员会(该委员会成员是未被公司雇佣的董事)报告,或是直接向该公司的董事会报告。”

② Financial Services Authority, “The Listing Rules”, Accessed September 7, 2018. http://www. fsa. gov. uk/pubs/other/merged_lrs. pdf.

③ 参见香港证监会:《证监会向兆丰资本(亚洲)有限公司施加罚款并撤销其牌照》,载http://sc. sfc. hk/gb/www. sfc. hk/edistributionWeb/gateway/TC/news - and - announcements/news/enforcement ~ news/doc? refNo = 12PR39,最后访问日期:2018年5月18日。

能够有效运转。[①] 特别是在“看门人”的发展处于一个不成熟的阶段时，对于投资者而言，其本身的诚信度也相对较低。而且，就整个投资银行业而言，同样存在明显的“二八”现象，为数众多的规模较小的投资银行为了较小的市场份额展开了激烈的竞争，这给投资银行勤勉义务的履行带来较大压力，有可能使发行人处于一个更具优势的地位，对投资银行提出一些不合理的要求，投资银行为了获得项目不得不满足发行人的要求。在这种情形下，“价格竞争”可能比“质量服务竞争”更为有效，使投资银行只能被迫降低服务质量来应付成本的增加。例如，香港投资银行界就声称：由于保荐人之间竞争过于激烈使他们对上市申请人的影响力减弱，甚至在某些情况下会导致尽职审查的水平下降，如竞争导致保荐费用有下调的压力可能会减低保荐人进行适当尽职审查的意欲。[②] 因而，对于“看门人”竞争机制所带来的正负效应都应有充分的认识。

第三节　投资银行勤勉义务约束机制的运转及作用分析

激励机制与约束机制相辅相成，激励机制主要解决投资银行的“积极性”问题，而约束机制主要解决“行为限度”问题，避免投资银行进行不当行为并对此进行否定性评价。具体而言，为了防止投资银行在履行勤勉义务过程中的机会主义行为，或多或少都采取了以下机制，对投资银行履行勤勉义务行为进行约束。

一、公共执行机制的运转及监管作用

当前，普遍认为投资银行勤勉义务履行之所以存在问题的根源在于投资银行接受发行人的委托来搜寻和验证发行人信息，并从发行人处直接获取报酬，从而导致投资银行很难保持独立性，听命于发行人。因而，重构这

---

① 参见[美]约翰·C. 科菲：《看门人机制：市场中介与公司治理》，黄辉、王长河等译，北京大学出版社 2011 年版，科菲教授序.

② 香港证券及期货事务监察委员会《有关监管首次公开招股保荐人的咨询总结》第 22 条和第 56 条。

种委托代理关系或强化对这种委托代理关系的监管就提上了日程。就各国的证券市场而言，更强大的委托人主体的选择要么为政府层面建立的监管组织即证监会，要么为市场组织（证券交易所）。

（一）证监会执行机制

证券市场发展的历史进程已经证明：一个强大有效的监管组织是证券市场健康有序发展所必不可少的。无论是在市场经济相对发达或是法治基础较好的国家或地区，还是在缺乏良好市场经济与法治环境的国家或地区，由政府层面设立的以证监会为主体的证券监管体制，都是一种不能低估且相对值得信赖的力量。因为对于证券监管而言，自我监管显然不可能发生作用，如果需要说服投资者，虽然政府监管可能不那么可靠，但仍然不可缺少，因为如果连政府监管都不值得信赖的话，自我监管就根本不能指望会起到什么作用。① 此外，证监会的监管作为一种公共执行机制具有明显的优势，具体体现在：(1)相对雄厚的公共财政资金的支持，在代议制政治体制下就决定证券监管组织的目的只能是公共利益，执法的动机和目的就具备很强的公信力；(2)作为一个公共执法者，必然拥有私人所不具备的执法手段、丰富的信息来源以及更强大的智力支持；(3)公共证券监管组织相对于其他组织而言，独立性更为显著，相对更为容易拒绝其他主体的游说，执法更加具有统一性，避免了不必要的纷争。这种力量曾经在证券市场的发展过程中发挥了重要的作用，在20世纪初，美国社会正是依赖监管者的力量重新有效控制了商业活动，抵制住了利益集团侵蚀社会正义。② 实际上，从美国SEC诞生之日起，主要的功能就是积极进行执法，明显区别于法院的消极裁判，SEC的威望主要也是来源于其作为积极的执法者对违法行为的制止和纠正，而且SEC还通过对其执法的案件以及其追诉案件的分析，来形成SEC的政策，发展新的法律。③

---

① 参见[德]埃里克·伯格洛夫、阿涅特·帕尤斯特：《逐步兴起的所有者，日渐衰退的市场？——中东欧国家的公司治理》，张安译，载《比较》2003年第5期。

② Edward L. Glaeser, Andrei Shleifer, "The Rise of the Regulatory State", *Journal of Economic Literature*, 2003, 41(2), pp. 401 - 425.

③ Roberta S. Karmilnnel, "Creating Law at the Securities and Exchange Commission: The Lawyer as Prosecutor", *Law & Contemporary Problems*, 1998, 61(1), p. 33.

但是,公共证券监管组织存在一些不足:追求自我政治利益的最大化而非市场利益最大化、社会福利最大化为目标;产生"监管俘虏"问题;总是伴随着寻租和腐败的可能;监管自身能力有限等问题。① 这些不足如果不能得到很好的治理,就可能会造成监管效率低下,甚至监管者被监管对象俘获成为其同谋。以美国证券交易委员会为例,由于华尔街投资银行的薪酬显著高于 SEC,许多年轻的职员只是将 SEC 作为一个锻炼职业技能或积累人脉关系的一个临时平台,在执法时往往比较注意维护与华尔街投资银行之间关系,避免影响此后进入华尔街的退路。因此,SEC 许多职员对投资银行的不当行为有着极强的容忍。而且,近年来,SEC 执法部门的领导层与华尔街之间的流动更是频繁。例如,曾担任过 SEC 执法部总监的欧文·博莱克(Irving Pollack)、琳达·汤姆森(Linda Thomsen)、斯蒂芬·M. 卡特勒(Stephen M. Cutler)、查德·沃克(Richard Walker)离开 SEC 执法部门后,都转到律师事务所、投资银行等任职。数据表明:SEC 过去 19 任执法总监中,只有斯坦利·斯波金(Stanley Sporkin)后来出任了公共职位,担任美国中央情报局的总法律顾问和联邦法官。此种裙带关系,使华尔街巨头能够影响甚至左右 SEC 的行动。例如,摩根·斯坦利就成功地游说了 SEC 对 Pequot 资本管理公司的调查案。② 此外,高盛与 SEC 就金融衍生品欺诈案达成的协议,也离不开 SEC 前职员的游说。③ 尽管法律很多时候都是一种过度的倾向④,但此种情形严重地侵蚀了投资者保护的监管资源,并使得 SEC 好像并不是那么正当与公正。

---

① 参见缪因知:《中国证券法律实施机制研究》,北京大学出版社 2017 年版,第 48 ~ 54 页。

② 参见罗培新:《法律与道德风险的赛跑》,2012 年《法律与金融丛书》总序,载[挪威]马德斯·安德斯、[英]弗兰克·伍尔德里奇:《欧洲比较公司法》,汪丽丽等译,法律出版社 2013 年版。

③ 2010 年 7 月 15 日,高盛的金融衍生品欺诈案达成了最终的结果,SEC 与高盛达成和解,高盛缴纳 5.5 亿美元的罚款金额,SEC 不再追究高盛的责任。但是相比高盛 2009 年全年 134 亿美元的利润,5.5 亿美元显得微不足道。而此前花旗集团瞒报 400 亿美元次贷资产的案件,在事情败露之后,花旗集团总共只缴纳了 7500 万美元的罚款,花旗集团就与 SEC 达成了和解协议。花旗集团甚至不需要承认自己存在过错。参见罗培新:《法律与道德风险的赛跑》,2012 年《法律与金融丛书》总序,载[挪威]马德斯·安德斯、[英]弗兰克·伍尔德里奇:《欧洲比较公司法》,汪丽丽等译,法律出版社 2013 年版。

④ 参见[美]劳伦斯·M. 弗里德曼:《法律制度》,李琼英、林欣译,中国政法大学出版社 1994 年版,第 104 ~ 105 页。

因此,对于投资银行勤勉义务的实现而言,一个强大有效的证券监管组织因其快速、有效的执法有着很强的威慑力,特别是对于投资银行违反勤勉义务行为的查处率和执法严厉程度都相对较高时,作用更为明显。但证监会作为一个执行公共政策的组织,进行类似行为受到多方面因素的影响,而且与被监管对象投资银行在互动过程中常常容易形成相对较为亲密的关系,甚至被投资银行俘虏,这些都是不可忽视的。

(二)证券交易所执行机制

多数情况下,投资银行勤勉义务履行的最终载体即发行人的证券都要在证券交易所发行或上市。证券交易所能够更为迅速地察觉投资银行是否足够勤勉尽责,并对其进行监督。故有学者提议,能否由证券交易所来委任保荐人。例如,约翰·科菲认为:如果投资银行不是受雇于拟申请发行上市的公司,而是证券交易所,投资银行将会受到一个更为强大的委托人的制约,其不负责任的行为可能会有所收敛。① 实际上,在一些国家或地区就是如此进行的。例如,我国香港特区《操守准则》就明确指出:保荐人的主要角色是向香港联交所及资本市场保证,发行人符合有关法律及监管规定,发行文件提供了详细情况及资料,投资者能够对发行人的股份、财务状况、盈利能力等作出有根据并有理由支持的判断。② 英国《AIM 上市规则》第 37 条也明确指出:保荐机构必须向伦敦交易所表明发行人发行的证券符合上市条件,并随时都会监督和引导发行人履行上市要求。③

证券交易所作为委托人的优势,我们从其现在对上市公司的监管中可见一斑。证券交易所相对于政府监管,则呈现出三个方面的优势:灵活性、专业性、低成本。④ 而且还会努力提升市场主体的专业技能,并能合理地让

---

① 参见[美]约翰·C. 科菲:《看门人机制:市场中介与公司治理》,黄辉,王长河等译,北京大学出版社 2011 年版,第 390 页。

② 香港证券及期货事务监察委员会《有关监管首次公开招股保荐人的咨询总结》(2012 年 12 月 12 日)第 46 页。

③ London Stock Exchange, "AIM Rules for Companies", Accessed September 7, 2018. https://www.londonstockexchange.com/companies-and-advisors/aim/publications/rules-regulations/aim-rules-for-companies-march-2018.pdf.

④ 参见[加]布莱恩·R. 柴芬斯:《公司法:理论、结构和运作》,林伟华、魏旻译,法律出版社 2001 年版,第 411~430 页。

参与者为其作为市场机构的监管提供支持经费。[①] 由于证券交易所属于一种行业性契约型组织，作为非政府组织，受到法定权限和正当程序约束较小，尤其在更加注重程序的欧美国家或受其影响的地区作用更加明显。香港联合交易所制定的《纪律聆讯程序》前言就明确指出：这些程序旨在使上市委员会可公正及迅速地处理纪律事宜。有关程序的用意是使上市委员会可迅速地因应案情处理所有纪律事宜。为此，有关程序订得较有弹性，任何时候均可改动以适应任何特定个案的情况。而且这些程序不拘于形式，主要透过书面形式进行。当事人须呈交书面陈词响应所有有关事宜。在处理的过程中科及被受纪律行动或建议纪律行动的当事人，可随时以不抗辩或和解方式商定处理该纪律行动的条款。[②]

在美国，则通过一系列的案件表明证券交易所拥有足够的灵活性来处理不当行为。例如，在 *Intercontinental Industries Inc. v. American Stock Exchange* 案和 *Villani v. New York Stock Exchange* 案中，INI 公司和 Villiani 都认为证券交易所的听证程序存在查审混同等问题，违反了《美国宪法修正案》的正当程序原则，主张法院进行审查或签发临时禁令限制听证会的进行，但最终美国法院都认为：证券交易所同时担任调查和裁决职能并不违反正当程序原则，而且不会在纪律处分中存在偏见。[③] 因此，将证券交易所监督机制作为投资银行勤勉义务的实现机制，在某种程度上应该可以作为一个选项。而且，当前越来越多的投资银行自身也通过发行上市理所当然地成为证券交易所监管的对象。

但是，正如约翰·科菲教授自己所指出的那样，证券交易所能够成为理想受托人的判断多少带有猜想成分，因为证券交易所缺乏监管投资银行的内在动力，无论投资银行是否尽职，交易所都可能坐收渔利，即便其出于维护声誉的考虑，但也不是最理想的委托人。[④] 而且，即便是投资银

---

① Stavros Gadinis, Howell E. Jackson, "Markets as Regulators: A Survey", *Southern California Law Review*, 2007, 80(6), p. 1239.

② 《香港联合交易所有限公司纪律聆讯程序》前言第 3、4 条和第 21.1 条。

③ Intercontinental Industries Inc. v. American Stock Exchange, 452 F. 2d 935, 1971; Villani v. New York Stock Exchange, Inc. 348 F. Supp. 1185, S. D. N. Y., 1972.

④ 参见[美]约翰·C. 科菲：《看门人机制：市场中介与公司治理》，黄辉、王长河等译，北京大学出版社 2011 年版，第 390 页。

行通过发行上市成为交易所直接监管的对象，由于其发行上市后变成了交易所的客户，这种情况是非常不舒服的。正如SEC所指出的那样，该情况使交易所更难扮演其角色。所以，交易所并不是良好治理的看守人。①

因此，对于重构与投资银行的委托代理关系，以此促进投资银行履行勤勉义务而言，作为公共执行层面的以"证监会"为代表的形式更加让人信服。在多数国家，政府信用始终是一种更值得信赖的类型，所需要做的是如何让"证监会"为主体的委托监督更加有效，且不那么容易被俘获。但是证券交易所形式的委托监督也具有鲜明的优势，证监会如何通过分权的形式发挥其作用也尤为重要。

二、私人执行机制的运转及威慑作用

法律的价值在于其能够以和平解决纠纷的手段保护社会成员的人身和财产，社会成员不会因为自我保护而耗尽精力。② 这种和平纠纷的解决手段我们可以称之为私人执行机制，即人们可以自己启动诉讼程序，而不是依赖国家公共手段来维护自己受到损害的权利。换言之，投资者能够通过自身的力量将投资银行违反勤勉义务的行为所造成的失衡，重新恢复到一种均衡的状态，使得投资银行不再恣意妄为。如同有学者指出的那样，"在公司法及证券法领域，私人执行特别优胜之处是其威慑作用"③。因此，在证券市场上，有关国家或地区都十分注重赋予投资者强大的执行权力，对投资银行履行勤勉义务的行为进行有效监督和制约。

（一）美国证券集团诉讼制度的优劣及作用

在证券市场上，投资银行违反勤勉义务的行为所造成的后果有一个鲜明的特点，就是受害人众多。众多受害人出于不具备专业的知识或成本的考虑，多数时候选择默不作声。即便是依赖传统的方式寻求救济，也可能只

---

① 参见[法]韦洛妮克·马尼耶主编：《金融危机背景下的上市公司治理——旨在更好地保护公司利益》，姜影译，法律出版社2014年版，第42页。

② 参见[英]彼得·斯坦：《西方社会的法律价值》，王献平等译，中国人民公安大学出版社1989年版，第41页。

③ 何美欢：《公众公司及其股权证券》（中册），北京大学出版社1999年版，第1099页。

是部分投资者的利益得到维护，某些情况下得到的利益还不足以支付其所承担的成本，这会极大影响法律威慑功能的实现。设计出一套有效且具包容性的集体诉讼机制显得意义重大。① 这种制度在美国最早成为现实，《美国联邦民事诉讼民事规则》第 23 条(a)款规定，在满足在下列四个前提下可提起集团诉讼：(1)人数众多，所有成员一起参加是不现实的；(2)存在共同的法律或事实的问题；(3)代表人的请求或抗辩对所有人而言具有代表性；(4)代表人能够公正、充分地保护所有人的利益。② 集团诉讼制度的出现，获得了巨大的成功。美国学者甚至认为：美国联邦救济的最终效力，在很大程度上取决于集团诉讼手段的适用性。③ 美国著名法学家理查德·爱泼斯坦也曾指出："毫不夸张地说，集团诉讼对因诉讼而形成的责任领域的任何主要创新，多多少少都产生了影响。"④

具体而言，美国的证券集团诉讼具有以下优势：(1)美国证券集团诉讼实行"默示加入、明确退出"的机制，不仅扩大了投资者参与的范围，而且对这类"小额多数"的投资者产生了诉讼激励，避免了个别诉讼的不经济和风险，缓解了"集体行动困境"和对"搭便车"的顾忌。⑤ 波斯纳认为：这种诉讼制度通过将若干小的权利请求聚合成一个足以使诉讼成本合理化的大的诉讼请求，实现了诉讼的规模经济。⑥ 美国联邦最高法院也认为："集团诉讼允许可能与每一集团成员有关的问题以经济有效的方式进行诉讼，节省

---

① Harry Kalven, Maurice Roseenfield, "The Contemporary Function of the Class Suit", *University of Chicago Law Review*, 1941, 8(4), p. 686.

② Federal Rules of Civil Procedure, Rule 23 Class Action. (a) Prerequisites to a Class Action. One or more members of a class may sue or be sued as representative parties on behalf of all only if (1) the class is so numerous that joinder of all members is impracticable, (2) there are questions of law or fact common to the class, (3) the claims or defenses of the representative parties are typical of the claims or defenses of the class, and (4) the representative parties will fairly and adequately protect the interests of the class.

③ 参见[美]路易斯·罗思、乔尔·赛里格曼：《美国证券监管法基础》，张路等译，法律出版社 2008 年版，第 979 页。

④ Richard A. Epstein, "Class Actions: The Need for a Hard Second Look, Civil Justice Report No. 4" (March 2002), Accessed October 26, 2017. https://www.manhattan ~ institute.org/pdf/cjr_04.pdf.

⑤ Amchem Products, Inc. v. Windsor, 521 U. S. 617, 1997.

⑥ [美]理查德·A. 波斯纳：《法律的经济分析》(下)，蒋兆康译，中国大百科全书出版社 1997 年版，第 741 页。

了法院与当事人的资源。”①(2)集团诉讼以允许小投资者在可能巨大的补偿费吸引下获得了有能力律师的帮助,②使律师在集团诉讼中发挥了关键性的作用,一定程度上扭转了分散的投资者与发行人的力量对比,给发行人带来较大的威慑。(3)虽然《美国1933年证券法》和《美国1934年证券交易法》规定了对投资银行不法行为处罚的严厉性,但美国法律最可怕之处和最独特的特点不是在其规定的实体内容,而是其程序性。这一点在美国的集团诉讼制度表现特别明显。由于漫长的诉讼程序对原告、被告双方都是一个极大的煎熬,案件长久不决,对于发行人或投资银行的声誉都会造成巨大的影响,使投资银行往往最终以和解的方式与结束投资者之间的争议。但是,制度在执行的过程中,往往出现放大的效应,原来为了对投资者实现更为有效保护的制度出现一些负面效应,甚至在某种程度上诉讼转化成商业风险,和解沦落为分配机制。据此有学者认为:由于在集团诉讼中原告具有过高的优势,改变了诉讼中的利益平衡,美国资本市场由于外国公司担心陷入诉讼风险害怕进入美国市场而正在失去竞争力,再不加以限制,证券集团诉讼可能彻底变成为一门生意,社会风气也将逐渐沉沦。③

1995年,为了遏制滥诉的问题,美国国会通过了《私人诉讼证券改革法》(PSLRA),从程序方面对“职业原告”以及“原告的主观目的”“律师的利益冲突”“律师费用”等其他私人证券集团诉讼的滥用问题进行

---

① General Telephone Company of the Southwest v. Falcon,457 U. S. 155,1982.

② 参见[美]路易斯·罗思、乔尔·赛里格曼:《美国证券监管法基础》,张路等译,法律出版社2008年版,第979页。

③ John C. Coffee,Jr,“Foreign Issuers Fear Global Actions”,*The National Law Journal*(June 14,2007),Accessed October 26,2017. http://royaldutchshellplc. com/2007/06/14/lawcom - foreign - issuers - fear - global - class - actions/.

规范。[①] 在实践中,SEC也认为:法院应将原告的规模限制在三至五名之间,规模不能太大,要能够确保充分的监督、协调。法院应该注意甄别将每人纳入集团诉讼的理由和效果,不能仅仅是为了其可能在"集团诉讼寻求救济中享有最大经济利益"而将其汇集在一起。[②] 至此,美国证券集团诉讼制度得以进一步优化,成为对投资银行履行勤勉义务最为有效的制约。

(二)德国的示范诉讼制度和日本选定当事人制度的优劣及作用

1.德国的示范诉讼制度

实际上,由于美国作为全球金融市场最为发达的国家,证券集团诉讼在美国确立以后对其他国家也产生了影响。在德国,也对是否引入美国的证券集团诉讼进行了讨论,最终德国基于以下理由的考量,认为不应引入美国的集团诉讼,而应对本国的团体诉讼制度进行改革,并将其应用到证券诉讼领域:一是集团诉讼对胜诉酬金制的依赖问题。认为美国集团诉讼制度对胜诉报酬有着极强的依赖,而这正是驱使律师诱使投资者提起诉讼的重要原因。在美国证券集团诉讼下,原告无论是否败诉,都不需要支付律师费。

① 《1995年美国私人证券诉讼改革法》解决"职业原告"问题和其他私人证券集团诉讼的主要问题的内容主要有:(1)每一个要求作为集团诉讼代表的人,都必须连同起诉书递交宣誓证明,说明:①原告已经审查过起诉书并授权向法院递交;②原告不是根据顾问的指示或为参与私诉而购买证券;③原告愿意作为集团诉讼的代表当事人,并提供宣誓词和证人证言;④列出原告所有作为集团诉讼标的特定的证券交易;⑤证明在前3年该原告曾经试图作为集团诉讼代表当事人提起的其他诉讼;⑥除法院同意外,原告除按比例得到赔偿份额外,不得因作为集团诉讼代表当事人而获得额外支付。(2)在递交起诉书后不迟于20天内,向诉讼集团成员发出指定代表原告或牵头原告的通知,并刊登在流通广泛的全国性商业出版物。该通知发出后60天内,任何集团成员都可以要求出任代表原告。(3)法院要考虑任何集团诉讼成员关于指定代表原告的动议,推定"最充分的原告是在集团诉讼所寻求的救济中具有最大经济利益的人",限制"职业原告"。除法院允许外,一个人不得在任何3年内在5个以上作为集团诉讼提起的证券集团诉讼中作为代表原告。(4)代表原告所获得的补偿仅限于判决额或和解额中应得的比例份额,以及合理的成本和费用,包括工资损失。(5)除个别情况外,禁止私下和解。(6)将律师费和其他费用限制在向原告集团"实际"支付的损害赔偿额及判决前利息的合理比例。(7)必须向原告集团成员披露和解的具体条款,包括原告得到的补偿、律师费及其他费用、和解的理由等。(8)法院要认定律师在涉诉证券中的利益是否构成利益冲突,该利益冲突是否足以取消该律师代表当事人进行诉讼的资格。(9)法院根据情况可要求原告为诉讼费用提供担保。(10)有关当事人或律师违反上述规定滥诉诉权者,法院可根据《联邦民事诉讼法》之《规则11》规定,判令对被告因此而支付的合理律师费及其他费用给予补偿。参见黄振中编著:《美国证券法上的民事责任与民事诉讼》,法律出版社2003年版,第6~7页。

② In re Orbital Sciences Corp. Securities Ligation,58 F. Supp. 2d 682,1999.

这与德国《诉讼费用法》是对立的,因为德国《诉讼费用法》规定:原告败诉时必须支付双方的律师费用。二是判决效力扩张带来的听审权保障问题。美国证券集团诉讼的判决对所有集团成员都有效,而根据《德国基本法》第103条规定,判决效力的发生以所有集团成员获得法定听审为前提,即只有成员主动援引的时候才具有约束力。三是赔偿金分配的难题。集团诉讼的赔偿金分配面临着可能受害人太多而损害额太小的问题,赔偿金的分配成为一个棘手的问题。①

2005年德国通过《投资者示范诉讼法》引入了示范诉讼制度。根据《投资者示范诉讼法》第1条,因发布虚假或误导的信息所产生的损害赔偿请求权和基于德国《有价证券收购法》规定产生的合同履行请求权,可以适用《投资者示范诉讼法》规定的诉讼方式,即根据当事人的申请,众多投资者就同一法律事实提起诉讼时,就诸如股票发行说明书的真实性等这些诉讼中共同存在的典型问题先行裁判,并以此构成平行诉讼的审理基础。② 也就是说,个案先行暂停审理,直到上级法院将共同的法律、事实问题履行完诉讼程序。该判决具有示范效应,其他相关诉讼可以以此为基础。

德国的《投资者示范诉讼法》被视为是在行政监管与私人诉讼之间的一种中间制度,因为德国立法机关在对待涉及公共利益的问题上,既没有采取美国证券集团诉讼通过动员个人的利益动机来实现公共目的的战略的方式,也没有无条件地支持行政机关加强自己的权限来加以对付。③ 但是也有学者认为:作为与美国展开的一种"司法制度竞争",《投资者示范诉讼法》所规定的示范诉讼程序并非"完美方案",其在解决群体性纠纷的诉讼效率上没有明显优势,也无法处理法解释学上的诸多问题。④

---

① 参见吴泽勇:《集团诉讼在德国:"异类"抑或"蓝本"》,载《法学家》2009年第6期。

② 参见吴泽勇:《〈投资者示范诉讼法〉:一个群体性法律保护的完美方案?》,载《中国法学》2010年第1期。

③ 参见[日]谷口平安:《程序的正义与诉讼》,王亚新、刘荣军译,中国政法大学出版社1996年版,第198页。

④ 参见吴泽勇:《〈投资者示范诉讼法〉:一个群体性法律保护的完美方案?》,载《中国法学》2010年第1期。

2. 日本选定当事人制度

根据《日本民事诉讼法》第30条规定[①],在具有共同利益的多数人中,且这些人又不属于《日本民事诉讼法》第29条规定的非法人社团或财团,为了全员利益可以选择一人或几人成为原告或被告。具有共同利益的原告或被告人为选定人,具有共同利益的原告或被告人所选定的人为选定当事人。诉讼审理后选定原告或被告时,其他当事人应当退出诉讼,由选定当事人代表全体人员参加诉讼。如果选定行为是在诉讼的过程中进行的,选定行为完成后由选定当事人代表全体人员参加诉讼,选定行为完成之前的诉讼由选定人参加。虽然判决只是对选定当事人作出,但判决结果的效力及于所有人员。

日本之所以建立选定当事人制度,其主要目的是满足群体性案件高发的社会需求,解决当事人之间沟通成本巨大的问题,防止因当事人申请诉讼中止而影响诉讼程序的进行。[②] 可见,日本选定当事人制度主要是为了便于诉讼的进行和案件的审理,所保护的仍然是传统的个体利益,不是现代类型化的、集合性的利益。此外,日本对选定当事人不仅在形式上要求全体或者部分人一致选定当事人,还要求选定当事人和全体人员之间具有共同利

---

① 《日本民事訴訟法》(平成八年6月26日法律第百九号)第30条(選定当事者)規定:"1. 共同の利益を有する多数の者で前条の規定に該当しないものは、その中から、全員のために原告又は被告となるべき一人又は数人を選定することができる;2. 訴訟の係属の後、前項の規定により原告又は被告となるべき者を選定したときは、他の当事者は、当然に訴訟から脱退する;3. 係属中の訴訟の原告又は被告と共同の利益を有する者で当事者でないものは、その原告又は被告を自己のためにも原告又は被告となるべき者として選定することができる;4. 第一項又は前項の規定により原告又は被告となるべき者を選定した者(以下「選定者」という)は、その選定を取り消し、又は選定された当事者(以下「選定当事者」。という)を変更することができる;5. 選定当事者のうち死亡その他の事由によりその資格を喪失した者があるときは、他の選定当事者において全員のために訴訟行為をすることができる。"中文译文为"1. 在具有共同利益的多数人中,不符合前条规定的,为了全员可以选择一人或几人成为原告或被告;2. 诉讼审理后依照前项规定选定原告或被告时,其他当事人理应退出诉讼;3. 在诉讼审理中与原告或者被告有共同利益的非当事人可以选定原告或被告作为自己的原告或被告;4. 依照第一款或前款规定选定的原告或被告人(简称'选定人'),可以放弃选定资格或者变更被指定的当事人('选定当事人');5. 因选定当事人死亡或其他事由丧失选定资格,其他选定当事人为了全员进行诉讼。"第二十九条(法人でない社団等の当事者能力)規定"法人でない社団又は財団で代表者又は管理人の定めがあるものは、その名において訴え、又は訴えられることができる。"中文译文为"非法人社团或财团中其代表或管理人员可依其名义起诉或被起诉。"

② 参见骆永家:《民事法研究》(第3卷),台北,三民书局1989年版,第169页。

益关系,这与证券市场的特性并不能很好地契合。①

(三)法定机构诉讼机制的优劣及作用

作为私人执行机制的必要补充,有关国家或地区为了解决“集体行动”困境、诉讼代表人的道德风险以及高昂的诉讼费用等问题,在法律上直接规定可由某些法定主体就违法行为或代表投资者提起诉讼。前者以美国为典型,SEC 对正在或潜在的违法行为直接进行起诉予以禁止。《美国 1933 年证券法》第 20 条(b)款规定,无论何时,只要 SEC 认为任何正在进行或将要进行的违反证券法规定,或根据证券法授权制定的规定的行为或做法,其可以在美国任一地区法院提起诉讼禁止这种行为或活动。此外,第 20 条(d)(1)款还规定,当 SEC 认为有人违反了本法规定,本法项下的规定或规则,或 SEC 根据本法第 8A 条规定发布的禁止令时,除该行为属于《美国 1934 年证券交易法》第 21A 条应被处以罚款的违法行为外,SEC 可以在任何一个合众国地区法院提起诉讼,法院在适当说明理由和依据后,有权要求实施此等违法行为的人支付民事罚金。在英国也采取了类似的方式,根据《英国 2000 年金融服务与市场法》第 382 条规定,英国金融服务局在行为人由于违反规定而取得利润,或一人或多人因违反要求的行为遭受了损失或其他不利影响,英国金融服务局可以代表金融消费者向法院起诉要求违法违规者赔偿,法院可命令行为人向管理局支付相应金额并在相应合资格的人或多个合资格的人中间分配。②

在我国台湾地区,则可由保护机构代表投资者进行诉讼。我国台湾地区“证券投资人及期货交易人保护法”第 5 条和第 28 条规定,投资者保护机构为了保护公共利益,在章程规定的目的范围内,可以保护机构的名义经 20 人以上证券投资人授予诉讼或仲裁实施权后,可以对于造成多数证券投资者受到损害的同一证券事件提起诉讼和仲裁,并且证券投资者可在言词辩论终结前或询问终结前,撤回诉讼或仲裁实施权之授权,并通知法院或仲

---

① 参见刘艳军:《论证券欺诈诉讼》,西南政法大学 2007 年博士学位论文,第 100 ~ 105 页。

② 参见中国证券监督管理委员会编译:《英国 2000 年金融服务与市场法》,法律出版社 2014 年版,第 625 ~ 627 页。

裁庭。[①] 实际上,我国台湾地区投资人保护中心虽为民法上的财团法人,但其董事、监事的选派却极有官方色彩,人事实质上由主管机关控制,而且其运转经费也是来自证券市场相关机构捐助并持续按月提拔,投资人保护中心的行为很难被认为是单纯私人经济行为。[②] 由监管机构对投资银行的不法行为直接进行起诉,显然比投资者直接起诉更具有效率,威慑力可能也更为显著。特别是对于冷淡的投资者而言,对于其利益的保护也能起到一定的作用。但无论是监管组织或保护机构,其进行诉讼的行为受到预算制约明显,而且多大程度上体现了投资者的意志以及进行诉讼时具备多大的勤勉动机都存在较大的疑问。

(四)私人执行机制比较分析及评价

无论是德国的投资者示范诉讼制度,还是日本的选定当事人制度,投资者主体及范围的确定相对较为烦琐,诉讼效率较低,对投资银行的威慑也较为有限。而且,从理念上来看,德国的投资者示范诉讼制度或日本的选定当事人制度,更多的是为了便于法院审理,减轻法院的诉讼负担。证券市场是一个极其强调效率的市场,对投资者的保护同样也要讲究效率,“迟到的正义非正义”。况且,在证券市场中,相对投资银行而言,投资者明显处于弱势地位,仅仅只是通过某种制度将其汇集在一起,仍然没有解决投资者缺乏必要诉讼知识或技能的问题。当代的诉讼制度也已证明一般人的诉讼需要专业的律师予以协助,因而给予律师必要的激励是制度发挥效力的关键所

---

① 我国台湾地区“证券投资人及期货交易人保护法”第5条规定:“本法所称保护机构,指依本法设立之财团法人”;第28条规定:“保护机构为保护公益,于本法及其捐助章程所定目的范围内,对于造成多数证券投资人或期货交易人受损害之同一原因所引起之证券、期货事件,得由二十人以上证券投资人或期货交易人授与仲裁或诉讼实施权后,以自己之名义,提付仲裁或起诉。证券投资人或期货交易人得于言词辩论终结前或询问终结前,撤回仲裁或诉讼实施权之授与,并通知仲裁庭或法院。保护机构依前项规定提付仲裁或起诉后,得由其他因同一原因所引起之证券或期货事件受损害之证券投资人或期货交易人授与仲裁或诉讼实施权,于第一审言词辩论终结前或询问终结前,扩张应受仲裁或判决事项之声明。前二项仲裁或诉讼实施权之授与,包含因同一原因所引起之证券或期货事件而为强制执行、假扣押、假处分、参与重整或破产程序及其他为实现权利所必要之权限。第一项及第二项仲裁或诉讼实施权之授与,应以书面为之。仲裁法第四条及证券交易法第一百六十七条之规定,于保护机构依第一项或第二项规定起诉或扩张应受判决事项之声明时,不适用之。”

② 王文宇:《证券团体诉讼研究——台湾地区的法律与实践》,载汤欣主编:《公共利益与私人诉讼》,北京大学出版社2009年版,第81页。

在。反观日本与德国的诉讼制度,似乎对此予以忽视。反之,美国证券集团诉讼制度通过以“胜诉酬金”的形式,即“律师将权利的一部分作为抵付方式而向当事人出借法律服务,或者说是律师使其服务成为一种有风险的贷款,败诉使得当事人对律师的债务得以解除”①,使得证券诉讼成为投资银行与投资者的共同的“风险投资项目”,有效地解决集体行动困境的问题。当然不可否认,美国的集团诉讼成型于这样一个制度体系中:(1)依赖于强烈对抗的传统;(2)由充满创业精神的律师所推动;(3)与强劲的法官立法相适应;(4)被一个错综复杂的双重法院制度变得更加复杂。② 但是,美国证券集团诉讼制度所给投资者带来的保护无疑更为便捷、更为高效,给投资银行履行勤勉义务的行为带来的促进与威慑效果也更为显著。

固然,私人执行机制是投资者维护自己利益最为直接且可能是最有效的工具,对促进投资银行履行勤勉义务有着重要作用。但是,对投资银行行业的发展而言,可能并不一定是最好的选择。正如没有任何人会认为:对医生不当行为的控制就是提高其执业的诉讼风险,这样直接有可能会使这个行业消失,服务质量更加恶化。但这并不意味着强化诉讼不可行,只要其能够采取一个更加严格的责任标准,再附加一个责任上限,以排除仅仅因为一次失败就可引发破产的可能性。③ 即便如此,司法裁决的特点之一便是结果的不确定性,即便法官是善意的、公正的,结果对于投资者而言,可能也不是其希望的或确实应该达到的。此外,集团诉讼由众多的投资者所提出,每个人的目的各不相同,有可能是出于个人对公司的好恶而提起诉讼,也有可能出于私心“要挟一把”的心态谋求更高的利益,并可能因“搭便车”而盲从,我们是否有必要对此进行区分。这些问题都是在投资银行勤勉义务如何才能更好地实现过程中应予以正视的。

---

① [美]理查德·A.波斯纳:《法律的经济分析》(下),蒋兆康译,中国大百科全书出版社1997年版,第739页。

② Linda Silberman, "The Vicissitudes of the American Class Action—with a Comparative Eye", *Tulane Journal of International and Comparative Law*, 1999, 7, p. 201.

③ 参见[美]约翰·C.科菲:《看门人机制:市场中介与公司治理》,黄辉、王长河等译,北京大学出版社2011年版,第383页。

三、投资银行内部约束机制的运转及控制作用

尽管一些预防性规则存在成本，但是可被有效执行，而一个更有理想的规则(依理论设计)可能超出很多官僚机构的有效执行能力。[①] 换言之，即便是理想的规则也可能由于监管机构的执行能力而不可能对所有的监管对象都有效，外部监管机制永远不可能替代投资银行自身的内部约束机制。实际上，作为一个正常的公司而言，公司成立的目的都是通过合法的经营行为以获取利润。因此，任何公司都会对可能给公司经营带来风险的行为通过各种方式进行控制。对于投资银行而言同样如此，都希望能够通过自身勤勉行为协助发行人成功发行上市，并以此获得收入。但理想总是与现实存在差距，不当的行为总是时有发生，即便如此，投资银行内部约束机制也是必不可少的。

(一)投资银行内部风险控制机制

美国学者斯科特·格林对巴林银行、基德—皮巴迪证券公司、大和银行纽约分行、爱尔兰联合银行等事件进行研究之后，除了发现前述一个结论之外，还发现在每一起事件中，都有一个对关键业务拥有完全控制力的人，且所在公司都缺乏和发现欺诈的有效控制机制。[②] 实际上，国际证券委员会(Internatinal Organization of Securities Commission，IOSCO)早在1998年就注意到内部控制机制对防范风险的重要性，当年就发布了《证券公司及其监管者的风险管理和控制指南》(以下简称《指南》)，认为内部控制包含控制环境、控制的性质和范围、实施、查验和报告等要素，可分为会计控制和风险管控。目前，《指南》已经成为各国投资银行制定内部控制的依据。

在全球证券市场处于领先地位的美国，1992年SEC就推荐使用的由美国反欺诈财务报告委员会发起组织委员会(Committee of Sponsoring Organizations of the Treadway Commission，COSO)制定内部控制框架《内部控制——整合框架》就采取了类似的概念。2004年，美国COSO吸收国际

---

① [美]小约翰·科菲、希拉里·塞尔:《重构美国证监会:财政部有更好的主意吗?》，辛亚杰译，载《比较》2009年第1期。

② 参见[美]斯科特·格林:《萨班斯法案内控指南》，张翼、林小驰译，经济科学出版社2007年版，第6~7页。

证券组织委员会关于“风险管理”规定，发布了《企业风险管理——整合框架》，该框架首次对风险管理作了一个明确的定义。由于新风险的层出不穷，COSO在2014年启动对风险管理框架的首次修订工作，并于2017年9月发布了最新修订版《企业风险管理框架》(COSO-ERM)，将企业风险管理定义为是一个过程，包括内部控制及其在战略和整个公司的应用，企业董事会、管理层和其他员工会对其产生影响，目的在于合理保证经济效率和效果的实现、财务报告的可靠性以及遵循法律法规。由此可见，内部控制理论已经从传统的“过程观”转变为“风险观”，“过程观”同时也涵盖在“风险观”之中，过程控制的目的就是风险控制，确定了内部控制的关键就是风险管理。①

此外，尤其值得注意的是：现代公司的治理机构也可能会给投资银行内部控制机制带来巨大的影响。这在投资银行勤勉义务实现机制构建的过程也需要特别注意。当前，主要有股权分散模式和股权集中模式两种公司治理结构，前者以英美为代表，具有“外部人”“长臂”等特点，公司股权由大量分散的股东所拥有，管理层享有较大的经营自由权；后者以德国和日本为代表，具有“内部人”“以控制为基础”的特点，公司多数股权被少数股东所控制，大股东对公司内外部事务处理产生直接影响。② 在股权分散模式下，投资银行的管理层由于无外部股东的强大压力，享有较大的经营自由权，比较容易出现默许从业人员进行不当行为的情形。而股权集中情形下，投资银行的大股东比较倾向于直接影响公司处理内部及外部事务，对投资银行履行勤勉义务的行为进行操控。换言之，在这两种股权体系下，最终影响投资银行履行勤勉义务的主体可能是存在差别的，投资银行勤勉义务内部控制机制的设计必须要关注到这一点，有些规则应进行穿透式设计，避免最终决策人对投资银行勤勉义务的履行造成不当影响。实际上，无论在何种股权结构下，都有看门人失败的证据。在股权分散的体系下，看门人容易出现默许(或者至少未发现)收入夸大的问题，而在股权集中的体系下，则主要是

---

① 陈野华、王玉峰：《投资银行风险管理理论与中国的实践》，西南财经大学出版社2016年版，第180~181页。

② 参见葛伟军：《英国公司法：原理与判例》，中国法制出版社2007年版，第146页。

无法发现或者阻止公司大股东利用控制权攫取私人利益。在股权分散的体系下，解决办法可能是重新设计公众公司的治理结构以使看门人不向他们本应监督的管理层汇报工作；而在股权集中的体系下，则由真正需要看门人的少数股东来选举看门人。①

众所周知，投资银行违反勤勉义务行为不仅会给投资者带来巨大的损失，而且可能给公司生存与发展带来致命的打击。但其实很多时候，由于证券发行承销是一个需要经历时间相对较长的行为，投资银行对违反勤勉义务的行为有足够的时间进行控制，实际上投资银行也一直通过各种业务规定进行控制。因此，投资银行勤勉义务的实现离不开投资银行内部风险控制机制的有效建立，应将投资银行勤勉义务的实现过程纳入投资银行内部风险控制的框架，作为投资银行运营的一个重大风险进行管理。

（二）投资银行内部问责机制

投资银行勤勉义务内部约束机制最为困难的是对员工的不当行为如何进行问责，即内部约束制度的可归责性。过于严厉的处罚只会加剧公司内部人员的懈怠或流失，过轻的处罚则会影响投资银行的执行力。但是只有权利没有责任是不可想象的，正如霍布斯所精辟指出的那样，“契约如果没有剑作保证等于是空言”②。

在现实中，虽然投资银行作为一个组织而存在，但具体业务的开展还是通过自然人来进行，只有把勤勉义务最终落实到真正的操作者之上，才能实现其制度的规制效果。如巴塞尔委员会所指出的那样，“银行内部任何责任必须能够落实到个人，而不能由部门负责”③。一般而言，能够实现此目的的途径有：一是相关法律直接规定投资银行对其工作人员负有监督的责任，并应就某些行为追究内部责任；二是投资银行工作人员在从事某些行为而被处罚时，对其具有上下级或其他监督关系的人应承担相应的责任。在具体的方式上，主要是将不当行为与投资银行从业人员的收入和职务挂钩，随着不当行为轻重对其收入或职务进行不同程度的调整，直至解除职务或

① [美]约翰·C.科菲：《看门人机制：市场中介与公司治理》，黄辉、王长河等译，北京大学出版社2011年版，第111～113页。

② [美]曼瑟·奥尔森：《权力与繁荣》，苏长和、嵇飞译，上海人民出版社2014年版，第50页。

③ 钟伟：《反思与重塑国有银行盈利模式》，载《西部论丛》2002年第9期。

清退出公司。值得注意的是：调整或解除职务是督促投资银行从业人员改进行为最为严厉的内部制裁方式，但对调整或解除职务使用频率以及时机都难以把握和判断，因为这种方式很有可能会将使从业人员不能在该行业继续从事类似的职业，一般只有在发生相对较为严重的不当行为时才予以适用。

四、发行承销费用支付机制的运转及预防作用

一个健康有序的证券市场对于发行人而言，因其有可能在证券市场获得相对较低成本的融资，或获得相对较高的溢价或市场美誉度等，对其有着极高的吸引力。故而，无论质量高低的发行人都想获得进入市场的机会，但是进入市场一般都需要满足一定的条件，并经由投资银行的推荐才能成功进入。由于质量相对较低的发行人很难在证券市场上获得成功发行或相对较高的溢价，投资银行可能会不愿意接触或承揽类似的项目以避免承担较大风险，只有投资银行能够获取的收入大于其可能面临的风险时，才有可能承揽类似的项目。但这有可能会直接导致投资银行在面对类似的项目时，放松尽职调查的力度或对相关问题进行掩盖，放弃应尽的勤勉职责。因此，有关国家或地区都对投资银行发行承销收入予以关注或限制，以防止投资银行在履行勤勉义务时有所懈怠。

例如，我国香港特区证监会就指出：投资银行保荐费用不应取决于证券发行成功与否或最终的发行规模，且不得存在任何“不成功，不收费”等情形，应能够恰当地反映投资银行的角色及将会履行的职责，分阶段的付款应该按照截至该阶段为止已完成的工作量按比例支付，并应披露在上市申请文件中。[①] 如此约束的目的就是防止投资银行角色产生异化，影响其履行

---

① 我国香港特区证监会在2012年12月12日颁布的《有关监管首次公开招股保荐人的咨询总结》中指出：“投资银行保荐费用的透明度非常重要，其应适当地反映投资银行的角色及将会履行的职责，不应取决于证券发行成功与否或最终的发行规模，而且不得与特别是受包销协议及相关协议规管的累计投标、定价及类似职能等其他服务相混淆。虽然确定投资银行保荐费用是一项商业决定，监管机构不应就此提供明文指引，但任何分阶段付款应依据截至该阶段为止已完成的工作量按比例支付，并不得存在任何‘不成功，不收费’或具有此等效果的安排。因此，已付及应付的保荐费用总金额应披露于上市文件内，清楚列明投资银行费用，包括费用的基准、结构及支付时间和任何其他可能会影响费用的因素。”参见香港证券及期货事务监察委员会《有关监管首次公开招股保荐人的咨询总结》第59段、第60段。

职责。在证券市场更为发达的美国同样如此,包括威斯康星州、亚拉巴马州、犹他州等在内的一些州就对发行与承销费用进行一定的限制,理由是:第一,为防止过度稀释投资公众的资本和保证发行人获得合理比例的资金提供一种保护;第二,通常认为投资银行业有一个自然选择过程,通过销售投资质量较差的证券,收取较高的承销与发行费用。美国学者认为:某种程度上后一种说法是正确的,过高的承销与发行费用就是一个很好的指标,表明存在一种在蓝天法理论上应降低的投资风险。[1] 因此,投资银行勤勉义务的实现,离不开对投资银行发行与承销费用进行规制,以防止投资银行对自身利益的过度追求而忽视或降低对勤勉义务的履行,让位于对利益的追求。

五、媒体监督机制的运转及监督作用

在一个国家中,如果公司治理比较完善,就一定存在强大和值得信赖的新闻媒体。[2] 美国学者格雷戈瑞·S. 米勒以 SEC 处罚的上市公司为样本进行研究,发现有 29% 的公司违规行为在 SEC 处罚之前已经被媒体察觉,同时哪怕媒体只是转载类似信息也具有重要价值,因为大量的报道会引起监管机构的关注,进而采取相关措施。其中还特别强调专业性商业媒体的作用,相对于综合性的媒体或地区性的报纸,专业性商业媒体更加愿意进行原创性的报道。[3] 也就是说,媒体在一定程度上能够通过自身的调查发现投资银行是否确实履行了勤勉义务,或因为媒体对某一发行人或投资银行行为的持续关注,会增加投资银行违反勤勉义务行为被发现的可能性,进而对投资银行的行为产生遏制的作用。

而且,对于投资银行而言,一旦实施违反勤勉义务的行为,出于趋利避害的动机,投资银行会极力掩盖自己的行为。即便投资银行业的其他同行

---

① Conrad G. Goodkind, "Blue Sky Law: Is There Merit in the Merit Requirements", *Wis. L. Rev.*, 1976, 79, p. 89.

② Alexander Dyck, Natalya Volchkova, Luigigi Zingales, "The Corporate Governance Role of the Media: Evidence from Russia", *Journal of Finance*, 2008, 63(3), pp. 1093 - 1135.

③ Gregory S. Miller, "The Press as a Watchdog for Accounting Fraud", *Journal of Accounting Research*, 2006, 44(5), pp. 1001 - 1033.

予以披露,但由于同业竞争的关系,投资者往往可能认为其存在偏见而故意抹黑,而且同行披露的途径也较为有限,对投资银行的制约效果不足。但是,如果媒体介入,对其进行广泛的披露,则会使投资银行受到投资者的严重质疑,对其"声誉"产生严重影响,进而使发行人不愿与之进行合作。换言之,声誉机制能否对投资银行产生作用,在一定程度上也依赖媒体对其声誉的实况传播,进行放大后施加更为明显的压力。

因此,媒体在投资银行勤勉义务实现过程中,主要通过以下两种方式发生作用:一是通过对投资银行履行勤勉义务的行为进行报道形成对投资银行的约束,使其不敢进行不当行为或对已经进行的行为进行纠正;二是通过对投资银行违反勤勉义务的行为进行披露,使投资银行"声誉"受到重大影响,促使其自身或其他投资银行勤勉尽责。鉴于媒体的重要作用,有的国家直接在其证券法律中予以保障。例如,《德国有价证券交易法》第 20a 条第 6 款规定,对记者的职业活动必须予以保障和尊重,除非记者利用虚假陈述获得了利益。①

本章小结

投资银行勤勉义务制度自身虽然也蕴含自我实现的功能,但其仅是证券市场法律制度体系的一部分,其制度价值的实现离不开其他制度的配合。如前所述,投资银行勤勉义务薪酬与晋升机制、声誉机制、看门人监督机制等激励机制通过所具有绑定效应、标签效应、竞争效应等促进了投资银行更加勤勉尽责。而投资银行的公共执行机制、私人执行机制、内部约束机制、发行承销费用支付机制、媒体监督机制等约束机制,则通过发挥监管、威慑、控制、预防、监督等作用,尽可能避免投资银行在履行勤勉义务过程中

① 《德国有价证券交易法》第 20a 条第 6 款规定:"对于从事职业活动的记者,必须在考虑其遵守职业操守的情况下断定第 1 款第 1 句第 1 项规定的前提条件是否存在,除非他们直接或间接利用错误或误导性信息而获取好处或收益。第 1 款第 1 句第 1 项系指对市场形势(行情)进行虚假或误导性陈述,从而极大影响了对某种金融工具的评价。"参见中国证券监督管理委员会编译:《德国证券法律汇编》,法律出版社 2016 年版,第 456 页。

进行机会主义行为。但是,我们也看到,每一种具体激励机制或约束机制本身或多或少存在一些不足,实际上本身也是无法做到完美。正如诺斯所指出的一样,“哪怕是相同的规则,由于执行人主观想法、实现机制及路径的不同,也会导致政策的现实激励和可察觉的结果不相同”①。由此,投资银行勤勉义务激励机制和约束机制必须互相补充,不能偏废,构成一个系统的整体,才能发挥最大的效应。

投资银行勤勉义务的实现不可能毕功于一役。立法者为预防法律过失或不同寻常的情况,法律必然也是包含过度的——试图清楚明白地界定违法行为很有可能会导致人们寻找规避法律的方法。② 同时,大多时候,人的行为动机混合着自利的因素和行善的成分(即使含有恶意),因而行为的结果既依赖行为人动机和自利行为,也依赖行为人的道德和性格。③ 换言之,投资银行勤勉义务实现机制作用的发挥可能是偶然性的,即不能确定是实现机制里具体哪种制度影响到了行为人的动机、道德或性格。但是,不能因此否认投资银行勤勉义务实现机制的价值,其从诞生的那一刻就一直体现出一种矫正正义,依然是围绕公平和正义的实现而进行的制度设计,从实践来看,这也是不存在疑问的。因此,如何为投资银行勤勉义务的实现提供更全面、更有效的保障是我们必须考虑的。

---

① Douglass C. North, *Institutions, Institutional Change, and Economic Performance*, Cambridge University Press, 1990, p. 101.

② [美]劳伦斯·M. 弗里德曼:《法律制度》,李琼英、林欣译,中国政法大学出版社 1994 年版,第 104～105 页。

③ 参见[美]曼瑟·奥尔森:《权力与繁荣》,苏长和、嵇飞译,上海人民出版社 2014 年版,序,第 2 页。

第四章　投资银行违反勤勉义务的法律责任

法律责任是法律制度价值实现的重要保证。投资银行勤勉义务制度虽然规定了投资银行的行为模式，但并不能保证所有的主体都能够按照所要求的标准实施，一些投资银行往往会基于自身利益或其他因素的考量不按标准行事，作出偏离制度目的的行为。为此，投资银行勤勉义务制度必须专门规定法律责任，根据投资银行在履行勤勉义务过程中对制度要求的偏离程度，由证券市场监管机构或法院对投资银行课以承担民事责任、行政责任、刑事责任等不利的法律后果，以此促进投资银行建立健全内部审查程序来确保发行符合质量标准，并有足够的压力拒绝不合格的发行人，真正承担其作为证券市场"看门人"角色的责任。因此，对投资银行"课以责任的正当理由，是以这样的假设为基础，即课以法律责任会对人们即将采取的行动产生影响，它旨在告之人们在未来的类似情形中采取行动时所应该考虑的各种因素"。①

---

① ［英］弗里德里希·冯·哈耶克：《自由秩序原理》，邓正来译，生活·读书·新知三联书店1997年版，第89～90页。

第一节　投资银行违反勤勉义务的民事责任

投资者是证券市场有效运转最为基本的因素之一,而投资银行违反勤勉义务的行为则可能给投资者利益带来较大损害。对于投资者而言,若损失不能得到弥补,既不符合法律所固有的公平正义原则,也会使投资者对证券市场避而远之。投资银行违反勤勉义务民事责任的基本目的就是要补偿投资者因投资银行未勤勉尽责行为而受到的损失,为投资者营造一个良好的投资环境,以实现证券市场的公平与正义。同时,也是防止投资者采取过度的预防措施和保持投资银行勤勉义务制度有效威慑力的必要手段。

一、投资银行违反勤勉义务民事责任的性质与归责

(一)投资银行违反勤勉义务民事责任的性质论争

投资银行违反勤勉义务民事责任的性质直接涉及如何判定责任的承担,故而探讨投资银行违反勤勉义务民事责任必先对其性质进行定性。目前,对投资银行违反勤勉义务民事责任的性质认定主要有两种观点:一种认为是担保责任。例如,我国学者陈洁认为:由于投资银行与投资者之间在法律关系形成上具有间接性,在义务承担上具有单向性,在责任承担上具有直接性,因而投资银行对投资者的民事责任具有担保属性,可以称为投资银行保荐担保责任。[①] 另一种观点认为是侵权责任。例如,周友苏、罗华兰认为:承销商违反诚实信用和勤勉尽责义务的行为,构成了虚假陈述的侵权责任。[②] 本书认为:投资银行违反勤勉义务承担民事责任的性质应为侵权责任,主要基于以下理由:

(1)从法律关系上来看,在证券发行市场中,投资银行与投资者之间并不存在契约关系,投资银行仅是接受了发行人的委托,为发行人发行上市从事相关服务工作。只是由于投资银行在为发行人服务过程中所出具的文件

---

① 参见陈洁:《论保荐机构的担保责任》,载《环球法律评论》2010年第6期。

② 参见周友苏、罗华兰:《论证券民事责任》,载《中国法学》2000年第4期。

恰恰是投资者进行投资行为选择的重要依据,法律才赋予了投资银行在搜寻信息出具文件过程中应承担勤勉义务,避免给投资者带来财产的损失。换言之,如果投资银行所出具的文件存在虚假陈述或遗漏,或是因发行人诱导与之共同出具存在虚假陈述或遗漏文件,其承担责任的来源是因为违反了对发行文件真实性、准确性、完整性进行勤勉核查的义务,不是因为违反一般的契约关系。

(2)从勤勉义务的本质来看,其是一种信义义务,因投资者对投资银行的依赖而形成。投资银行在执行业务过程中违反这种信义义务,导致了发行人之外的第三人即投资者受到了财产的损害,这种责任是建立在投资者以投资银行滥用了投资者的信赖出具不合格信息产品而遭受的损失的基础之上,突破了以契约关系为基础追究民事责任相对性的限制,投资银行承担的完全是一种法定义务,不具有一般契约法规定的相对性等的特点。这种不受合同相对性原则限制,当事人依据其主张权利并能够获得损害赔偿的理论,在与制定法相对应的普通法理论中只有侵权法。① 而且,根据侵权行为的一般定义,投资银行违反勤勉义务的行为也符合一般侵权行为的定义要求。②

因此,投资银行违反勤勉义务应承担的民事责任是一种侵权责任。值得注意的是:虽然投资银行违反勤勉义务应承担的民事责任是一种侵权责任,但是由于投资银行所从事的工作具有一定的专家属性③,给投资者带来的损害实际上是提供专业技能和知识的投资银行违反其职业应具有的注意所造成的。因此,更确切地说,投资银行违反勤勉义务的民事责任是专家侵权责任。

---

① 参见齐斌:《证券市场信息披露法律监管》,法律出版社2002年版,第255页。

② 侵权行为是指行为人由于过错,或者在法律特别规定的场合不问过错,违反法律规定的义务,以作为或不作为的方式,侵害他人人身权利和财产权利及其利益,依法应承担损害赔偿等法律后果的行为。参见杨立新:《侵权法论》,人民出版社2005年版,第13页。

③ 衡量职业是否具有专家属性,一般考虑以下特点:工作性质具有高度的专业性,其核心不是体力的工作而是精神的、判断的工作;高度重视职业道德和与顾客的信赖关系;大多要求一定的资格,并由专家集团维持一定的业务水平;具有较高的社会地位。参见[日]能见善久:《论专家的民事责任》,载《民商法论丛》1996年第5期。

(二)投资银行违反勤勉义务民事责任的归责原则

所谓“归责”,系指“决定何人,对于某种法律现象,在法律价值判断上应负担其责任而言”。① 即法律对行为人追究侵权责任,应以行为人的过错、损害结果,或公平考虑等作为价值判断标准。② 因此,归责原则是判定投资银行承担民事责任的标准和依据,具体的责任认定以法律上对投资银行违反勤勉义务采取何种归责原则。目前,主要存在过错责任、无过错责任、公平责任等归责原则,讨论归责原则就意味着确定投资银行违反勤勉义务时承担何种责任,必须在过错责任、无过错责任、公平责任等原则之间进行选择权衡。由于公平责任属于一种比较特殊的原则,故在此不予探讨。

1. 无过错责任原则适用于投资银行违反勤勉义务之分析

无过错责任原则逻辑的出发点是以行为结果为标准,只要出现了损害投资者利益的后果,投资银行就要承担责任。实行该原则的优点不言而喻,投资银行无任何抗辩的空间,投资者利益得到充分保护,事后完全得到补救。而且,对于司法机关而言,根本不需要再去讨论其行为是否符合法定的行为标准,以行为的结果就足以认定投资银行应承担的责任,显得既经济又高效。让投资银行承担绝对责任,虽然有利于保护投资者利益,但若投资银行已尽到积极调查或相当注意的义务,仍然需要承担连带责任,对其而言显然过于苛刻,也不能促进投资银行按照职责防止公开说明书的不实制作。③ 而且,如同丹尼尔·R. 费舍尔教授所指出的那样,可以用行为达到标准时引发责任的可能性与行为低于标准时引发责任的可能性之间的差距来表示归责原则的预防效果。当行为表现适当时也会有引发法律责任很强的可能性,归责原则的预防效果就越低。试想,如果投资者因虚假陈述或遗漏等遭受损失,投资银行就需要承担相应的责任,而不管其是否勤勉地履行了职责,有谁还会努力去提升工作的质量?④

---

① 王利明:《侵权行为法归责原则研究》,中国政法大学出版社 1992 年版,第 17 页。

② 参见王利明:《侵权行为法归责原则研究》,中国政法大学出版社 1992 年版,第 19 页。

③ 参见刘连煜:《论证券交易法上之民事责任》,台湾中兴大学法律学研究所 1986 年硕士学位论文,第 167 页。

④ Daniel R. Fischel, “The Regulation of Accounting: Some Economic Issues”, *Brooklyn Law Review*, 1986, 52, p. 1055.

2. 过错责任推定原则适用于投资银行违反勤勉义务之分析

固然,投资银行作为发行人发行上市过程中最为重要的中介机构,但无论其专业知识和技能如何高超,对发行人信息的了解也不如发行人及其高级管理人员,毕竟没人比自己还了解自己,投资银行很难充分了解到公司所有的内部资料,只能依据所掌握的材料向投资者提供说明或提示。因而,一旦发行人的材料出现瑕疵,投资银行的责任应该是第二位的,即其过错标准应该小于发行人及其高级管理人员。只能按照投资银行在执业过程中的过错来承担相应的责任,而不是当然地与发行人及管理人承担相同的责任。但是,如果按照过错责任原则来确定投资银行的责任,由于证券行业高度的专业性,投资者缺乏相应的证明投资银行存在过错的能力,法律所应实现的价值目标就得不到实现。而且,最能够且最有可能从事机会主义行为的一方往往就是最能够也是最有可能掩饰他自己行为的同一方。唯有将证明是否存在过错的责任转赋投资银行,由投资银行证明自身在执业过程中不存在过错方能免责,才能实现既定的法律意图。实质上,这也是公平原则的体现,因为投资银行具备丰富专业知识和从业经验,对自己的行为足够熟悉,只要其已经真正的勤勉,证明其勤勉并不存在困难。这种就过错证明责任转由投资银行承担的原则即是过错推定原则,即如果投资银行未能证明自身没有过错,而投资者能够证明其所受到的损害系由投资银行行为所致,法律上就推定投资银行有过错并确认其应负责任,从而避免了投资者不能证明对方的过错而无法获得赔偿的情形。

实践中,有关国家或地区也采取类似的方法。《美国 1933 年证券法》第 11 条(b)款规定,发行人对注册报告书的虚假陈述或遗漏承担绝对责任,投资银行如果能够证明尽到了一个谨慎的人在管理自己财产时所应尽的"合理调查"或"合理信赖",则可免责,这是一种典型的过错推定原则。类似的立法在《英国 2000 年金融服务与市场法》第 90 条,《德国交易所法》第 44 条、第 45 条,《日本金融商品交易法》第 21 条,以及我国香港特区《操守准则》第 17 段也有体现。由此可见,对于投资银行违反勤勉义务行为的归责原则,金融市场最为发达的国家或地区无一例外都采取过错推定原则。而且,以法律能够对投资银行勤勉义务作出详细明确的规定,以及是否含有投资银行履行义务明确的标准为前提。虽然各国的实际情况不一,但最终体现了立法者精心维持投资银行与投资者之间权益平衡的意图。

因此,投资银行违反勤勉义务的归责原则应为过错推定原则。只有这样,才能实现对投资银行违反勤勉义务的判断既以最终的工作结果为依据,也以具体的执业行为为标准。

二、投资银行违反勤勉义务民事责任的构成要件

虽然投资银行违反勤勉义务民事责任实行过错推定的归责原则,但投资银行责任的最终承担仍然需要满足一些要件。一般认为:侵权责任的构成要件包含行为人过错、违法行为、损害事实以及违法行为与损害事实之间的因果关系四个要件,缺少任何一个构成要件,都可能会导致一般侵权责任的不成立。在英美侵权法中,也持同样观点,其认为构成侵权责任应该具备如下要件:(1)一方对另一方负有义务;(2)一方未按标准行事导致违反负有的义务;(3)行为与损害结果之间存在充分的因果关系;(4)发生了实际损害。[①] 也就是说,投资银行只有在上述四个要件都满足的情况下,才会最终对投资者承担民事责任。

(一)投资银行存在过错

一般认为过错是一种主观心理状态,包括故意和过失两种基本形式。故意主要强调行为人对行为后果的发生是明知的。"明知"是指认识到行为的性质并且自觉去实施这种行为的一种心理结构形式,一般包含以下三种情况:(1)被告在陈述时知道自己没有说实话;(2)被告对自己所进行的陈述是否准确没有把握;(3)被告知道自己所陈述的没有事实基础。[②] 因此,在故意的状态下,投资银行对违反勤勉义务所造成的结果是希望的,也是确信要发生的。过失则强调行为人因出于疏忽大意或过于自信而导致行为后果的发生。过失可分为重大过失和一般过失。重大过失是指行为人没有尽到最普通人应尽到的注意义务,或采取了极其不合理的方式尽到必要的注意;一般过失则是指一个有相当经验的人处于行为人当时的境地会作

---

① 参见[美]爱德华·J. 柯恩卡:《侵权法》(第2版影印本),法律出版社1999年版,第47~48页。

② 李亚虹:《美国侵权法》,法律出版社1999年版,第188页。

为的或不作为的,行为人却不作为或者作为了。①

值得关注的是:美国多数巡回法院及地区法院通过判决认为"轻率"涉及的不仅仅是简单的疏忽,甚至是不可饶恕的疏忽,是故意的一种。轻率行为彻底背离了一般谨慎标准,对受误导的投资者产生了危险,且投资银行明知这一危险,或足以明显到其肯定已经意识到的程度。因此,轻率的标准可以表述为:投资银行是否"有合理的理由相信存在误述或遗漏的重大事实,但却没有获得或披露这种事实,尽管他们无需特殊努力就可以做到"②。轻率明显是一个程度的问题,要求程度上超过过失行为但却仍然没有实际的故意,由于这一标准过于不确定,美国最高法院一直拒绝对于轻率标准使用问题的解决作一个更为精确的定义。③ 美国这一标准,对投资银行履行勤勉义务的行为有着很大的威慑,但由于这一标准较难把握,必须建立在规定了能够确立"轻率"的违法行为的事实,否则容易使投资银行陷入泥潭。

在投资银行违反勤勉义务的民事责任领域,准确区分故意与过失,以及过失的程度,对投资银行承担何种责任以及责任的大小有着重要的意义。因此,过错的类型及形态成为厘清投资银行责任边界的主要内容,故意与过失的区分将导致投资银行承担范围完全不同的责任。如果是投资银行故意或者与拟发行人共谋时,各国均要求投资银行对任何依赖投资银行所出具的文件而产生的投资者损失承担责任。而在过失情况下,投资银行承担的责任则相对较小,尽管美国判例法越来越倾向重大过失承担与故意类似的责任,但即便如此在范围上仍然要小,而且依然是一种法定的抗辩理由。当然,多数情况下,作为欲继续在证券市场发展的投资银行,违反勤勉义务主要还是基于过失,故意去损害投资者利益的行为毕竟是个别现象。但如何判断是否存在过失却相对复杂,因为判断行为人应有的注意和能够注意的标准会随着时间、地点、条件不同而不断发展变化。④

---

① 程啸:《侵权行为法总论》,中国人民大学出版社2008年版,第338~345页。

② [美]托马斯·李·哈森:《证券法》,张学安等译,中国政法大学出版社2003年版,第671~672页。

③ [美]托马斯·李·哈森:《证券法》,张学安等译,中国政法大学出版社2003年版,第671~672页。

④ 参见佟柔主编:《民法原理》,法律出版社1983年版,第244页。

综述之，尽管存在过错的证明责任在于投资银行，但只有投资银行违反勤勉义务时存在过错，投资银行才应承担相应的责任。

（二）投资银行履行勤勉义务过程中的违法行为

投资银行违反勤勉义务违法行为要件的完整结构包含行为和违法两个要素。这也表明：投资银行违反勤勉义务承担民事责任的前提，“必须存在一定的行为，而非由事件或思想等行为以外的事实构成，而且这种行为必须在客观上违反了法律规定，具有违法性的特征”。[①] 也就是说，投资银行在证券发行过程中负有法律所规定的勤勉义务，有义务不能使自身的行为给投资者造成不合理的危险或损失，如果实施了类似的作为或不作为，就构成违法行为。

投资银行勤勉义务作为一种积极的义务，其违法行为主要以不作为的形式来表现。不作为违法行为是投资银行违反证券法律规定的积极作为义务而构成的违法行为。确定不作为违法行为必须以投资银行负有法律所要求的具体的积极作为义务为前提。亦即投资银行在证券发行过程中未能积极进行调查和验证，或是投资银行发现了发行人存在问题而未加阻止，从而导致未能发现发行人的申请文件中存在的虚假陈述或遗漏。当然，投资银行履行勤勉义务的违法行为，也可能包含了作为违法行为，因为证券法律法规也可能会对投资银行履行勤勉义务的行为作出一些禁止性的规定。例如，投资银行在证券发行过程中，与发行人一起同流合污，合谋编制或伪造相应的资料或文件，就构成投资银行履行勤勉义务过程中的作为违法行为。

（三）投资银行违反勤勉义务的行为造成了损害

损害是指被害人对特定损害事实的利害关系，因该特定损害事实的发生使其丧失了一定的利益。[②] 实际上，损害已经不是一个单纯的事实问题，而是一个被纳入法律语境的现象。换言之，只有被法律认可，损失现象才有可能构成损害赔偿要件中的“损害”，但法律是否认可则是一个利益权衡的过程。[③] 在证券发行市场中，投资银行违反勤勉义务的最终载体是存在虚

---

① 杨立新：《侵权法论》，人民法院出版社2005年版，第161页。

② 王利明：《侵权行为法研究》（上卷），中国人民大学出版社2004年版，第351～352页。

③ 参见刘艳：《会计师民事责任研究：公众利益与职业利益的平衡》，北京大学出版社2004年版，第222页。

假陈述或遗漏的证券发行申请文件,投资银行出具的这种文件能否造成损害,取决于投资者是否依赖该文件载明的信息进行了投资。并且,投资银行出具的文件不论投资银行是否同意都会被众多的投资者使用,使投资者可能遭受损失的金额和范围都无法预见。这种根据有瑕疵的信息进行投资所发生的损害,一般被称为"纯经济损失",具有如下特点:(1)纯经济损失是基于信赖或依赖他人行为而产生的,与传统直接因侵害人身权、财产权等绝对权利产生或附带产生的损害不同,具有独立性;(2)纯经济损失仅是金钱利益的损失,不包含精神损失;(3)纯经济损失的受害人人数往往众多且不确定,损害的范围与金额都难以预见。①

由于损害范围与金额都难以确定,英美法国家在相当长的一段时间内对纯经济损失都不予以保护,并将其认为是一个政策性问题。如丹宁(Denning)法官就曾指出:"法院为了限制被告的责任,在确定注意义务范围界限时,都倾向于将其作为一个政策性问题进行考量。换言之,法院在任何情况下,确定一项损失能否获得法律上的救济,所考虑的都是如何限制被告的赔偿责任之类的政策问题。因此,纯经济性损失是否应该获得补偿归根结底是一个政策性问题。"②实际上,无论是各国的立法还是实践都体现了上述思想,即投资银行违反勤勉义务所造成的损害应被限制在一个范围之内。在实践中,1964年英国在 *Hedley Boyrne & Co. Ltd. v. Heller & Partners Ltd* 案第一次确认,对于因信赖报告中的不实陈述而造成的纯经济损失,原告可以要求被告承担违反注意义务的责任。③ 在《美国1933年证券法》实施35年后,美国才受理了第一个投资银行违反勤勉义务案件,即著名的 *Escott v. BarChris Constr. Corp* 案。此后,对于纯经济损失的保护范围一直在调整当中,试图使对纯经济损失弥补规则在社会需要,又符合常识及可操作的范围内发展。④

① 程啸:《侵权行为法总论》,中国人民大学出版社2008年版,第251页。

② Denis Keenan, *Smith & Keenan's Advanced Business Law* (11th Ed.), Pearson Education Limited, 2000, p. 684.

③ Hedley Byrne & Co. Ltd. v. Heller & Partners Ltd., AC 465, 1964.

④ B. S. Markesinis, S. Deakin, "The Random Element of Their Lordships' Infallible Judgement: An Economic and Comparative Analysis of the Tort of Negligence from Anns to Murphy", *Modern Law Review*, 1992, 55(5), pp. 619–646.

理想状态下,投资银行承担赔偿损失的范围应当与其行为所造成的损害一致,并且这种损害应当包含如果没有投资银行违反勤勉义务行为的发生投资者所能获得的全部收益。但是,因证券市场的复杂性及波动性,这种理想几无实现的可能。因此,法律只能将损害限定在一定范围内。例如,在德国,《德国有价证券销售说明书法》第13a条和《德国交易所法》第44条第1款和第2款都规定投资者要求赔偿的范围不超过有价证券第一次的发行价以及与购买证券有关的其他费用,若投资者不再持有该类证券,只能要求支付不超过首次发行价的购买价与转让价之间的差价及与购买和转让相关的其他费用。①《美国1933年证券法》第11条(e)款和(g)款规定投资者有权获得因购买证券所支付的价格(不超过发行价格)和下列事项的差额:(1)提起诉讼时的证券价格;(2)起诉前出售证券的价格;或者(3)起诉后但判决前所出售的价格。如果投资银行能够证明价格下跌是由其他因素引起的,赔偿责任就会相应减轻。而且,在任何情况下,投资者所得到的补偿都不应超过证券向公众发行时的价格。《英国2000年金融服务与市场法》并未规定具体赔偿数额,但是英国判例法认为违反勤勉义务规则的赔偿需要遵守"间接规则",即尽管投资者能够证明自己受到了欺骗,并进而主张获得源于错误信息导致的损失赔偿,但间接规则仍然将赔偿责任限定于可预见损失。②

---

① 《德国有价证券销售说明书法》第13a条(1)款规定:"就在国内证券交易所未获交易许可的有价证券或第8f条第1款所述之资产投资产品,若违反《有价证券说明书法》第3条第1款第1句或者本法第8f条第1款第1句的规定或第8f条的其他规定,为公布其说明书的,证券购买者有权将发行人和发售人作为连带债务人,要求其以购买者的买入价回购证券或资金投资产品,并补偿其所支出的证券交易费用,但以购买价不超过首次购买价,该交易发生于说明书公布之前,且在国内首次公开发行之日起6个月内完成为限。"参见中国证券监督管理委员会编译:《德国证券法律汇编》,法律出版社2016年版。《德国交易所法》第44条对"不正确的有价证券说明书"做出规定,即"如果根据已获准上市交易的有价证券的招股说明书书面取得有价证券的,当招股说明书中对于评价有价证券有意义的重要信息不正确或不全面时,那么有价证券的取得人可以要求:1. 对招股说明书承担责任的人员;2. 公布说明书的人员;作为连带债务人,在购买价不超过有价证券首次发行价的范围内,以购买价全数承接有价证券,并要求其承担与购买有关的通常费用,只要该购买交易是在招股说明书公布后且有价证券首次发行后6个月内订立的。"参见中国证券监督管理委员会编译:《德国证券法律汇编》,法律出版社2016年版,第235页。

② [英]艾利斯·费伦:《公司金融法律原理》,罗培新译,北京大学出版社2012年版,第461页。

可见,将投资银行违反勤勉义务所造成损害的范围限定在一定的范围内成为一种共识,一个基本的原则就是“恢复原状”,即将投资者的财产状况恢复到购买证券前,所保护的只是投资者的实际损失,对可得利益不予保护。不可否认,对一些投资者来说,确实可能会造成可得利益的损失,至少也会带来较大的机会成本。但是,法律所能保护的只能是客观、确定的损害,并且是能够度量出来的具体数额。

(四)投资银行违反勤勉义务的行为与投资者损害之间存在因果关系

因果关系是确定违法行为与损害之间的纽带,也是投资者主张投资银行违反勤勉义务应承担责任的关键所在。但是,如何证明存在因果关系是一个极其复杂的问题,在某种程度上考验着法律人的抽象思维能力,以及具体案件上符合事理的判断。① 但是,两大法系都试图对此予以充分论证和解释。

1. 因果关系认定的一般方法及借鉴意义

事实上,无论是英美法系还是大陆法系,对因果关系的判断基本采取两分法的方式。英美法系采用了“事实原因”与“法律原因”的认定方法,只有当行为既是事实原因,又构成法律原因时,违法行为与损害之间才能被认定为存在因果关系,即法官在认定因果关系时,首先考虑行为人的行为是否在事实上造成了损害的发生,成立后才会进一步分析该行为在法律上能否构成对该损害负责的原因。正是通过嵌入“法律原因”这个概念,因果关系从一个事实问题变成了法律问题,进而成为一个政策问题。② 而我国台湾地区学者则将因果关系分为“责任成立的因果关系”和“责任范围的因果关系”,前者负责认定权利受侵害是否因其原因事实而发生,后者所要认定的是“损害”与“权利受到侵害”之间的因果关系,即损害规由加害人负责赔偿

① 王泽鉴:《侵权行为法——基本理论、一般侵权行为》(第1册),中国政法大学出版社2001年版,第257页。

② 参见刘艳:《会计师民事责任研究:公众利益与职业利益的平衡》,北京大学出版社2004年版,第223~224页。

的问题。[①] 尽管两大法系之间在内涵或运用上存在差别，但本质上都是对行为人因其行为所承担的责任施加限制，防止行为人因社会生活中因果关系的无限延伸而承担过重的责任。

无疑，这种两分法对判断投资银行违反勤勉义务的行为与损害之间的因果关系具有重要意义。由于投资银行在证券发行过程中所出具的文件涉及对象众多，而且证券市场是一个高度敏感、容易波动的市场，甚至可以说是“蝴蝶效应”显著的市场，如果仅仅是以事实因果关系的标准来判断投资银行行为与损害存在关系，则可能会与众多损失发生的情形产生关联，这直接会使投资银行陷入泥沼，并给整个投资银行业的生存与发展带来致命的威胁。鉴于此，还有必要通过“法律原因”对损失的范围进行必要的控制，使投资银行违反勤勉义务承担的法律责任处于一个合理的程度。可见，在投资银行违反勤勉义务案件中，事实因果关系解决的是投资者购买发行人股票的行为受到了投资银行违反勤勉义务行为的影响，而法律上的因果关系所要解决的是投资者的损失有多少是由投资银行违反勤勉义务的行为所引起的。

2. 因果关系认定的具体实践及评析

(1)美国证券法规下的信赖推定

美国证券法领域以“事实原因”和“法律原因”为基础，将因果关系分为“交易因果关系”和“损失因果关系”。在“交易因果关系”下，交易因果关系并不代表“如果不是”因果关系最严格的形式，其仅仅要求证明交易条件明显受到了不法行为的影响，并不必证明要不是该不法行为，该交易就不会发生。在“损失因果关系”下，必须证明损失是由不法行为所导致的。如果原告证明不了其损失与被告的行为存在任何关系，则案件诉讼就毫无价值。要求证明损失方面的因果关系，实质就是所请求的损害赔偿并非被告错误陈述或不当行为的可预见结果，排除责任。[②] 即便如此，证明原告所遭受的

① 参见王泽鉴：《侵权行为法——基本理论、一般侵权行为》(第1册)，中国政法大学出版社2001年版，第189~190页。

② 参见[美]路易斯·罗思、乔尔·赛里格曼：《美国证券监管法基础》，张路等译，法律出版社2008年版，第911页；[美]托马斯·李·哈森：《证券法》，张学安等译，中国政法大学出版社2003年版，第696页。

损失与被告的违法行为之间存在因果关系,难度也较大。

美国法院通过引入"信赖推定"来解决因果关系认定中存在的难题。"信赖推定"源于欺诈市场理论,欺诈市场理论的前提假设是:在有效市场中进行证券交易的投资者有权信赖自由市场力量确定的证券市场价格,而自由市场力量不受欺诈或虚假的影响。[①] 实际上,美国国会在制定证券法时就已经考虑到了信息对证券市场的影响以及投资者对市场的信赖:"证券市场上股票的公允价格由买方和卖方在市场对某只股票不断的竞价形成,而这正是自由、公开的交易市场的理念建立的理论基础,隐瞒重要信息会伤害到证券市场发现真实价格的功能。"[②]也就是说,当投资银行履行勤勉义务过程中所出具的文件存在虚假陈述或遗漏时,该虚假陈述或遗漏必然反映在证券市场价格上,此时证券的市场价格是不公允的,投资者以为该价格是公允的而进行交易并遭受了损失,仅此就足以认定二者之间存在损失因果关系。但是美国的"信赖推定"因所处情景的不同而又存在差别。

第一,《美国1933年证券法》第11条和第12条项下的信赖推定。《美国1933年证券法》第11条(a)款明确规定:在披露文件中存在不实陈述或遗漏时,投资者只需要证明披露文件存在不实陈述、遗漏以及受到了损失即可,法院据此可以推定信赖成立,而无须证明其信赖该文件或收到过该文件。但由于第11条还规定了在披露文件生效后超过12个月投资者才获得证券,且发行人发布了有关这段时间的"盈利说明",投资者就必须证明信赖了不实陈述、遗漏。但投资者仍然没有必要为了证明此种信赖而证明自己是否阅读过相关的登记文件,法律通常都会假定在这12个月内购买了该证券的任何人完全信赖披露的文件,除非存在投资者购买证券时已经知道不实陈述和遗漏情况的证据。在 *Hatrock v. Edward D. Jones. & Co.* 案中,法院就认定在《美国1933年证券法》第11条的规定下,如果原告证实了存在交易因果关系,则举证责任转移到由被告去证实损失是由完全独立的因素造成的,在11条项下假定价格受到了影响,要求被告证明价格下跌是由于

① 罗伯特·W.汉密尔顿:《公司法》(第4版),法律出版社1999年版,第484页。

② David L. Ratner, Thomas Lee. Hazen, *Securities Regulation: Cases and Materials* (4th Ed.), West Publishing Co., 1996, pp. 659 - 667.

除发行人登记文件的不实陈述或遗漏以外的原因造成。① 第12条项下的信赖推定在最初规定时与第11条项下的信赖推定有很大的不同,起初第12条规定投资者只需要表明其事先不知道存在不实陈述即可,完全不需要证明存在信赖。但在1995年美国国会加入了有关损害因果关系的(b)款,如果被告能够证明,任何或原本根据12条(a)(2)款规定可返还的金钱是由被指控的有瑕疵以外的因素所造成的,那么该部分金钱就不能被返还。实际上,这已经与第11条基本不存在差异。

第二,在10b-5规则下的信赖推定。② 10b-5规则的适用范围并不限于证券交易市场,单纯发布虚假不实陈述也会使投资银行承担该规则项下的责任。因为美国证券法律体系中的救济方式具有累积性,第11条下的原告可以提起第12条下的诉讼,以及《美国1934年证券交易法》第10条(b)款以及规则10b-5所规定的救济方式。例如,在Herman和Maclean诉Huddleston案中,美国联邦最高法院就认为:《美国1933年证券法》第11条对登记资料不实陈述的救济和规则10b-5救济是累积性的。同样,规则10b-5下的救济和其他救济也可以累积。③ 这意味着,即使不实陈述是出现在《美国1933年证券法》第11条所规定的注册登记材料中,投资者也有权依据10b-5规则提起诉讼。因此,投资银行违反勤勉义务的行为在美国可能还涉及10b-5规则的适用。《美国证券交易法》第10b-5条款采用的是"推定信赖"原则,该条同样适用于中介机构。如果投资者根据该条提起诉讼,则需证明在投资银行的不实陈述真相披露前,因投资银行的不实陈述行为使其作出了错误判断,进行购买证券的行为。证明成立就可认为其存在信赖,除非投资银行有充足证据反驳投资者的证明,或投资者未信赖该不实陈述以及明知存在不实陈述还进行交易。美国第五巡回法院在*Shores*

---

① Hatrock v. Edward D. Jones & Co. ,750 F. 2d 767, Ninth Circuit, 1984.

② 美国10b~5规则是SEC依据1934年《证券交易法》第10条(b)款制定的最为主要的反证券欺诈条款,该规则明确规定:"任何人不得直接或间接利用州际商务工具或邮件或全国性证券交易所的设备,在买卖过程中,为下述行为:a. 使用任何方法、计划或技巧从事欺诈行为。b. 对重要事实作不实陈述,或省略某些重要事实的陈述,以致在当时实际情况下产生引人误导的效果。c. 从事任何行为、业务或商业活动,而对他人产生欺诈或欺骗的情事者。"

③ [美]托马斯·李·哈森:《证券法》,张学安等译,中国政法大学出版社2003年版,第657页。

*v. Sklar*案[①]中将“欺诈市场理论”用于第10b－5条下的“信赖推定”，按照“欺诈市场理论”，证券能够获得发行是发行人、投资银行等实施欺诈行为的直接结果，投资者只需要证明发行人、投资银行等在明知的情况下向市场推入无价值的证券，合理信赖在证券发行过程中“市场的诚实性”且因该欺诈行为受到损失即可，无须证明存在直接信赖关系就可以获得赔偿。[②] 美国联邦最高法院在1988年的 *Basic Inc. v. Levinson* 案中采纳了欺诈市场理论，即认为市场价格受到了不实陈述或遗漏的影响，原告的损失是因为按照受到欺诈而产生的价格而购买或售出所导致，就可满足信赖的要求。[③]

（2）英国证券法规下的信赖推定

《英国2000年金融服务与市场法》颁布之前，英国法院通常不会要求陈述人对信赖那些陈述并且遭受经济损失的人负有勤勉义务。英国法院认为：这些情形下必须限制勤勉义务的一个重要考量是因为“水闸理论”，即如果发布公告的陈述人被认为对任何信赖它的人负有勤勉义务，这将打开“在不确定的时间向不确定的群体承担数量不确定的义务”的闸门。[④] 反对施加勤勉义务的另外一个理由是：那些关注他们试图依赖信息准确性的人们，应当通过获得陈述人的合同保证或者通过保险而实现自我保护，而这超越了关于过失的法律规则下的此种情形能够提供的请求权的范围。[⑤] 即便如此，也有案例表示要求投资银行承担勤勉义务以及违反勤勉义务应承担相应的民事责任。在英国，在基于违背勤勉义务而提起的请求权中，投资者必须证明投资银行对其负有勤勉义务，并且违背了该义务。在 *Caparo Industries Ltd. v. Dickman* 案中，法院认为投资银行只有在投资者证明了以

---

① 在该案中，被告为一名律师，其在债券发行时出具的文件中隐瞒了承租人履约能力的真相并作出了虚假陈述，原告购买了相关债券，但承租人无力兑付债券，原告依据10b－5提出了诉讼。在该案中原告承认其并没有读过被告出具的虚假陈述内容的相关文件，但法院依据“证券发行欺诈理论”仍然判令原告可以获得赔偿。See Shores v. Sklar, 647 F. 2d 462, 5th Cir., 1981.

② Julie A. Heisel, “Panzirer v. Wolf: An Extension of the Fraud-on-the-Market Theory of Liability under SEC Rule 10b－5”, *Catholic University Law Review*, 1983, 32(3), pp. 719－721.

③ Basic Inc. v. Levinson, 485 U. S. 224, 1988.

④ ［英］艾利斯·费伦：《公司金融法律原理》，罗培新译，北京大学出版社2012年版，第455页。

⑤ ［英］艾利斯·费伦：《公司金融法律原理》，罗培新译，北京大学出版社2012年版，第455页。

下事项后才承担民事责任:(1)可以预见会给原告带来损害;(2)原告与被告之间存在临近的关系;(3)根据具体情形,施加勤勉义务是公平、公正并且是合理的。① 此处的"邻近"指的就是"因果关系",但这一概念较难把握,连该案的法官都声称其"仅仅是一个标签,并没有包含一个确定的概念,而仅仅是一种描述,即描述法院出于适用的考量,将会在何种情形下认定存在勤勉义务"。②

《英国2000年金融服务与市场法》实施后,这一情形才得以根本性改变。根据《英国2000年金融服务与市场法》第90条的规定,负责制作招股说明书的主体有责任向任何符合以下条件的人支付赔偿金:投资者已经取得了与招股说明书对应的证券,而且由于招股说明书存在不实或误导性陈述以及遗漏了必须包含的内容而遭受损失。③ 而在这之前,英国仅是认购股票者可以主张上述权利,对股票开始公开交易后从市场购入股票的投资者则被排除在保护范围之外。虽然《英国2000年金融服务与市场法》第90条允许投资者对于虚假信息扭曲市场运作的行为提起损害赔偿请求,但虚假陈述或信息遗漏与投资者损失的因果关系依然是庭审中必须要证明的内容。原因在于英国上议院认为:当首次发行结束之后,招股说明书的目的已经被用尽。在错误信息的扭曲效果彻底耗尽之后买入证券的投资者必须证明投资银行所出具的文件(招股说明书)是为了劝诱市场中的购买者和原始购买者一样去购买股份。但只要不实的陈述影响了市场价格即可,哪怕原告从来没有读过招股说明书,并不要求原告为了证明因果关系的存在而举证自己相信了虚假陈述的内容。④ 这实际上也是"欺诈市场"理论的翻版。

---

① Caparo Industries plc. v. Dickman, 2 AC 605, 1990.

② Caparo Industries plc. v. Dickman, 2 AC 605, 1990.

③ 《英国2000年金融服务与市场法》第90条有关"虚假或误导公告书的赔偿"规定:"第(1)款任何上市公告书负责人均有责任对下列人员支付赔偿:购买了公告书适用的证券,且所购买证券因下列原因遭受损失:1.公告书中任何非真实或误导性陈述;或2.公告书中遗漏了第80条或第81条规定要求包含的任何事项。"参见中国证券监督管理委员会编译:《英国2000年金融服务与市场法》,法律出版社2014年版,第143页。

④ 参见[英]保罗·戴维斯、莎拉·沃辛顿:《现代公司法原理》(第9版),罗培新等译,法律出版社2016年版,第922页。

(3)英美"信赖推定"的作用评析

无论是美国还是英国,司法实践中普遍确立了"推定信赖"的原则,这与过错推定归责原则的内涵一致。可以说,这种在投资银行违反勤勉义务的行为与损害之间嵌入"信赖推定"的方式具有很大的合理性,使投资银行违反勤勉义务行为与投资者损害之间形成一条完整的因果关系链。首先,对于大部分投资者而言,投资银行无论是否履行了勤勉义务,很少人会去认真阅读投资银行所出具的文件。正如波斯纳所说的那样,"读一份格式合同所得到的信息不足以填补其时间成本"。① 此外,绝大部分人都倾向认为自己比别人更加聪明,甚至运气也会更好,发生在别人身上的坏事不会发生在自己的身上,投资多半具有冒险性质。也就是说,绝大部分投资者的投资行为是凭借其主观认为发行人及投资银行诚实情况下,依赖所谓的股价走势或技术图形等而进行。因此,很难证明投资者是依据投资银行所出具的文件进行的投资。其次,从证券市场的实际来看,无论是真实还是虚构的信息,都会对证券价格产生重大影响,尤其是投资银行出具的文件存在虚假陈述或遗漏时更是如此,投资者对市场价格的信赖是合理的。最后,这种信赖推定的方式对市场上完全不知道虚假陈述的投资者的保护是有利的,由于其不知情,要去证明对虚假陈述文件具有信赖既不可行也不可信。

综上,即便实行信赖推定,也并不是否认投资者对投资银行出具所含有虚假陈述或遗漏的文件的信赖,只是由于这种信赖投资者根本无力予以证明,只能以"有效市场理论"为依据,推定投资者信赖证券市场上所披露的信息,哪怕是含有虚假陈述或遗漏的信息。因此,信赖推定只是证明损失因果关系的一个手段,并不是全部。

三、投资银行违反勤勉义务民事责任的抗辩事由

投资银行勤勉义务本身就包含了避免承担责任的抗辩。如果投资银行按照要求履行了勤勉义务,就不应承担相应的责任。如前文所述,投资银行勤勉义务的判断标准既是行为的标准,也是抗辩的依据。但投资银行抗辩

---

① William M. Landes, Richard A. Posner, *The Economic Structure of Tort Law*, Harvard University Press, 1987, pp. 280 - 281.

的事由不限于此，时效消灭、请求权人故意、因果关系不成立等都可能成为投资银行避免承担相应责任的事由。

（一）时效消灭

权利人在一定的期限内不行使相关权利，其权利的请求权将归于消灭，这是一个普遍的做法。根据《德国交易所法》第 46 条规定，购买人在知道说明书不正确或者不全面 1 年后，最迟在说明书公布 3 年后，其享有的请求权归于消灭。[①] 具体而言，通常情况下，对于投资银行不实陈述所造成的损害，投资者请求权的诉讼时效期间是 1 年，从投资者获悉存在不实陈述的事实之日起算，除非投资者明知上市申请材料存在不实陈述的事实。但无论在何种情况下，投资者享有的损害赔偿请求权自上市申请材料公开后 3 年内不行使而消灭。《日本金融商品交易法》也采取了类似的做法，第 20 条规定：请求权人自知悉有价证券申报书或者有价证券销售说明书的就重要事项存在虚假记载、欠缺应记载的重要事项、为避免误解所需重要事实的记载时，或尽相当的注意即可知悉时，3 年期间不行使的，该请求权消灭。[②]

美国则情况相对复杂，投资者起诉时必须主张并证明事实显示仍然在诉讼时效内，否则被禁止提供救济。《美国 1933 年证券法》规定两类诉讼时效，对于主张第 11 条和第 12 条(a)(2)款责任所提起的诉讼必须在发现或在进行合理调查后应发现不实陈述或遗漏后的 1 年内提出；对主张 12 条(a)(1)款项下的责任，则必须在相关责任的违法行为发生后的 1 年提出，否则都将丧失胜诉权。在任何情况下，在向公众善意发售证券 3 年后，不得提起要求投资银行承担第 11 条和第 12 条(a)(1)款下责任的诉讼；在证券出售 3 年以后，不得提起第 12 条(a)(2)款下责任的诉讼。

可见，无论是德国或日本，还是英国或美国，虽然在细节上仍然存在差别，但基本要求上已倾于趋同，即 3 年内不行使相关权利的，请求权消灭；1 年内不行使相关权利的，胜诉权丧失。

---

① 《德国交易所法》第 46 条规定："购买人在知道说明书不正确或者不全面 1 年后，最迟在说明书公布 3 年后，第 44 条规定的请求权归于消灭。"参见中国证券监督管理委员会编译：《德国证券法律汇编》，法律出版社 2016 年版，第 236 页。

② 中国证券监督管理委员会编译：《日本金融商品交易法及金融商品销售等相关法律》，法律出版社 2015 年版，第 63 页。

(二)请求权人故意

“故意之责一律承担”，这一法律原则要求，当事人均应对自己的故意行为承担法律责任，且不得以协议排除之。① 在证券市场上同样如此，如果投资者明知投资银行出具的文件存在瑕疵而继续进行相关投资活动，应当为自身的过错承担相应的责任，投资银行则不需承担相关责任。根据《德国交易所法》第 45 条第 2 款第 3 项规定，如果请求权人购买证券时明知招股说明书不正确或者不全面仍然继续进行购买，投资银行可以据此主张免责，但是投资银行必须能够证明投资者购买证券时存在明知的故意。②《日本金融商品交易法》第 21 条也认为：投资者申购之际已知悉存在虚假记载或欠缺的，投资银行对其不承担损害赔偿责任。③ 英美法系也采取了类似的态度，根据《英国 2000 年金融服务与市场法》第 90 条以及附录 10《损害赔偿：豁免》的规定，如果投资银行能够使法院确信投资者在购买相关证券时，知悉声明是虚假或误导性陈述、遗漏的事项，投资银行也不承担责任。④《美国 1933 年证券法》第 11 条(b)款也规定投资者购买证券时明知登记文

① 黄风编著：《罗马法词典》，法律出版社 2002 年版，第 93 页。

② 《德国交易所法》第 45 条有关“责任免除”规定：“(1)如果能够证明，根据第 44 条被请求赔偿者不知招股说明书中不正确及不完整的信息，并且并非出于重大过失而不知招股说明书的不正确或不全面信息，则他不承担责任。(2)在下列情况下，不存在第 44 条规定的请求权：1. 非基于招股说明书购买的有价证券；2. 招股说明书中不正确或者不全面的信息所包含的事实未导致有价证券交易的价格下跌；3. 取得人在购买时明知招股说明书不正确或者不全面；4. 买卖交易达成前，在发行商的年度报告、中期报告以及根据《有价证券交易法》第 15 条规定的公布或者等同于公布的公告中，已经对不正确或者不全面的信息作出清晰的更正；5. 请求权只是基于摘要或翻译版本中的说明而发生，除非当摘要与招股说明书的其他部分一起被阅读时，摘要具有误导性、不正确性或自相矛盾。”参见中国证券监督管理委员会编译：《德国证券法律汇编》，法律出版社 2016 年版，第 237 页。

③ 《日本金融商品交易法》第 21 条规定：“有价证券申报书中就重要事项存在虚假记载、或欠缺应记载的重要事项或者为避免误解所需重要事实的记载时，下列业者对接受募集或发售而取得该有价证券的业者承担因记载虚假或欠缺而产生的损害赔偿责任。但取得该有价证券的业者在其申购之际已知悉存在虚假记载或欠缺的，不在此限。第四项与募集相关的有价证券发行人签订总承销合同的金融商品交易业者或注册金融机构。”参见中国证券监督管理委员会编译：《日本金融商品交易法及金融商品销售等相关法律》，法律出版社 2015 年版，第 63 页。

④ 《英国 2000 年金融服务与市场法》第 90 条规定：“第(1)款任何上市公告书负责人均有责任对下列人员支付赔偿：购买了公告书适用的证券，且所购买证券因下列原因遭受损失：1. 公告书中任何非真实或误导性陈述；或 2. 公告书中遗漏了第 80 条或第 81 条规定要求包含的任何事项。”参见中国证券监督管理委员会编译：《英国 2000 年金融服务与市场法》，法律出版社 2014 年版，第 143 页。

件不准确的，投资银行也不需承担责任。

（三）"吹哨警示"抗辩

吹哨警示抗辩主要适用于投资银行在发现不实陈述或遗漏后，采取了适当措施对违法行为进行制止。根据《德国交易所法》第 45 条第 2 款第 4 项的规定，如投资银行在投资者购买证券之前，及时通过年度报告、中期报告等形式更正了不实陈述，对投资者在公开更正之后的证券买卖行为不再承担赔偿责任。① 根据《英国 2000 年金融服务与市场法》第 90 条附录 10《损害赔偿：豁免》第 3 条、第 4 条的规定，如果投资银行能够使法院确信，在投资者购买证券之前，已经采取了一种足以使可能购买证券的人注意到的方式，公布了关于不实陈述或遗漏的纠正公告，并已经采取所有对其而言合理的措施，以确保对纠正予以公布并且合理相信已经公布，投资银行对此则不承担相应的责任。②

美国则稍有不同，美国的吹哨警示抗辩主要包含两个方面的内容：辞职抗辩和不知情抗辩。辞职抗辩系指投资银行能够证明在注册登记说明书中与其被指控承担责任有关部分的陈述在生效日前，已辞去或已采取法律允

---

① 《德国交易所法》第 45 条有关"责任免除"规定："（1）如果能够证明，根据第 44 条被请求赔偿者不知招股说明书中不正确及不完整的信息，并且并非出于重大过失而不知招股说明书的不正确或不全面信息，则他不承担责任。（2）在下列情况下，不存在第 44 条规定的请求权：1. 非基于招股说明书购买的有价证券；2. 招股说明书中不正确或者不全面的信息所包含的事实未导致有价证券交易的价格下跌；3. 取得人在购买时明知招股说明书不正确或者不全面；4. 买卖交易达成前，在发行商的年度报告、中期报告以及根据《有价证券交易法》第 15 条规定的公布或者等同于公布的公告中，已经对不正确或者不全面的信息作出清晰的更正；5. 请求权只是基于摘要或翻译版本中的说明而发生，除非当摘要与招股说明书的其他部分一起被阅读时，摘要具有误导性、不正确性或自相矛盾。"参见中国证券监督管理委员会编译：《德国证券法律汇编》，法律出版社 2016 年版，第 237 页。

② 《英国 2000 年金融服务与市场法》第 90 条附录 10《损害赔偿：豁免》第 3 条有关"改正声明"规定：（1）在本条中，"声明"的含义与本附录第 1 条中的含义相同；（2）当事人如使法院确信有下列情况，则对声明造成的损失不承担第 90 条第 1 款规定的责任：a. 在相关证券被购买以前，以及以旨在使可能购买证券的人引起注意的方式对改正予以公布；或者 b. 在证券被购买以前，当事人采取了所有对其而言合理的措施，以确保对改正予以公布并且合理相信以及公布；（3）本条中的任何内容不得视为影响本附录第 1 条的规定。第 4 条改正专家声明规定，当事人对下列声明造成的损失，不承担任何第 90 条第（1）款的责任：1. 包含在上市公告书中的官方人士作出的声明，或者；2. 包含在上市公告书中的公共官方文件中包含的声明，如当事人使法院确信该声明被准确和适当复制。参见中国证券监督管理委员会编译：《英国 2000 年金融服务与市场法》，法律出版社 2014 年版，第 829 页。

许的措施辞去，或已经停止在注册登记说明书中所说明的由其行使或同意行使的职务、身份或关系，或拒绝从事相关行为，并且已经以书面形式通知SEC或发行人，说明其已经采取相关行动将不再对注册说明书中的相关部分承担责任。[①] 不知情抗辩则是投资银行在注册登记说明书中其所承担的部分生效时并不知情，其在知道该事实后，采取了辞职抗辩中的手段，并通知了SEC且进行了合理公告，声明对注册登记说明书生效时并不知情。[②] 可见，美国对于投资银行吹哨警示抗辩的程度要求更高，须以辞职方式提醒才能构成抗辩，这无疑是所有方式最为显著的。这实际要求投资银行彻底与发行人文件中存在的不实陈述或遗漏划清界限，阻断任何可能存在的利益联系。

(四) 因果关系不成立

如前所述，在实践中出于保护投资者利益的目的，一般都推定投资者的损失与投资银行违反勤勉义务之间的行为之间存在因果关系，而且证明责任归属于投资银行。同时，由于证券市场上影响证券价格的因素众多，不能一概归于投资银行违反勤勉义务的行为，或者即使存在违反勤勉义务的行为，但也可能并未对股市价格下跌产生影响。因此，有关国家或地区都规定了投资银行如果能够证明投资者的损失不是由于其违反勤勉义务的行为，而是由其他原因引起，则免于承担相应的责任。例如，《德国交易所法》第45条规定，在下列情形下，投资者的损失与投资银行违反勤勉义务的行为不具有因果关系：(1)投资者不是基于招股说明书购买的有价证券；(2)招股说明书中不正确或者不全面的信息所包含的事实未导致有价证券交易的价格下跌；(3)请求权只是基于摘要或翻译版本中的说明而发生，除非当摘要与招股说明书的其他部分一起被阅读时，摘要具有误导性、不正确性或自

① 《美国1933年证券法》第11条(b)(1)款。

② 《美国1933年证券法》第11条(b)(2)款。

相矛盾。[①] 根据《日本金融商品交易法》第19条的规定,投资银行能够证明投资者所蒙受的损失金额的全部或一部分,是投资银行违反勤勉义务以外的原因所造成的价格下跌,投资银行无须承担责任。[②]《美国1933年证券法》第11条(e)款和第12条(a)(2)款也有类似规定,投资银行如果能够证明投资者损失的全部或一部分是由于投资银行违反勤勉义务行为之外的因素而引起的话,就可以免除或减轻责任。但是,如果投资银行证明了证券价格下跌是其他因素引起的,投资者将证明股价下跌多少能够归因于投资银行的行为。[③]

四、投资银行违反勤勉义务的民事责任分配

发行人申请证券发行及上市是一个各主体分工协作的过程,虽然很多时候投资银行处于居中协调的地位,但毕竟各种主体的任务并不一致。所以,一旦出现因违反勤勉义务而被追责的情形,即使是在投资银行承担连带责任的情况下,也依然涉及责任最终承担与分配的问题。

---

① 《德国交易所法》第45条有关"责任免除"规定:"(1)如果能够证明,根据第44条被请求赔偿者不知招股说明书中不正确及不完整的信息,并且并非出于重大过失而不知招股说明书的不正确或不全面信息,则他不承担责任。(2)在下列情况下,不存在第44条规定的请求权:1.非基于招股说明书购买的有价证券;2.招股说明书中不正确或者不全面的信息所包含的事实未导致有价证券交易的价格下跌;3.取得人在购买时明知招股说明书不正确或者不全面;4.买卖交易达成前,在发行商的年度报告、中期报告以及根据《有价证券交易法》第15条规定的公布或者等同于公布的公告中,已经对不正确或者不全面的信息作出清晰的更正;5.请求权只是基于摘要或翻译版本中的说明而发生,除非当摘要与招股说明书的其他部分一起被阅读时,摘要具有误导性、不正确性或自相矛盾。"参见中国证券监督管理委员会编译:《德国证券法律汇编》,法律出版社2016年版,第237页。与此同时,欧洲议会与欧盟理事会第2003/71/EC/号指令《关于向公众发行证券或证券获准交易时所应公布的招募说明书》第6条也指出除非结合招募说明书的其他部分理解,摘要具有误导性、不正确或不一致,否则不得仅以摘要(包括相关译文)为依据而使任何人承担责任。参见中国证券监督管理委员会编译:《欧盟证券法律汇编》,法律出版社2013年版,第176页。

② 《日本金融商品交易法》第19条规定:"依规定应承担赔偿责任的业者,证明该请求权人所蒙受的损害金额的全部或一部分,因有价证券申报书或有价证券销售说明书中对重要事项存在虚假记载或欠缺应记载的重要事项或者为了避免误解所需重要事实而会产生该有价证券价格下跌义务的原因造成的时,则对该全部或一部分不承担赔偿责任。"参见中国证券监督管理委员会编译:《日本金融商品交易法及金融商品销售等相关法律》,法律出版社2015年版,第61页。

③ In Re Fortune Systems Securities Litigation, 680 F. Supp. 1360, 1987.

(一)投资银行与发行人之间的责任分配

1.责任分配的实践与依据

准确区分投资银行与发行人的责任最为关键,这直接决定投资银行承担责任的范围与大小。通常情况下,发行人对公司信息的掌握要多于投资银行,投资银行勤勉义务的履行很大程度上依赖于发行人的积极配合和协助,投资银行出具的任何文件终究是关于发行人自身情况的说明。而且,由于投资者依赖投资银行的专业技能,投资银行对于发行人提供的材料应有一个合理的判断,不能盲目。因此,一般而言,对发行人都课以无过错责任,因为“自己是最了解自己的人”,应当对自己的行为负责;至于投资银行,则以过错推定的方式施加连带责任,除非其能够证明已足够勤勉尽责。有关国家或地区对此基本采取类似的立法。例如,《美国1933年证券法》第11条(a)(b)款规定除发行人以外的任何人都可以根据相应的情况进行抗辩,投资银行依据材料类型的不同可主张“合理调查”“合理信赖”进行抗辩。《英国2000年金融服务与市场法》第90条及其附录10也清楚表明:发行人不可能与其发布或者以其名义发布的招股说明书撇清关系。①《德国交易所法》第44条也明确规定:投资银行是发行人的连带债务人,但可以根据法定事项进行抗辩。②

香港亦采取了类似规定。2012年12月香港证监会曾就改善香港保荐人监管制度咨询意见时,对采取此种规定的理由进行详细的论述,即“当时投资银行认为就招股章程内的不真实陈述负以上法律责任并不公平,因为投资银行的职责只限于在上市过程中向上市申请人提供意见和协助。他们指出:上市申请人应对招股章程中的披露内容承担主要责任,而拟备招股章

① 参见中国证券监督管理委员会编译:《英国2000年金融服务与市场法》,法律出版社2014年版,第827~830页。

② 《德国交易所法》第44条规定:“如果根据已获准上市交易的有价证券的招股说明书书面取得有价证券的,当招股说明书中对于评价有价证券有意义的重要信息不正确或不全面时,那么有价证券的取得人可以要求:1.对招股说明书承担责任的人员;2.公布说明书的人员;作为连带债务人,在购买价不超过有价证券首次发行价的范围内,以购买价全数承接有价证券,并要求其承担与购买有关的通常费用,只要该购买交易是在招股说明书公布后且有价证券首次发行后6个月内订立的。”参见中国证券监督管理委员会编译:《德国证券法律汇编》,法律出版社2016年版,第237页。

程是一个协作过程。香港证监会则认为投资银行此等说法是错误的。根据现行《上市规则》,投资银行对招股章程的内容负有独特而清晰的责任,并向联交所提供声明,表明上市文件载有充足详情及数据,使合理的人皆可对上市申请人的财务状况及盈利能力达致有根据并有理由支持的意见。如投资银行对招股章程的数据缺乏或没有足够的监控或责任,便不能提供这项声明。这些意见令人关注到投资银行是否已妥善履行其监管职责,亦令人质疑他们作为持牌法团或注册机构的适当人选资格。除了向上市申请人提供意见和协助外,投资银行还应履行作为受规管的市场参与者的格外职责,他们亦有责任确保市场廉洁稳健”。①

因此,对投资银行与发行人的责任区分而言,发行人毫无疑问是第一责任人,投资银行存在过错时承担连带责任,如果其履行了勤勉义务则不需承担责任。

2. 责任承担的再平衡与划分

毫无疑问,连带责任制度通过明确多人对同一行为或事件负有责任的方式,明显增加了投资者实现利益的机会,投资者无须考虑任何一个存在过错的被告的过错程度,就能够获得全额赔偿。而且,出于公平原则的考量,在某个被告不具备支付能力时,由存在过错的被告来承担损失比无辜的原告更合理。② 但是,过错原则本身蕴藏了一方在承担连带责任时,可以根据共同过错分担原理,要求其他一方分担支付赔偿超出了合理范围的超额部分。例如,《美国 1933 年证券法》第 11 条(f)款就规定,本条(a)款规定的所有、一个或一个以上的人应当承担连带责任,而且本条项下有支付赔偿责任的人如同履行合同一样,可从单独被诉时有责任支付同一款项的任何人索回为其分担的费用,但该责任人有欺诈性错误陈述犯罪行为而其他人无类似行为的除外。可见,连带责任是在投资者起诉发行人、投资银行等层面时,出于保护投资者利益而进行的简单的责任划分,在发行人与投资银行的层面又再次面临划分,反过来说,相当于增加了一个司法程序。而且实践

---

① 香港证券及期货事务监察委员会《有关监管首次公开招股保荐人的咨询总结》(2012 年 12 月 12 日)第 268、269、270、271 段。

② Adam F. Ingber, “10b – 5 or No 10b – 5: Are the Current Efforts to Reform Securities Litigation Misguide?”, *Fordham Law Review*, 1993, 61(6), pp. 351 – 371.

中,由于投资银行的资金实力相对较强,在连带责任制度下,因其不论投资银行是否存在过错以及与投资者的损失是否具备明显的联系,都使投资银行经常性成为诉讼的目标,改革之声日益渐起。

从20世纪80年代开始,美国一些州开始对连带责任制度进行改革,引入按份责任规则,按照行为人各自的过错追究法律责任。1995年,《美国私人证券诉讼改革法》首次确认按份责任制度,力图在投资者与投资银行之间寻求利益平衡。按份责任规则将损害赔偿与主体之间的过错相匹配,将责任限制在过错程度的范围之内,其中一个主体没有支付能力的,其他主体不承担代为赔偿的责任。与连带责任相比,按份责任在理论上可能是一种更公正而有效率的责任分配规则。① 但是,《私人证券诉讼改革法案》并没有完全抛弃连带责任制度,其所确立的是一种以按份责任为主,连带责任为辅的一种责任追究体系,具体体现在:(1)行为人如果是共同故意,各主体之间仍然承担连带责任;(2)如果行为人过失,则不承担连带责任,按承担"按份责任"处理。但是对于个人净财富不足20万美元,且法院确认的损害赔偿超过其净财富的10%的投资者仍然承担连带责任。② 这种以故意与过失进行区分的责任分配规定,虽然可能更多是出于政策上的考虑,但这种方式所产生的威慑力无疑是更加具有指向性的,特别是对企图以不当行为获取巨大收益的行为人而言。同时,也使发行人与投资银行及其他主体的责任划分更加合理平衡。

3. 补偿条款合法性问题

实践中,投资银行出于规避业务风险的目的,尤其是具备较高市场声誉的投资银行,可能会与发行人约定,如果投资银行所出具或参与制作的文件,因存在虚假陈述或遗漏等被投资者要求承担连带责任,发行人应当赔偿投资银行因此受到的损失。但是,这种协议效力,由于直接影响到投资银行勤勉义务的履行,有关国家或地区都予以关注。SEC认为:在虚假陈述或遗漏等的这种情况下约定法人对投资银行的补偿违反了公共政策,此种条

---

① Robert Mednick, Jeffrey Peck, "Proportionality: A Much Needed Solution to the Legal Liability Crisis", *Valparaiso University Law Review*, 1994, 28(3), pp. 867 – 918.

② 15 U. S. Code § 78u – 4 – Private Securities Litigation, Accessed September 7, 2018. https://www.law.cornell.edu/uscode/text/15/78u-4.

款不具有法律强制性。① 随后发生的 *Globus v. Law Research Service Inc.* 案对 SEC 的态度予以了支持，但是态度不够清晰，陪审团认定投资银行确实知道导致违反《美国 1933 年证券法》责任的虚假陈述存在，地区法院因而认定在这种情况下，允许赔偿即是违反了公共政策，因为对于《美国 1933 年证券法》第 11 条和其他相似条款规定的责任，与其说是为了对受欺诈的投资者进行赔偿，倒不如说是为了提高法律的实施效果，通过对不履行义务者进行惩罚以阻止过失行为发生。② 第二巡回法院虽然支持了这一判决，但强调如此认定此案的主要缘由在于“仅仅是因为投资银行犯了比普通过失更为严重的过错”。③ 在 *Eichenholtz v. Brennan* 一案中，法院进一步对此进行了详细分析，指出即使承销商仅仅是过失，补偿协议也违背证券法的政策。④ 法官认为：为了避免受到证券法责任的追究，投资银行应审慎核查发行人的情况，保证所披露的内容真实。一旦这种补偿协议的合法性得到法律认同，投资银行就会失去进行调查的动力，也不能实现发挥投资银行监督作用的立法意图。⑤ 但是，如果投资银行与发行人约定，如果法院认可投资银行已经履行勤勉义务不需承担《美国 1933 年证券法》第 11 条项下的责任，发行人对其由此而产生的诉讼费用进行补偿，可能是被允许的。⑥ 此外，虽然德国对投资银行与发行人补偿协议无规定，但是根据《德国交易所法》第 47 条的规定，证券买卖合同中事先减少或者免除投资者的请求权的协议无效，从侧面证明对该类问题的关注。⑦

---

① ［美］托马斯·李·哈森：《证券法》，张学安等译，中国政法大学出版社 2003 年版，第 307 页。

② Globus v. Law Research Services, lnc. , 418 F. 2d 1288, 2d Cir. , 1969.

③ ［美］莱瑞·D. 索德奎斯特：《美国证券法解读》，胡轩之、张云辉译，法律出版社 2004 年版，第 198 页。

④ Eichenholtz v. Brennan, 52 F. 3d 478, 3d Cir. , 1995.

⑤ David L. Ratner, *Securities Regulation in a Nutshell* (6th Ed.), West Publishing Co. , 2013, p. 88.

⑥ 在 Goldstein v. Alodex Corp. 409 F. Supp. 1201 一案中，法院允许对那些证明了自己已履行勤勉尽责义务而不需要承担 11 条项下的责任的董事，补偿其在诉讼中花费的费用。

⑦ 《德国交易所法》第 47 条有关“无效的责任限制：其他请求权”规定：“(1)事先减少或者免除第 44 条规定的请求权的协议无效；(2)基于合同或者故意或过失的侵权行为，根据民法规定而获得的后续请求权不受影响。”参见中国证券监督管理委员会编译：《德国证券法律汇编》，法律出版社 2016 年版，第 237 页。

诚然,之所以进行如此判断,其主要考虑在于:如果允许证券发行的参与者通过合同约定来转嫁自己承担责任的风险,这将使他们不再全身心地履行义务。[①] 特别是对发行人与投资银行而言更是如此,这将使法律所有的激励与约束机制的效应减少到最低,对其效力予以否定符合法律的目的。无论何时,处于何种情形下,投资银行的行为都应适当地反映"看门人"的角色及应履行的职责。

(二)投资银行与其他中介机构之间的责任分配

由于发行人申请发行上市是一个协作过程,投资银行勤勉义务的履行必然依赖于会计师事务所、律师事务所等中介机构协助。从前述投资银行勤勉义务的判断标准来看,多数国家都倾向于投资银行可以合理依赖会计师事务所、律师事务所等出具的意见。但这并不是绝对的,如果投资银行构成不合理依赖或未履行相关程序就依赖,投资银行可能就会因会计师事务所或律师事务所出具存在瑕疵的材料而承担责任。著名法学家菲尼斯指出:损失应当由获益最多的人和具有支付能力且利益受到最小损失的人分担,或者应在所有行为人之间分担,这是分配正义的问题。[②]

因此,即便是投资银行承担了责任之后,也应向其他存在主要过错的主体追偿。在 *Kennedy v. Josephthal & Co.*,*Inc.* 案中,法院就判决虽然投资银行不能从发行人和会计师那里要求补偿,但可以要求他们承担其应承担的份额。[③] 1995 年《美国证券交易法》新增第 21(D)f 条增加了比例责任的规定,即法官必须在被告之间进行责任负担,并为被告分配与其责任大小相应大小的赔偿金额,即投资银行、律师事务所、会计师事务所等中介机构可按照"公允份额"承担相应的比例责任。但具体的责任比例由陪审团以回答特别书面质问的方式来确定:在确定本项下的责任比例时,审查事实的司法官应考虑裁定造成或促成一名或一名以上的原告遭受损失的每一所涉及人员行为的性质,以及每一涉及人员与原告所遭受的损害之间的因果关系的

---

① Thomas Lee. Hazen, *Treaties on the Law of Securities Regulation* (Volume 6), West Publishing Co. ,2013, p. 193.

② 参见[美]约翰·菲尼斯:《自然法与自然权利》,董娇娇、杨奕、梁晓晖译,中国政法大学出版社 2005 年版,第 136 页。

③ Kennedy v. Josephthal & Co. ,Inc,814 F. 2d 798,1987.

性质和程度。①

可见，虽然在如何确定投资银行与其他中介机构具体责任份额上相对复杂，但应合理分配投资银行与其他中介机构的责任已达成共识，这既是基于公平正义的要求，也是中介行业合理健康发展的需要。

（三）投资银行与雇员之间的责任分配

投资银行的勤勉义务最终通过其雇员来履行，虽然根据民法和公司法的一般原理，对雇员的行为，投资银行应当承担相应的责任。从某种程度上来说，这对于投资者保护是有利的，如果投资银行以其对雇员的选择以及行为的监督，都尽到了相当的注意，或者即使以相当的注意也不能免于其发生不当行为而免除责任的话，投资者的利益就得不到很好的保障。但是对投资银行而言，由于履行勤勉义务的行为由雇员执行，为了防止雇员滥用权限而损害投资银行的利益，也应规定雇员在故意或重大过失时，与投资银行承担连带责任。例如，根据我国香港特区《操守准则》第 17.11 段的规定，管理层对监督投资银行的工作，以及对确保所有相关法律及监管规定获得遵从负上最终责任，管理层可将运作职能转授其职员，但仍不能免除责任。

对投资银行的高级管理人员而言，更是需要赋予相应的责任。尤其在投资银行高级管理人员与职员的责任划分上要更为注意，投资银行管理人员在进行责任辩护时，常常将责任推脱到普通职员。为了防止高级管理人员未尽到相关的注意，如我国香港特区《证券及期货条例》第 193 条就规定身份行事是在另一人的同意或纵容下发生，或是可归因于该另一人的怠忽的，则该行为亦视为该另一人的失当行为。《美国 1934 年证券交易法》第 20 条(a)款也规定了实际控制人应对受其控制的人因不是真诚的行事，直接或间接引起构成违法行为或诉讼原因的行为承担连带责任，任何人通过或依靠任何其他个人直接或间接去做上述属于违法的任何行为或事情，应属违法。

可见，普遍的做法是投资银行从业人员存在故意或重大过失时，应与投资银行承担连带责任。由于高级管理人员承担对一般从业人员行为的管理

---

① ［美］路易斯·罗思、乔尔·赛里格曼：《美国证券监管法基础》，张路等译，法律出版社 2008 年版，第 991 页。

监督责任,只要不能证明完全是投资银行一般从业人员的个人行为,其对投资银行一般从业人员违反勤勉义务行为应当承担责任。

第二节 投资银行违反勤勉义务的行政责任

投资银行违反勤勉义务行为必然会对证券市场正常的秩序产生破坏,因而其所产生的责任不仅仅是补偿投资者的损失,而且还要被科以行政之责任。尽管有学者认为:证监会对投资银行违反勤勉义务的行为施加行政处罚,实质就是把民事法律关系当作行政法律关系处理。① 这实际上是一种误解,投资银行违反勤勉义务的行为如果不发生损害后果的话,不一定能够产生民事责任,而这是一种经常出现的现象,投资银行在履行勤勉义务过程中在发行人尚未发行上市时就可能会违反勤勉义务履行的有关规定,而对这种行为如果不施加以行政责任,则有悖于证券市场监管之目的。香港证监会就明确指出:委任保荐人是上市申请人的商业决定,但这并不妨碍香港证监会为加强保荐人职责及提高披露质量,在《操守准则》中对违反勤勉义务设定严厉罚则。② 因此,证券法正是通过行政处罚,既保护了投资者,也促进了社会诚信,以及交易中的道德行为,同时也为社会设立了标准,以更容易让人接受的形式规范了个人行为。③

一、投资银行违反勤勉义务行政责任类型及构成要件

(一)英美的类型及构成要件

在英国,由金融服务管理局专门负责对金融市场进行监管。对投资银行违反勤勉义务的行为,金融服务管理局主要可以采取公开谴责、实施罚款等手段。但是实施罚款的行为必须在其知悉该违法行为的第一日起二年内

---

① 参见陈甦,陈洁:《证券法的功效分析与重构思路》,载《环球法律评论》2012 年第 5 期。

② 香港证券及期货事务监察委员会《有关监管首次公开招股保荐人的咨询总结》(2012 年 12 月 12 日)。

③ Elaine A. Welle, "Freedom of Contract and the Securities Laws: Opting out of Securities Regulation by Private Agreement", *Washington and Lee Law Review*, 1999, 56(2), pp. 519 – 541.

采取行动,金融服务管理局掌握可从中合理推断出违法行为的信息,视为知悉该违法行为。① 此外,在某些情况下,违反上市规则也可以等同于违背《英国2000年金融服务与市场法》第八部分的市场滥用行为,如果投资银行违反勤勉义务的行为取得了利润,或因为投资银行行为遭受了损失或其他不利影响,英国金融服务管理局有权对投资银行处以其认为是公正金额的罚款,并要求赔偿,而无须启动法院诉讼程序。②

在美国,对投资银行行政责任的追究都由SEC进行。SEC拥有的权力和手段极其充分,除了拥有市场监视、犯罪调查权、检查权、控诉权等外,在某种程度还具有准司法权。③ SEC拥有的行政处罚权类型相对较多,包括:(1)暂时或永久的禁止令,主要针对违反联邦证券法律或因其参与而导致违法的人,以及制定其行为或过失会导致违法的人;(2)罚款主要针对被规制企业的相关人士,如证券经纪人、投资咨询顾问、投资公司等;(3)暂停或永久禁止进入证券业或与从事证券业务的公司发生联系;(4)追缴违法所得;(5)禁止或暂停成为上市公司高管或董事的资格,或禁止其担任公众公司的高管或董事;(6)制止令,主要针对《美国1933年证券法》下公开发行证券的不实注册声明;(7)纠正令,主要适用于公开交易公司向SEC提交了错误或误导性陈述的报告或代理材料时;(8)暂停从事不当行为的会计师、律师或其他专业人士的执业资格或禁止其执业。此外,SEC还可以从联邦法院获得罚款、禁止违法行为人担任公司高管及追缴非法收益、暂时冻结资产等其他辅助性的救济。④

---

① 《英国2000年金融服务与市场法》第89条第2款规定:"如主管机关拟公布声明,则必须向保荐人发出预告通知,并列出拟公布的声明中所述的条款";第91条第6款规定:"主管机关自其知悉该违反行为的第一日起2年期间届满后,不得依照本条规定采取行动,除非就该违反行为针对当事人提起的程序在该期间届满前开始";第7款规定:"就第6款而言,如主管机关掌握可从中合理推断出违反行为的信息,则视为知悉该违反行为"。参见中国证券监督管理委员会编译:《英国2000年金融服务与市场法》,法律出版社2014年版,第143~145页。

② 《英国2000年金融服务与市场法》第123条、第384条规定。参见中国证券监督管理委员会编译:《英国2000年金融服务与市场法》,法律出版社2014年版,第195页、第631页。

③ 《美国1934年证券交易法》第21条规定:"在美国法院许可下,为保全证据可以进行传唤、搜索、扣押,当事人如拒绝传唤,SEC可以经法院之命令令其到场或提出证据,否则以藐视法庭罪论处。"

④ Michael J. Missal, Richard M. Phillips, *The Securities Enforcement Manual: Tactics and Strategies*(2th Ed.), American Bar Association, 2007, pp. 7-8.

因此,对投资银行违反勤勉义务的行为,SEC可采取罚款、追缴违法所得、限制其职业资格、制止令等。例如,可根据《美国1933年证券法》第24条处以不超过1万美元的罚金。值得注意的是:SEC可以根据第20条(d)款规定,对投资银行违反勤勉义务行为时不遵守制止令的行为处以民事罚款,还可以命令“进行核算和吐出违法所得,包括合理的利息”。民事罚款不同于一般的罚金,根据第20条(d)款的规定,民事罚款的金额可由法院根据具体的事实和情节来确定,可分为三级:(1)第一级。对每一行为,其罚款金额不得超过以下数额的较大者:对自然人为5000美元,非自然人为5万美元或被告通过违法行为获得的收入总额。(2)第二级。对于违法行为涉及欺骗、欺诈、操纵或故意或过失不遵守监管要求,对每一行为,其罚款金额不得超过以下数额的较大者:对自然人为5万美元,非自然人为25万美元或被告通过违法行为获得的收入总额。(3)第三级。对于违法行为涉及欺骗、欺诈、操纵或故意或过失不遵守监管要求,且该违法行为直接或间接对他人造成重大损失或带来会造成重大损失的重大风险。但是,SEC在确定民事罚款是否符合公共利益时,应考虑以下因素:(1)作为或不作为是否涉及欺诈、欺骗、操纵或故意或无视监管要求;(2)对他人造成的损害;(3)获得不当利益的程度;(4)累犯的程度;(5)阻遏该等人士或其他人不再有同类作为或不作为的需要;(6)公平所需要的其他事项。① 而且,根据《萨班斯—奥克利法案》第308条,民事罚款应纳入投资者公平基金。

对于暂停或取消执业资格的刑罚,美国法院一度认为应实行更加严格的证据标准,在*Collins Securities Corp. v. SEC*案中,法院认为SEC吊销证券经纪人执照相当于剥夺了一个人的谋生手段,应该适用更高的“清楚且有说服力证据”的(Clear and Convincing Evidence)证据标准。② 但美国最高法院在*Steadman v. SEC*一案中,则认为采取证据优势标准即可,认为SEC的程序应适用《美国联邦行政程序法》第556条(d)款的规定,行政机构科处制裁必须得到可靠的、有证明力的和实质性证据的支持。③

---

① [美]路易斯·罗思、乔尔·赛里格曼:《美国证券监管法基础》,张路等译,法律出版社2008年版,第1066~1067页。

② Collins Securities Corp. v. SEC,562 F. 2d 820,D. C. Cir. ,1977.

③ Steadman v. SEC,450 U. S. 91,1981.

此外，美国认为SEC作出的处罚应遵守正当程序原则，否则法院可以以此为依据取消SEC作出的处罚。例如，美国对听证程序就作出了详细的规定，根据《美国联邦行政程序法》第554条(b)款的规定，当事人有权就听证的时间、地点和性质、举行听证的法律根据和管辖权限，以及所涉及的事实和法律问题等事项及时得到行政机关的听证通知。[①] 而且，SEC作出的行政处罚受到严格时效期间的限制。《美国联邦时效法》第2462条规定："所有的民事罚款、处罚或没收等必须在权利产生后的5年内提出，否则不予以支持，国会立法另有规定除外。"[②] 20世纪90年代中期之前，SEC就认为其不受《美国联邦时效法》第2462条规定的约束。1994年3月，华盛顿特区联邦法院在 *3M Co. v. Browner* 中判决：《美国联邦时效法》第2462条关于民事罚款、处罚或没收5年时效规定不仅适用于司法诉讼程序，也同样适用于行政程序。[③] 美国联邦最高法院在 *Johnson v. SEC* 案件中认可了3M案件的判决结论，直接肯定地回答SEC的行政程序应适用5年的时效规定。[④]

(二)法德的类型及构成要件

在法国，行政监管权和行政处罚权属于法国金融市场监管局，内部设置了控审分离的两个不同部门：理事会和处罚委员会。提出处罚的请求由理事会发起，是否最终进行处罚则是由金融市场监管局的处罚委员会作出决

---

① Federal Administrative Procedure Act, 5 U. S. C. § 554. Adjudications (formal), (b) Persons entitled to notice of an agency hearing shall be timely informed of (1) the time, place, and nature of the hearing; (2) the legal authority and jurisdiction under which the hearing is to be held; and(3) the matters of fact and law asserted. When private persons are the moving parties, other parties to the proceeding shall give prompt notice of issues controverted in fact or law; and in other instances agencies may by rule require responsive pleading. In fixing the time and place for hearings, due regard shall be had for the convenience and necessity of the parties or their representatives. Accessed September 16, 2018. https://biotech.law.lsu.edu/Courses/study_aids/adlaw/554.htm.

② 28 U. S. Code § 2462 Time for commencing proceedings, Except as otherwise provided by Act of Congress, an action, suit or proceeding for the enforcement of any civil fine, penalty, or forfeiture, pecuniary or otherwise, shall not be entertained unless commenced within five years from the date when the claim first accrued if, within the same period, the offender or the property is found within the United Statesin order that proper service may be made thereon. , Accessed September 16, 2018. https://www.law.cornell.edu/uscode/text/28/2462.

③ 3M Co. v. Browner, 17F. 3d1453, D. C. Cir. , 1994.

④ Johnson v. SEC, 87 F. 3d 484, D. C. Cir. , 1996.

定。处罚程序实行"对审原则"。涉嫌违法的当事人需要在1个月内将其对指控书的书面答辩意见提交给处罚委员会主席,处罚委员会在报告人回避的情况下作出判决。依涉案当事人的请求,庭审可以公开进行。处罚委员会的裁定须说明裁定理由并送达给相关当事人。金融市场监管局的行政处罚决定根据违法行为的严重性与因违法行为获得的收益进行确定,处罚决定具有纪律处罚和行政处罚的性质,追究违法行为的时效为3年。具体而言,根据《货币与金融法典》第L.621－9条第1项至第8项中的规定,对于投资银行违反勤勉义务的行为,对投资银行本身可以处以警告、纪律处分、暂时或永久禁止执行全部或部分的业务。还可对投资银行处以1亿欧元以下或者所获非法收益的10倍以下的罚款。对于投资银行具体从事违法行为的职员,处罚方式有警告、纪律处分、暂时或永久撤销其职业资格或者暂时或永久禁止其从事全部或者部分业务,还可以处150万欧元以下或者所获得非法收益的10倍以下的罚金。相关处罚决定将在处罚委员会指定的公告、报纸、媒体上进行公布,自动公之于众,因此产生的费用由受处罚者承担。如果将处罚决定予以公布的行为将严重扰乱金融市场或者将引起异常严重的危险时,处罚委员会的决定可以不进行公布。①

为了提高执法效率,法国金融市场监管局还可以通过调解或调停的手段对纠纷解决提出可选择的建议。这实际上相当于引入一种和解程序,比行政处罚手段更为快速地解决争端,也更加有效率地纠正令人不满意的行为。根据《货币与金融法典》第L.621－14条的规定,如果金融市场监管局相关部门的调查或监管报告揭露出投资银行违反职业义务的行为,其可以在发出控告理由通知的同时向其发出行政和解的建议。这一程序并不需要承认行政违法行为。但有关滥用市场的行为不能进入行政和解程序。相关同意权由金融市场监管局理事会最终决定,如果理事会通过这项决议,其下设的惩罚委员会可以决定一致认可,其后对外公布。在未达成一致同意或者在没有遵守一致决定的情形下,异议声明交由处罚委员会处理。②

① 参见[法]安娜·多米尼克·梅维尔:《法国金融法》,姜影译,法律出版社2014年版,第74～76页。

② 参见[法]安娜·多米尼克·梅维尔:《法国金融法》,姜影译,法律出版社2014年版,第68～69页。

在德国，联邦金融监管局和交易所都可以行使对投资银行的行政处罚权，可以采取发出禁止令、罚款等措施。[①] 例如，根据《德国有价证券招股说明书法》第 21 条（8）款的规定，如果确定招股说明书中存在内容不正确或者不完整的情况，进而导致对公众投资者的误导，联邦金融监管局可以撤回批准并禁止公开发售。[②] 第 30 条规定：对于未公布招股说明书，或未正确的、未完整的、未按照规定方式，以及未及时公布招股说明书的，可以处以 10 万欧元以下的罚款。[③] 另外，根据《德国交易所法》第 50 条的规定：未提供、未正确提供或者未完整提供相关信息的，交易所可以对违法行为人处以最多 10 万欧元的罚款。[④]

二、投资银行违反勤勉义务行政责任的比较分析

对投资银行违反勤勉义务的行为进行行政处罚，英美、法德等都认为应遵循正当程序原则，严格按照法定的程序进行，否则不能产生法定的效力。为了保证执法的效力和稳定性，对于投资银行违反勤勉义务行为的追溯期限都予以严格限制，并强调和解手段的使用。而且，都比较重视暂停或取消执业资格、金钱罚等威慑力相对较强手段的适用。但是总体上，二者还是存在较大的差别：

（1）从执法主体来看，英美特别是美国，SEC 拥有强大的执法权，甚至还具有一定的准司法权，这无疑会增强 SEC 的执法权威。而且，由于其执法手段的丰富，能适时根据证券市场复杂多变的情形采取有效措施。例如，停止令等手段使得投资银行不敢轻举妄动，意图使违法行为或正在实施的违法行为得到有效的控制。此外，在美国 SEC 的追溯期限几乎是法国、德国等的一倍，SEC 所拥有的权力在较长一段时间都可以行使。可以说，SEC 对投资银行违反勤勉义务的行为无论是在权力的配置上，还是在行使上都

---

① 参见高基生：《德国证券市场行政执法机制研究》，载《证券市场导报》2005 年第 4 期。

② 中国证券监督管理委员会编译：《德国证券法律汇编》，法律出版社 2016 年版，第 289 页。

③ 中国证券监督管理委员会编译：《德国证券法律汇编》，法律出版社 2016 年版，第 298 ~ 299 页。

④ 中国证券监督管理委员会编译：《德国证券法律汇编》，法律出版社 2016 年版，第 239 ~ 240 页。

显著强于法国、德国。

(2)从执法手段的严厉性来看,以金钱罚为例,美国无疑严厉得多,其金钱罚包含了一般罚款和民事罚款,其中特别是民事罚款制度对投资者的保护更为有效,甚至在某种程度上起到司法保护的效果,避免了行政机构所处以的金钱罚与投资者无关的窘境,所采取的分级处罚的形式也符合证券市场的客观实际。而其他国家则设定一个弹性相对较大的空间,诸如法国规定的10倍以下的罚款等。固然给予了证券监管机构较大的执法裁量权,但往往是"高高举起、轻轻放下",从轻发落了事。此外,投资者并没有从行政机关对投资银行的金钱处罚中获得任何弥补其损失的直接收益。

(3)从利益的平衡上来看,英美也更加具有优势,在美国由于SEC具有极大的权力,手段也直接高效,往往会给投资银行带来过度的杀伤。但是,美国的司法体系对此予以一定程度的"对冲",要求处罚程度比较严厉的一些处罚措施必须采取更为严格的标准,必须受到失效以及证据证明程度的制约等,而且某些处罚方式还依赖于司法机构的配合才能进行。法国、德国则无此相关约束。也就是说,美国在利益平衡方面做得更加出色,防止了利益的扭曲,但又不失严厉性。

固然,无论是法国或德国,还是美国或英国,对投资银行违反勤勉义务的行为课以行政责任,不仅可以及时对投资银行施加处罚并对其行为进行纠正,而且还可以树立投资者对投资银行以及证券市场的信心。但是,常常容易陷入路径的依赖,诸如随着投资银行违法行为一次又一次的出现,追究的严厉程度越来越深,承担责任的主体范围也越来越宽。不可否认,更好的投资者保护能够促进更多诚信的公司发行证券,提升证券的平均质量,进而提高证券价格和促进更多诚信的公司发行证券,但更高的证券价格也会导致不诚信公司发行证券的动机增强。[①] 而且,责任提高可能也会促使投资银行通过收费等手段转移风险,最终损害的是投资者福利。特别是暂停或取消业务资格、金钱罚等严厉手段,运用时更需慎重,随着处罚的加重,执法边际成本上升而边际收益递减,特别是当处罚被加重到一定程度后,边际

---

① 参见[美]伯纳德·S.布莱克:《强大证券市场的法律和制度前提》,洪艳蓉译,载《金融法苑》2003年第7期。

成本会大于边际收益。例如,可能会因取消资格而加深市场集中度,使现有投资银行更加有恃无恐,或因金钱罚过重而使得投资银行经营受到严重影响等。

因此,对投资银行违反勤勉义务科以行政责任,要维持在一个强均衡的层面,避免投资银行因被发现概率较小或处罚过轻而产生机会主义行为,也应避免执法强度过大或处罚过重所带来的扭曲效应。

第三节　投资银行违反勤勉义务的刑事责任

在任何一个国家,科以刑事责任始终是最为严厉的处罚方式,因为其"给行为所带来的不利影响或后果远比其他法律责任严重"。[①] 同时,在有些情况下如果仅仅只是让其承担民事责任或行政责任,会使风险与收益明显不成比例,对于投资者而言也是不公正的。在证券市场中,对投资银行进行刑事处罚的理论基础在于这种行为是一种损害证券市场公平和秩序的行为,所侵害的是社会公共利益以及社会诚信,而不仅仅是特定投资者的利益,会严重削弱社会公众投资者信心,从而影响整个证券市场的健康运行。[②]

一、投资银行违反勤勉义务刑事责任与构成要件

(一)英美等的刑事责任与构成要件

对于投资银行违反勤勉义务的行为主要以虚假说明罪来惩处。《美国1933年证券法》第24条规定:任何人在依据证券法应该提交的文件中故意对重大事项作出不真实的陈述或遗漏该等重大事项,该等行为一旦被证明有罪,将被判处5年以下的徒刑,或处以不超过10万美元的罚款,或两者并处。《美国1934年证券交易法》第32条规定:任何人在应按证券交易法或

① 张明楷:《论刑事责任》,载《中国社会科学》1993年第2期。

② Edwin H. Sutherland, "Is 'White Collar Crime' Crime?", *American Sociological Review*, 1945, 10(2), p. 132.

以此为基础制定的任何规则和规章的规定提交的任何申请、报告或者文件中作出虚假或有误导性的陈述,应属犯罪。同时,《美国1934年证券交易法》规定最高可处以10年有期徒刑,对自然人可处以最高为100万美元的罚款,对非自然人可处以最高为250万美元的罚款,有期徒刑和罚款可以并处。可见,在美国投资银行的作为或不作为都有可能构成此罪,但强调虚假陈述或遗漏的事项应为“重大”。

在英国,投资银行违反勤勉义务行为构成犯罪主要体现在《英国2000年金融服务与市场法》第397条之中,即投资银行所参与制作的招股说明书存在“误导陈述和做法”——误导、虚假或欺骗性的陈述、承诺或预测,或隐瞒重大事实。明知或重大过失,是误导、虚假、欺骗性陈述行为的构成要件之一。[①] 而行为人不诚实,则是隐匿性违法行为的构成要件之一。而且,所有类型的违法行为都必须证明实施该行为的目的是引诱投资者签订或不签订相关协议,或行使或不行使投资的权利,或者是对上述行为持放任态度。如果构成上述违法犯罪行为,投资银行有关个人有可能被判处最高为期7年的监禁,外加罚款。[②] 但自2007年1月15日生效的《2006年欺诈法》规定了一套全新的欺诈刑事违法行为,根据该规定,虚假陈述、未能披露信息或者滥用优势,都会构成此行为。以上所有情形,同样要求行为人必须是不诚实的,并且试图获利或导致另一方损失或面临损失的风险,但获利或损失并不要求实际发生。一旦被认定有罪,被告人可以被判处最高刑10年的监禁,并且处以罚款。值得注意的是:这项规定可以与其他现有的违法行为规

---

① 《英国2000年金融服务与市场法》第397条规定:“‘误导陈述和做法’有下列行为的,适用本款规定:1.对重要事项作出明知为误导、虚假或欺骗性的陈述、承诺或预测;2.不诚实地隐瞒重大事实、无论该事实是否与其作出的陈述、承诺或预测相关;3.因重大过失(无论是否不诚实)对重要事项作出误导、虚假或欺骗性的陈述、承诺或预测;适用该款规定的,如诱导他人实施下列行为而作出该陈述、承诺或预测或隐瞒事实,或因重大过失而漠视该陈述、承诺或预测或隐瞒事实是否会诱导他人实施下列行为(无论他人是否为该陈述、承诺或预测作出的对象),则构成犯罪:1.订立或提议订立,或者不提议订立或不订立相关协议;或2.行使或不行使相关投资赋予的任何权利。”参见中国证券监督管理委员会编译:《英国2000年金融服务与市场法》,法律出版社2014年版,第663~665页。

② 《英国2000年金融服务与市场法》第397(8)条。参见中国证券监督管理委员会编译:《英国2000年金融服务与市场法》,法律出版社2014年版,第665页。

定一并适用,或者优先适用。①

在香港,投资银行违反勤勉义务的行为是否构成犯罪主要体现《证券及期货条例》第 383 条和第 384 条的规定中,即投资银行明知相关陈述或提供的资料属虚假或具误导性,或罔顾该陈述或资料是否在要项上属虚假或具误导性,仍向证监会或其他主体作出该陈述或提供资料,即属犯罪。对此种行为,视具体情况,经公诉程序定罪的,可处罚款 100 万港元及监禁 2 年或 50 万元、6 个月;经简易程序定罪的,可处第 6 级罚款及监禁 6 个月、第 6 级罚款及监禁 1 年,或者第 5 级罚款及监禁 6 个月。陈述包含了关于现时或过往的事实、关于未来事件、关于现有的意图、意见、信念、认识或其他思想状态。

(二)德日的刑事责任与构成要件

在德国,比例原则为法律的基本原则,在刑法中体现为每个刑罚的强度必须与犯罪行为的危害性和主观罪过成比例。投资银行违反勤勉义务的罪行主要体现在《德国刑法典》第 264 条 a 款资本投资诈骗罪中。根据该条规定,如果行为人在披露文件中对投资者购买或增加购买份额的决定具有意义的重要情况,向投资者作出了不正当的有利的描述,或隐瞒不利的事实,可处 3 年以下自由刑或罚金刑。② 值得注意的是:根据《德国有价证券交易法》第 40a 条规定德国联邦法院对犯罪行为启动调查程序时,应当告知联邦金融监管局。如果调查程序需要专家参与,可任用联邦金融监管局的专业人员。起诉书及下达处罚决定的申请,应当告知联邦金融监管局。联邦检察院考虑中止程序时,应当听取联邦金融监管局的意见。③

日本关于投资银行违反勤勉义务可能追究的刑事责任体现在《日本商

---

① 参见[英]艾利斯·费伦:《公司金融法律原理》,罗培新译,北京大学出版社 2012 年版,第 466 页。

② 《德国刑法典》第 264 条 a 款第(1)项规定:"与推销有价证券或应当获得的企业收益的红利份额、或增加此等份额的投资相联系,在广告或关于财产状况的描述或展望中,对购进或增加份额的决定具有意义的重要情况,向不特定多数人为不正当的有利的描述、或隐瞒不利的事实,处三年以下自由刑或罚金刑。"参见《德国刑法典》(2002 年修订),徐久生、庄敬华译,中国方正出版社 2004 年版,第 130 页。

③ 中国证券监督管理委员会编译:《德国证券法律汇编》,法律出版社 2016 年版,第 509 页。

品金融交易法》相关规定中。例如,第 199 条规定:“不提交规定的报告或者材料,或提交虚假的报告或材料的,对投资银行可判处一年以下有期徒刑,或者三百万日元以下罚金,或者并处之。”第 200 条规定:“不提交修改报告书、临时报告书等,不提交意见表明报告书或对提问回答报告书,送交的文件副本对重要事项存在虚假记载,且记载内容与原文件不同的文件,未公开收购说明书或修改公开收购说明书,重要事项不提供或不公布特定证券信息的等,可处一年以下有期徒刑或者一百万日元以下罚金,或者并处之。”①

二、投资银行违反勤勉义务刑事责任的比较分析

可见,无论是英美,还是德日,一般都将投资银行违反勤勉义务的犯罪行为作为虚假陈述犯或欺诈发行犯类型,并认为只要实施违反法律规定的行为就构成犯罪,是一种典型行为犯,并不要求获利或损失实际发生。这样规定的目的在于:因为投资银行违反勤勉义务的行为严重剥夺投资者的知情权,并很有可能给投资者带来巨大损失,只要出现相应的行为,就进行犯罪化处理。同时,两者都强调犯罪的目的是意图获利或致人损失,且基本采取自由刑与罚金刑相结合的方式。但是英美与德日等之间也存在巨大的差别。

首先,在刑罚的轻重上,英美普遍重于德日,无论是自由刑还是罚金刑,刑期或金额几乎都是德日的 1 倍上以上,这固然与刑罚的理念相关。但更多的是英美等对证券市场的重视,认为违法犯罪行为会给证券市场的发展带来严重影响。因而,可以认为证券市场越发达的国家或地区,越重视对违法行为的惩处,这从上述国家或地区证券市场发展的实际情况中得到例证。

其次,英美等国家或地区普遍更加注意根据其危害程度,对投资银行违反勤勉义务的行为施加不同等级的自由刑或罚金刑。这更加契合证券市场的实际,无疑也更加符合罪刑相适的基本原则。

最后,英美等国家或地区还特别强调案件审理的效率,明确有关违法案

① 中国证券监督管理委员会编译:《日本金融商品交易法及金融商品销售等相关法律》,法律出版社 2015 年版,第 939 ~ 947 页。

件也可以适用简易程序进行审理,既节约了成本,也更加有利于投资者利益的及时实现。

但是,刑罚终究是最后的手段,不能过于倚重而频繁适用。诚如耶林所言:"刑罚就如两刃剑,如果用之不当,国家和个人都会深受其害。"①刑法的谦抑性决定了对投资银行违反勤勉义务的行为,只有在运用民事或行政手段都无法予以有效处理时,才可以运用刑法予以制裁。

本章小结

投资银行勤勉义务法律责任制度包含民事责任、行政责任、刑事责任三种责任制度。在民事责任制度中,投资银行违反勤勉义务的行为构成侵权责任,构成要件包含行为人主观过错、违法行为、损害事实以及违法行为与损害事实之间的因果关系等四个要件,同时投资银行可基于时效消灭、请求权人故意、因果关系不成立等事由进行抗辩,并应合理划分投资银行与发行人、其他中介机构、投资银行从业人员之间的责任。在行政责任制度中,监管机构对投资银行进行行政处罚应遵循正当程序,由于行政责任制度具有快捷、高效的特点,容易陷入路径依赖,应强调处罚措施与违法行为的匹配性。而且,英美在执法主体的权限、严厉性和利益平衡上都优于法国、德国。在刑事责任制度中,只有投资银行违反勤勉义务的行为造成了特别严重的后果才会追究刑事责任,且一般认为是行为犯,英美在严厉程度、效率、罪行相适上强于德日。此外,这三种责任制度所保护的法益各不相同,民事责任制度旨在弥补投资者的损失,行政责任是为了维护投资者的整体利益恢复应有的证券市场监管秩序,而刑事责任制度则关注于打击严重破坏证券市场秩序和侵害投资者利益的犯罪行为。②

尽管三种责任制度的功能各不相同,但始终围绕着保护投资者利益这个最根本的目的而展开,只是实现的方式存在差别而已。因此,三种责任制

---

① 林山田:《刑罚学》,台湾商务印书馆1983年版,第127页。

② 参见刘俊海:《现代证券法》,法律出版社2011年版,第594～595页。

度之间存在很强的互补性。刑事责任制度作为证券市场的“达摩克利斯之剑”是最后救济手段，只有对证券市场秩序的破坏和投资者利益的损害严重到其他责任制度不能救济时才可适用。行政责任制度则主要通过对投资银行违反勤勉义务行为的矫正以维护正常市场秩序。可以说，刑事责任制度和行政责任制度以威慑预防为主要目标，但“今虽课违法者以刑事责任或行政责任，此等效果对受害人而言，并无所增益”①。民事责任制度对投资者所关心的因投资银行违反勤勉义务所造成的损失能否得到弥补的需求予以了回应。因此，对于投资者而言，对投资银行违反勤勉义务的行为追究行政或刑事责任，投资者得到的是一种“同态复仇”式的心理满足感，实际上投资者更多关心的是其能否获得相应的投资利润，以及其损失能否获得及时完整的补偿，民事责任制度所固有的价值无可替代。但是，民事责任的追究毕竟是一种的被动过程，耗时较长，社会大众需要的是对违法者给予快速、高效、严厉的惩罚，这则主要依赖于行政责任制度。② 因此，三种责任制度的协调配合极其重要。

实际上，投资银行勤勉义务制度原本就是证券发行过程中制约发行人及其管理层，保护投资者利益的一种制度配置。但是，投资银行自身也存在代理问题，常常会忽视自身作为一个监督者应扮演的角色。对于此，立法者所采取的策略之一就是磨尖法律牙齿，即通过对投资银行施加民事责任、行政责任与刑事责任，迫使投资银行将损害成本内部化，进而提高勤勉尽责的程度。当然，法律责任的真正实现，是一个复杂的系统工程，必须依赖于一个多层次的，包括法律、社会道德、社会规范、习惯等一系列的社会规则构成的有效制度。③ 但是，法律责任制度始终是公平正义等法律价值实现最为重要的保证，这也是我们所必须正视的，也是投资银行勤勉义务制度所不可缺少的核心内容。

---

① 薛峰：《证券法上的民事责任研究》，中国人民大学2000年博士学位论文，第6页。

② Frank Musero, *Survey Says: Investors Get Downgraded*, IPO Reptr., Aug. 13, 2001.

③ 张维迎、邓峰：《信息、激励与连带责任——对中国古代连坐、保甲制度的法和经济学解释》，载《中国社会科学》2003年第3期。

第五章　我国投资银行勤勉义务制度的演进、问题及完善

随着我国证券市场的建立与发展，特别是证券发行制度的不断完善与改革，投资银行勤勉义务制度重要性日益凸显。不可否认，无论是在何种发行制度下，我国投资银行勤勉义务制度在提升发行人质量、保护投资者利益方面都曾发挥重要的作用。但是总体而言，我国投资银行勤勉义务制度相比美国、我国香港特区等发达国家或地区仍然存在诸多不足，不仅未能给予投资银行足够的激励，而且也未能有效约束投资银行的机会主义行为，甚至有时还助长投资银行铤而走险。有关国家或地区在投资银行勤勉义务的判断标准、实现机制、法律责任等方面都有着先进成熟的经验。鉴于此，在对我国投资银行勤勉义务制度发展历程和存在的问题进行厘清的基础上，借鉴其他国家或地区的有关制度和实践经验，完善我国投资银行勤勉义务制度，对于我国证券市场的健康发展有着重要意义。

第一节　我国投资银行勤勉义务制度的演进

我国股票市场的监管经历了监管缺位的自发性股票发行和交易到地方政府介入监管再到中央政府建立集中统一监管体系的历程。[①] 在这之中，我国股票发行审核制度经历了审批制、通道制、保荐制三个阶段，由行政力量主导逐渐转变为市场力量驱动成为我国证券市场发展趋势。我国的投资银行勤勉义务制度也随着发行制度的变迁而被赋予不同的内容。

一、审批制下投资银行勤勉义务制度的建立与缺陷

(一)审批制下投资银行勤勉义务的基本内容

我国的审批制度主要分为额度管理和指标管理阶段。额度管理阶段(1993～1995年)实行“指标管理、额度控制”。指标管理阶段(1996～2000年)实行“总量控制，限报家数”。这一时期总的特征是企业发行上市由地方政府和中央部委决定，即由地方政府和中央行业管理部门在各自分配到的发行规模内对拟申请发行上市企业进行挑选和预先审查，然后由证监会对被推荐企业的申报材料进行审批。

但即便如此，证监会依然强调要发挥投资银行、会计师事务所、律师事务所等中介机构的作用。1993年6月证监会颁布了《关于在股票发行工作中强化证券承销机构和专业性中介机构作用的通知》，首次提出投资银行应履行“勤勉义务”。[②] 随后又于1994年7月、1995年9月分别颁发了《关于上市辅导机构资格审查及有关问题的通知》(证监发字〔1994〕101号)和《关于对公开发行股票公司进行辅导的通知》(证监发字〔1995〕138号)。

---

① 参见柯湘:《中国股票公开发行监管合同的选择》，北京大学出版社2009年版，第62～69页。

② 1993年6月24日发布的《关于在股票发行工作中强化证券承销机构和专业性中介机构作用的通知》(证监机字〔1993〕45号)规定:“企业向专业性中介机构提供材料时，必须保证其真实性、准确性、完整性。对企业伪造、篡改材料等行为，我会将视情节轻重，根据《条例》给予处罚。对于中介机构不作实地考察，不尽勤勉义务而导致其未能发现上述虚假、误导、遗漏等缺陷者，证监会亦将视情节轻重给予处罚。”

自此,初步建立了我国投资银行勤勉义务制度。具体而言,主要包含以下内容:(1)负责申报材料的制作。投资银行必须按照规定制作企业申报材料,并负责对企业申报材料的修改和补充,但材料的修改和补充在地方政府主导下进行,且必须经过地方政府的批准才能申报材料。证监会不能直接接触企业,而且也不接待企业的直接询问及报送材料。(2)尽职调查。投资银行必须严格执行有关规定,以本行业公认的业务标准和职业道德对企业提供的材料进行核查和验证后,制作合乎要求的申报材料,并对企业申报材料的规范性、完整性把关。对于投资银行不作实地考察,不尽勤勉义务而导致其未能发现申报材料存在虚假、误导、遗漏等的,证监会将视情节轻重给予处罚,并要求投资银行承担连带责任。(3)上市辅导。投资银行必须按照要求对拟发行股票的发行人进行上市辅导,辅导内容主要为建立完善的公司治理与内部结构;实现业务、资产、人员、机构、财务等独立;对公司股东、高级管理人员及其他核心工作人员进行培训等。

(二)审批制下投资银行勤勉义务履行的缺陷

虽然投资银行勤勉义务制度已经初步建立,但受制于发行制度,制度设计的效果一直得不到较好的发挥。主要原因在于在审批制度下地方政府和有关国家部委决定着那些企业可以向证监会进行申报,投资银行仅负责制作企业申报材料,甚至可能申报材料报送至证监会都是由地方政府负责,而且材料的修改和补充都必须在地方政府的领导下进行。由此,投资银行仅仅只是企业申请发行上市过程中行政化操作的一个“工具”而已,只是象征意义上法律中介机构,中介功能根本无从发挥。阚治东在其个人回忆录里曾说道:“那几年我们券商经常自嘲股票承销业务是:‘政府部门往外扔的一根肉骨头,让我们几条狗去抢。’当然,那时上海、北京两市之外的证券公司更难受,说:‘你们还有抢的份,我们只能看着流口水,没有参与的份。’”①因此,在实践中,投资银行勤勉义务制度所赋予投资银行的职责被审批制所扭曲。对投资银行而言,在审批制度下,最为理性的选择就是获得发行额度和发行项目,企业的质量其无法也不能把控,因为证监会作出审批决定是基

---

① 阚治东:《荣辱二十年——我的股市人生》,中信出版社2010年版,第105页。

于地方政府、产业部门或有关行政决策首脑的推荐或指示。① 故而,在这种情形下,证券公司的核心竞争力是政治人脉,而不是业务能力与市场声誉。② 投资银行履行勤勉义务只能是一厢情愿而已。

二、通道制下投资银行勤勉义务制度的发展与不足

(一)通道制下投资银行勤勉义务的基本内容

2000年3月16日,证监会颁布了《股票发行核准程序》和《股票发行上市辅导工作暂行办法》,明确实行通道制,正式取消企业发行上市中的指标分配和行政推荐的做法,企业发行上市必须经过投资银行的推荐,即证监会根据投资银行的规模来确定其拥有的企业发行股票的通道数量,投资银行按照自身拥有的通道数量推荐企业发行上市。具体操作是按“自行排队、限报家数”来进行,推荐企业每核准一家即可再报一家,投资银行一次推荐的企业数量依据其上一年度的承销家数决定。具体的通道数量则根据2000年3月16日发布的《信誉主承销商考评试行办法》和2000年7月13日发布的《信誉主承销商信誉积分规则》的规定来确定,最高的可获得8条通道,最少的可以获得2条通道。可见,对发行企业上市实行数量限制的思路依然没有发生变化,但是推荐的方式已经发生实质的改变,通道制改变之前地方政府和中央部委推荐发行人的做法,由投资银行对发行人进行筛选和推荐。自此,投资银行作为证券发行市场核心中介的功能正式确立。

由于投资银行拥有发行上市的指标和对企业选择推荐的权利,承担更多的义务和责任就不可避免。为了配合通道制度实施,发挥投资银行的中介功能,2001年3月证监会发布了《证券公司从事股票发行主承销业务有关问题的指导意见》(证监发〔2001〕48号),对投资银行勤勉义务制度作更为详细的规定。具体体现:(1)再次强调投资银行的勤勉义务。即投资银行应当按照勤勉尽责、诚实信用的原则,认真履行尽职调查义务,并就出具相关文件的真实性承担相应责任。(2)明确推荐标准。投资银行内部应当建立发行人质量评价体系,明确推荐标准,保证发行人的质量。(3)成立内

---

① 参见郭锋:《中国证券监管与立法》,法律出版社2000年版,第279~280页。

② 参见沈朝晖:《证券法的权力分配》,北京大学出版社2016年版,第165页。

核小组。投资银行必须成立证券发行内核小组,内核小组应当恪尽职守,保持独立判断,负责对拟向证监会报送的发行申请材料的核查,在内核程序结束后作出是否推荐发行的决定,确保证券发行不存在重大法律和政策障碍,履行勤勉尽责的义务。(4)对发行人进行规范和整改。投资银行应当要求发行人整改不规范行为,并在尽职调查报告或核查意见中特别说明整改情况。(5)建立工作档案制度。投资银行必须按照中国证监会规定工作档案的保留时间,留存推荐函、核对表、尽职调查报告、内核小组工作记录、发行申请文件等发行承销工作档案,供中国证监会和证券交易所可随时调阅。此外,证监会还发布了《首次公开发行股票申请文件主承销商核对要点》等文件,要求投资银行对发行人申请上市过程中涉及的发行人的主体资格、业务状况、管理层情况等439个点进行核查。由此,在通道制下,我国投资银行履行勤勉义务的范围、程序乃至标准都有了相对完备的规范。

(二)通道制下投资银行履行勤勉义务的不足

不可否认,在通道制下由于赋予了投资银行遴选和推荐企业的权利,角色由“简单包装上市”转变为“全方位的负责”。投资银行勤勉义务的履行具备了一定的条件和空间,并促使投资银行通过勤勉义务的履行选择出质量较好的企业,加速通道的循环与流转,投资银行勤勉义务制度价值得以初显。但是,由于通道制所固有的缺陷,使投资银行勤勉义务履行存在较大的偏差,具体表现在以下两个方面。

(1)通道数量限制与市场竞争相背。证券市场上投资银行必然存在竞争力差别之分,市场竞争力强的投资银行能够承揽到更多的项目。但是,由于通道制数量的限制,即便是对投资银行已经完成尽职调查的企业,也不得不将其转让给市场竞争力弱的投资银行上报,投资银行之间通道的租借和转让成为了普遍现象。而且,承接的投资银行根本没有时间进行详细的尽职调查,对发行人质量很难全面把控。也就是说,投资银行并不能完全通过勤勉义务的履行来享受相应的成果,通道制使得部分投资银行即使不勤勉尽责也能享受红利,在证券界众所周知,一个通道可以卖到1000万~1500万元。①

---

① 参见谈萧:《对我国推行证券发行上市保荐人制度的思考》,载《经济师》2004年第1期。

(2)在通道制度下,投资银行勤勉义务制度并不健全。虽然赋予投资银行对企业进行选择和推荐的权利,但是对其约束相对较弱,且很难找到最终的责任承担主体。对投资银行从业人员而言,如何获得公司的通道才是其最为关心的内容,有时为了获得通道甚至费尽心思去掩饰企业所存在的问题。作为公司而言,一旦拟发行企业占用了通道,必然是想尽办法加速通道的利用和经营。可以说,投资银行及其从业人员在利益诉求上的一致,常常使得勤勉义务履行让位于业绩的要求。

因此,具有明显计划经济思维的通道制,不仅扭曲了投资银行之间的竞争机制,而且使得通过赋予投资银行勤勉义务以确立其"看门人"角色的初衷未能有效实现。

三、保荐制下投资银行勤勉义务制度的形成与成效

证券市场发展的主流思路是加强市场化改革,进一步发挥中介机构的作用。通道制固有的缺陷越来越不适应证券市场的发展要求,2003 年 12 月证监会公布了《证券发行上市保荐制度暂行办法》,要求自 2004 年 2 月 1 日起实行保荐人制度。证监会实行保荐制的目的在于促使投资银行对发行人进行尽职调查,履行"看门人"的职责,将优质的公司推向证券市场。2006 年《证券法》在修订过程中正式吸纳了证券发行保荐制度。2009 年证监会修订了《证券发行上市保荐业务管理办法》,日后又陆续颁布《关于进一步加强保荐业务监管有关问题的意见》(证监会公告〔2012〕4 号)、《关于进一步加强保荐机构内部控制有关问题的通知》(发行监管函〔2013〕346 号)等规定,建立了我国相对完整的投资银行勤勉义务规制体系。

具体而言,在保荐制度下,我国投资银行勤勉义务制度主要包含以下内容:(1)辅导义务。主要是指投资银行在企业发行上市过程中协助企业建立规范的运作制度,并对企业的高级管理人员进行相关知识的培训。[①] (2)尽职调查义务。尽职调查义务是投资银行勤勉义务的核心内容,也是

---

① 《证券法》第 11 条规定保荐人要"督导发行人规范运作"。《首次公开发行股票并上市管理办法》第 5 条规定保荐人要"认真履行审慎核查和辅导义务"。《证券发行上市保荐业务管理办法》第 21 条规定"保荐机构在推荐发行人首次公开发行股票并上市前,应当对发行人进行辅导"。

规定的最为详细的内容。主要是要求投资银行按照业务规则对拟申请上市企业进行调查,确保企业所出具的文件不存在虚假陈述或遗漏。① (3)审慎核查义务。审慎核查义务主要是指投资银行对其他中介机构如会计师事务所、律师事务所等所出具的专业意见进行必要的核查。② (4)其他义务及内容。我国投资银行勤勉义务制度还包含了持续督导、法律责任等内容。其中特别明确了因投资银行所出具的文件存在虚假陈述、误导性陈述或重大遗漏的,实行过错推定的归责原则,不能证明自己不存在过错的,应当与发行人承担连带责任。并且,对于投资银行违反勤勉义务行为,证监会可处以罚款,暂停其保荐机构资格3个月、6个月乃至撤销其保荐机构资格等监管措施,而且投资银行的高级管理人员如果不证明自身已尽勤勉义务也需要承担相应的责任。

因此,我国投资银行勤勉义务制度体系是以投资银行为牵头的责任模式,不仅赋予投资银行对发行人的监督职责,而且还要求其看护其他中介机构。在这种体系下,证监会由传统对每一家发行企业进行监管,转变为对投资银行进行监管,实现了对企业的“间接监管”。正如证监会发行部相关负责人所指出的那样:“保荐制的引入将使监管模式从‘关口’式监管转向‘管道式’监管。”③

综上所述,可以清晰地看到:我国投资银行勤勉义务制度经历的审批制、通道制和保荐制三个时期,每个时期行政管制都呈减弱的趋势,总体的

---

① 《首次公开发行股票并上市管理办法》第5条规定:“保荐人及其保荐代表人应当遵循勤勉尽责、诚实守信的原则,认真履行审慎核查和辅助义务,并对其所出具的发行保荐书的真实性、准确性、完整性负责。”《证券发行上市保荐业务管理办法》第20条规定:“保荐机构推荐发行人证券发行上市,应当遵循诚实守信、勤勉尽责的原则,按照中国证监会对保荐机构尽职调查工作的要求,对发行人进行全面调查,充分了解发行人的经营状况及其面临的风险和问题。”《关于进一步深化新股发行体制改革的指导意见》(证监会公告〔2012〕10号)规定:“保荐机构应遵守业务规则和行业规范,诚实守信,勤勉尽责。对发行人的申请文件和招股说明书等信息披露资料进行尽职核查。”

② 《保荐人尽职调查工作准则》第6条规定:“对发行人公开发行募集文件中有中介机构及其签名人员出具专业意见的内容,保荐人应当结合尽职调查过程中获得的信息对专业意见的内容进行审慎核查。”《中国证监会关于进一步推进新股发行体制改革的意见》(证监会公告〔2013〕42号)规定:“保荐机构……应当对其他中介机构出具的专业意见进行核查。”

③ 张旭东:《引入保荐制将给中国股市带来什么?》,载http://news.sina.com.cn/o/2004~05~11/09372504653s.shtml,最后访问日期:2017年6月22日。

一个特征就是监管机构逐渐将对发行人的选择和推荐权转交投资银行的同时,不断强化投资银行履行勤勉义务的程度,使投资银行真正能够担负起看门人职责。至此,中国证监会重新塑造了一个承担地方政府角色的群体——保荐人,对拟发行上市企业的治理由20世纪90年代的“中国证监会vs地方政府”演变为21世纪的“中国证监会vs保荐人”。①

第二节 我国投资银行勤勉义务制度存在的问题

保荐制度虽然表明监管机构想尽可能地依赖投资银行来完成政府对证券市场所应履行的部分职能,减少对证券市场过度干预带来的扭曲效应。但是,我国证券监管本质的属性并没有根本转变,只是干预的强度发生了一定的变化,证监会依然保留着企业发行上市的最终决定权。实际上,2004年保荐制度建立以来,证监会就多次指出:投资银行勤勉义务的履行状况不尽如人意。2004年保荐制度刚建立时,证监会就指出:“保荐机构未勤勉尽责,推荐的部分企业存在重大法律障碍、明显不符合发行上市条件,但保荐机构仍予以推荐。”②

之后,在证监会历年组织的保荐代表人培训中,又陆续指出了投资银行所存在的问题。例如,2009年保荐代表人培训,证监会指出保荐机构的质量控制和内部控制不够完善,推荐的部分企业明显不符合首次公开发行股票条件,大量企业撤回申请,风险控制不到位,部分已上市项目风险的暴露也说明存在把关不严的情形。③ 又如2010年保荐代表人培训,证监会指出投资银行勤勉义务履行至少存在尽职调查工作不够到位、未关注重大法律风险、未核查重大担保或诉讼事项、没有发现重要关联方、内控制度有效性不足等8个方面的问题。特别是在内控制度有效性方面问题表现更为明显,主要为:为了应付监管要求,流于形式;某些项目从立项到内核时间很

---

① 参见沈朝晖:《证券法的权力分配》,北京大学出版社2016年版,第152页。

② 中国证监会发行监管部:《保荐工作通讯》(第1期),2004年12月16日。

③ 参见《保荐代表人2009年第一期培训资料》(2009年5月8~9日),载https://wenku.baidu.com/view/ae0fd6bef121dd36a32d8229.html,最后访问日期:2017年6月21日。

短,主要是对项目组的材料审查,没有深入现场;过会导向,集中关注于如何通过证监会的审核,而不是防范风险。①

2016年7月,证监会在开展投资银行类业务的专项检查中又发现,投资银行存在内部控制机制未有效执行、尽职调查未履行关键核查程序、内核工作缺乏独立性、未按规定编制留存工作底稿等四方面的问题。② 同时,有学者对近10年来投资银行勤勉义务履行的实证分析发现,投资银行未勤勉率接近1/3。③ 由此可见,投资银行违反勤勉义务的行为反复出现,这说明投资银行勤勉义务制度本身存在不完善。具体而言,主要存在以下几方面的问题。

一、投资银行勤勉义务规制理念存在偏差且纠正不足

"任何一套现代制度设计的背后都有一套与之相适应的价值理念作支撑。"④投资银行勤勉义务制度作为证券市场法律体系重要构成部分,即便其制度的建立有独立的价值考量,但局部受制于整体,我国投资银行勤勉义务制度的设计及实践必然受到证券市场主导价值理念的影响或左右。

(一)"效率优先"使投资者保护让位于便利融资

投资银行勤勉义务制度得以建立的原因在于保护投资者的利益,但这一目的能否得到贯彻取决于多方面因素。反观我国,不仅证券市场的定位存在偏差,而且证监会所秉承的核心理念也有失偏颇。这两方面因素的共同作用,使得对投资银行勤勉义务的规制也呈现出了以"效率优先"的导向。

一方面,证监会职能职责履行受到"效率优先"的影响,对投资银行勤勉义务的规制以"效率"为主要指向。诚如,任何时代的哲学"都只不过是

---

① 参见张思宁:《在2010年保荐代表人培训开班讲话》,载 https://wenku.baidu.com/view/20716c1b79563c1ec5da71d9.html,最后访问日期:2017年6月21日。

② 参见中国证监会:《证监会通报证券公司投资银行类业务专项检查情况》,载 http://www.cs.com.cn/xwzx/csrc_fbh/20161223/01/201612/t20161223_5133731.html,最后访问日期:2017年10月21日。

③ 参见刘志云、龙稳全:《论完善投资银行勤勉义务规制的路径选择》,载《南京大学学报》(哲学·人文科学·社会科学)2018年第6期。

④ 盛学军:《冲击与回应:全球化中的金融监管法律制度》,载《法学评论》2005年第3期。

用抽象思维所表现的那个时代的精神”[①],而证监会秉承的理念也和其他任何种类的价值理念一样,“只不过是举起了反映当代事务的一面镜子”。[②]由于我国历史上一直有一个强大的中央政府,对社会生活诸多方面的干预深度和广度都较强,而政府最为关注是“能够适当地和成功地进行什么工作,以及怎样才能以尽可能高的效率及在费用或能源方面用尽可能少的成本完成这些适当的工作”。[③] 换言之,政府行使行政权以效率为根本指向,证监会作为中央政府的组成部门,在实施监管的过程中,必然受到“效率优先”理念影响,其所设立、制定、设施的制度往往会对其他投资者造成损害。[④] 亦如证监会有关人士所指出的那样,这么多年来,证券监管最大的失误是忽略了保护证券投资者利益这个核心,重心一直放在为国有企业融资解困上。[⑤]

另一方面,证券市场的初始定位,对投资银行勤勉义务的规制呈现出“效率优先”的倾向。有关证券市场的立法及相关文件,将我国证券市场的初始定位限定在“为国有企业融资解困”“便于融资”上。例如,1987 年 3 月发布的《国务院关于加强股票、债券管理的通知》指出:“有的强行摊派,使企业和群众难以承受,并助长了不正之风”;1991 年深圳市政府颁布《深圳市股票发行与交易管理暂行办法》第 1 条规定:“为促进企业体制改革,合理引导资金流向,开辟筹措资金的新渠道,维护证券市场秩序,保护投资者合法权益,按国家有关政策法令,并根据深圳的具体实际,特制定本办法”;1993 年 4 月国务院发布的《股票发行与交易管理暂行条例》第 4 条规定:“股票的发行与交易,应当维护社会主义公有制的主体地位,保障国有资产不受侵害”;为利用股票市场促进国有企业的改革和发展,1997 年证监

---

① [美]伍德罗·威尔逊:《行政学研究》,载彭和平、竹立家等编译:《国外公共行政理论精选》,中共中央党校出版社 1997 年版,第 3 页。

② [美]伍德罗·威尔逊:《行政学研究》,载彭和平、竹立家等编译:《国外公共行政理论精选》,中共中央党校出版社 1997 年版,第 3 页。

③ [美]伍德罗·威尔逊:《行政学研究》,载彭和平、竹立家等编译:《国外公共行政理论精选》,中共中央党校出版社 1997 年版,第 1 页。

④ 参见李晓珊:《证券市场监管法律制度之比较研究》,中国法制出版社 2014 年版,第 3 页。

⑤ 参见张育军:《投资者保护法研究》,人民出版社 2007 年版,第 359 页。

会发布《关于做好1997年股票发行工作的通知》要求“股票发行重点支持……国有大中型企业”；根据1998年证监会颁布《关于股票发行工作若干问题的补充通知》(证监〔1998〕8号)，为了规范优势国有企业通过改制上市兼并有发展前途但目前还亏损企业的行为，达到以强带弱、共同发展的目的，可以采取承担债务式兼并、控股式兼并、吸收股份式兼并等兼并亏损企业。由此可见，我国证券立法的宗旨停留在维护中央计划经济体制、保护公有财产不受侵犯的思维上，市场发行主体及投资者自由选择权以及合法利益的保护居于次要地位。① 换言之，由于证券市场“效率优先”的初始定位，以及对这一价值理念的不断强化，作为证券市场重要参与主体的投资银行必然为这一目的服务，从维护投资者利益为本转为以发行筹资为本。

(二)“管制思维”使得投资银行成为证监会协助监管的工具

虽然，随着我国证券市场自身规模不断发展壮大，发展模式逐渐与世界接轨，行政管制的强度呈减弱态势。② 但截至目前，根据中国证监会网站主页所载明的信息，中国证监会职责为“统一监督管理全国证券期货市场，维护证券期货市场秩序，保障其合法运行”。可见，证监会首要职能职责仍为“统一监督监管”“维护秩序”，其理念实质是一种“管制思维”。反观美国，SEC的首要宗旨为“保护投资者”，其次才是“维护公平、有序和有效市场”。③ 在这种思维下，投资银行更多时候是承担企业融资流程中某个程序的特定操作者，仅有自主的选择权和推荐权，但是决策权保留在证监会手中。这不仅与当前国际潮流有所不符，而且在投资银行并未具有上市决定权的情况下，一旦发行人出现不当行为，投资银行还要被处以行政处罚，乃至与发行人承担民事连带责任，而享有最终决定权的证监会却不为此承担任何责任。正如有学者指出的那样，“提高受控的市场中介机构和机构投资者的比例，加大对他们的控制力度，一直是中央政府在证券市场建立自己

① 参见万国华:《证券法前沿问题研究》,天津人民出版社2002年版,第79页。

② 参见宁文昕:《保荐代表人、证券监管与保荐质量的提高》,山东大学2012年博士学位论文,第44页。

③ SEC,“What We Do”,Accessed June 23,2017. https://www.sec.gov/Article/whatwedo.html.

的行政主导权的另一举措"。① 固然,这既有行政权力固化的原因,因为毕竟没有人愿意主动让出自己的权力,当然也有证监会基于预算约束等考量。国际货币基金组织、世界银行对中国证监会IOSCO原则实施情况报告里指出:"证监会的预算增幅与其监管的对象和活动的增长并不匹配,证监会员工的工资水平仅相当于行业工资的一小部分,这削弱了证监会对行业经验丰富的优秀员工的吸引力。"②证监会不得不更多依赖投资银行这一中介机构,依靠其勤勉来保证企业发行的质量。

实际上,近些年来我国已经逐步意识到"效率优先""管制思维"等所带来的负面影响。从2006年起,我国有关证券发行法律法规的立法理念就逐步转移到"投资者利益保护"以及强调"信息公开"等上来。例如,2006年5月颁布的《首次公开发行股票并上市管理办法》第1条规定的立法目的为"保护投资者的合法权益和社会公共利益";2009年6月颁布的《证券发行上市保荐业务管理办法》第1条明确规范证券发行上市保荐业务的目的是"保护投资者的合法权益";2009年6月颁布的《关于进一步改革和完善新股发行体制的指导意见》(证监会公告〔2009〕13号)提出要"坚持市场化方向……推动发行人、投资人、承销商等市场主体归位尽责";2012年4月发布的《关于进一步深化新股发行体制改革的指导意见》(证监会公告〔2012〕10号)明确要"推动各市场主体进一步归位尽责……切实保护投资者的合法权益";2013年11月发布的《关于进一步推进新股发行体制改革的意见》(证监会公告〔2013〕42号)则要求"促进市场参与各方归位尽责……发挥市场决定性作用,加强市场监管,维护市场公平,切实保护投资者特别是中小投资者的合法权益"。但是,从证监会及市场的实际表现来看,这些法规或文件所倡导的理念并没有得到彻底遵循,"便于融资""加强管制"依然是主流价值取向。

例如,近年来我国A股市场的融资数额一直在大幅增长。2014年A股IPO融资790亿元(其中2012年10月至2014年1月由于IPO暂停发行,新

---

① 陆一:《闲不住的手——中国股市体制基因演化史》,中信出版社2008年版,第50页。

② 国际货币基金组织、世界银行编著:《关于中国遵守〈证券监管目标和原则〉详细评估报告》,中国证券监督管理委员会译,中国金融出版社2012年版,第11页。

股发行数量为零);2015 年 A 股 IPO 融资 1574.8 亿元(2015 年 7 ~ 11 月暂停);2016 年 A 股 IPO 融资 1496.1 亿元;2017 年 A 股 IPO 融资 2301 亿元(从过去 8 年 IPO 家数看,2017 年 IPO 数量位居第一,增幅较 2010 年、2011 年分别增加 26%、55%)。[①] 而且,同期的再融资金额则更为庞大,2013 年 3625 亿元、2014 年 6808 亿元、2015 年 13303 亿元、2016 年 17021 亿元、2017 年 11952 亿元。截至 2018 年 8 月 31 日,在证券市场大幅下跌,国务院有关领导人以及证监会等相关部门负责人出面维护市场稳定的情况下,仅上交所 IPO 上市企业就 46 家,募集资金 716.19 亿元,股票再融资企业 193 家,募集资金 4743.56 亿元。[②] 在融资数额大幅飙升的同时,我国证券市场却多次出现了大幅下跌。例如,2015 年 6 月 12 日至 2016 年 1 月 27 日从 5178 点下跌至 2638 点,历时 7 个月,最大下跌 49%。2018 年 10 月,最低跌至 2560.32 点,创下 2014 年 11 月来新低。并且,证监会审核的频率明显加快,IPO"堰塞湖"基本解决,截至 2018 年 6 月 30 日,在会企业为 322 家,较 2017 年底减少 38%。[③]

同时,正是由于证券市场融资数额的大幅上升,我国投资银行违法违规数量也出现大规模增加趋势。例如,2013 年 1 月至 10 月立案调查的欺诈发行和虚假信息披露等相关类型案件,比 2012 年同期增长 3 倍。[④] 2014 年光大证券股份有限公司等 5 家中介机构被作出行政处罚。[⑤] 2015 年对信息披露违规及证券期货服务机构违法违规立案调查共计 61 起,同比增长 53%。[⑥]

---

① 参见王佳:《A 股 IPO 市场年度报告(2017)》,载 http://www.sse.com.cn/services/list/events/news/c/4471809.pdf,最后访问日期:2018 年 10 月 25 日。

② 参见上海证券交易所:《上市资讯》(2018 年 9 月号),载 http://www.sse.com.cn/services/list/events/news/c/4646900.pdf,最后访问日期:2018 年 10 月 25 日。

③ 参见易聆:《2018 年上半年 A 股 IPO 审核形势分析》,载 http://www.sse.com.cn/services/list/events/news/c/4613556.pdf,最后访问日期:2018 年 10 月 25 日。

④ 参见证监会:《2013 年 1 月至 10 月证券期货稽查执法情况综述》,载 http://www.csrc.gov.cn/pub/newsite/jcj/gzdt/201311/t20131126_238787.html,最后访问日期:2018 年 10 月 25 日。

⑤ 参见证监会:《证监会通报对信息披露违法违规的执法工作情况》,载 http://www.csrc.gov.cn/pub/newsite/jcj/gzdt/201502/t20150226_269079.html,最后访问日期:2018 年 10 月 25 日。

⑥ 参见证监会:《2015 年度中国证监会稽查执法情况通报》,载 http://www.csrc.gov.cn/pub/newsite/jcj/gzdt/201601/t20160122_290097.html,最后访问日期:2018 年 10 月 25 日。

2016 年信息披露违法涉及的中介机构新增立案案件 25 件，同比增长 67%。① 2017 年启动违规披露案件调查较去年增长 33%。② 2018 年上半年中介机构违规和从业人员违规 15 件。③ 这些行为的出现，正是“效率优先”的使然。

二、投资银行勤勉义务判断标准模糊且存在缺失

（一）投资银行勤勉义务抽象性判断标准缺失

根据我国《证券法》第 11 条第 2 款和《证券发行上市保荐业务管理办法》第 4 条第 1 款规定，投资银行应当按照业务规则和行业规范，勤勉尽责地对发行人进行审慎核查。④ 但是，从字面上来看，更多像是要求投资银行履行勤勉义务时遵守业务规则和行业规范的一般宣誓性规定，远不能称为是投资银行勤勉义务抽象性判断标准。而且，从实践来看，证监会在欣泰电气案、海联讯案、万福生科案以及振隆特产案中，处罚兴业证券、平安证券、信达证券的主要理由均是“未遵守业务规则和行业规范，未勤勉尽责进行审慎核查”。⑤ 可见，无论是从成文法规定还是实践来看，我国投资银行勤

---

① 参见证监会：《2016 年度证监会稽查执法情况通报》，载 http://www.csrc.gov.cn/pub/newsite/jcj/gzdt/201702/t20170227_312733.html，最后访问日期：2018 年 10 月 25 日。

② 参见证监会：《证监会 2017 年度案件办理情况通报》，载 http://www.csrc.gov.cn/pub/newsite/jcj/gzdt/201801/t20180122_333012.html，最后访问日期：2018 年 10 月 25 日。

③ 参见证监会：《证监会上半年稽查执法工作情况通报》，载 http://www.csrc.gov.cn/pub/newsite/jcj/gzdt/201808/t20180813_342587.html，最后访问日期：2018 年 10 月 25 日。

④ 《证券法》第 11 条第 2 款规定：“保荐人应当遵守业务规则和行业规范，诚实守信，勤勉尽责，对发行人的申请文件和信息披露资料进行审慎核查，督导发行人规范运作。”《证券发行上市保荐业务管理办法》第 4 条第 1 款规定：“保荐机构及其保荐代表人应当遵守法律、行政法规和中国证监会的相关规定，恪守业务规则和行业规范，诚实守信，勤勉尽责，尽职推荐发行人证券发行上市，持续督导发行人履行规范运作、信守承诺、信息披露等义务。”

⑤ 在欣泰电气案中，证监会处罚兴业证券的主要理由是“兴业证券在推荐欣泰电气申请 IPO 过程中，未遵守业务规则和行业规范，未勤勉尽责地对欣泰电气 IPO 申请文件进行审慎核查”；在海联讯案中，证监会处罚平安证券理由为“平安证券在推荐海联讯 IPO 过程中未勤勉尽责，未按规定对海联讯 IPO 申请文件进行审慎核查”；在万福生科案中，证监会处罚平安证券理由是“平安证券在推荐万福生科 IPO 过程中，未能勤勉尽责地履行法定职责，出具的保荐书存在虚假记载”；在振隆特产案中，证监会处罚理由为“信达证券在核查过程中未勤勉尽责”。参见《中国证监会行政处罚决定书（兴业证券股份有限公司、兰翔、伍文祥）》（〔2016〕91 号）、《中国证监会行政处罚决定书》（〔2013〕48 号）、《中国证监会行政处罚决定书（平安证券有限责任公司、韩长风、霍永涛）》（〔2014〕103 号）、《中国证监会行政处罚决定书（信达证券股份有限公司、寻源、李文涛）》（〔2016〕109 号）。

勉义务判断标准奉行的“依照业务规则和行为规范勤勉尽责”，这实际上只是投资银行勤勉义务具体判断标准在证券法中的总结性规定，不是我们所称之诸如“谨慎人”或“理性人”之类的抽象性判断标准。

由此可见，我国投资银行勤勉义务判断标准缺少抽象性标准，抽象性标准的缺失不仅容易对投资银行适用结果标准，而且投资银行在履行勤勉义务过程中不能判断出核查或调查所需要达到的程度，以致投资银行履行勤勉义务的理念陷入一个“保证式尽职调查”怪圈。[①] 而且，如果只是要求投资银行“按照业务规则和行业规范勤勉尽责”行事，投资银行的勤勉义务判断标准就容易成为一堆“乱七八糟”的“标准”“先例”的集合，投资银行将会无所适从。不明确的规则将导致法律责任的设定极其不精确，要么放走行为低于标准的投资银行，要么对诚实的投资银行施加过于严酷的法律责任。[②]

（二）投资银行勤勉义务具体判断标准过于宽泛

2006 年证监会颁布的《保荐人尽职调查工作准则》（以下简称《准则》）明确提出《准则》是衡量投资银行是否勤勉尽责、诚实守信的基本标准。实际上，在投资银行勤勉义务抽象性判断标准缺失的情况下，《准则》就成为判断投资银行勤勉义务是否履行的唯一标准。但是，是否依据了《准则》开展相关业务就可以获得免责呢？《准则》本身就给出否定性的答案。根据《准则》第 3 条、第 4 条、第 5 条的规定，准则主要针对首次公开发行股票的工业企业的基本特征制定，投资银行应根据发行人的不同调整、补充、完善尽职调查工作的相关内容。而且，对于所有涉及发行条件或对投资者做出投资决策有重大影响的信息，不论准则是否有明确规定，投资银行均应勤勉尽责地进行调查。同时，相关人员应具备良好的职业道德和专业胜任能力。换言之，即便投资银行按照《准则》规定进行了相关核查工作，仍然不能称之为其已经履行了勤勉义务。缺乏明确抽象性判断标准的配合，《准则》的要求变得极为宽泛，特别是在当前非工业企业申请发行上市越来越多的情

---

① 参见陈思远：《论发行审核制度与保荐制度的同步重构——以注册制改革为背景展开》，载《证券法苑》2013 年第 2 期。

② 参见耿利航：《中国证券市场中介机构的作用与约束机制——以证券律师为例证的分析》，法律出版社 2011 年版，第 264 页。

况下,弊端越发明显。此外,根据我国的相关规定及实践做法,投资银行对会计师事务所、律师事务所等出具的文件与发行人提供的材料的调查标准并不存在明显区别,即并没有对专家与非专家材料进行区分,使投资银行在履行勤勉义务的过程中大包大揽,重复着会计师事务所、律师事务所等中介机构所进行的工作。

因此,在我国现行法律规定下,投资银行究竟达何种程度才能符合法律的要求,即投资银行履行勤勉义务的边界在哪里并没有得到明确说明。换言之,投资银行遵守何种程度的勤勉义务才能避免问责这一看似简单的问题,却难以发现一个清晰的答案。最终的结果就可能演化为以投资银行行为的结果为最终判断标准。例如,在平安证券投资银行部负责人薛荣年案件中,国内五位知名法学家江平、应松年、朱少平、郭锋、彭冰就认为:证监会使用的是结果处罚标准。① 虽然五位专家的论证意见是针对投资银行业务负责人,但无疑也有相当的借鉴意义。在一种投资银行无论怎么努力都不能满足判断标准要求的情况下,结果必然是投资银行消极懈怠,违规行为高发。

三、投资银行勤勉义务实现机制激励不足且制衡功能失效

(一)投资银行勤勉义务激励机制激励不足

1. 投资银行薪酬与晋升机制绑定不足

我国投资银行主要采取固定工资与绩效工资的二元结构薪酬制度,虽然近年来,随着一些投资银行在资本市场上成功发行上市,也引入了股权激励等一些形式,但总体上没有发生大的改变。特别是对于具体承做证券发行承销项目的人员,绝大多数投资银行实行的都是绩效与项目成败挂钩的制度,即如果企业不能成功发行上市,投资银行从业人员便不能获得相应绩

---

① 在平安证券投资银行部负责人薛荣年案件中,国内五位知名法学家江平、应松年、朱少平、郭锋、彭冰联名出具专家论证意见书,他们认为:“使用的结果处罚标准将打击市场从业人员的从业热情,因而是明显失当的。要求保荐业务相关负责人无一例外的因保荐机构违法、违规而承担责任,这样的准则将迫使保荐业务管理人员置身于巨大的职业风险之下,无法通过自身的努力来确保责任承担的公正。应当允许保荐机构的相关负责人在已经履行其勤勉尽责义务时不承担任何责任。”参见腾讯财经:《江平等五法学家上书肖钢呼吁对薛荣年“留情”》,载 http://finance.qq.com/a/20130614/018407.htm,最后访问日期:2018 年 9 月 12 日。

效报酬。这种薪酬制度从利益上将投资银行从业人员与发行人绑定在一起,导致投资银行主要的工作目的是以发行人能够“过会”为目标。而且,发行人成功发行上市后,相关奖金基本上全部一次性发给项目人员。也就是说,随着奖金发放的结束,项目组绝大部分人员便与所核查、推荐的项目不存在关系,这对企业上市后的运作产生了严重影响。此外,虽然我国的投资银行基本都为股份制企业,但绝大部分是国有股处于绝对控股的地位。投资银行的高级管理人员,基本都是采取行政任命的方式,行政任命一个典型特点就是高级管理人员都希望在任期内有显著的政绩,从而获得晋升的机会。与此同时,投资银行底层的员工几无晋升的空间,投资银行普遍追求短期利益,这直接导致了投资银行从业人员的频繁跳槽。特别是从事证券发行与承销的部门,更是频繁。①

2. 投资银行声誉机制形同虚设

我国证券市场一再发生的投资银行违反勤勉义务事件,说明在短期利益的驱动下,投资银行声誉机制的作用明显受到了限制。实际上,我国一直试图发挥声誉机制的作用。2009 年证监会出台了《证券公司分类监管规定》,根据该规定,如果投资银行在证券发行与承销过程中出现了不当行为,将被处以评级降级。同时根据《证券公司缴纳投资者保护基金实施办法》第 6 条、第 7 条的规定,如果投资银行被证监会施以降级,则需要缴纳更高比例的投资者保护基金。我国通过对证券公司风险状况和基金缴纳比例挂钩的制度,确立了对证券公司独有的监控制度和声誉制裁机制。② 但是,显然这并不是严格意义上的声誉机制,而是一种行政声誉非市场声誉。同样,这也说明在当前的市场环境下,很难依赖脆弱的市场声誉机制来对投资银行发挥作用。2012 年 7 月,证监会又发布了《证券期货市场诚信监督管理暂行办法》,力图再次加强声誉机制的作用。该规定拟建立全国统一的资本市场诚信档案制度,通过对资本市场诚信信息进行收集、统计和公开,

---

① 以笔者曾经在某证券公司投资银行部的工作经历发现:本人所在的部门 2~3 年员工几乎就换了一遍。而且从所了解到的其他公司情况来看,整个团队或整个部门集体跳槽的情况屡见不鲜。

② 沈朝晖、缪因知:《SIPE 对证券公司风险监控与处置的机制设计》,载《金融法苑》2010 年第 1 期。

以此产生声誉风险。但实际上，该办法主要是关于资本市场诚信档案管理的内容，很难发挥声誉机制的作用。总体来看，我国证券市场发展至今，已经历 30 余年，声誉机制在我国起到的作用微乎其微，主要原因在于投资银行即便是声誉再差，也不影响在资本市场上开展业务，更不会影响相关从业人员转至其他投资银行从事类似的业务。这必然导致像声誉机制这种长期激励措施根本不能足以抵挡短期利益的驱动。

3. 看门人监督机制无从发挥

我国“烟囱”式的行政治理结构深刻地影响着我国看门人监督机制。虽然我国证券市场上的看门人主要有投资银行、律师事务所、会计师事务所等，但是这些“看门人”都分属于不同的部门所主管。在证监会作为证券市场唯一监管机构的情况下，必然更加看重的是投资银行的作用，并赋予其更多的权力，而对于律师事务所、会计师事务所等则显得不是那么重视。我国证券法律法规甚至还规定，投资银行可以向发行人建议更换其认为专业能力存在明显缺陷的其他中介机构。在这样一种行政治理结构下，看门人监督机制的竞争作用根本无从谈起。

同时，由于我国对投资银行发行与承销业务实行严格的“牌照”审批制，发行人需要在国内证券市场发行并上市，只能由投资银行进行保荐和承销。尽管也存在一个有限度的竞争，但更多时候并不需要特别强的动力就能够获得许可。而且，在当前发行市场定价制度畸形的情况下，投资银行工作质量的优劣并不能得到很好的体现，只要获得相应的工作机会，几乎所有的投资银行工作成果都是一样的，这样直接导致投资银行之间处于一个低水平的行业竞争，缺乏提高业务质量的动力，甚至有可能“劣币驱逐良币”。例如，前些年平安证券投资银行业务的大跃进，“勤勉”也就无从谈起。在这种市场环境下，投资者无法通过市场手段对投资银行是否“勤勉”作出客观的评价，而这个评价完全依赖于监管部门，投资者利益根本不是投资银行所需要考虑的因素，这也导致监管部门对投资银行“勤勉”的评价和制约成本高升，成效也十分有限。

反之亦然，当投资银行乃至发行人对自己的衣食父母“投资者”的感受不加以关注时，提升服务质量的动力自然不足，更无精力来关注其所谓的“声誉”。也就是说，这种通过“行政许可”而实现行业垄断往往造成另外一种可能，投资银行并不会因为监管部门所赋予的行业利益而更加努力工作，由于其占据了足够的市场份额，提升质量或维护声誉就显得不是那么必要。因为对于投资银行而言，大家都是这样的，甚至认为投资银行发生“丑闻”，是因为运气不好。虽然投资银行之间也有一定的竞争，但实质上市行业垄断之下的有限竞争。基于“父爱主义”之下的责任约束明显不足，其更有可能形成一种行业的默契，而不是彼此监督。

（二）投资银行勤勉义务约束机制制衡功能失效

1. 证监会因受多重因素的影响而监管弱化

毫无疑问，证监会的设立有效地促进了我国证券市场的发展。但是随着市场改革向纵深发展，证监会由于自身的政治考量等因素，作用的发挥有待进一步加强。

一方面，路径依赖的惯性使得证监会很难一时改变投资者权利保护让位于企业融资的选择。我国证券市场在建立之初，就一直徘徊于“保护投资者”与“帮助国企融资解困”之间，常常因为“帮助国企融资解困”而对投资者的权利保护选择性遗忘。例如，证监会 1997 年发布的《关于做好 1997 年股票发行工作的通知》（证监〔1997〕13 号）明确提出要利用股票市场促进国有企业的改革和发展，优先推荐符合上市条件的国有重点企业，并鼓励国有企业通过发行股票收购兼并亏损的企业。显然，这与证监会所应扮演的角色不相符，如同有学者指出的那样，中国证券市场出现的种种问题的根源出在公理体系上，证券市场应是投资者获得回报的场所，而我国证券市场实际上是国有企业融资的渠道。①

另一方面，证监会与投资银行过于亲密的关系也影响到了监管作用的发挥。众所周知，我国证券市场上投资银行绝大部分实际控制人均为政府或代表其履行管理职能的政府机构。历史上，我国还曾经出现证监会直接管理安信证券的情况。由此可见，国内的证券监管并不是一种独立的第三方，而是一种利益的参与方，监管机构不能与证券市场保持充分的距离，其利益已经在一定程度上同上市公司、市场中介的利益相混同，市场中介与其

---

① 参见许小年：《从企业本位论到股东本位论——由〈基金黑幕〉引发的联想》，载《国际经济评论》2000 年第 6 期。

说是监管对象,不如说是政策工具。[①] 因此,这造成对当前中介机构的监管难题:对于中介机构,监管者往往将之作为政策工具,荣辱与共。[②] 不仅如此,在我国证券市场发展过程中,投资银行一直被视为监管层调控市场的重要力量,并因此付出了沉重代价。例如,2015 年为了应对证券市场大幅下跌带来的风险,中信证券、海通证券、银河证券等 21 家证券公司为了相应证券业协会的号召,共同出资合计不低于 1200 亿元,用于投资蓝筹股 ETF(交易型开放式指数基金),以维护市场的稳定。[③]

2. 私人执行机制因运转不畅而威慑不足

在国外,特别是在英美法系国家普遍受到重视的私人执行机制,在我国却历经坎坷,对投资者直接起诉投资银行进行种种限制,使我国的私人执行机制一直处于"跛脚"的状态,对投资银行的制约无从谈起。国际货币基金组织、世界银行也指出:"在中国,法律制度(尤其是民商事司法领域)以及由机构投资者和其他市场参与者的市场约束对公司治理的效力并不像在其他国家那样大,这些因素综合起来,削弱了民事诉讼对合规产生的实质性影响。"[④]具体表现为以下两方面。

其一,我国司法机关对投资者起诉投资银行违反勤勉义务的行为持排斥的态度。2001 年 9 月《最高人民法院关于涉证券民事赔偿案件暂不予受理的通知》(法明传〔2001〕406 号)就明确提出暂不予受理虚假陈述引起的民事赔偿案件。最高院的做法实质是鼓励失信行为、不法行为,纵容一些不合法、不公正的利益格局。[⑤] 该做法受到了市场强烈的批评,2003 年 2 月实行的《最高人民法院关于审理证券市场因虚假陈述引发的民事赔偿案件的若干规定》对此予以改变,法院可以受理类似的案件,但必须以证券监管机构作出生效处罚决定为前提。该规定依然使投资者起诉投资银行显得困难

① 陆一:《闲不住的手——中国股市体制基因演化史》,中信出版社 2008 年版,第 129 页。

② 彭岳:《跨境证券融资的法律规制:以境外公司在境内上市的监管为视角》,法律出版社 2011 年版,第 207 页。

③ 参见中国证券业协会:《21 家证券公司联合公告》,载 http://www.sac.net.cn/tzgg/201507/t20150704_123599.html,最后访问日期:2018 年 9 月 7 日。

④ 国际货币基金组织、世界银行编著:《关于中国遵守〈证券监管目标和原则〉详细评估报告》,中国证券监督管理委员会译,中国金融出版社 2012 年版,第 12 页。

⑤ 参见刘俊海:《现代证券法》,法律出版社 2011 年版,第 568 ~ 569 页。

重重，有学者对我国2002年初到2011年底十年间共提起的65宗证券虚假陈述民事赔偿案件进行研究后发现，我国证券虚假陈述民事赔偿案件提起率较低的原因在于法院在立案、审理、判决和执行等各方面都存在问题，使投资者在诉讼过程中需要“过关斩将”，严重影响了投资者提起诉讼的积极性。[①] 另有学者通过对2001年至2011年6月的130个虚假陈述行政处罚案例研究发现，有90家被处罚上市公司(占比67.67%)未被提起民事诉讼，其原因也是在于法院。[②] 可以看到：最高人民法院的做法实质上只是给投资者画一个象征意义上的“大饼”，并且转嫁了政治风险。[③]

其二，投资者实际支付权利未能得到直接确认，导致投资银行与发行人的关系过于亲密，使得投资者行权意识及环境都受到限制。一般而言，投资银行获取相关的收入是基于与发行人签订的服务合同，但实践中，投资银行所获得的收入均是发行人从募集资金总额扣除相应比例后所支付的。因此，发行人所支付的资金本质上来源于投资者，但是这部分资金支付的权利却由发行人来行使，使投资银行可以当然忽略投资者的存在，并唯发行人马首是瞻。而这也正是投资银行很难摆脱发行人影响之所在。正如科菲教授所言：“关于当代看门人服务市场的一个令人惊讶的事实是，看门人不是受雇于他们的服务对象即投资者，而是受雇于他们的监督对象即公司管理层。……‘看门狗’如果被它们所应当看管的人所雇，就往往会变成了宠物，而不是守护者。”[④]而且，在我国投资银行与发行人还有着更深的利益纠葛，其可以通过开展直投业务的子公司对拟推荐的发行人进行投资。虽然我国也出台相关规定规范投资银行业务与直投业务之间的关系，但实际上市场操作空间仍然较大。投资银行即便是在获得较少发行与承销收入的情况下，依然有很强的动机将发行人推荐上市。因而，当发行人存在瑕疵时，

---

① 参见黄辉：《中国证券虚假陈述民事赔偿制度：实证分析与政策建议》，载《证券法苑》2013年第2期。

② 参见何朝丹：《“虚假陈述证券民事诉讼”法律实效研究》，载《证券法苑》2011年第2期。

③ 参见耿利航：《中国证券市场中介机构的作用与约束机制——以证券律师为例证的分析》，法律出版社2011年版，第146页。

④ [美]约翰·C.科菲：《看门人机制：市场中介与公司治理》，黄辉、王长河等译，北京大学出版社2011年版，第384页。

投资银行是否能够履行勤勉义务则显得疑问重重。

3. 投资银行内部约束机制因制度不完善而控制不力

在我国,投资银行从事发行与承销业务主要经历项目承揽、初步调查、立项、全面尽职调查、制作申报材料、内核、上报材料等环节。而投资银行内部所能约束的环节主要为立项、内核等。但实际上,就立项环节而言,由于从业务的接触到初步调查,均是投资银行具体从事发行与承销业务的人员在主导,内部质量控制部门通常情况下只进行书面审查,并根据投资银行业务部门提交的初步尽职调查报告判断可能存在的问题或风险,这难以发现真正的问题所在。在内部约束环节中,内核是投资银行上报材料的最后一道防线,也是投资银行内部约束体制最为重要的环节。然而,在这方面,我国投资银行的内核机构有着先天的缺陷,主要表现在以下几个方面:(1)投资银行内核决策机制不健全。目前,国内投资银行内核工作运转一般以召开会议的形式来对项目进行审查,很多时候由于投资银行人员经常出差,多数时候是以电视电话会议的形式进行,很难对有关项目进行深入的讨论,不足以对整个项目做出相对客观的判断。同时,由于投资银行内核过于注重对项目后期的控制,忽略了前端审查,导致有些项目未能在入口做好控制,有些项目经过长期的人力、物力的大量投入后,内核基于利益的考量应予否决而未能否决。(2)投资银行内核部门依附于投资银行保荐业务部门。从目前各大证券公司披露的信息来看,投资银行内核机构都是隶属于投资银行保荐业务部门,作为投资银行业务开展的一个环节在发挥作用,处于一种自己监督自己的境地,风险控制的独立性和有效性均不足,甚至有可能沦为形式。同时,由于内核小组的组成人员多半为投资银行业务骨干,基于业务之间互相牵制的考量,不能完全独立公正地对项目进行审查。(3)投资银行项目的人身依附性较强。一般而言,投资银行项目与项目承揽人有着很强的人身依附关系,往往项目从承揽、承做乃至申报都是同一人主导,并与项目公司保持较好的沟通协调关系,投资银行其他人员很难实质性介入。由于每个项目都投入了大量的人力和物力,一旦项目在投资银行内核未获得通过,承揽人通常会考虑将该项目携带到其他公司重新进行审核,以求获得推荐。实践中也曾发生某些项目在有的公司内核未获通过,而其他公司给予通过,并成功发行上市的案例,这导致投资银行内核时不能足够坚持自己的专业判断。

而且,我国投资银行内部追责机制存在的不足,也使内部约束机制效力相对有限。虽然我国《证券发行上市保荐业务管理办法》第62条、第63条、第69条、第70条对投资银行内核负责人未诚实守信、勤勉尽责地履行相关义务需承担相应责任作了一些规定,对保荐代表人及项目协办人应承担的责任规定在其他条款之中,但对其他成员未作相关规定。当然,对于投资银行内核负责人而言,至少在形式上已经足以促进其尽量勤勉尽责,但毕竟一个人获取信息以及进行判断的能力有限,对项目最为了解的很可能是项目组人员,在法律对其责任未有明确规定情况下,在衡量项目收益与风险结果后,项目组人员很容易出现道德上的风险,目前虽然可以通过问核制度加大其他人员的工作压力,推动项目组履职尽责,但毕竟真正最终承担责任是内核负责人,对实际情况最为了解项目的人员未能带来明显的约束力。虽然证监会为了保证内控制度的执行效果,已发布相关规定要求投资银行内部建立追责机制,追究其他项目人员的责任。① 但实际上,由于投资银行工作的特殊性和人员较高的流动性,内部追责制度运转低效。此外,公司内部追责机制很容易给从业人员带来较大的工作压力,在其他同行业公司未有统一追责标准的情况下,人才流失的风险让投资银行建立和执行追责机制时慎之又慎,执行效果大打折扣。

我国投资银行内部约束制度的不足,还体现在所秉承的价值理念上。我国投资银行在长期的实践中,为了应付发行审核制度的要求,总结出一套"业务简单易懂、历史清白、符合传统审核理念要求的企业容易过会"的独特经验模式。② 证监会在对投资银行进行现场核查时也发现:投资银行在召开内核会议对拟申报的材料进行审核时,内核委员更加关注于揣测、满足监管机构可能提出的各种问题,所提出的解决问题方式也是不断试探监管机构的监管底线,而不是发现和解决拟发行企业存在的问题、风险隐患。③

---

① 《关于进一步加强保荐机构内部控制有关问题的通知》(发行监管函〔2013〕346号)规定:"保荐机构应进一步提升内控制度的执行效果,建立起配套的追责机制……对保荐代表人和其他项目人员违反制度规定的行为,要及时予以制止,情节严重的要追究其责任。"

② 参见沈朝晖:《证券法的权力分配》,北京大学出版社2016年版,第42页。

③ 参见沈朝晖:《证券法的权力分配》,北京大学出版社2016年版,第42页。

有学者在对海通证券、广发证券和华欧国际三家投资银行的问卷调查中发现有 43.75% 的人认为公司的政府背景是影响其承销业务市场份额的非常重要因素;34.375% 的人认为公司的寻租能力是影响公司承销业务市场份额最为重要的因素;40.625% 的人认为公司的承销行为受到证券监管当局处罚或诉讼对公司承销业务市场份额有影响,但并非十分重要;对于公司承销股票上市后业绩迅速变化这一因素,认为非常重要的人仅占 9.375%。[①] 在这样一种价值理念的导向下,投资银行的任务极有可能从应对发行人勤勉尽责地进行调查,演变为如何使欺瞒变得更加难以识破。因此,基于这种理念下,产生出来的必然是"毒树之果"。

4.发行承销费用支付机制因以结果为导向而防控不够

实践中,我国投资银行与发行人合作之初,一般都会签订一个框架协议,内容涉及财务顾问、发行与承销、持续督导等,框架协议所涉及的收入支付一般都是围绕这三个阶段进行。具体而言,财务顾问的收入仅能供投资银行业务人员维持飞机票等日常项目费用的开支,即投资银行界俗称的"车马费"。保荐费与持续督导费用一般都是一个固定的金额,在 100 万~200 万元。就一个 IPO 项目的周期而言,这些收入显然不是投资银行最为关心的,真正给投资银行带来可观收入是发行人成功上市后,从发行人募集资金总额中按照一定比例抽取的收入,即便是募集资金总额相对较小,一般也会约定发行与承销收入在 1000 万元左右。而这部分最为重要的收入则完全取决于发行人是否能够成功发行上市。这实际上相当于是一种以成功上市为目的的"风险收入"模式,这在证券市场最为发达的我国香港特区或美国等地都是被禁止的。而且,在这种以募集资金总额为基础获取一定比例的收费模式,即募集资金越大,投资银行获取的收入就越多,客观上也助推投资银行对发行人不利情况进行隐瞒或对真实情况加以粉饰,以获取成功发行上市或更高的发行价格。但是,真正的投资银行家出于维护声誉的考虑,绝不会将价格虚高的证券销售给投资者,而且也会让富有经验的专业

---

① 参见尹蘅:《中国投资银行声誉机制研究》,中山大学出版社 2008 年版,第 117~118 页。

人员对发行人进行调查，这也正是构建有效证券市场的条件之一。① 故而，在我国现行的核准制下，这种投资银行的发行与保荐收入制度就从本质上将投资银行“看门人”功能限定在了以“通过证监会核准”为根本导向，即尽快推动项目过会发行而不是勤勉尽责地审慎核查，进而严重弱化投资银行勤勉义务的履行，甚至异化为与发行人合谋。

5. 媒体监督机制因保障不足而监督不力

实际上，我国媒体监督曾在促进投资银行勤勉义务履行方面起到了重要的作用。证券市场上一些著名的案例都是通过媒体率先披露后，进而由监管部门进行查处的。2001 年 8 月，《财经》率先揭露银广夏造假行为，随后的胜景山河 IPO 事件、立立电子涉嫌二次上市事件、苏州恒久创业板上市失利事件、新大地欺诈上市等的发生，都是媒体直接推动的结果，而这些事件发生的背后都离不开投资银行未能履行勤勉义务。可以说，媒体已经成为证券市场上监督投资银行是否履行勤勉义务的重要力量。

但是，客观上我国的立法却对媒体充斥着不信任的态度。早在 2005 年 10 月，国务院批转证监会《关于提高上市公司质量意见的通知》（国发〔2005〕34 号）主要就是从维护上市公司的利益出发来加强对新闻报道的管理，既要防范对上市公司的失实报道，也要及时予以纠正，并对违背事实、诋毁上市公司的行为严肃惩处。2007 年 1 月发布的《上市公司信息披露管理办法》（证监令第 40 号）第 56 条同样规定了媒体提供、传播虚假或者误导投资者的上市公司信息造成投资者损失的，应承担赔偿责任。② 可见，虽然我国对媒体监督的作用予以了认可，但表述中绝大部分篇幅都是对媒体的负面行为的处罚规定，实际上更多包含着对媒体监督的“不信任”“不放心”。而且，这些关于媒体处罚的规定经常导致媒体遭到起诉，从而影响到了媒体监督作用的发挥，其在监督投资银行是否履行勤勉义务时显得并不

---

① 参见［美］伯纳德·S. 布莱克：《强大证券市场的法律和制度前提》，洪艳蓉译，载《金融法苑》2003 年第 7 期。

② 2007 年 1 月发布的《上市公司信息披露管理办法》（证监令第 40 号）第 56 条规定：“媒体应当客观、真实地报道涉及上市公司的情况，发挥舆论监督作用。任何机构和个人不得提供、传播虚假或者误导投资者的上市公司信息。违反前两款规定，给投资者造成损失的，依法承担赔偿责任。”第 68 条规定：“涉嫌利用新闻报道以及其他传播方式对上市公司进行敲诈勒索的，中国证监会责令改正，向有关部门发出监管建议函，由有关部门依法追究法律责任。”

那么重要。

四、投资银行勤勉义务法律责任追究机制单一且责任分担失衡

一个有效的法律责任制度既要能够辨明谁是真正的责任主体及责任的大小,同时也应保持足够的威慑力。反观我国关于投资银行违反勤勉义务的法律责任制度,与上述标准还存在着较大的差距,具体体现在以下几方面。

(一)责任划分不清晰,投资银行责任过于沉重

首先,发行人与投资银行的责任分担不公平。虽然根据我国证券法律的规定,发行人是信息披露第一责任人,但是由于连带责任制度以及投资银行抗辩权利的缺乏,使得投资银行很多时候都变成了证券违法案件的第一责任人。一般而言,投资银行的地位及资金实力相比众多的发行人,处于一个相对优势的地位。对投资者而言,最为关心的是从谁那里获得赔偿最为便捷,就会选择谁作为索赔对象,投资银行往往首当其冲。特别是证监会推行先行赔付制度后,投资银行更是如此。这直接迫使投资银行在开展业务过程中与客户签订风险规避协议。例如,曾有媒体报道,某投资银行欲借“霸王协议”转移风险,根据相关条款,对于发行人出现的欺诈发行行为,完全由发行人及其实际控制人,或控股股东、高级管理人员等承担责任,投资银行无须承担任何责任。[①] 而且,即便是在不承担连带责任的情况下,就同一违法行为,投资银行承担的责任可能也会比发行人更加严重。例如,根据《证券法》第 192 条和第 193 条的规定,对于存在虚假记载、误导性陈述或者重大遗漏的同一情形,对保荐人的处罚是没收业务收入,并处以业务收入 1 倍以上 5 倍以下的罚款,或暂停、撤销相关业务许可,而对发行人的处罚是责令改正,给予警告,并处以 30 万元以上 60 万元以下的罚款。[②] 显然,这

---

① 参见佚名:《IPO 新规“先行赔付责任”惹争议保荐机构欲借“霸王协议”转移风险》,载 http://www.jiemian.com/article/558381.html,最后访问日期:2018 年 7 月 18 日。

② 《证券法》第 192 条规定:“保荐人出具有虚假记载、误导性陈述或者重大遗漏的保荐书,或者不履行其他法定职责的,责令改正,给予警告,没收业务收入,并处以业务收入一倍以上五倍以下的罚款;情节严重的,暂停或者撤销相关业务许可。”而第 193 条规定:“发行人……未按照规定披露信息,或者所披露的信息有虚假记载、误导性陈述或者重大遗漏的,责令改正,给予警告,并处以三十万元以上六十万元以下的罚款……”

种过于沉重的责任，使投资银行未能在一个公平的环境中尽责履职，导致投资银行将更多的心思用于规避自身风险，建立防火墙，而非更加勤勉工作，有损于专业性工作的质量。

其次，投资银行与其他中介机构的责任配比失衡。我国《证券发行上市保荐业务管理办法》第25条、《保荐人尽职调查工作准则》第6条以及《关于进一步深化新股发行体制改革的指导意见》（证监会公告〔2012〕10号）、《关于进一步推进新股发行体制改革的意见》（证监会公告〔2013〕42号）等都明确指出投资银行应对其他中介机构出具的专业意见进行核查。而且，从实践来看，如兴业证券在欣泰电气案中、平安证券在万福生科案中、信达证券在振隆特产案中均因直接引用，未审慎核查会计师事务所或律师事务所提供存在瑕疵的材料而受到证监会的处罚。这在某种程度上相当于投资银行对会计事务所或律师事务所的不法行为承担了连带责任。这不仅与国际上主流的做法不一，而且也违背一般的法理。根据我国法律规定，会计师事务所和律师事务所出具的财务报告以及法律意见书都是具有法律效力的文件，并不需要第三方再对其真实性进行验证，否则会陷入无休止的循环。如果其存在瑕疵，则由相关的会计师事务所、律师事务所承担相应责任即可。当然，也并不是说投资银行完全可以忽视对会计师事务所或律师事务所出具的文件的核查，当存在明显迹象显示所出具的文件存在问题时，应进行合理调查。而且，毫无前提或限制的要求投资银行对其他中介机构出具的文件进行核查，也与客观实际不符，固然投资银行从业人员一般都具备相应的会计、法律等专业知识，但整体上相比会计师、律师而言，其水准并不具备可比性。正如学者所言："这只能理解为证监会面对目前问题众多的现实而规定的矫枉过正的措施。"①

再次，投资银行与其雇员之间的民事责任未作划分。按照一般法理，投资银行雇员应对文件真实性承担过错责任。因为正是他们的过错，形成了投资银行的过错。但是投资银行的过错却不等于每一个个人的过错。实际情况可能是这个人错这一点，那个人错那一点。所以，具体到每一个个人的过错责任时，还是应该根据其职务的要求和尽职的程度作出具体的分析，从

---

① 朱锦清：《证券法学》，北京大学出版社2004年版，第128页。

而确定其有无过错和过错的大小。[①] 实际上，我国《证券法》立法之初，就试图明确这一问题。1998 年《证券法》第 63 条就明确规定对于投资者因证券公司出具的文件存在不实而遭受损失的，证券公司负有责任的高级管理人员应当与证券公司共同承担连带赔偿责任。[②] 但 2005 年修订后的《证券法》对这一规定予以了修改。时至今日，仅在《证券发行上市保荐业务管理办法》第 62 条中规定证监会可以对未履行勤勉义务的保荐代表人、保荐业务负责人和内核负责人采取监管措施或给予行政处罚，或移送司法机关追究刑事责任。但是自始至终未有涉及其民事责任的规定，即便是在万福生科、欣泰电气等重大案件中，也未有投资银行内部人员被追偿的情况。

最后，投资银行抗辩事由不足。投资银行的抗辩事由主要有时效消灭、请求权人故意、因果关系不成立、吹哨抗辩以及已履行勤勉义务等。这些抗辩事由各自均可成为独立抗辩依据，但根据《证券发行上市保荐业务管理办法》第 71 条规定[③]，即便是在发行人或其董事、监事、高级管理人员故意隐瞒重大事实、发行人已在证券发行募集文件中做出特别提示、发行人及其董事、监事、高级管理人员在持续督导期间故意违法违规等情形下，投资银行也必须证明其已履行勤勉尽责义务才可免责。实际上相当于只存在一个免责标准，就是投资银行已经履行了勤勉义务。同时，根据我国《证券法》第 69 条的规定，投资银行就其违反勤勉义务的行为造成投资者损失的，如果不能够证明自己不存在过错，应当与发行人承担连带赔偿责任。从该条规定来看，我国实行了因果关系推定与过错推定合二为一，这种做法实际上

---

① 朱锦清：《证券法学》，北京大学出版社 2004 年版，第 107 页。

② 1998 年《证券法》第 63 条规定："发行人、承销的证券公司公告招股说明书、公司债券募集办法、财务会计报告、上市报告文件、年度报告、中期报告、临时报告，存在虚假记载、误导性陈述或者有重大遗漏，致使投资者在证券交易中遭受损失的，发行人、承销的证券公司应当承担赔偿责任，发行人、承销的证券公司的负有责任的董事、监事、经理应当承担连带赔偿责任。"

③ 《证券发行上市保荐业务管理办法》第 71 条规定："对中国证监会采取的监管措施，保荐机构及其保荐代表人提出申辩的，如有充分证据证明下列事实且理由成立，中国证监会予以采纳：（一）发行人或其董事、监事、高级管理人员故意隐瞒重大事实，保荐机构和保荐代表人已履行勤勉尽责义务；（二）发行人已在证券发行募集文件中做出特别提示，保荐机构和保荐代表人已履行勤勉尽责义务；（三）发行人因不可抗力致使业绩、募集资金运用等出现异常或者未能履行承诺；（四）发行人及其董事、监事、高级管理人员在持续督导期间故意违法违规，保荐机构和保荐代表人主动予以揭示，已履行勤勉尽责义务；（五）保荐机构、保荐代表人已履行勤勉尽责义务的其他情形。"

是以过错要件代替了因果关系要件，实质上是排除了因果关系作为投资银行违反勤勉义务应承担的责任的要件，认定其存在过错即应承担责任。[①]此外，《最高人民法院关于审理证券市场因虚假陈述引发的民事赔偿案件的若干规定》第19条仅笼统地列举了各种不同的抗辩事由，未明确区分事实因果关系与法律因果关系的判断标准，在实践中，法官不一定能准确把握这两种因果关系的不同。[②]

（二）过于依赖行政责任，忽略了民事责任的运用，且行政责任制度自身问题重重

首先，执法强度明显不足。如果政府越热衷于事前监督，其事后的执行力度可能就越弱。[③] 这种现象在我国得到了真实的体现，证监会对企业申请上市实行严格的事前防范措施，但事后处罚则显得轻得多。证监会前主席肖钢也指出："资本市场案件查实率只有60%～70%，主要是因为执法手段不足，调查困难。"[④]另外也有学者对《证券法》修订生效之日起（2006年1月1日）至2014年12月31日，证监会适用现行《证券法》作出的所有《行政处罚决定书》（315份）、《市场进入决定书》（79份）进行分析后得出："证监会的执法强度很弱，不足以对违法者产生戒惧的效果。"[⑤]在这样一种执法环境下，对投资银行违反勤勉义务的执法同样受到影响。例如，在对投资者利益造成重大损害的"万福生科""欣泰电气"案中，证监会对平安证券、兴业证券仅处以业务收入两倍的罚款，相对于最高处罚5倍的上限，处罚显得过轻。[⑥] "绿大地"案中对联合证券更是仅没收业务收入1200万元，并处

---

① 参见陈甦主编：《证券法专题研究》，高等教育出版社2006年版，第299～300页。

② 参见陈甦主编：《证券法专题研究》，高等教育出版社2006年版，第299页。

③ John C. Coffee, Jr., "Law and the Market: The Impact of Enforcement", *University of Pennsylvania Law Review*, 2007, 156(2), p. 257.

④ 肖钢：《监管执法：资本市场健康发展的基石》，载《求是》2013年第15期。

⑤ 张舫、李响：《对证监会执法强度的实证分析》，载《现代法学》2016年第1期。

⑥ 参见《中国证监会行政处罚决定书（平安证券有限责任公司、吴文浩、何涛等7名责任人）》（〔2013〕48）号，载 http://www.csrc.gov.cn/pub/zjhpublic/G00306212/201310/t20131018_236557.htm?keywords=%E4%B8%87%E7%A6%8F%E7%94%9F%E7%A7%91，最后访问日期：2018年8月13日；《中国证监会行政处罚决定书（兴业证券股份有限公司、兰翔、伍文祥）》（〔2016〕91号），载 http://www.csrc.gov.cn/pub/zjhpublic/G00306212/201608/t20160801_301479.htm，最后访问日期：2018年8月13日。

以1200万元罚款。[①] 这些处罚显然不足以给投资银行带来应有的威慑，反而可能会促使其为了眼前的经济利益，与发行人进行合谋，成为损害投资者利益的“帮凶”。

其次，处罚类型设计上存在瑕疵。根据我国证券法律法规规定，对于投资银行违反勤勉义务的行为，证监会可对投资银行处以的行政处罚主要有申诫罚、财产罚、行为罚等类型，“撤销保荐机构资格”和“没收业务收入，并处以业务收入最高限5倍以下的罚款”是最为严厉的行政处罚。并且，对于情节特别严重的，证监会可以移送司法机关，追究刑事责任。[②] 不可否认，从惩罚严厉性来看，如果能够得到有效执行，其威慑力不言而喻，但现实执行中却不能实现预期效果。特别是除“撤销保荐机构资格”和“没收业务收入，并处以业务收入最高限5倍以下的罚款”之外的处罚措施威慑效果明显不足。例如，证监会对投资银行处以采取监管谈话、重点关注、责令进行业务学习、出具警示函等申诫罚的，一年内处罚次数要累计到5次以上，才能暂停投资银行的保荐资格3个月；出现向证监会或交易所报送的文件存在虚假记载、误导性陈述或者重大遗漏等情节严重的，最多可处以暂停投资银行保荐资格6个月。实践中，从项目承揽、立项到申报证监会一般需要耗费1年左右的时间，而且当前证监会发审委在审项目较多，并按申报先后时间上会审核，暂停保荐资格6个月对投资银行业务开展不会造成实质性影响。此外，处罚类型的设计特别讲究罚款的运用，但这种处罚方式与投资者的损失相比往往偏小，而且罚款直接归入国库，投资者并不能从罚款这种执法手段中获取相关收益，执法的效果有限。

最后，三种责任制度之间的衔接与配合不足，民事责任受到忽视。证监会有关人士指出，近年来我国证监会立案调查的案件，能够顺利作出行政处

---

① 参见《中国证监会行政处罚决定书（联合证券有限责任公司、黎海祥、李迅冬）》（〔2013〕24号），载 http://www.csrc.gov.cn/pub/zjhpublic/G00306212/201307/t20130726_231830.htm，最后访问日期：2018年8月13日。

② 《证券发行上市保荐业务管理办法》第62条规定：“保荐机构、保荐代表人、保荐业务负责人和内核负责人违反本办法，未诚实守信、勤勉尽责地履行相关义务的，中国证监会责令改正，并对其采取监管谈话、重点关注、责令进行业务学习、出具警示函、责令公开说明、认定为不适当人选等监管措施；依法应给予行政处罚的，依照有关规定进行处罚；情节严重涉嫌犯罪的，依法移送司法机关，追究其刑事责任。”

罚的不超1/2,移送涉刑案件最终不了了之的也超过一半。① 这里的数据对民事责任的数据只字不提,实际上这是对整个证券市场法律责任制度执行情况的真实写照。在投资银行违反勤勉义务领域同样如此,近年来发生的胜景山河、绿大地、万福生科、欣泰电气等案件,投资银行这种严重违反勤勉义务的行为不仅未受到刑事责任追究,而且行政处罚畸轻,个别案件中投资者主张民事赔偿都极为艰难。例如,在绿大地案中,昆明中院对投资者的诉求不理不睬,该案甚至被认为是投资者维权艰难的标志性案例。② 证监会推出的先行赔付制度,虽然使投资者获赔的速度得到提升,但实际上形成了对民事责任追究的隔断,看似保护投资者利益,实际上更倾向于维护投资银行的利益。

第三节　我国投资银行勤勉义务制度的完善

投资银行勤勉义务制度设计的目的是通过赋予投资银行勤勉义务,促使投资银行勤勉地进行核查,从而提升证券发行质量,保护投资者利益,维护证券市场的健康发展。但是,由于投资银行勤勉义务规制理念的偏差、判断标准缺失、实现机制激励与约束不足以及法律责任制度不健全等因素的影响,使得本应作为证券市场看门人的投资银行很难发自内心地勤勉尽责。换言之,投资银行勤勉义务制度存在的问题,使其不但未能有效遏制投资银行未履行勤勉义务的行为,在某种程度上,反而刺激了投资银行的违法冲动,有些投资银行甚至与发行人沆瀣一气,严重挫伤了投资者的投资信心和热情,也给整个投资银行业带来了巨大的负面影响。"法律不可能长期以日益低下的效率做愈来愈多的工作。"③因此,对于投资银行勤勉义务制度

---

① 近年来,证监会每年立案调查110件左右,能够顺利作出行政处罚的不超过60件。每年平均移送涉刑案件30多件,最终不了了之的超过一半。参见肖钢:《监管执法:资本市场健康发展的基石》,载《求是》2013年第15期。

② 参见杨桐:《绿大地的上市路考问现行审批制度》,载 http://finance.ifeng.com/news/macro/20120716/6765139.shtml,最后访问日期:2017年9月18日。

③ [美]伯纳德.施瓦茨:《美国法律史》,中国政法大学出版社1997年版,第332页。

所存在的问题，应尽可能地创造条件予以完善。如果看门人制度缺乏改革，其结果是重复的看门人失败将继续。①

一、重塑我国投资银行勤勉义务规制理念

理念是根本性力量。美国法学家卢埃林言："在人类的所有的事务中，通向维系公正的主要道路的工作一直是，也必将仍然是建立一个信念，即哪些工作能够按照人们的期待完成。有害的东西，技艺内部的'腐蚀'并非来自错误的描述，而是来自于对理想以及致力于实现理想的信念的消逝。"②我国也有学者指出：我国现行证券法存在缺陷的主要原因是理念性的而不是技术性的，立法理念偏离了应有的证券市场状态与证券法理想。③ 投资银行勤勉义务制度之前的构建不可避免地受到其影响。一旦未正确的理念得以确立，法律就会依靠其合法的力量将这些观念强加于人并运用各种手段实现这些价值观。④ 因此，在完善投资银行勤勉义务制度过程中，必须有一套与之相适应的价值理念作支撑。

（一）由权力本位向权利本位转变

历史是具有惯性的。我国历史上一直存在一个强大的中央政府，并拥有广泛的权力。特别是我国证券市场的发展并不像欧美国家是自发式的，而是构建式的，自始至终都是由政府所主导，这必然导致我国证券市场长期受到政府权力的巨大影响，制度设计上始终以政府权力的行使为核心和主导。投资银行勤勉义务制度的设计上也同样如此，虽然赋予了投资银行一定的权力，但是仍然保留最为重要的否决权，而且对投资银行未勤勉尽责的行为予以处罚。更为重要的是：在政府的权力架构里，更多关注的是如何通过制度设计才能更加有效快速地获得融资以促进经济增长，虽然保护投资

---

① John C. Coffee, Jr., "Gatekeeper Failure and Reform: The Challenge of Fashioning Relevant Reforms", *Columbia Law and Economics Working Paper No.* 237. September 2003, Accessed October 11, 2017. http://ssrn.com/abstract=447940.

② ［美］卡尔·N. 卢埃林：《普通法传统》，陈绪刚、史大晓、仝宗锦译，中国政法大学出版社 2002 年版，第 227 页。

③ 参见陈甦、陈洁：《证券法的功效分析与重构思路》，载《环球法律评论》2012 年第 5 期。

④ ［美］詹姆斯·威拉德·赫斯特：《美国史上的市场与法律》，郑达轩等译，法律出版社 2006 年版，第 100 页。

者利益与促进经济发展从长远来看并不矛盾，但监管机构认为增强资本市场竞争力就是要做大资本市场规模的执念，常常使监管机构偏离保护投资者这一核心目标。[①] 我国投资银行勤勉义务制度就包含这些矛盾体，一方面要求投资银行承担接近没有底线的义务，另一方面却对投资银行违反义务的行为睁一只眼闭一只眼，归根结底源于权力本位。

证券市场的发展历史表明：一旦投资者的经济活动受到法律的保护，违规者受到法律的制裁，人们就可以通过开展投资活动来实现自己的梦想。但“水能载舟亦能覆舟”，如果投资者的利益得不到保障的话，则有可能变成资本市场衰落的力量。因为，在一个缺乏健全游戏规则或者尽管有这样的规则却无执行机制保障的条件下，我们很难指望来到这个市场的博弈者会有一种持续参与的动力，而不是抱着“捞一票就走人”的心态。[②] LLSV经过实证研究发现：从长远来看，对投资者的有效保护程度直接决定了金融发展水平和模式的差异。[③] 因此，证券市场得以成功的症结，就在于投资者主权地位的确立。[④] 投资银行勤勉义务制度作为投资者保护的重要措施，关键不是在于能够为证监会分担多少的审核压力，而是在于能够给投资者带来多大程度的保护。但是，在我国投资银行承担勤勉义务这一制度现实则是政府要求投资银行直接服务于自己，间接服务于投资者。

党的十八届三中全会通过的《中共中央关于全面深化改革若干重大问题的决定》明确提出要正确处理政府和社会组织关系，激发社会组织活力。李克强总理在论及经济体制改革时也指出：改革的关键是市场能做的就让市场去做，社会可以做好的就让社会去做。[⑤] 在这样的背景下，立法部门及证监会更应适时地转变理念，从投资者权利本位的角度而不是从便捷权力

---

① Elizabeth F. Browne，“The Tyranny of the Multitude is a Multiplied Tyranny：Is the United States Financial Regulatory Structure Undermining U. S. Competitiveness?”，*Brooklyn Journal of Corporate，Financial & Commercial Law*，2008，2(2)，pp. 374 – 376.

② 参见黄韬：《“金融抑制”与中国金融法治的逻辑》，法律出版社2012年版，第160页。

③ 参见皮天雷：《法与金融：理论研究及中国的证据》，中国经济出版社2010年版，第193页。

④ 参见吴敬琏：《改革：我们正在过大关》，生活·读书·新知三联书店2001年版，第257页。

⑤ 李克强：《国务院总理李克强2013年9月10日在大连会见出席2013年夏季达沃斯论坛的企业家代表时的发言》，载 http://news. xinhuanet. com/2013 ~ 09/10/c_117313822. htm，最后访问日期：2017年9月29日。

行使的角度，将投资银行勤勉义务制度的内涵及价值落到实处。

（二）效率优先转向公平与效率并重

经济法价值、功能和理念的特点在于社会经济效率和社会经济公平。[①]社会经济效率和社会经济公平在证券法主要表现为投资者保护与便利融资，核心在于平衡好二者的关系。但是实践中，二者常常是此消彼长的关系，特别是投资者保护经常让位于对便利融资的追求。《国务院关于推进资本市场改革开放和稳定发展的若干意见》（国发〔2004〕第3号）所确立的"先发展、后规范"的思路，实际就是意味着"效率优先"。在这种占主流地位的理念指导下，投资银行勤勉义务制度偏向了便利融资，对投资者利益保护成为了投资银行在业务过程中附属的追求，大量违法违规案例的发生某种程度上成为必然。投资银行勤勉义务制度产生之初，就是人们力求将公平正义以可靠并可以直观的方法予以实现的努力，对效率的过分追求违背了这种"初心"。

事实上，公平与效率二者之间是内在统一的。从历史上来看，公平与效率之间二者关系的论证理论似乎已经取得了某种共识。菲尼斯的自然法学要求"对各种价值不应专横地偏爱""在某个行为中尊重每一个基本价值"，但也不否认"在理性的范围内有限地考虑结果：功效"。[②] 又如博登海默指出：法律制度必须符合正义的要求，否则从长远来看，就不能提供秩序与和平。[③] 由此，公平应当是法律价值追求的首要目标，在证券市场上，要能够实现实质上的公平，至少应包含以下两个方面内容：一是证券监管机关对各市场主体一视同仁，不得滥用职权损害其他市场主体的合法权益；二是发行人和证券中介机构应根据商业准则规定的标准，以公平和平等的方式对待投资者。[④] 故而，对于投资银行勤勉义务制度而言，投资银行所承担的勤勉义务相对于证券市场的中介机构而言是公平的，其在履行勤勉义务过程中对待投资者也应是公平的。值得注意的是：公平不是绝对的，在公平实现过

---

① 漆多俊：《经济法基础理论》（第4版），法律出版社2008年版，第140页。

② 沈宗灵：《现代西方法理学》，北京大学出版社2003年版，第73～74页。

③ 参见[美]E.博登海默：《法理学——法律哲学和法律方法》，邓正来译，中国政法大学出版社2004年版，第330页。

④ 宋晓燕：《证券法律制度的经济分析》，法律出版社2009年版，第212页。

程中,特别容易受到民粹主义的影响,可能会使投资银行承担勤勉义务的程度越来越重。

投资银行勤勉义务制度设计对公平价值的追求,并不意味着对效率的忽视。证券市场的产生本身就是效率价值的直接要求及体现。法律的内在的经济逻辑就是以有利于提高效率的方式分配资源。① 而且,不具有效率的法律规则最终会被有效率的法律制度所取代。② 事实上,越来越多的学者把涉及证券发行监管规则的功能定位于促进"分配效率"的一种途径,即鼓励投资者在清楚了解(股票发行筹集资金所流向的)特定项目风险和收益的基础上进行投资。这个目标不仅符合投资者的利益,而且对于公司和整体经济而言也大有好处,因为有效的监管有利于稀缺的投资资源分配给回报最高的项目。③ 投资银行勤勉义务制度所要做的就是把特定项目的风险真实、准确、完整地呈现给投资者,促进效率价值的实现。

虽然,公平与效率之间常常会存在"困难的折中",现实中也一直呈现出治乱循环的固定模式,特别是在金融危机之后,总是出现监管机构过分重视安全而抑制效率,或者为了加快经济发展又过分强调效率的情形。④ 但这也并必然意味着强调公平就会忽视效率,或者追求效率就会牺牲公平。在以效率为基因的证券市场机制下,投资银行必然有追求更多利益的冲动,即便是承担了勤勉义务同样如此。公平价值的实现并非是要牺牲这种利益为前提,而是对其盲目追求效率的金融行为进行矫正。⑤ 因此,投资银行勤勉义务制度背后的理念应转向公平与效率并重,方能发挥最大的效应。

---

① 参见张文显:《法哲学范畴研究》(修订本),中国政法大学出版社 2001 年版,第 219 页。

② Mariusz Golecki, "Economics of Law as Ajuris Prudential Theory", *German Working Papers in Law and Economics*, Vol. 2002, Paper 13. Accessed September 18, 2018. http://citeseerx.ist.psu.edu/viewdoc/download;jsessionid=9F49941A4685ABB6D6C567689F9F826C?doi=10.1.1.331.6721&rep=rep1&type=pdf.

③ [英]保罗·戴维斯、莎拉·沃辛顿:《现代公司法原理》(第 9 版),罗培新等译,法律出版社 2016 年版,第 886 页。

④ 参见邢会强:《金融危机治乱循环与金融法的改进路径——金融法中"三足定理"的提出》,载《法学评论》2010 年第 5 期。

⑤ 冯果、李安安:《收入分配改革的金融法进路:以金融资源的公平配置为中心》,法律出版社 2016 年版,第 19 页。

(三)管制主义向公开主义转变

公开是相对于管制而存在,是现代证券立法的指导性哲学。“一部证券法,洋洋数万言,归根结底就是两个字:公开。”[①]实际上,投资银行勤勉义务制度的产生正是这种公开哲学指导的直接结果。只有强调信息需要公开,投资银行的勤勉义务才有存在价值。但是,长期以来,我国奉行的是管制型的立法,投资银行承担勤勉义务是为了管制发行人以及管理投资银行自身而予以设立。这种金融管制型立法割裂了金融立法与金融内在秩序之间的联系,导致金融从业者需要分别面对和管理政治风险及市场风险,最终会使金融市场被过度规划与设计而无法扩展合作秩序,并会因缺乏创新活力而日趋萎缩。[②] 但是,“资源的配置都是特定决策的结果,而人们做出的任何决策都基于给定的信息”。[③] 这些给定的信息就是源于我们所言的公开。

“公开主义”实质是将监管的权力逐步回归市场主体,让市场主体发挥监督作用的同时也应逐渐培养投资者“理性投资”的意识,逐步从对监管机构过多的“依赖感”中解脱出来,卸下监管机构想放却始终放不下的“包袱”。《中共中央关于全面深化改革若干重大问题的决定》提出:“推进股票发行注册制改革。”中国证监会出台的文件也多次表明应强化信息披露为中心的监管理念。这表明:我国的证券监管哲学正在发生转向,即由管制主义转向公开主义。但是目前,我国对投资银行仍然有着极强的管制,这就使得投资银行即便是以第三方专业机构的面目出现,也主要是服务于监管的需求,而不是我们所称之的“看门人”。证券监管机构与投资银行之间的关系成为“我想怎么样,你就得怎么样,而不是应该怎么样”。可见,在管制主义下,即便是实行所谓的“公开”,也只是为了管制的目的。在此种情形下,投资银行勤勉义务制度仅是监管机构维护发行人质量的工具,而不是投资者维护权利的基石。因此,唯有从管制主义转向公开主义,投资银行勤勉义务制度才能起到应有的作用。

---

① 朱锦清:《证券法学》,法律出版社 2004 年版,第 1 页。

② 参见张建伟:《复杂金融世界里的法律变革》,载《金融法苑》2015 年第 1 期。

③ [英]哈耶克:《个人主义与经济秩序》,贾湛等译,北京经济学院出版社 1991 年版,第 74 页。

二、重构我国投资银行勤勉义务判断标准

诚然,投资银行勤勉义务判断标准对于投资银行行业自身和投资者的保护都有着重要意义。但是,我国投资银行勤勉义务判断标准不仅缺乏必要的抽象性判断标准,而且在具体的判断标准上也有诸多不尽如人意之处。反观证券市场比较发达的国家或地区,其所确立的“谨慎人”标准、“理性人”标准等都相对较为清晰,不仅便于执法部门对投资银行进行监管,也有利投资者进行维权,并将投资银行的责任限定在一个合理的限度内。鉴于此,应汲取相关国家或地区的经验,结合实际,对我国投资银行勤勉义务判断标准进行完善。

(一)完善投资银行勤勉义务判断标准的基本考量

投资银行勤勉义务判断标准完善的基本考量,实质上是一种价值取向的问题,直接关系到要建立一个什么样的判断标准。鉴于此,我国完善投资银行勤勉义务判断标准时,应考虑以下基本因素。

1. 抽象与具体相结合

标准必然是抽象的。投资银行勤勉义务本身就是一个抽象性的概念,在投资银行执业过程中体现为各种各样的行为,对其是否勤勉进行判断只能是一个抽象与具体相结合的标准。因为,对于多数行为,成文法并没有规定需尽到怎样的注意才是合理的,法律并没有精确地说明合理注意、一般注意以及特别注意等这些标准,这些法定标准通常取决于规范、实践,以及公众的价值观。[①] 实际上,无论是英美及我国香港特区,还是德日,都确立了抽象的判断标准。特别是美国投资银行勤勉义务的判断标准实际上主要就是抽象性标准,其一直试图制定更为明确的具体标准因各种缘由而未能成功。但是,从实践来看,美国完美地实现了抽象与具体的结合,其将成文法或判例法中的抽象标准,通过一个个具体的判例予以不断地调整适应,使之始终能够符合实践变化需要。

在本质上,投资银行勤勉义务判断的抽象标准也是来源于对一个个的

---

① 参见[美]罗伯特·考特、托马斯·尤伦:《法和经济学》,张军等译,上海三联书店、上海人民出版社1994年版,第454~455页。

投资银行行为进行判断的过程中不断检验和总结而形成的,正是这些具体的行为构成了抽象标准的基本环境。因此,投资银行勤勉义务的抽象性判断标准实质上是与投资银行的具体行为紧密联系在一起的。虽然这些具体的行为也是一种判断标准,但是其无法说明尽到何种程度的努力就符合勤勉义务的要求,以及行为时投资银行是否尽到了合理的注意,而这些抽象性标准针对的正是投资银行勤勉义务的程度。而且,从客观上来说,任何法律都不可能对所有的情形一一作出规定,通过法律逐一规定所有投资银行的勤勉义务判断标准也不现实。同时,再抽象的标准也不是万能的,也不能够衡量所有投资银行履行勤勉义务的情况。因此,我国在建立投资银行勤勉义务判断标准时,应构建抽象与具体的结合体,即确立一个具有普遍适用性的投资银行勤勉义务抽象性判断标准的同时,辅之以投资银行履行勤勉义务应从事相关行为的具体规定。

2. 宽严适度

投资银行承担勤勉义务是必要且适当的。当然,作为投资者而言,天然地希望投资银行承担越严格的责任越好,但不能因此将证券发行市场不当行为都归功于投资银行未履行勤勉义务。投资银行勤勉义务判断标准功能之一就是在投资者与投资银行之间建立了一个界线,缓和二者之间的对立。但是,这个界线如何建立以及建立在何处决定着其功能能否有效发挥。投资银行作为证券发行市场的中介机构,居中联系着发行人与投资者,以其专业的技能为二者交易的达成提供服务。如果任何的发行瑕疵行为都可归结于投资银行未尽勤勉义务,则这一中介机构的设置就显得多余。因为实际上无论投资银行如何努力都不可能避免不会发生不当发行行为,其结果要么是投资银行选择退出这种服务市场,或干脆在履行职务行为中敷衍了事。反之,如果投资银行勤勉义务的判断标准过于宽泛,投资银行可能会因缺乏必要的约束而肆意妄为,使勤勉义务制度形同虚设。同时,监管机构也可能出于政策的考量,要求投资银行承担“莫须有”的责任。因此,投资银行勤勉义务的判断标准要坚持宽严适度的原则,既要防止投资银行陷入无穷尽的泥潭,又能对其施加合理的约束,使投资银行只有通过勤勉义务的履行才能避免所承担的风险。

（二）建立我国投资银行勤勉义务的抽象性判断标准

投资银行勤勉义务抽象性判断标准应根据最为典型的特征来确定，不仅对众多具体的行为都具有明显的指向性，而且也能够弥补业务规则的不足。英美、乃至我国香港特区，都建立了相对完善的抽象性标准。不同的法律秩序面对同样的生活问题，往往采用同样或者十分类似的解决办法，即便在其历史发展、体系和理论的构成及其实际适用的方式上完全不相同。[①]因此，"谨慎人"标准、"理性人"标准这些不朽的法律概念，经历了较长时间的证明仍然行之有效，不应为我们所忽视。

"谨慎人"标准对勤勉义务的要求无疑最为全面和最为严格，其强调的是一种"信托"责任，对投资者的保护最为有利。但是，有关法律的引入不仅需要对法律条文本身的理解，还应对其背后的社会政治环境和司法文化有着深刻的认识，否则会面临着被排斥的风险。目前，我国投资银行勤勉义务制度主体架构主要源于英国及我国香港特区。更为重要的是我国公司法中董事勤勉义务的判断标准是以"理性人"为参照，在观念上相对较为容易接受。此外，"谨慎人"标准在实践中的运用，基本依赖于法官的自由裁量和经验判断，对法官的素质有着较高的要求。客观地说，我国绝大多数的法院当前并不具备如此的水平。因此，在投资银行勤勉义务抽象性判断标准的一般选择上，应以我国香港特区的"理性人"标准为基本的准则。

"模糊的正确胜于精确的错误。"[②]通常情况下，"理性人"标准实际上指的是相同的人在类似情况下为某种行为时都可以达到的一种勤勉程度标准，是对某一行业、某一人群或从事某种特定职业的人提出的应普遍遵循的一般要求，其不针对任何具体的人，是一个类型化的行为标准。换言之，投资银行勤勉义务判断的"理性人"标准是所有投资银行都可以达到的标准，在专业技能、预见力、谨慎、判断等方面代表了而且不超过投资银行业的通常水平，亦即"理性人"标准在法律上消灭了所有投资银行之间的水平、技能等方面的差别，人为地创造出一个所有投资银行都拥有的专业技能和勤

---

① 参见［德］K. 茨威格特、H. 克茨：《比较法总论》，潘汉典、米健等译，法律出版社 2003 年版，第 54 页。

② 沃伦·巴菲特语。胡语文：《K 先生 5 年 40 倍的成功之道》，载《股市动态分析》2014 年第 27 期。

勉程度的参照体。这个标准不会因某家投资银行实际拥有的能力或勤勉度比“理性人”高而有所提高，也不会因某个投资银行在某些方面达不到“理性人”的标准而降低，对所有投资银行而言都是公平的。立法大厅外日常生活中使用的常识性判断标准，有时就是保证法律明确性的最好办法。[①]投资银行勤勉义务“理性人”判断标准实际上就是“立法大厅”之外的一种常识，是投资银行的勤勉程度应达到其他投资银行在相似情况下所应有的勤勉。

因此，投资银行勤勉义务判断的“理性人”标准指的是投资银行在业务过程中的勤勉程度应当达到其他投资银行在类似情形下所应尽到的水平，即投资银行应当具备同行业所应具备的专业能力以及谨慎态度。对投资银行是否妥善履行其勤勉义务的评判，应当根据其实施行为时的环境以及相关事实来作出，而非根据其行为的结果来进行判定。换言之，投资银行在实施某项行动时，如果已经尽到了其他投资银行在类似情况下应有的审慎以及勤奋，那么即使发行人的行为事后给投资者带来了损失，投资银行也不会因此被认定为违反了勤勉义务。当然，如果投资银行宣称具备某种特殊技能或者知识，那么在业务活动中应当运用这项技能或者知识。

（三）完善我国投资银行勤勉义务的具体判断标准

1. 明确区分专家与非专家材料

根据我国《证券发行上市保荐业务管理办法》第 25 条、第 26 条和《保荐人尽职调查工作准则》第 6 条的规定，投资银行应对其他专家如会计师事务所、律师事务所等中介机构出具的意见进行审查核查，如果其他中介机构出具的意见与投资银行尽职调查所获得的信息存在重大差异，应对相关事项进行复核，对其他非专家材料则要求进行独立判断。显然，要求进行审查核查的标准是模糊的，何为审查核查？现实中就直接导致了投资银行事无巨细，进行大量重复性工作。归根结底在于未有明确标准进行区分。多数国家或地区对专家材料一般都采用了“合理信赖”标准，对非专家材料采用了“合理调查”标准，二者要求投资银行所履行的勤勉程度完全不同，即便是在要求最为严格的我国香港特区，其在调查的程序上也有明显的差别。

---

① 参见沈宗灵：《现代西方法理学》，北京大学出版社 2003 年版，第 53 页。

这种区分使投资银行可以集中更多精力关注于其他领域,并在责任承担上公平合理,能够与现行的相关规定相衔接。

当然这种区分并不是绝对的,"红色警报"等规则的存在,使投资银行有时不能仅仅"合理信赖"即可,应进行审慎核查,否则便不能免责。同时,为了防止投资银行对材料进行专家化而逃避责任,专家化的程度和方面都需予以严格的控制。美国证券交易委员会特别指出:承销商不得依赖《第71号审计标准公告》项下包含于注册说明书中临时财务数据有关的报告,作为第11条(b)(3)(c)款项下表明是根据专家权威编制且其没有合理的依据相信是不真实的注册说明。相反,承销商应将未经审计的财务资料与包含于注册说明书中的材料一样,依据第11条(b)(3)(a)款证实,在进行合理调查后,有合理的理由相信且确实相信临时财务数据是真实的。因此,投资银行必须仍然以严格的方式就《第71号审计标准公告》的报告进行尽职调查。故而,投资银行虽然可以依赖纳入注册说明书的会计师审计意见来提起第11条(b)(3)(c)款项下的辩护,但不得依赖会计师就临时财务报表提供的告慰函来提起该等辩护。SEC要求指名编制或者核准注册说明书任何部分或注册说明书方面使用的报告或估值的专家要亲自签署同意意见,不允许注册说明书中的中心数据——有关业务的说明、发起历史、承销安排等,予以专家化。① 正如法官 *Mclean* 在 *Escott v. BarChris Constr. Corp.* 案中所言:"不能认为某位律师编制了整个说明书就可以认为其是专家化资料,这是对成文法的不合理解释。"②同样在 Flight Transp. Corp. Sec. Litig. 案中,法院也认为向承销商提供法律建议并不使注册说明书自动专家化。③ 因此,我国在对专家与非专家材料进行明确区分时,也应适当地建立"红色警报"等规则,避免机械地适用相关规则。

2. 完善抽象性标准与《准则》之间的衔接机制

任何试图仅以某一单独事实或事件作为确定某一特定事实判断标准的

---

① [美]路易斯·罗思、乔尔·赛里格曼:《美国证券监管法基础》,张路等译,法律出版社2008年版,第876页。

② Escott v. BarChris Constr. Corp. ,283 F. Supp. 683, S. D. N. Y. ,1968.

③ Flight Transp. Corp. Sec. Litig. ,593 F. Supp. 616, D. Minn. ,1984.

方法,一定会导致涵盖过多或涵盖不足。[①] 因而,特别是考虑到我国证券市场的不成熟和法院相关经验的缺乏,不能仅仅是建立和完善投资银行勤勉义务抽象性判断标准,对作为投资银行最为重要的具体业务标准的《准则》也应给予足够的重视,并对其存在的问题进行完善,这对维持投资银行一定的业务水准有相当之必要。

实际上,由于具体准则具有足够的明确性,反而使其缺乏必要的灵活性,加之社会的不断变化,《准则》实际规定的勤勉义务标准与客观上要求的勤勉义务标准存在一定的差距。同时,由于投资银行所服务的对象都有所不同,投资银行具体判断标准即便规定得再详细,也不可能完全解决投资银行在业务过程中出现的问题。投资银行在履行勤勉义务的每一道程序或每一个步骤都保持一个"理性人"应有的职业判断,才能够保证工作的质量。而且,由于判断的标准化体系是预先设定的,在实践中可能存在被符号化、空洞化的风险。标准的客观化、具体化看似更能体现信息的准确性,但也可能被用于掩盖事实和推卸责任。[②] 也就是说,投资银行勤勉义务具体判断标准如果作为唯一标准,投资银行规避法律责任的动机与利益驱动,会使其保护投资者利益为目的创造性适用准则变成机械地适用准则,投资银行勤勉义务的履行由投资者利益的保护变成纯粹履行义务本身。因此,只有当且仅当具体业务规则标准是在"理性人"标准指导下方可完整地适用。

一般情况下,投资银行尽职调查工作准则都可以视为投资银行勤勉义务标准的具体化,即投资银行完全按照《准则》的要求,一般就认为其尽到了适当的勤勉义务,但是这并非最终的结论,因为其背后还站着投资银行勤勉义务的抽象性判断标准。因此,《准则》虽然是一种相对较为具体的标准,但不可能涵盖现实中的各种具体情形,应视为勤勉义务判断标准在通常情形下的具体化,并不能保证在所有情况下都适用。在判断投资银行是否履行了勤勉义务时,最终还是要回到投资银行勤勉义务的抽象性判断标准上来。

---

① Basic Inc. v. Levinson,4850. S. 224,236,1988.

② 参见徐可:《信用中介的责任标准——从合规性到合理性》,载《金融法苑》2013 年第 2 期。

（四）确立我国投资银行勤勉义务判断标准的立法形式

任何理论的探讨都是为了解决实际问题。投资银行勤勉义务判断标准的建立依赖于立法的明确。相关国家或地区的立法经验表明，投资银行勤勉义务判断标准的建立过程，实际就是抽象与具体、理论和实践相互融合的过程。目前，虽然我国司法实践对司法判例的作用越来越重视，但由于判例并非我国的法律渊源，投资银行勤勉义务判断标准只能依赖于具有立法权的机关以立法形式予以明确。实际上，我国证券法已经通过相关的立法条文确认投资银行应承担勤勉义务。鉴于司法解释在我国立法中的重要作用，以司法解释形式建立投资银行勤勉义务判断标准也应是可选择的重要选项之一。不可否认，司法解释能够在一定程度上解决投资银行勤勉义务判断标准的可操作性问题，但是以司法解释的形式确立投资银行勤勉义务判断标准并非最佳的方式。因为，司法解释更多运用于司法裁判的过程，而投资银行勤勉义务的具体标准已经通过证监会的相关规定予以一定程度地说明，即便以司法解释形式对投资银行勤勉义务标准予以明确，也只能是确立投资银行勤勉义务的抽象性判断标准，未能在一个完整体系内形成统一整体。而且，投资银行勤勉义务判断标准更多时候运用于一般执法实践，这种未与具体标准有效结合的抽象性标准仍然可能是抽象、空洞的。

因此，基于体系化乃至实践的考虑，投资银行勤勉义务判断标准的立法形式可采取以下方式进行：(1)最大可能地选择利用证券法修改的契机，在《证券法》中确定投资银行勤勉义务的抽象性判断标准，以一般条款的形式确立相对完整的规定，为投资银行提供合理的预期，同时也可以为司法实践提供必要的理论解释基础。(2)对《准则》等具体的规定进行完善，在证券法一般抽象性条款与具体的操作规定之间建立合理的衔接。作为一个处于发展初期的证券市场，具体的操作依据重要性不言而喻。在确立的具体标准里，既要明确投资银行履行勤勉义务的一般程序，也明确投资银行必须履行勤勉义务的事项。但是，最终确定这些程序和核查这些事项是否是合理的行为则是交由抽象性标准判断。

三、完善我国投资银行勤勉义务实现机制

“如果法的规定不能在人们及其组织的活动中实现，那就是一纸空文，

不会带来现实意义,也不能实现法的价值。"[①]投资银行勤勉义务制度作为证券法律系统中的一个构成部分,其目的及价值不仅是靠其自身的制度构成就可实现,还依赖于其他制度的配合。法律对经济调整方法无外乎强制、引导和激励。[②] 因而,一个制度体系的设计是否合理有效,关键在于其是否满足了激励与约束相容条件,即投资银行勤勉义务实现机制在促进投资银行行为符合制度的目的同时,能够给其带来足够的约束。因此,应针对我国投资银行勤勉义务实现机制存在的问题及时进行完善,使投资银行能够按照勤勉义务制度设计的目的进行相关行为。

(一)我国投资银行勤勉义务激励机制的构建及完善

1. 完善我国投资银行薪酬结构,建立更加灵活的晋升机制

作为理性的个体,每个人都有自己的利益,都在追求自己的幸福,这是天性使然,没有什么力量能够改变。[③] 因此,证券资本市场要达到最高效率,必须对投资银行从业人员的天性作出回应。而且,投资银行从业人员作为投资银行价值创造的主体,也应参与价值的分配。同时,投资银行勤勉义务的履行最终体现在投资银行从业人员的具体行为上,其也应获得相应的激励。但是,如前所述,我国投资银行薪酬与晋升机制存在相应的问题,有时产生的效应反而促使投资银行忽略了勤勉义务的履行。鉴于此,应针对存在的问题予以完善。

第一,完善投资银行薪酬结构,避免投资银行从业人员过于关注短期行为。履行勤勉义务本身就是保护或满足投资银行长期利益的行为,也是投资银行长远发展的需要。但是,我国投资银行薪酬制度中存在的"项目承包制""奖励工资与发行成败挂钩"等问题,极大地促使投资银行从业人员的行为短期化,加大了道德风险。薪酬决定机制和薪酬结构是薪酬激励机制的主要改革方向。[④] 薪酬决定机制不难理解,对于投资银行而言,关键是薪酬结构改革方向,其应着重考虑:(1)综合考虑财务和风险管理制度、法

---

① 孙国华、朱景文主编:《法理学》,中国人民大学出版社 1999 年版,第 310 页。

② 漆多俊:《经济法基础理论》(第 4 版),法律出版社 2008 年版,第 147 页。

③ 张维迎:《博弈与社会》,北京大学出版社 2013 年版,序言,第 1 页。

④ 肖璞:《后危机时代中国有效金融监管问题研究》,湖南大学 2013 年博士学位论文,第 40 页。

律法规和职业道德的遵守等非财务指标进行业绩评估;(2)业绩奖金发放应与经营管理风险体现的时间相匹配,且公司可以追回;(3)应采取股票或与股票挂钩形式发放业绩奖金。① 因此,投资银行薪酬制度的完善,主要围绕上述三个方面来进行。

首先,应建立更加具有针对性、多层次的薪酬激励体系。根据马斯洛的观点,个人需求是不断上升的,一旦其需求得到大部分满足,就会寻求新的满足。因此,激励手段欲产生激励他人的最佳效果,必须按照被激励对象目前所处的需求层次来决定。② 基于此,投资银行应采取具有针对性的激励方式,根据员工在公司的不同职位以及在勤勉义务履行中的不同环节,实行不同的阶段性激励,构建起多层次、多元化的薪酬制度。其次,应建立投资银行违反勤勉义务薪酬索回机制。特别是针对投资银行的项目奖金而言,要能够实现风险与收益挂钩和匹配,在薪酬合同中明确索回条款,即当投资银行因从业人员的原因违反勤勉义务时,对此承担责任的员工应将其承做项目所获得的奖金予以返还,或是在薪酬合同中明确投资银行项目奖金的延期支付条款,即投资银行项目的奖金至少应在持续督导期间结束后或在更长的一段时间内才能发放完毕。最后,投资银行应更加重视股权激励的作用。美国学者研究发现:当经营人持有5% ~20%的公司股份时,公司盈利能力最强。因此,在某种程度上,公司是否对员工采取股票股权的激励方式是衡量公司治理结构的有效标准之一。③ 应特别注意通过股权激励等手段,使投资银行从业人员的行为长期化,出于利益的考量自觉履行勤勉义务。但是,投资银行业有着较高的流动性,并且不可能所有的投资银行都会步调一致,如果投资银行从业人员获取薪酬的难易程度差别较大,率先改革的投资银行可能会面临“先发劣势”,造成投资银行从业人员的流失,这也是应当予以考量的。

第二,建立多渠道的投资银行晋升机制,使投资银行从业人员出于对未来职业提升的考虑更加自觉履行勤勉义务。目前,我国绝大部分投资银行

---

① 参见谢平、邹传伟:《金融危机后有关金融监管改革的理论综述》,载《金融研究》2010年第2期。

② 参见陈共炎:《证券公司治理机制与对策》,中国财政经济出版社2005年版,第120页。

③ 参见钱颖一:《激励与约束》,载《经济社会体制比较》1999年第5期。

均属于国有控股企业,关键岗位的管理人员基本由政府及相关部门指派,从而导致投资银行从业人员无论如何努力都缺乏相应的晋升渠道。因此,对于投资银行而言,虽然基于股权支配的因素,大股东拥有较大的人事决定权,但出于市场化的需要,一些重要的岗位也应留给市场人士。而且,对于众多的投资银行从业人员,不可能每个人都能成功占据重要岗位,但也绝不意味着永远就只能留任最初的职位,经过一定的年限和工作表现,就应该处于一个更高的职位,同时该职位能够享受更高的薪酬。因此,在我国现有的体系下,具体从事投资银行业务的部门,应针对投资银行业务的从业人员建立多层级的职位晋升机制,层级越高意味着投资银行从业人员获得投资银行的认可越高。同时,对于投资银行而言,其存在一个"以知识为基础的科层",这一科层能够将不同类型的业务、不同难易程度的业务推荐给不同水平和层次的投资银行家,层级越高的投资银行家能解决更复杂的业务。①这也从客观上要求投资银行必须建立多层次的晋升渠道,对投资银行从业人员的能力进行区分,给其业务能力及职业诚信贴上标签。

2. 完善我国投资银行声誉信息传递机制,增加投资银行滥用声誉的成本

投资银行勤勉义务制度本身和声誉机制都具有明显的道德评价属性,出于自身形象的维护,投资银行都尽量避免产生负面的道德评价。而且,投资银行违反勤勉义务的行为实际上构成了一个负面的声誉,健全完善的声誉机制必将给投资银行履行勤勉义务行为带来重大影响。但是,在当前的市场条件下,声誉机制难以对投资银行施加有效影响,投资银行仍然更加关注短期利益,价格竞争多数时候仍然比服务质量竞争更为重要。也就是说,在现阶段投资银行通过履行勤勉义务所获得的良好声誉并不一定能够给投资银行带来相应回报,声誉机制的激励作用相对有限。即便如此,也不能否认投资银行声誉机制对勤勉义务履行的重要作用,我们所要做的就是在这样一个不成熟的证券市场环境中最大限度地发挥声誉机制的作用。实际上,也有学者通过实证研究表明相对于声誉较低的投资银行,声誉较高的投

① Garicano Luis, "Hierarchies and the Organization of Knowledge in Production", *Journal of Political Economy*, 2000, 108(5), pp. 874 - 904.

资银行所推荐上市的发行人日后出现违规行为的概率较低，而且投资银行的市场占有率也会因发行人违规行为的被揭发而出现明显下降。换言之，投资银行因其不当行为承担了较大的声誉资本损失。[①]

第一，完善投资银行声誉信息传递机制，降低投资者获取投资银行声誉的成本。由于声誉具有较强的信号功能，消费者（投资者）更倾向于将信息准确的声誉机制作为解决信息不完备和不对称的工具。[②] 因为，对于投资者而言，很难具有足够的能力对投资银行所生产的信息进行验证，如果能够有效地获取投资银行有关声誉具体情况，对投资者进行投资决策而言相对较为简单，越高的声誉意味着越准确的信息。而且，投资者获取准确的“声誉”信息后，会对投资银行承做的相关项目“用脚投票”，不再投资其发行的产品或只会愿意以较低的价格购买相关产品，从而使声誉较差的投资银行产生较大损失或失去有关业务机会。但是，这些情况的发生都取决于投资银行声誉能够以一定的载体予以表现并为投资者所获悉。

现阶段，监管机构或受其业务指导的相关机构，在获取及公布投资银行履行勤勉义务方面的信息较投资者而言更具优势，公信力相对较高。因此，应由具有公共属性的机构对投资银行的执业情况和监管机构的相关评价进行完整地记录，并予以公布。具体而言，就是证券业协会要定期对投资银行执业质量进行评价并及时向社会公布；证监会或交易所对投资银行申报的相关材料的具体情况，或其对投资银行履行勤勉义务情况进行现场检查的具体情况有目的地向社会公开，以及证监会对投资银行违反勤勉义务的执法记录等信息能够及时为投资者获取。某种程度上，这实际上相当于要建立投资银行信用报告制度。为了能够使声誉机制发挥最大的效应，有学者甚至建议“在《证券法》中直接规定，要求发行人在有关募集文件中，在醒目的位置，公开披露证券中介机构及其相关从业人员最近 3 年的诚信信

---

① 参见刘志军：《保荐制下的投资银行声誉有效性研究》，苏州大学2009 年博士学位论文，第 129 页。

② 参见吴元元：《信息基础、声誉机制与执法优化——食品安全治理的新视野》，载《中国社会科学》2012 年第 6 期。为了增强对投资者利益的保护，近年来，越来越多的研究将投资者纳入广义消费者的概念，并称其为金融消费者。

息”。[①] 通过这个声誉传递机制的建立，投资者或发行人可以清晰地知道投资银行声誉的具体情况，从而确定是否购买其相关产品或与之进行合作。

第二，增加投资银行滥用声誉的成本，使履行了勤勉义务的投资银行获得的声誉能够给其带来回报。虽然投资银行是证券市场的重复玩家，但是由于短期利益过于显著，声誉损失并不能阻止投资银行违反勤勉义务的行为。这时就需要监管机构采取一定的措施来增加投资银行忽视声誉的成本，即从制度上影响声誉相对较差的投资银行的交易机会或增加其运营成本。虽然我国也采取一些类似的措施，如缴纳更多的投资者保护基金、在一定期限内限制投资银行的经营资格等，但制度效果并不明显。实践中，对投资银行滥用声誉的情形，通常的做法均是增加投资银行忽视声誉的成本。例如，英国伦敦证券交易所基于维护 AIM 市场的声誉和完整性的考虑，即便投资银行满足了 AIM 规则中规定的资格条件，伦敦证券交易所也具有拒绝投资银行申请作为保荐人的权利，或在批准时强加条件，只要交易所认为符合其自由裁量权，而不管申请人在其他方面是否满足资格标准。[②] 此外，根据我国香港特区《创业板上市规则》的规定，如果投资银行在过去 5 年内曾经被公开谴责，则该投资银行被视为适合当创业板保荐人的机会不大。而且，根据我国香港特区《操守准则》的规定，违反该准则时，香港证监会将考虑有关缺失会否意味着有关人士并非适当人选。具体而言，对于缺乏良好声誉的投资银行，应加大其漠视成本。在我国实行核准制的条件下，可根据投资银行近 3 年或近 5 年的声誉记录，采取时间更为延长的暂停或剥夺业务资格、或对其推荐的项目采取差别审核措施等，对其未来业务交易机会产生负面影响。通过增加滥用声誉的成本，对投资银行违反勤勉义务的行

---

① 邢会强：《证券欺诈规制的实证研究》，中国法制出版社 2016 年版，第 192 页。

② “AIM Rules For Nominated Advisers”(July 2018) Part One “Nominated adviser eligibility criteria and approval process”, An applicant will not necessarily be approved even if it satisfies the eligibility criteria and there is no right to be granted, or retain, the status of a nominated adviser. When deciding whether or not an applicant should be approved as a nominated adviser, the Exchange's overriding consideration will be the preservation of the reputation and/or integrity of AIM (including the regulatory obligations ofthe Exchange as a Recognised Investment Exchange under the FSMA Recognition Requirements). Accordingly, the Exchange reserves the right to decline an application or impose conditions on approval as the Exchange thinks fit in its discretion, not withstanding that an applicant otherwise satisfies the eligibility criteria.

为起到震慑作用。

3. 建立健全看门人监督机制，强化看门人之间的监督竞争

"流水不腐，户枢不蠹。"①竞争机制作为市场机制的核心，其作用不言而喻，既能给发行人或投资者乃至监管层更多的选择机会，也可以直接给予投资银行无形的约束，迫使投资银行自觉地提高产品和服务的质量。换言之，竞争既是证券中介机构服务行业的活力之源，也是激励投资银行履行勤勉义务的重要组成。美国、英国等国家以及我国香港特区成功建立了投资银行、会计师事务所、律师事务所等之间相互竞争与制衡的机制，充分发挥了各看门人之间的作用。然而，我国则由于监管机构的偏爱，遏制了不同中介行业之间的竞争和竞争创造的社会福利。② 通过实行"保荐人牵头"的模式，确保了投资银行的主导地位，阻止了看门人之间潜在的竞争，特别是影响了会计事务所、律师事务所等作用的发挥。因此，应对当前缺乏竞争的看门人监督机制进行完善，不能仅仅只是出于监管机构更便于监管证券市场的目的，应更加着眼于市场化改革，通过维护和创造看门人之间的竞争来给彼此之间施加压力，促使其勤勉尽责，从而优化看门人的整体服务质量。

第一，完善投资银行之间的监督竞争机制，施加投资银行履行勤勉义务的外在动力。实际上，各国的实践都已经证明：由于投资银行业要求较高的专业技能以及长期发展过程中积累的声誉资本，使这一行业具备寡头市场的特征，我国每年披露的投资银行保荐承销项目的数量也反映了这一趋势。截至 2018 年上半年，111 家安排上会企业保荐机构中，排名前十的券商共保荐 64 家企业，占 58%；其中 38 家过会，占上半年 58 家过会数的 66%。2017 年，这 10 家券商合计保荐 48% 的上会企业，合计保荐 50% 的过会企业。2018 年，保荐上会企业数排名前十的券商占比 52%。保荐业务更加向大型券商集中。2018 年上半年，67 家新增报会保荐机构中，广发证券、中信证券、中金公司、民生证券、招商证券和申万宏源排名靠前，合计保荐了 35

---

① (战国)吕不韦：《吕氏春秋 · 尽数》。"流水不腐，户枢不蝼，动也。"参见陈仁富主编：《文言文基础知识手册》，延边出版社 1998 年版，第 100 页。

② 参见程金华：《市场治理模式与中国证券律师——基于 1148 家 IPO 案例的实证报告》，载《证券法苑》2013 年第 2 期。

家企业。① 更为主要的是：对这竞争非充分的市场，我国还实行严格的牌照审批制度，人为地阻止其他主体进入证券发行服务市场，阻碍竞争市场的形成。截至2018年8月，我国共有131家证券公司，但由于对投资银行业务实行严格的牌照审批制，只有91家证券公司具备保荐承销资格。② 从未来的一段时间来看，监管机构放弃牌照审批制不具备现实的可行性。在这种制度体系下，唯有确保一定数量的主体进入投资银行业服务市场，保持市场的竞争性。至少，可以让现有的证券公司都可以从事保荐承销业务。值得注意的是：一个能够真实地反映投资银行的"勤勉程度"以及发行人真正品质的资本市场，对促进投资银行之间的竞争也相当重要。由于我国当前发行市场的缺陷，以博彩式的方式进行证券发行，人为刺激投资者参与证券发行市场的"抽奖"，无论发行人的质量如何，基本都能够成功发行并获得较高的市场价格，"中奖"的投资者能获得巨大收益。这直接导致投资者根本不会关注投资银行的工作能力以及发行人的品质，投资银行也无法通过"勤勉工作"而获得更高的声誉。退一步说，当前我国共计91家的投资银行数量，也初步具备形成有效竞争的条件。在这种条件下，需确保其业务资格不是永久性的，且随时会有新的主体加入的可能，同时发行市场的定价机制应能体现投资银行能力的高低和工作质量的优劣。

第二，完善投资银行与其他中介机构的监督竞争机制，实现互相监督与制衡。我国投资银行在证券发行业务中处于绝对主导地位，必然结果是导致其他中介机构的作用受限，并可能将问题"隐形"地推给投资银行。如前所述，证券市场比较发达的国家或地区都十分重视证券市场所有看门人之间作用的发挥，有相当比例的投资银行违反勤勉义务案件的查处，就是来自其他中介机构的监督。例如，洪良国际案的爆发，就是由于毕马威会计师事

---

① 参见易聆：《2018年上半年A股IPO审核形势分析》，载 http://www.sse.com.cn/services/list/events/news/c/4613556.pdf，最后访问日期：2018年8月17日。

② 中国证监会：《证券公司名录》(2018年8月)，载 http://www.csrc.gov.cn/pub/zjhpublic/G00306205/201509/t20150924_284310.htm，最后访问日期：2018年9月16日。

务所将洪良国际存在的财务虚假问题向香港监管机构报告所致。① 在美国也十分强调律师的监督作用，根据美国律师协会发布的《职业行为示范规则》第1.6条和美国《萨班斯—奥克斯利法案》第307条的规定，对一些造成他人的经济利益或财产严重损害的犯罪或者欺诈，律师可以泄露客户陈述的信息。② 因此，完善投资银行与其他中介机构竞争监督机制的首要目标，就是要从制度上强化会计师事务所、律师事务所等主体的作用。从证监会发布的相关规定来看，似乎已经意识到了这一点。证监会发布的《关于进一步深化新股发行体制改革的指导意见》，律师事务所可以撰写招股说明书，对所出具的文件负责；注册会计师应保持合理的职业怀疑态度，严格按照准则出具报告等。但是，与金融市场发达的国家或地区相比，仍有较大的差距，应在制度上直接明确彼此之间的监督功能，促使看门人恪尽职守，形成相互制衡机制。

同时，应对看门人之间监督竞争给予一定激励，对其中检举揭发其他看门人违反勤勉义务行为的看门人，即便其参与了相关不当行为，可视具体情况给予一定程度豁免。因而，可考虑引入反垄断法领域的宽恕制度，宽恕制度的基本内容主要是指垄断违法行为被执法机关发现之前，或者虽已发现但尚未启动调查程序或者已经启动调查但没有取得充分确凿的证据之前，参与垄断违法行为的有关单位或个人为了能够获取减轻或免除处罚的待遇

---

① 2010年2月20日，洪良国际曾试图支付毕马威的审计师刘淑婷额外报酬，遭到刘淑婷拒绝。但随后，毕马威高级经理梁思哲同时也是刘淑婷在洪良国际项目的上司，收受了洪良国际30万港元，将其中的10万港元交给刘淑婷。2010年3月1日，刘淑婷将此事报告给毕马威负责内部调查的合伙人。随即，该合伙人约谈梁思哲。毕马威紧急启动了对洪良国际IPO审计项目的内部核查，并且发现了一些问题，决定将此事报告给相关的监管机构。香港证监会及廉政公署于是相继介入调查。参见香港证监会：《证监会向兆丰资本（亚洲）有限公司施加罚款并撤销其牌照》，载 http://sc. sfc. hk/gb/www. sfc. hk/edistributionWeb/gateway/TC/news ~ and ~ announcements/news/enforcement ~ news/doc? refNo = 12PR39，最后访问日期：2018年5月18日。

② 根据美国律师协会《职业行为示范规则》第1.6条规定，如果律师有理由认为且有必要阻止“可合理地确定会导致对他人的经济利益或财产造成严重损害的犯罪或者欺诈，且客户至今已在运用或正在运用律师的服务以实现上述行为”，那么律师就可以将有关客户陈述的信息予以泄露。同样，如果有理由且有必要去“阻止、减轻或者矫正一方遭受的经济利益或财产方面的损害”或者“有理由可以确定客户在利用律师职务进行犯罪或欺诈”，律师也可以泄露客户陈述的信息。See American Bar Association Model Rule 1.6(b)(2), American Bar Association Model Rule 1.6(b)(3).

主动向反垄断执法机构进行告发,并提供相关证据或信息。[①] 引入宽恕制度,使违法行为参与人处于一种极度不安甚至恐慌的状态,抢先告发成为违法行为参与人规避风险、降低违法成本的最佳选择。这对于形成看门人之间有效的监督竞争机制尤为重要。

(二)我国投资银行勤勉义务约束机制的构建及完善

1.建立一个更加有限有为的证监会

作为一个典型的中央集权国家,行政力量在我国经济社会发展中有着重要的影响。而且,我国的证券市场属于构建式的,行政力量在推动证券市场建立与发展中处于主导的地位。投资者之所以愿意在证券市场中投资,其中的信心之源就是政府的背书,亦即投资者相信投资银行会履行勤勉义务的原因在于监管机构会给投资银行强大的压力。正如马克斯·韦伯所指出的那样,“习惯于某种行动模式、保持这种习惯的本能尤其是保持传统的本能,在促成习惯性的法律秩序方面有着巨大的影响力。这种影响力之强大,远远超过任何威胁性的强制手段所产生的反响……”[②]因此,在完善投资银行勤勉义务实现机制的过程中,不能忽略证监会在规制投资银行勤勉义务中的作用,应使之发挥更为有效的作用。

第一,参照美国SEC的模式,使证监会具备更加广泛的权力的同时严格执法。“繁荣的经济需要强化市场型政府的存在。”[③]美国证券市场发展的成功经验就表明了这一点。美国证监会在美国证券市场发展过程中起到了重要的作用,其中一个很重要的原因就是SEC具有广泛的权力并严格地执法,无论是以资本总市值还是以国内生产总值来衡量,SEC与其他主要资本市场监管者实施的金融处罚水平都存在很大不同,并显著得高于其他

---

① 参见娄丙录:《反垄断法宽恕制度的理论基础与实效保障》,载《法律科学》2010年第5期。

② Edward Shils, Max Rheinstein, *Max Weber on Law in Economy and Society* (1st Ed.), Harvard University Press, 1954, p. 28.

③ [美]曼瑟·奥尔森:《权力与繁荣》,苏长和、嵇飞译,上海人民出版社2014年版,序,第3~4页。同时,世界银行在《1997年的世界发展报告:变革世界中的政府》中也指出:“若没有一个有效的政府,不论是经济的还是社会的可持续发展都是不可能实现的。”参见世界银行编著:《1997年世界发展报告:变革世界中的政府》,蔡秋生等译,中国财政经济出版社1997年版,第65页。

证券市场。近年来,SEC每年从被告那里获得的罚金和金融赔偿超过了30亿美元。与此形成鲜明对比的是:英国金融服务局的罚款却不足千万英镑。[①] 而且,众多的企业就是出于"为了规避本国脆弱的法律制度"而选择在美国证券市场上市。[②] 因为美国的证券市场"无论是在公司治理、信息披露,还是中小投资者保护等方面,都能够进行强有力的监管"。[③] 换言之,美国证券市场具备全球吸引力的重要因素之一就是SEC强有力的监管,以及监管所依赖的机制。施蒂格勒也认为:证券交易委员会对证券市场的管制,在所有对经济活动的公共管制中也许是最受赞扬的。[④]

从美国SEC的成功经验来看,"权力本身没有过错,完全可以用权力实现有价值的目的"。[⑤] 这个有价值的目的应当是"投资者利益的保护",而不是所谓的"便利融资"或"方便监管"等。因此,赋予证监会更加广泛权力的前提,必须充分转变权力行使理念,应当服务于普遍利益而非仅仅服务于狭隘的监管部门利益或相关政策性目的,避免行政监管给证券法乃至证券市场带来强烈的负面反塑,构建起监管机构"偏好的"证券法和证券市场。[⑥] 同时,强大的权力是有效威慑的必要条件,投资银行勤勉义务的履行客观上也要求监管机构具有强大的权力基础。应在正确的权力观下,参照SEC模式,赋予证监会更多的权力。实际上,我国证监会自身也认识到:一个更加独立和拥有广泛权力的证监会的重要性。证监会前主席尚福林认为:"有效监管的基本前提是明确的目标、保证监管独立性和可靠性、保证监管机构拥有充分的资源和有效的执法权力。"[⑦]证监会前主席肖钢也认为:"证监会

---

① 参见[美]小约翰·科菲、希拉里·塞尔:《重构美国证监会:财政部有更好的主意吗?》,辛亚杰译,载《比较》2009年第1期。

② Bernard S. Black, "The Legal and Institutional Precondition for Strong Securities Market", *UCLA Law Review*, 2001, 48(4), pp. 34 – 35.

③ John C. Coffee. Jr., "Racing Towards the Top? the Impact of Cross—listing and Stock Market Competition on International Corporate Governance", *Columbia Law Review*, 2002, 102(7), pp. 1757 – 1758.

④ 参见[美]乔治·J.施蒂格勒:《产业组织和政府管制》,潘振民译,上海人民出版社、上海三联书店1996年版,第179页。

⑤ [美]詹姆斯·R.菲舍尔:《权力没有过错——用权力实现有价值的目的》,张云峰、周红梅译,京华出版社2006年版,封面。

⑥ 参见陈甦、陈洁:《证券法的功效分析与重构思路》,载《环球法律评论》2012年第5期。

⑦ 尚福林主编:《证券市场监管体制比较研究》,中国金融出版社2006年版,绪论,第3页。

应是一个特殊的机构，集必要的立法、行政和司法职权于一体的法定特设机构。"[①]而且，特别是在金融、环境等比较复杂的领域，监管者比法院等其他机构更加专业，能够降低法律的适用成本。换言之，监管者专业化是监管有效的核心基础。[②]因此，证监会未来的发展方向应是集必要的立法、行政和准司法职权于一体的机构。

第二，避免证监会与投资银行之间形成不正当的亲密关系，增加证监会的执法动能。在关系亲密的社会主体之间，会尽量避免诉诸法律和诉讼，随着关系的疏远，法的作用也相应增强。[③]如果过于亲密的话，就可能会出现监管政治化的问题，即监管的实施更多是打击不听话的对象，而非违法者。[④]对于我国证监会与投资银行之间过于亲密的关系，无论是理论界，还是监管部门实际上都有着清晰的认识，问题的关键在于不敢直面问题并采取有效措施，同时也是证监会路径依赖的使然，不愿意放弃其认为行之有效的手段。虽然证监会与投资银行业必要的互动有助于推动的监管进行，但这种关系应保持在合理的限度内。具体而言，应避免通过行政指令或指导的方式，要求投资银行承担相应的义务，对投资银行正常经营行为造成影响，诸如要求投资银行出资购买证券市场上相关公司的股票等，防止监管机构与投资银行之间形成事实上的"利益联盟"。同时，应对监管机构与投资银行之间的裙带关系进行规范，即监管机构与投资银行之间的人员流动进行合理限制，抑制因"人脉关系"而影响到监管效果。即便是在证券市场更为发达的美国，同样面临着类似的问题，SEC 与投资银行人员的流动对监管造成了影响。在我国证券市场的发展过程中，虽然根据 2009 年 11 月证监会出台的《中国证监会工作人员行为准则》第 26 条规定，证监会、交易所等工作人员离职后，在一定的期限内不得在相关的监管对象中任职。但是，

---

① 肖钢：《证券法的法理与逻辑——肖钢主席在第四届"上证法治论坛"上的演讲》，载 http://www.csrc.gov.cn/pub/newsite/tzzbh1/tbgzdt/tbgzyw/201312/t20131218_240026.html，最后访问日期：2018 年 9 月 10 日。

② 参见[美]安德烈·施莱弗：《有效监管》，潘方方、丁丁译，载《比较》2010 年第 2 期。

③ 参见[美]布莱克：《法律的运作行为》，唐越、苏力译，中国政法大学出版社 2004 年版，第 47～57 页。

④ Andrei Shleifer, "Understanding Regulation", *European Financial Management*, 2010, 11 (4), p. 446.

特别是关键岗位人员关联人,或离职后在被监管对象的关联公司任职则不受此限,此规定的效果明显不足。虽然不能采取简单粗暴地禁止流动的方法,但监管机构关键岗位的人员流入投资银行业应予以限制,应将目前冷冻期由2年时间的限制延长到5年内不能从事类似的业务。

2. 建立更具威慑力的私人执行机制

投资者自身利益的维护能够通过自身的行为予以保护,对其而言是最为可靠、最值得信任的。这种"自身的行为"我们可称为私人执行机制,即投资者进行诉讼的权利。如果投资者的权利缺乏必要的诉权保护,那么该项权利可能仅是一种道义要求,这显然不是投资者偏好的法律制度。由于资本市场拥有评估法律制度的能力,发行人能够发现,如果他们选择了投资者偏好的法律制度,融资成本会更低。这是由于投资者对于其保护不力的法律制度,会要求更高的投资回报或压根不会投资。① 同样,如果对投资银行未履行勤勉义务的行为造成投资者损失的情形,投资者都不能予以起诉,勤勉义务制度也就失去了相应的意义。因此,在一个有效的证券市场中,强有力的私人执行机制对于保护投资者利益,促进投资银行勤勉尽责有着重要作用。

2013年12月,国务院办公厅《关于进一步加强资本市场中小投资者合法权益保护工作的意见》(以下简称"国办110号文")明确提出"健全适应资本市场中小投资者民事侵权赔偿特点的救济维权工作机制"。基于此,2015年12月发布的《最高人民法院关于当前商事审判工作中的若干具体问题》中对以往意见作出更改,对因虚假陈述引发的民事赔偿案件,法院在立案受理时不再设立前置条件,当事人可以根据案件具体情况,选择单独立案、分别审理或实践代表人诉讼制度等诉讼方式。尽管相比之前的制度,我国的私人执行机制前进了一大步,但在实际执行过程中,诉权的行使会受到多重因素的影响,投资者可能会基于成本与风险的考量、"集体行动的困境"以及行政干预的思维和行为定式等影响,而放弃对诉权的行使。对于这些问题,我国现有的诉讼机制并不能给予很好的解决。证券市场相对发

① 参见[美]罗伯塔·罗曼诺编著:《公司法基础》(第2版),罗培新译,北京大学出版社2013年版,第710页。

达的国家或地区,在发展的过程中同样面临着类似的问题,各自提出了自身的解决方案,形成了一些独特的经验,我国在建立健全私人执行机制过程中应予以借鉴。

第一,进一步明确团体机构的诉权。团体机构的诉权主要分为两种:一种是以证券监管机构为主体,另外一种则以投资者保护机构为主体。如何取舍,实际上是一个司法政策的取向问题,也是一个司法文化的影响问题。从我国的立法实践来看,似乎对两者都予以采纳。① 但从证券市场的实践来看,仅是选择了赋予投资者保护机构相应的诉权。2013 年 3 月,证监会批准设立了专门从事投资者权益保护的公益性机构,即中证投资者发展中心有限责任公司,其核心职能之一就是可以通过诉讼等方式对上市公司损害投资者利益行为进行约束。② 但截至 2016 年 7 月,我国法院才受理了首例由该机构代理的证券纠纷案件。③ 不可否认,这虽然有一定的积极意义,但相比以证监会作为起诉主体,在威慑力度、证据收集等方面都存在不小的差距。应借鉴美国 SEC 的模式,对投资银行违反勤勉义务的行为,证监会有权予以直接起诉。一个可行的办法就是以司法解释的形式,明确证监会可以适用《民事诉讼法》第 55 条的规定。这种“通过公的手段协助实现私的请求权,是行政机关对弱者之保护的最彻底的表现形式”。④

第二,引入集团诉讼制度。投资者私人执行机制的有效性很大程度上取决于行使成本以及便捷的程度。只有“可以能够被迅速实践化的维权权利”才能够给投资银行带来真正的威慑。众所周知,投资银行违反勤勉义

① 根据我国《民事诉讼法》第 55 条的规定,法律规定的机关、有关组织或人民检察院对污染环境、侵害众多消费者合法权益等损害社会公共利益的行为,可以向人民法院提起诉讼。

② 参见陈康亮:《证监会批准设立中证投资者发展中心加大投资者保护》,载 http://www.chinanews.com/stock/2013/03 ~08/4628399.shtml,最后访问日期:2017 年 7 月 5 日。

③ 2016 年 7 月,上海市第一中级人民法院受理了一起由中证中小投资者服务中心代理的证券虚假陈述纠纷案。该案系一名个人投资者委托中证中小投资者服务中心有限责任公司提起诉讼,将上市公司匹凸匹(原多伦股份)实际控制人鲜某、其他七名高管及匹凸匹公司作为共同被告诉至法院,诉请判令鲜某赔偿经济损失 37 万余元,其余八被告承担连带赔偿责任。这也是全国法院受理的首例证券支持诉讼。参见敖颖婕:《上海一中院受理全国首例证券支持诉讼》,载 http://www.chinacourt.org/article/detail/2016/07/id/2043564.shtml,最后访问日期:2017 年 7 月 5 日。

④ [日]田中英夫、竹内昭夫:《私人在法实现中的作用》,李薇译,法律出版社 2006 年版,第 88 页。

务的案件多数情况下受害人众多且每个人损失的金额都不大,具有明显“小额多数”的特征。虽然我国《民事诉讼法》第54条规定了诉讼代表人制度,但其在登记程序、推选程序以及诉讼过程中的要求极大地限制了其作用的发挥,不仅诉讼效率低下,甚至可能会损害部分投资者的实际利益。造成上述问题的根源就在于我国诉讼代表人制度秉承传统共同诉讼当事人的理论基础,通过权利登记程序固定了当事人的范围,而不是确定“群体”或者“集团”的范围,不适合群体诉讼的功能定位,属于规范出发型的制度。① 而集团诉讼制度可以说完美地解决了类似的问题,其通过选择性退出机制和惩罚性赔偿金适用的结合,对投资银行形成强大的威慑力。在集团诉讼制度下,投资者不必经历烦琐的程序,大量小额的证券投资者可以获得赔偿而不必付出高额的律师诉讼费用,而且绝大部分工作都由律师所承担。② 不可否认,集团诉讼制度在美国实践过程中,也产生一些负面的效应,但其制度的有效性是我们应主要关注的,在制度引入的过程中,应避免通过面面俱到来实现想象中的正义的倾向,这会导致制度改革的裹足不前,并使投资者权利的保护长期处于“空洞化”的状态。特别是在我国投资者利益保护不足,投资银行未勤勉尽责常态化的情形下,应尽快建立我国的证券集团诉讼制度。

3. 建立更具控制性的内部约束机制

从我国证券市场发生的投资银行未履行勤勉义务的案件来看,很多时候投资银行自身已经发现了问题的端倪,但由于内部约束机制的不足,放任了未勤勉尽责行为的发生。实际上,企业不正当行为的发生更多的是涉及他人的默许或合作,完全是由行为者品行不端造成的情况非常少,更多反映的是企业的价值观、行为习惯等。③ SEC也认为:投资银行通过有效、确定的程序对其雇员行为承担监督职责,是证券市场监管中保护投资者方案的

---

① 参见刘艳军:《论证券欺诈诉讼》,西南政法大学2007年博士学位论文,第114页。

② 参见[美]史蒂文·苏本、玛格瑞特·伍:《美国民事诉讼的真谛》,蔡彦敏、徐卉译,法律出版社2002年版,第196页。

③ Lynnsharp Paine,“Managing for Organizational Integrity”,*Harvard Business Review*,1994,72(2),pp. 106 – 117.

关键组成部分。① 因此,我国投资银行违反勤勉义务行为的发生与内部约束机制的缺陷有着莫大的关系。唯物辩证法认为:内因在事物发展过程中起决定性的作用。建立完善的内部约束机制才是解决问题的根本所在。

第一,完善投资银行业务内核制度。我国投资银行的内核机构有着"小发审委"之称,是我国投资银行业务内部约束控制最为重要的一环,适时对内核制度进行完善,促进投资银行适应新形势下监管理念和规则的变化,对证券资本市场的健康发展有着重要作用。

首先,转变理念,投资银行内核合规性审查与价值发现并重。价值观是行为的先导。目前,投资银行内核价值导向是符合监管部门的相关规定,能过会作为最高目标,而不是从业的底线。但是,投资银行作为证券资本市场最重要的中介机构,工作核心不应该仅是控制风险,亦承担着为市场发现具有良好商业模式和发展潜力的优质公司的职能。可以说,对企业的甄选能力和遴选方向将直接决定投资银行的风险和未来的市场地位。投资银行所保荐的企业被否决的重要原因之一就是"持续盈利能力不足"。这说明投资银行内核只是关注合规性审查,而不注重价值发现,把关能力不健全。内核制度作为投资银行项目质量控制的最后一道防线,如果仅仅是对项目合规性作审查,对企业价值的发现不予涉及或关注不多,则说明内核制度不能很好契合投资银行的本质。从当前监管理念和规则的变化来看,可以说为修正投资银行内核的工作重心提供了契机,将投资银行内核的重心从对申报材料的合规性审查转变到合规性审查与价值发现并重,其关注点既要核查信息披露材料的真实性、准确性、完整性、合规性,也要更多地关注企业的发展前景、论证项目的定价与销售方案的可行性和合理性,准确把握企业的价值,才能行使好自己职能,发挥应有作用。

其次,健全机制,提高投资银行内核风险识别能力。金融的本质在于风险控制,风险甄别能力是金融机构的核心竞争力所在,即能够基于信息和数据识别到其他人识别不出来的风险。我国投资银行未勤勉率接近1/3,虽然可能是多种因素综合的结果,但是有一点不能否认,投资银行内核的风险识别能力不强是一个很大的原因。提高投资银行内核风险识别能力的关键

① Dean Witter Reynolds, Inc., Exchange Act Rel. No. 46578, October 1, 2002.

就是在于要保障内核机构能够获取真实全面准确的信息，并有足够经验进行判断。一是健全投资银行内核信息获得机制。“信息是个人行为受到监督的基础”，[①]换言之，获取足够全面的信息是风险识别的基础。在无法改变信息触达渠道的情况下，要通过内部业务规范，促使项目组严格遵循“了解你的客户”原则，对企业的历史沿革、内部架构、董监高、盈利模式、业务构成等情况都有充分了解，保证信息的全面性、真实性。同时，要通过建立内部责任与诚信机制，通过追责、现场核查等方式约束项目组将信息真实全面反馈到内核机构。只要这样，内核机构才能获取相对真实全面的信息。二是健全投资银行内核信息分析与运用机制。美林证券风险管理的原则之一就是“任何风险管理过程中最重要的工具都是经验、判断以及持续的沟通、联系”。[②] 对于我国投资银行内核机构而言同样如此，丰富的业务经验是识别风险的有效保障，投资银行内核小组的组成人员应该是对投资银行业务有着丰富工作经验的专业人员，而且根据项目类型的不同配比不同专业的人才。为了保证足够的独立性，内部人员不能超过一定的比例限制，外聘内核成员则应由证监会或交易所建立相应的专家库予以保障，由投资银行从中选取，确保内核小组人员在经验上的出类拔萃。同时，要建立内核小组与公司高层、保荐代表人、项目组良好的持续沟通联系机制，核实、确认、反馈相关信息，不断反复地识别风险所在。

最后，保证内核机构和人员的独立性。投资银行内核人员执业操守的第一要旨就是要能够恪尽职守、独立履职。投资银行内核人员必须“不是对上级而是对自己的良心负责，以及对自己所做决定的后果负责”。[③] 做到这一点，必须至少保证以下两个方面的独立：一是组织机构的独立。投资银行内核组织机构的独立设置是发挥投资银行内核作用的关键，也是内核人员独立履职的前提，投资银行内核委员会或内核小组应直接隶属于公司风险控制总部，独立于投资银行保荐业务部门，不再是投资银行保荐业务的一个机构。只有这样，投资银行内核结果或采取的措施才能得到更好的落实。

---

① 张维迎：《产权、政府与信誉》，生活·读书·新知三联书店2001年版，第6页。

② 陈峥嵘：《美林证券的风险管理之道》，载《金融博览》2008年第8期。

③ ［英］弗里德里希·冯·哈耶克：《通往奴役之路》，王明毅、冯兴元译，中国社会科学出版社1997年版，第201页。

二是业务开展上的独立。组织机构的独立性虽然很重要,但关键还要看它如何运转,既要有效避免内核人员、保荐代表人或业务团队之间形成合谋,也要保证内核机构开展核查工作、出具核查结论,不受公司高管、投资银行业务部门、保荐代表人或业务团队的干预或影响。只有如此,内核核查的手段和结果才能体现内核制度的应有之义。

第二,完善投资银行内部责任追究机制。2013 年 12 月,虽然证监会在《关于进一步加强保荐机构内部控制有关问题的通知》(发行监管函〔2013〕346 号)里要求保荐机构要建立起配套的追责机制保证内控制度的执行效果。但诚如马克斯·韦伯所言:"只有当遵从规则的利益大于无视规则的利益时,社会行动者才会遵守这项规则。"①投资银行从业人员之所以依赖于投资银行这个平台,无非是为了获得报酬或取得晋升机会,报酬的减少和晋升机会的丧失对于投资银行从业人员的"痛感"比较强烈。乔纳森·卡尔波夫(Jonathan M. Karpoff)等曾就 1978 年至 2006 年 9 月 30 日美国证券交易委员会和美国司法部作出的 778 个财务虚假陈述案进行实证研究发现,这些案件涉及 2206 名相关责任人,其中有 93% 的受罚主体在监管执行期(Regulatory enforcement period)之前失去工作,且大多数是被解雇的。②反观我国,受罚主体被公司解雇的比例较少。而且,在未有统一的责任标准情况下,"木秀于林、风必摧之",如果某一投资银行的内部责任追究机制过于严厉,投资银行从业人员理性的选择要么是跳槽,要么是消极怠工,内部追责制度的目的就得不到实现。因此,只有通过证监会进行"窗口指导"的方式,形成投资银行业内部追责的指导标准,在各方内部责任追究程度基本均衡的情况下,投资银行内部责任追究制度才能起到应有的作用。鉴于此,对投资银行业内部追责标准进行指导至少应包括以下两个方面内容:一是对不按照投资银行内部核查意见进行整改的,应给予降低绩效、更换工作人员乃至不予通过内核等相应的问责;二是对于未通过投资银行内核审查的,明显不勤勉尽责的,除因项目本身质地的原因外,对项目现场负责人、相关

---

① [法]皮埃尔·布迪厄、[美]华康德:《实践与反思——反思社会学导刊》,李猛、李康译,邓正来校,中央编译出版社 2004 年版,第 157 页。

② Jonathan M. Karpoff, D. Scottlee, Gerald S. Martin, "The Consequences to Managers for Financial Misrepresentation", *Journal of Financial Economics*, 2008, 88(2), pp. 193 - 215.

板块业务人员给予相应的问责。只有这样,才可实现保荐业务的各个环节全面追责、对保荐过程中的各类责任主体全面追责、对涉及的责任人员全面追责。

4. 建立彰显投资者主体地位的发行承销费用支付机制

在一个理想的证券市场上,金融价值信息的供应机制会为信息质量的保持提供激励。但是,证券市场上的信息提供会遇到“搭便车”的问题,要解决“搭便车”问题,新的金融安排应当保护市场参与者创造金融价值信息并获得相应收益的激励。[①] 因此,对于投资银行正当业务行为给予收入保障应当且必要,但是一个不合理的收入制度可能会促使投资银行以牺牲勤勉尽责为代价获取相关收入。

第一,改变投资银行业务收费的构成,避免投资银行以项目成败进行收费。“不成功、不收费”在证券市场发达的国家或地区都予以禁止,目的在于防止投资银行为了获取相关收益而忽视勤勉义务的履行。但是,我国则采取了几乎完全相反的做法,在投资银行收入构成中以发行人成功上市为条件所收取的费用占到了投资银行收入的绝大部分,为了获取这部分巨大的收入,投资银行的尽职调查异化为尽力包装或尽力掩盖。因此,改变这种投资银行业务收入的构成就成为必然。一方面,应提高我国投资银行成功上市前的收入比例。实践中,投资银行绝大部分的工作量都是在发行人成功上市或者在申报材料之前完成的,虽然不能完全按照收入与工作量相匹配的标准,但投资银行在上市之前收入应占到总收入的40%~50%,而且这部分收入无论发行人是否成功上市都不予退还。另一方面,应明确规定:禁止在投资银行与发行人框架协议或保荐承销协议中存在任何涉及“不成功、不收费”的条款,且对事实上构成类似的行为予以处罚。最后,对投资银行与发行人签订的保荐承销协议应与招股说明书等材料进行披露,由公众投资者对二者之间所约定的内容进行监督,并形成投资决策。

第二,改变投资银行收入的支付方式,明确投资者最终支付人的权利地

---

① 参见[美]安德鲁·克罗克特:《21世纪需要怎样的金融体系?》,吴祖鸿、林凯旋译,载《比较》2012年第1期。

位。就人类天性之一般情况而言,对某人的生活有控制权,等于对其意志有控制权。[①] 虽然我国在立法及道义上都将投资银行定位为投资者的“看门人”,但是,由于投资银行的“饭碗”掌握在发行人手中,即投资银行所获取的收入是由发行人支付的,这就从根本上决定了投资银行很难不会受到发行人的左右,投资银行真正能够承担起“看门人”角色依然是难以成为现实的美好期许。然而,从发行人成功上市后的整个过程来看,虽然投资银行所获得的收入是发行人所支付,但最终的承担者却是公众投资者,发行人因发行上市所付出的费用均从所募集到的资金总额中扣减。可以说,因支付路径设置为由发行人进行支付,在一定程度上掩盖了真正的权利主体,从而导致投资银行的“变节”。为了避免投资银行漠视投资者利益,应将支付的权利回归投资者,而不应该由中小股东利益博弈的对立面——发行人越俎代庖。

因此,将实质源于投资者的费用通过何种方式予以支付给投资银行,彰显投资者真正的出资者地位,就显得极为重要。在美国,历史上曾经一度出现的做法是:投资者自己聘用或付费给看门人,比如,证券分析师就是从投资者的证券交易费用中获得报酬。[②] 作为投资银行违反勤勉义务根源的发行人付费机制,并不是理所当然且不可改变的。目前,鉴于投资者人数众多,常常面临集体行动的困境,分散的投资者无法与投资银行短时间内达成相关的支付协议。相对较为可行的是:将募集资金总额中应支付给投资银行的部分转划代表投资者利益的相关机构,由其按照相关规定支付给投资银行。2013 年 3 月,证监会批准设立了专门从事投资者权益保护的公益性机构——中证投资者发展中心有限责任公司,由其代表投资者行使相关权利,强化对投资银行的制约,应是当前的最佳选择。

5. 建立更具保障的媒体监督机制

新闻媒体被称为“无冕之王”,因其所发挥的重要作用而被视为立法、行政、司法之外的“第四种权力”。在证券市场中,新闻媒体通过对某一行为的关注,增加了监管介入和投资者维权的可能,进而对投资银行的行为产

---

① [美]汉密尔顿、杰伊、麦迪逊:《联邦党人文集》,程逢如等译,商务印书馆 1980 年版,第 199 页。

② [美]约翰·C. 科菲:《看门人机制:市场中介与公司治理》,黄辉、王长河等译,北京大学出版社 2011 年版,第 13 页。

生遏制功能。实践中,我国新闻媒体监督机制在证券市场的发展过程中已经发挥积极的作用。有学者研究发现:我国媒体在资本市场中积极扮演了监督治理角色,在其选取的96个违规公司样本中就有60.42%公司在我国证监会介入调查之前,已受到了媒体的质疑和负面报道。[①] 但是,由于我国长期以来的思维定式,特别是行政机关一直对媒体监督"心存疑虑",使媒体监督作用的发挥相较于其他发达国家或地区有明显差距。

首先,应特别注意保护新闻媒体的新闻言论自由。新闻媒体的言论自由权源于《宪法》第35条规定的权利。宪法权利至高无上,无法定理由,任何机关或个人不能施加限制。研究证明:证券市场的发展程度与新闻媒体的言论自由程度有着很强的正关系,即媒体监督越自由,证券市场就越发达。[②] 对新闻媒体对投资银行是否履行勤勉义务的监督,行政机关不能抱着"添乱"或影响证券市场发展的看法,甚至应按照媒体所报道的情况迅速进行核实。其次,应提高对新闻媒体的司法保护力度。在美国,媒体败诉的概率为8%,而中国媒体败诉的概率接近70%。在美国,一般对媒体进行起诉,除非非常有把握胜诉,否则都会败诉。其在如此强的一个条件之下也只有8%的媒体败诉率。[③] 如此悬殊的比例固然有媒体的一些不当行为,但更多应是司法政策的取向问题,对媒体报道权利理解存在偏差。只有在司法判决中形成对新闻媒体有力的保护,其才会更加深入地对投资银行的行为进行揭露。最后,应加强培育专业性商业媒体。投资银行是否履行勤勉义务的行为非具备专业知识的媒体从业人员所能发现。实践中,对投资银行未勤勉尽责的报道几乎都来自专业性的商业媒体。目前,我国财经新闻媒体市场发展迅速,特别是新兴的网络财经媒体影响力越来越大,并出现了财新网、东方财富、第一财经等知名品牌,已经不仅限于《中国证券报》《证券时报》《上海证券报》等媒体。但是总体来看,无论是专业程度,还是经营模式、整体实力相比国外财经媒体都还有不小的差距,仍须在市场竞争中逐渐

---

① 参见醋卫华、李培功:《媒体监督公司治理的实证研究》,载《南开管理评论》2012年第1期。

② 参见陈志武:《媒体、法律与市场》,中国政法大学出版社2005年版,第25~26页。

③ 参见陈志武:《新闻媒体:市场经济的必要制度机制》,载http://www.aisixiang.com/data/98410.html,最后访问日期:2018年6月19日。

发展壮大。

四、优化我国投资银行勤勉义务法律责任制度

法律之力必须以责任作为后盾,才能确保权利人权利的实现。[①] 但是,法律责任规则的不完善会导致阻却不足或阻却过度的后果。据统计,当前我国资本市场的法规规则超过1200件,问责条款达到200多个,但由于立法修法不及时具体、执法体制不适应、地方保护主义等问题,其中没有启用过的有关法律责任条款(含刑事、行政、经济)超过2/3。[②] 我国投资银行业之所以被喻为"美容业"或"整容业",不仅未尽到勤勉义务,甚至还参与操纵发行人虚假上市。投资银行未勤勉尽责的"前赴后继",突出反映了我国投资银行勤勉义务的法律责任制度存在瑕疵,助长投资银行的侥幸心理或使投资银行失去尽到勤勉义务的动力。因此,应借鉴相关国家或地区的成功经验,对投资银行勤勉义务的法律责任制度进行完善,使之成为真正的"达摩克利斯之剑"。

(一)建立更加高效和公正的投资银行勤勉义务行政责任制度

证券市场公平与效率的基因天然要求对投资银行违反勤勉义务的行为给予快速、高效、严厉的惩罚,而这正是一个健全完善的行政责任制度的典型特征,也是我国投资银行勤勉义务行政责任制度完善的方向。

1. 加强执法,提高违法成本和被惩处的概率

波斯纳曾说:"一个救济体系的基本目标是威慑人们不敢违反法律。"[③] 要实现这个基本目标,必须满足两个基本的条件:一是违法成本足够高,即因违法行为所遭到的损失远大于或不少于其因此所获得的收益;二是被惩处的概率较大,即有足够比例的不当行为被查处。因此,加强对投资银行违反勤勉义务行为的执法,应从上述两个基本条件入手。

第一,提高投资银行违反勤勉义务的违法成本。任何主体对成本与收益都具有足够的敏感性。执法的过程实际上是将违法行为人所导致的外部

---

① 参见王家福、梁慧星:《民法债权》,法律出版社1991年版,第225页。

② 参见肖钢:《监管执法:资本市场健康发展的基石》,载《求是》2013年第15期。

③ [美]理查德·波斯纳:《反托拉斯法》,孙秋宁译,中国政法大学出版社2003年版,第313页。

成本内部化，使其行为所产生的成本和收益转化为个人的成本和收益。任何法规的威慑力都在于处理那些遵守者和违背者行为时的差异，如果差异很小，如一个开车速度为每小时 55 英里的人仅仅比速度为 85 英里的人受到罚款的可能性小一点点，那么，法规就不能起到阻止作用。如果可以从违犯法规中受益，人们就有可能愿意去违犯了。① 当对投资银行执法所带来的预期成本小于预期收益时，执法行为就可能不足以约束投资银行的行为。从我国立法规定来看，并不缺乏给投资银行带来较高成本的执法手段，同时实践中也不缺乏执法严厉的案件。例如，在 1999 年被证监会处罚的"东锅事件"，中国证监会对东锅公司的上市推荐人申银万国公司罚没款 3744.1 万元，给予 3 位在承销中负有直接责任的从业人员永久市场禁入的处罚，同时吊销申银万国证券公司的承销业务资格证书一年。② 但总体上，违法成本相对较低是一个不争的事实，这主要还是源于执法力度的问题，我国的监管机构一直担心严厉的执法会给证券市场的发展带来负面影响。但实际上美国证券市场的吸引力之一就是严格的监管，其能够证明发行人的优质性和信息披露的可靠性。③ 值得注意的是加强执法力度，提高违法成本的目的并不是要彻底清除违法行为。现代意义上执法追求的是最优威慑，不是要铲除所有的违法行为，而是要合理配置有限的执法资源，争取有效率地实现威慑目标。④

第二，以精准执法提高被惩处的概率。法律威慑力的高低，关键在于其如何区别对待违法者与守法者，如果二者之间的差别微乎其微，法律的威慑力就会丧失殆尽。⑤ 这种区别的能力旨在提高违法行为被惩处的概率。实际上，相较于处罚的严厉程度而言，可能提高违法行为被惩处的概率更为有

---

① Frank H. Easterhrook, Daniel R. Fischel, "Mandatory Disclosure and the Protection of Investors, Regulation, Economics and the Law", *Virginia Law Review*, 1985, 70(4), pp. 669 - 715.

② 参见姜洋：《中国证券商监管制度研究》，中国金融出版社 2001 年版，第 375 页。

③ John C. Coffee, "Racing Towards the Top? the Impact of Cross—Listing and Stock Market Competition on International Corporate Governance", *Columbia Law Review*, 2002, 102 (7), pp. 1757 - 1758.

④ 参见［美］罗伯特·考特、托马斯·尤伦：《法和经济学》（第 6 版），张军等译，上海三联书店、上海人民出版社 1994 年版，第 739 页。

⑤ ［美］弗兰克·伊斯特布鲁克、丹尼尔·费希尔：《公司法的经济结构》（中译本第 2 版），罗培新、张建伟译，北京大学出版社 2014 年版，第 291 页。

效。因为在概率较低的情况下,即使是对违法行为惩罚程度较重,人们都常常会因为过度自信而相信“倒霉”的行为只会发生在别人的身上,而不会发生在自己的身上,这类行为在诸多的社会现象中都可以得到解释。而且,犯罪学家也已经证明,对违法行为最强有力的约束力量不是处罚的严酷性,而是处罚的必定性。因为,即便是最小的恶果,一旦成了确定的,就总令人心悸。① 对证券违法行为人来说,只要被查处,无论处罚轻重,对其而言几乎也是失去所有,再无进入行业的机会,名誉扫地。因此,执法能够发挥最大的威力在于其对违法行为精准的识别和打击,以此提高被惩处的概率,使行为人几乎丧失“侥幸”的心理。同时,精准执法还要避免运动性执法,特别是投资银行未勤勉尽责行为处于高发的态势时,监管机构往往会采取运动性执法形式,对证券违法违规行为不计成本地进行打击,或者惩罚的力度过于严厉,并设置复杂程序严格审查正常的融资行为,使融资变得极为困难。

2016 年以来,证监会按照“依法、从严、全面”的监管理念,明确要求中介机构要履行好看门人的职责,并强调绝不放过投资银行等中介机构未勤勉尽责的行为,其实质就是通过提高惩罚的严厉性和概率来促进投资银行积极履行勤勉义务。但在该种理念下,如果执法过于严苛与正常执法力度未能妥当区分,也会带来较大的弊端。因为铲除违法行为所耗费的成本将会超过他们可能造成的损害,对于任何违法行为的惩处,都存在一个最佳平衡的状态,即每增加投入一美元的执法成本正好等于防止该种违法行为发生所带来的收益。因此,理想的执法状态是允许一些违法行为发生所带来的收益。②

2. 合理配置行政责任的类型

目前,根据《证券法》《证券发行上市保荐业务管理办法》等规定,对于投资银行违反勤勉义务的行为,存在多种惩戒手段,主要有申诫罚、财产罚、行为罚等几种类型,诸如公开谴责、警告、罚款或者两者并用、暂停或剥夺业务资格等。由于每一种处罚手段给投资银行带来的成本不一,具体对

---

① [意]贝卡利亚:《论犯罪与刑罚》,黄风译,中国大百科全书出版社 1993 年版,第 59 页。

② 参见[美]弗兰克·伊斯特布鲁克、丹尼尔·费希尔:《公司法的经济结构》(中译本第 2 版),罗培新、张建伟译,北京大学出版社 2014 年版,第 292 页。

某一行为进行处罚时,一旦未能合理配置执法资源,有可能会导致投资银行违法成本畸低。我国行政执法过程中经常出现的“高高举起、轻轻放下”的现象,很多时候就是源于没有合理配置行政责任类型或有些行政责任类型自身设计存在缺陷。当然,任何制度的设计都不可能面面俱到,只能抓住矛盾的主要方面。鉴于此,应从以下方面来优化行政责任的配置。

第一,完善罚款制度,提高其执行的威慑力。财产罚与资格罚是行政责任配置中最具有威慑力的两种制度,由于资格罚处罚较重,只适用于较为严重的违法行为,一般不会轻易使用。相反,财产罚特别是罚款制度,在投资银行未履行勤勉义务的执法实践中较为常用,主要源于任何人都不能因不法行为获益,并应就不法行为承担相应的责任。我国涉及投资银行未履行勤勉义务的罚款规定主要体现在《证券法》第192条的规定中,其对于投资银行违反勤勉义务的行为可处“业务收入一倍以上五倍以下的罚款”,对未履行勤勉义务行为负有责任的投资银行从业人员可处“三万元以上三十万元以下的罚款”。可见,我国实行数值数距式与倍率数距式相结合的罚款制度。这种制度虽然给予监管机构相对较大的自由裁量权,可根据行为的严重程度灵活选择一定的倍率处以罚款。但我国以业务收入为基准的1~5倍的倍率相比发达国家而言有不小的差距,实践中我国很少有案件被处以5倍倍率的罚款。如在“万福生科”“欣泰电气”案中,对平安证券、兴业证券处以的罚款也仅是业务收入的2倍。而且,相对于投资银行从业人员从所承做的项目中获取的收入而言,“三万元以上三十万元以下的罚款”微乎其微,根本无法起到遏制的效果,甚至可能会激励行为人“购买”违法行为,从中获得收益。在我国,执法过程如同“沙漏”的过程,在很难改变执法环境和条件的情况,唯有“堆集更多的沙子”才能保持平衡,即对违法者的处罚要建立在其获利的基础上,外加一个额外的数字,即便是低估了违法者的获利情况,也能足以保证维持威慑效果出现的比率在较高的水平上。①因此,结合英美与德日等相关经验,应将对投资银行违反勤勉义务处以的罚款提高到10倍以下,对投资银行业务人员,参照职位收入的不同,罚款额不

① 参见[荷兰]伍特·威尔斯:《欧洲共同竞争法中的罚款处罚》,李国海译,载《经济法论丛》1999年第5期。

应低于其当年的收入。

但是,即便监管机构剥夺了违法者所获得的全部收益,并施加数额巨大的罚款,也不能给投资者带来任何的收益或弥补其所产生的损失。因为根据我国《证券法》第234条的规定,罚款和没收的违法所得,全部上缴国库。在美国,为了避免这一尴尬,美国国会在2002年颁布的《萨班斯—奥克斯利法案》首次以成文法的方式确认了公平基金制度,规定对违法行为人存在违法所得且处以民事罚款的,SEC可以建议或提示将该民事罚款纳入公平基金用于补偿违法行为受害者。[①] 2010年7月15日,美国国会通过的《多德—弗兰克法案》进一步发展了公平基金制度,其第929B条款对前述萨班斯法案的第308条进行了修改,规定不论违法行为人是否被追缴违法所得,SEC通过执法行动判罚的任何民事罚款都可以归入公平基金。[②] 因此,我国在完善罚款制度过程中,应同时引入民事罚款制度。

第二,引入对再犯行为的加重处罚制度。我国个别投资银行违反勤勉义务的行为时有发生,这方面以平安证券为典型。投资银行的再犯行为严重挑战了法律的权威和执法效力,如果对再犯行为不进行严厉处罚,就会给证券市场带来巨大的不公平。绝大部分国家对投资银行再犯行为都进行严厉处罚。例如,英国金融服务监管局(FSA)会将"当事人受罚的记录和守法表现"作为一项重要的参考标准,决定是否对某个市场不当行为进行处罚,其主要考虑是否曾因市场滥用行为受罚、与市场有关的行为被其他监管机构处罚、向金融服务管理局承诺不再从事特定行为、日常守法表现四个方面。[③] 美国则通过《证券执法救济法案》赋予SEC对"再犯"加重处罚的充分自由裁量权,在执法时必须考虑当事人是否曾经违反证券法及自律规定,

---

① 《萨班斯—奥克斯利法案》第308(a)条"添加民事罚款于追缴款基金以救济受害者"中规定:"如果SEC依照证券法律采取司法行动或行政执法行动,向任何违反相关法律、规则或规范的违法行为人追缴违法所得,或该违法行为人在证券和解协议中同意交出违法所得,并且SEC根据此种法律对该违法行为人进行民事罚款的,应当根据SEC的提议或指示,将该民事罚款添加到追缴款基金并成为其一部分,用于补偿违法行为受害者。"

② 美国《多德—弗兰克华尔街改革和消费者保护法》第929B条"关于公平基金的修正"。参见中国证监会编译:美国《多德—弗兰克华尔街改革和消费者保护法》(中英文对照本)(下册),法律出版社2013年版,第69页。

③ 参见蔡奕、彭兴庭:《从上市公司再犯现象看诚信建设的重要性》,载《证券法苑》2012年第2期。

或被法院证明犯有证券类前科等这类因素，甚至当事人过去的不良行为等这种一般失信行为也在 SEC 执法的考量中。[①] 然而，我国当前的行政责任制度缺乏对投资银行违反勤勉义务行为再犯的处罚规定。因此，应当引入对投资银行未履行勤勉义务的再犯行为加重处罚制度，维护法律权威，同时表明监管机构执法的意志。

第三，提高内部人检举激励力度。公司的内部人出于工作便利，有条件接触到公司核心的信息，这也意味着其可能了解掌握公司的违法线索，在检举揭发上具有天然优势。美国学者研究发现：在 1996 年到 2004 年发生的 216 起欺诈案中，内部雇员是获取欺诈信息的最主要来源，其超过了 SEC、债权人、股东、媒体等。[②] 这主要源于美国对内部人检举的激励和保护。根据美国《多德—弗兰克法案》第 748 条和第 922 条规定，监管机构如果根据内部人提供的信息成功实施了监管行动，并获得罚没款 100 万美元以上，内部举报人可以获得罚没款 10% ~30% 的奖金。[③] 而且《萨班斯—奥克斯利法案》第 806 条规定：如果员工有理由相信公司有构成违反证券法的行为，有权向执法机构报告，并且公司不得采取诸如解聘该员工的行为。[④] 虽然 2014 年 6 月我国证监会就出台了《证券期货违法违规行为举报工作暂行规定》，但所规定的举报奖励仅限于实名举报证券欺诈行为，且奖励金额不超过 10 万元，全国有重大影响或涉案数额巨大的案件也不能超过 30 万元。这相比投资银行未勤勉尽责所带来的收益基本不能起到有效的激励作用。内部人检举激励制度作为一项追究投资银行违反勤勉义务责任的配套制度，关键在于其设计要具有足够的吸引力使参与者能够主动告发，并提供相应信息或证据。我们不能纯粹为了制定法律而制定法律，法律制定要能发

---

① 参见蔡奕、彭兴庭：《从上市公司再犯现象看诚信建设的重要性》，载《证券法苑》2012 年第 2 期。

② Alexander Dyck, Adair Morse, Luigi Zingales, “Who Blows the Whistle on Corporate Fraud”, *The Journal of Finance*, 2010, 65(6), pp. 2213 - 2253.

③ 参见中国证监会编译：美国《多德—弗兰克华尔街改革和消费者保护法》（中英文对照本）（上册），法律出版社 2013 年版，第 785 页；中国证监会编译：美国《多德—弗兰克华尔街改革和消费者保护法》（中英文对照本）（下册），法律出版社 2013 年版，第 45 页。

④ 《萨班斯—奥克斯利法案》第 806 条关于“对提供欺诈证据的公众交易公司雇员的保护”的规定。

挥相应的效果。因此，较高的激励和完善的保护必不可少，应对我国的当前制度进行完善，将奖励比例至少提高到10%，上限金额取消或设置更高的标准，同时对内部人在就业等方面予以保护。

（二）明确区分投资银行与其他主体的民事责任

任何法律责任的追究只有公平合理，才可能为当事人心悦诚服地接受，也才能发挥责任制度所特有的行为制导、危害预防、利益平衡、道德评价等作用。[①] 有关投资银行法律责任规则也不例外，但从实践来看并非如此。2017年9月，为了减少自身损失，兴业证券将丹东欣泰电气股份有限公司和为其证券发行、上市出具审计报告的北京兴华会计师事务所及直接主管人员、北京市东易律师事务所及直接主管人员、欣泰电气相关责任人、欣泰电气控股股东辽宁欣泰股份有限公司等26名被告诉至法院，追偿其先行赔付投资者而支付的超出自己应赔数额的损失。[②] 兴业证券能否胜诉姑且不论，但至少说明其认为现有的责任制度对其而言过于严厉。因此，出于公平的目的，应对各主体之间的责任进行合理区分。

1. 合理区分发行人与投资银行的责任

对证券发行违法行为，虽然发行人的责任是第一位的，但是由于发行人与投资银行之间采取的是过错推定下的连带责任制度，使得更具经济实力的投资银行往往成为被投资者首先要求承担责任的主体。美国著名学者普洛塞教授在评论美国从连带责任向按份责任转变时指出："如果损害是由两个人所造成的，只是要求其中一人承担全部的责任，目前没有人能够证明这作为一种公共政策是正当的，而且恐怕永远也不会有。"[③]而且，连带责任能够让投资人获得更多补偿很多时候也只是一种理论上的假设。对美国证券民事诉讼的一项实证研究表明：由于连带责任下的滥诉已经成为律师尽

---

① 王卫国：《过错责任原则：第三次勃兴》，中国法制出版社2000年版，第158～162页。

② 参见北大法宝：《北京二中院受理"欺诈发行退市第一股"引发的证券纠纷案》（[法宝引证码]CLI. CR. 45929395），载 http://www.pkulaw.com/pal/21110623299228595.html，最后访问日期：2018年5月19日。

③ Jordan H. Leibman, Anne S. Kelly, "Accountants to Third Parties for Negligent Misrepresentation: The Search for a New Limiting Principle", *American Business Law Journal*, 1992, 30(3), pp. 345－437.

快和解的策略,投资人实际上仅获得了其法律上可获得补偿的14%。[①] 鉴于连带责任制度存在类似的缺陷,美国按照故意与过失的两分法重新确立以按份责任为主,连带责任为辅的责任规则。简言之,其公正性在于完全按照过错程度的大小承担责任,而不与他人的过错相混同,即便是投资银行所服务的客户失去了清偿能力,而投资银行有能力进行赔偿,也不需要承担客户应当承担的责任。同时,按份责任也体现了一定的效率,对投资银行和投资人的行为都给予一定激励导向。对投资银行而言,按照按份责任规则,只需要对因其过错造成损失的部分承担责任,其将会更加专注于自己的工作,仔细进行核查以减少错误发生的概率。对投资人而言,由于在按份责任规则下,可能面临部分责任主体无力偿还的情形,如果不更加审慎地作出自己的投资决策,可能面临较大的损失,作出投资行为时会更加主动地进行求证,更加谨慎地作出投资决策。

因此,责任分配规则应当采取故意与过失的二分法,当投资银行存在故意或者重大过失时,投资银行应当与发行人对投资者的损失承担连带责任;投资银行违反勤勉义务的行为仅是过失时,应当适用按份责任规则,投资银行仅就自己的过错承担责任。同时,针对我国证券市场个人投资者较多的现实,对于特别弱势的投资者,参照美国的做法,投资银行对其承担连带责任。此外,对我国实践中已经出现的投资银行与发行人及其关联人签订的"补偿条款",应采取与美国相同的做法,将其视为违反投资银行勤勉义务制度的法律目的,不具有法律效力。

2. 平衡投资银行与其他中介机构之间的责任配比

在我国"保荐人牵头责任模式"下,投资银行须对其他中介机构出具的专业意见进行核查,并可能因核查不当而承担相应的责任,这相当于投资银行对其他中介机构的行为承担了连带责任。也就是说,职责划分的不当导致投资银行与其他中介机构的责任失衡。因而,欲平衡投资银行与其他中介机构之间的责任配比,需以明确区分二者之间的职责为前提。作为证券

---

① *United States Congress. Private Litigation under the Federal Securities Laws: Hearings Before the Subcommittee on Securities of the Committee on Banking, Housing, and Urban... First Session; June* 17 *and July* 21, 1993, Forgotten Books, 2017, p. 708.

市场中所出具的专业意见本身就具有法律效力的中介机构，要求投资银行毫无区分地对其他中介机构的专业意见进行核查，既弱化了其他中介机构的主体地位，也与一般法理及事实常理不相符。从现行的相关规定来看，证监会自身对此似乎也想予以明确和纠正，其从最初要求的“审慎核查”，过渡到“进行必要的核查”，再转变到“进行核查”。① 这说明对其他中介机构出具的专业意见，投资银行所需尽到的责任从一种专业性的高度的注意义务转变为一般注意义务。但对投资银行违反勤勉义务进行处罚时，从目前公布的案例来看，其强调投资银行违反的是“审慎核查”。而且，从社会分工的角度来说，基于专业知识而形成的各中介机构之间应当合理信赖，才符合社会分工的目的，要求一个中介机构对另外一个中介机构出具的专业意见进行核查，看似增加了保护投资者力度，实则破坏了中介服务市场规律。因此，应在立法上对此予以修改，投资银行仅当在一些特殊情形下（红旗警报）才负有核查责任，通常情况，投资银行无须对采用其他中介机构专业意见中的内容承担相应的责任。

3. 明晰投资银行与雇员之间的责任

雇员是投资银行履行勤勉义务的最终实施主体，如果其不会因自己的行为承担任何责任，无论投资银行勤勉义务制度规定得如何完善，都将失去意义。我国虽然对投资银行的部分雇员规定了相应的责任，诸如保荐代表人、项目主办人、内核负责人、投资银行业务部门负责人等，但都是集中于行政责任，对投资银行与雇员之间责任如何划分没有涉及，实践中也未曾发生类似案例。但这并不代表可以忽视二者之间责任的划分。实际上，我国一些法律就对公司与雇员之间的责任区分作了相应规定。例如，根据我国《公司法》第112条、《侵权责任法》第34条以及《民法总则》第62条规定，董事、用人单位的工作人员、法定代表人在执行工作任务过程中存在过错造

① 《证券发行上市保荐业务管理办法》第25条和《保荐人尽职调查工作准则》（证监发行字〔2006〕15号）第6条规定的都是“审慎核查”。2012年颁布的《关于进一步深化新股发行体制改革的指导意见》（证监会公告〔2012〕10号）规定的是“进行必要的核查”，并提出了“要落实发行人、各中介机构独立的主体责任”。2013年颁布的《中国证监会关于进一步推进新股发行体制改革的意见》（证监会公告〔2013〕42号）规定的是“进行核查”。

成他人损害的,公司有权追偿。[1] 因此,根据一般法理,只有雇员存在过错或重大过失时,其才会承担相应的责任,投资银行才有权对其雇员进行追偿,而且雇员承担责任份额应按照其过错的程度,以及其所获得的非法收益等因素来最终确定。

(三)完善投资银行责任承担的抗辩事由

投资银行违反勤勉义务的责任制度实际上是风险与收益的承担问题。在投资银行对不当发行行为并非承担绝对责任的情形下,如果投资银行缺少必要的抗辩事由或抗辩事由不具体、不充分,特别是在我国任何情形下,投资银行都需履行勤勉义务,且履行勤勉义务的判断标准模糊,实际上等同于承担绝对责任,也使其他抗辩事由失去规定的意义。不可否认,投资者利益保护在制度的设计上应该得到天然倾斜,但这不是以损害投资银行的正当利益为代价,而应是以制度天然的平衡设计为前提。因此,应对投资银行勤勉义务的抗辩事由进行完善,公平合理分配责任。

首先,完善我国投资银行违反勤勉义务因果关系的认定。因果关系认定是证券市场最为复杂疑难的问题之一,在证券市场相对发达的国家或地区,一般将投资银行违反勤勉义务的因果关系认定分为事实因果关系和法律因果关系两个层次,前者认定无投资银行违反勤勉义务行为便不会有交易的发生,后者认定损失系因投资银行违反勤勉义务行为所造成的。因此,事实因果关系与法律因果关系构成因果关系判断的两个基本阶段,在判断"法律上的因果关系"以前,必须确定"事实上的因果关系"的存在。事实上的因果关系是确认投资银行未勤勉尽责行为与损害事实之间的客观联系问题,法律上的因果关系则是确认投资银行是否承担责任以及责任范围的大小问题。这种因果关系的认定方式,既避免投资银行因社会生活中的因果关系的无限延伸而承担过重的责任,同时又兼顾到对事物客观性的判断。反观我国关于因果关系认定,显然过于简单,有时将二者混为一谈,实践中

---

① 《公司法》第112条规定:"……董事会的决议违反法律、行政法规或者公司章程、股东大会决议,致使公司遭受严重损失的,参与决议的董事对公司负赔偿责任……"《侵权责任法》第34条规定:"用人单位的工作人员因执行工作任务造成他人损害的,由用人单位承担侵权责任……"《民法总则》第62条规定:"法定代表人因执行职务造成他人损害的,由法人承担民事责任。法人承担民事责任后,依照法律或者法人章程的规定,可以向有过错的法定代表人追偿。"

无所适从。因此,以此种因果关系认定方式为蓝本,对我国现有的因果关系进行完善有重要的意义。事实因果关系认定相对简单,而法律因果关系则较为复杂,在法律因果关系下,依据"谁主张,谁举证"的原则,投资者不仅需要证明信赖了投资银行的行为进行投资,而且还要证明正是因为这种信赖导致了损失。① 然而,由于证券市场信息不对称以及证券市场的虚拟性和瞬息万变的影响,使得投资者对因果关系的证明极为困难。② 各国出于保护投资者利益等司法政策考量,一般对法律因果关系的认定实行信赖推定的方式。但即便如此,对因果关系的推定并不意味着投资者可以不再受因果关系的约束,以及剥夺投资银行为自己辩护的机会。无论何种情况下,投资银行都应具备证明投资者的损失与投资银行违反勤勉义务之间不存在因果关系,或投资者损失并不全是投资银行违反勤勉义务造成的资格。

其次,要引入"吹哨抗辩"制度。吹哨抗辩制度类似刑法中的犯罪中止制度,实际上相当于是给投资银行一个改过自新的机会,防止投资银行破釜沉舟。只要投资银行采取有效手段防止其未履行勤勉义务的行为造成损害结果的发生,对该种行为应当予以鼓励。因而,应借鉴该制度所确立的内容和程序建立我国的"吹哨抗辩制度"。

最后,应明确对投资者故意的行为,投资银行也不应承担相应的责任。目前,无论是《证券法》还是其他相关的法律规定,对投资者明知因投资银行未履行勤勉义务而导致招股说明书不正确或者不全面仍然继续进行购买证券的行为,投资银行是否承担责任都缺乏相应的规定。虽然证券法对投资者的利益应予一定程度倾斜地保护,但并不意味着对投资者故意的行为也要予以保护。鉴于此,应参照有关国家或地区规定对此予以明确,以此平衡投资银行与投资者利益。

(四)完善民事、行政、刑事责任的衔接与协调配合机制

民事、行政、刑事责任功能与特点的不同决定了他们彼此之间必须相互配合才能发挥最大的威慑力。反之,如果只是强调某一责任制度的适用,必

---

① 参见陈甦主编:《证券法专题研究》,高等教育出版社2006年版,第292页。

② 参见万国华、杨海静:《论反欺诈原则在证券法中的确立——对诚实信用作为证券法基本原则的反思》,载《南开学报》(哲学社会科学版)2015年第1期。

然产生消极的后果。在我国实践中，就一直存在重视行政责任制度的运用，忽视民事责任和刑事责任制度的倾向，证监会自身和学者的研究也证实了这一点，许多应追究民事责任或刑事责任案件，都通过监管机构以追究行政责任的方式予以了结或不了了之。虽然，根据《民法总则》第187条，《行政处罚法》第7条，《刑法》第36条、第37条以及《证券法》第232条的规定，明确了三者之间适用的一般原则，即民事责任不受行政责任或者刑事责任的影响，财产不足以同时支付民事赔偿和缴纳罚款、罚金的，先承担民事责任，且行政处罚不得代替刑事处罚。① 但是由于各种责任分属于不同的主体实施，原则性的规定落实起来必然涉及各主体之间的配合。

目前，对证券违法行为是否移送公安部门，根据《关于加强行政执法与刑事司法衔接工作的意见》等规定，仍然是案件经由证监会行政调查终结后，才移送给公安部门，公安部门与检察院协调后再最终决定是否起诉至法院。显然，在这种主导权仍然掌握在证监会的情况下，中间经历的环节过多，不仅使得对违法行为的追究效率受到严重影响，而且会使主导的主体觉得程序过于烦琐，在当前本来就是行政机关全凭自觉以及自身的认识决定对案件是否移送的情况下，使他们之间的协调更是雪上加霜。而且，行政责任与刑事责任对证明标准、举证责任的分配等都有巨大的差别，虽然刑事违法性的判断依赖于行政违法性的判断，但刑事违法性的结论并不能由经过行政违法性的判断而得出的肯定结论直接推导出。② 在公安部门和检察部门专业性不如证监会的情况下，案件可能会来回流转，使证监会不会轻易移

---

① 《民法总则》第187条规定："民事主体因同一行为应当承担民事责任、行政责任和刑事责任的，承担行政责任或者刑事责任不影响承担民事责任；民事主体的财产不足以支付的，优先用于承担民事责任。"《行政处罚法》第7条规定："公民、法人或者其他组织因违法受到行政处罚，其违法行为对他人造成损害的，应当依法承担民事责任。违法行为构成犯罪，应当依法追究刑事责任，不得以行政处罚代替刑事处罚。"《刑法》第36条规定："由于犯罪行为而使被害人遭受经济损失的，对犯罪分子除依法给予刑事处罚外，并应根据情况判处赔偿经济损失。承担民事赔偿责任的犯罪分子，同时被判处罚金，其财产不足以全部支付的，或者被判处没收财产的，应当先承担对被害人的民事赔偿责任。"第37条规定："对于犯罪情节轻微不需要判处刑罚的，可以免予刑事处罚，但是可以根据案件的不同情况，予以训诫或者责令具结悔过、赔礼道歉、赔偿损失，或者由主管部门予以行政处罚或者行政处分。"《证券法》第232条规定："违反本法规定，应当承担民事赔偿责任和缴纳罚款、罚金，其财产不足以同时支付时，先承担民事赔偿责任。"

② 参见时延安：《行政处罚权与刑罚权的纠葛及其厘清》，载《东方法学》2008年第4期。

送。同时,证监会与检察机关之间存在信息不对称,很难对其进行有效监督,客观上造成行政权不断膨胀。根据我国香港特区《证券及期货条例》第182条、第183条、第184条以及第388条的规定,香港证监会有合理因由相信有人可能已犯任何有关条文所定罪行时可对其进行调查,并可以本身的名义就任何有关条文所定罪行及串谋犯该罪的罪行提出检控。这种由证监会直接调查和起诉的做法,既减少需要衔接和协调的环节,又能发挥证监会的专业优势。因此,为了建立更加高效衔接与协调配合机制,可借鉴我国香港特区的做法,赋予证监会调查权和公诉权。

本章小结

可见,我国投资银行勤勉义务制度主要经历了审批制、通道制、保荐制三个阶段,虽然在每个阶段我国对投资银行勤勉义务制度都进行了不同程度的完善,但仍然存在判断标准模糊且存在缺失、实现机制激励不足且制衡功能失效、法律责任追究机制单一且责任分担失衡等问题。实际上,针对这些存在的问题,在证券市场相对发达的有关国家或地区都曾经历过,并就相关的问题结合自身实际提出了解决措施,而这些措施在长期的证券市场实践中展示了生命力。"师人长技"是我们应有的态度,应借鉴相关的经验,通过重塑投资银行勤勉义务规制理念、重构投资银行勤勉义务判断标准、完善投资银行勤勉义务实现机制以及优化投资银行勤勉义务法律制度等措施进行完善。

投资者保护措施是公司进入并且留在公开市场中的条件。① 我国投资银行勤勉义务制度作为投资者保护体系的重要构成,制度设计的完备性直接关系其作用的发挥。但任何制度的改革都是一个循序渐进的过程,并在完善的过程中同时进行新的完善。因此,投资银行勤勉义务制度的完善不可能一步到位,有时甚至是缓慢的,但是就像"扭螺丝"一样,如果你不扭,

① [美]莱纳·克拉克曼、亨利·汉斯曼等:《公司法剖析:比较与功能的视角》(第2版),罗培新译,法律出版社2012年版,第286页。

后面就更加难以扭动；如果你扭了，可能刚开始比较艰难，但是后面会越来越轻松。更何况，从2013年以来，证监会就一直强调要进行股票发行体制的改革，并加强执法，推动证券市场中介机构更加勤勉尽责。同时，《证券法》的修改也提上了议事日程，这无疑为投资银行勤勉义务制度的完善提供了一个良好的契机。

结　论

“信心危机往往比财务危机更严重。”①投资者之所以在证券市场上进行投资，很大程度上源于其有信心相信不会被人所欺骗，进行投资决策所依据的信息是真实完整的。证券市场的发展史表明：投资银行是保证发行人所披露的信息真实完整的最佳角色。但是，任何主体在缺乏有效激励与约束的情况下，都有进行机会主义行为的倾向。威廉姆·道格拉斯曾经说过：“为了满足投资者的需求，证券市场上不仅要有高效的服务，还要有公平的竞争和朴素的诚实。因为我们谁也不能忘记，这个伟大的市场只有靠投资者的恩惠才能生存和繁荣。”②于是，投资银行勤勉义务制度应运而生，要求投资银行对投资者承担信托责任，强调投资银行在推荐发行人发行证券过程中应勤勉地对发行人进行调查，并对投资银行未勤勉的行为予以制裁。毫无疑问，一个勤勉

---

① ［美］默顿·米勒：《论今日东南亚金融危机》，载《金融研究》1998年第2期。

② William H. Donaldson, "Speech by SEC Chairman: Remarks to the National Press Club" (Washington, D. C. July 30, 2003), Accessed June 15, 2018. http://www. sec. gov/news/speech/spch073003whd. htm.

的投资银行总是会给投资者带来更多的“信心”。

“适用乃法规之生命。”①投资银行勤勉义务制度的建立既要能让其他主体清晰地判断投资银行是否履行了应尽的义务，同时也要让投资银行自身明白进行何种行为，以及进行到何种程度才算是履行了勤勉义务。全球主要的证券市场结合自身实际，分别提出了“谨慎人”标准、“理性人”标准等重要的判断标准，有些甚至制定详细的具体规则，力图避免以“结果标准”进行判断，从而背离设立投资银行勤勉义务制度的法律目的。当前，对投资银行勤勉义务判断标准一个总体的趋势是抽象与具体的结合，即便是美国也力图通过司法实践或是SEC的指导，尽可能让判断标准变得更加清晰且易于操作。当今世界，任何国家的证券市场都很难独善其身，对美好事物的向往是无法回避的趋势，我国投资银行勤勉义务判断标准也必将随着证券市场的发展得到完善。

事物是普遍联系的，任何事物都与周围的其他事物相互联系、相互作用、相互影响。任何单一的制度都不可能仅依靠自身就足以实现其欲达到的目的，其他的制度可能会增强或减弱其制度效果。因而，投资银行勤勉义务制度自身价值的实现，离不开声誉机制、媒体监督制度、薪酬与晋升机制、私人执行机制等制度的配合，这些制度要么激励投资银行更加勤勉，要么给其机会主义行为带来约束。有关国家或地区的经验表明：私人执行机制、声誉机制、媒体监督机制、薪酬与晋升机制等制度，给投资银行履行勤勉义务带来了有效的激励与约束。反观我国，在诸多方面都存在不小的差距。当然，投资银行勤勉义务实现机制的完善程度最终取决于一个国家证券市场发展的成熟度，而且基于市场条件、文化、历史等因素的限制，各国都会重点强调某一实现机制的运用，且各种实现机制在各国表现的效果不一。因此，对投资银行勤勉义务某一实现机制的借鉴或引入，都应特别考量其制度发挥效应的关键机理和基本条件。

制度的保障往往是以责任的分配来完成的。可以说，法律责任作为能够将外部成本与收益内化为行为人的手段，所带来的效果最为明显，是行为

① 程合红：《证券法的精神与活力——〈美国投资者保护经典案例选编〉评介》，载《证券法苑》2014年第2期。

人进行类似行为时首要关注的因素。法律责任的分配应是通过“惩前”的手段以达到“毖后”的目的,同时也要激励适当,考虑规则对行为人的影响。[①] 当然,要达到类似的效果,取决于法律责任的合理配置和运用。实践证明,适当严厉的法律责任制度和严格执法对证券市场的发展有着重要的促进作用。固然,“只有道德上的知耻才是守法最深厚、最持久的力量”。[②]但是,这种“道德上的知耻”源于对法律“敬畏”。因此,对违法行为的“绥靖”无异于“饮鸩止渴”,应结合各种法律责任制度的功能和特点,有针对性地施加相应责任,提升法律责任制度的威慑力,低成本且有效率地促进投资银行勤勉尽责。

事实证明,经济高速增长的一个关键因素是存在有效运转的金融市场,而缺乏有效的金融市场也正是众多国家至今仍处于贫困的原因之一。[③]“他山之石,可以攻玉。”为了促进我国证券市场的发展,近年来,我国不断引入金融市场发达的国家或地区的相关制度,以此解决我国证券市场存在的问题。但是,事物发展是前进性与曲折性的统一,问题总是轮转更迭。投资银行勤勉义务制度也不例外,证券市场上反复出现的投资银行未履行勤勉义务的案件说明其存在着诸多问题。“干净的市场最终会赢得尊重。”[④]全球最为发达的美国证券市场、英国证券市场以及我国香港特区证券市场,无不以“干净”而著称。只有“源头”是干净的,证券市场才能具备一个最好的基础。投资银行作为证券市场的“看门人”,其勤勉义务的履行是“干净市场”的关键因素之一,不能因为一时的瑕疵而否定其制度的价值。

“青山遮不住,毕竟东流去。”[⑤]党的十九大报告指出:我国将始终坚持以人民为中心的发展思想。可以说,推动我国投资银行勤勉义务制度完善

---

① 邓峰:《领导责任的法律分析——基于董事注意义务的视角》,载《中国社会科学》2006年第3期。

② 吴汉东:《法律的道德化与道德的法律化——关于法制建设和道德建设协调发展的哲学思考》,载《法商研究》1998年第2期。

③ [美]弗雷德里克·S. 米什金、斯坦利·G. 埃金斯:《金融市场与金融机构》(第5版),张莹等译,机械工业出版社2008年版,第2页。

④ 蒋大兴、沈晖:《从私人选择走向公共选择——摧毁“保荐合谋”的利益墙》,载《证券法苑》2010年第2期。

⑤ (宋)辛弃疾:《菩萨蛮·书江西造口壁》。参见王昶:《诗词曲名句赏析》,商务印书馆2015年版,第410页。

的"东风"已经来临。"作为负责任的个体,我们也没有借口不去为了设计出最好的应对措施不断试验……这是知识和道德的责任。"[①]如果我们能够"对症下药",不"讳疾忌医",真正"到中流击水,浪遏飞舟",[②]扎紧"制度的笼子",促使投资银行积极履行勤勉义务,保证证券发行的质量,为证券市场提供高质量的源流活水,无疑具有重要的意义。

① [美]安德鲁·克罗克特:《21世纪需要怎样的金融体系?》,吴祖鸿、林凯旋译,载《比较》2012年第1期。

② 毛泽东:《沁园春·长沙》。参见周振甫:《毛泽东诗词鉴赏》,中华书局2010年版。

参考文献

一、著作

（一）中文著作

[1]彭冰:《中国证券法》,高等教育出版社 2005 年版。

[2]程啸:《证券市场虚假陈述侵权损害赔偿责任》,人民法院出版社 2004 年版。

[3]刘燕:《会计师民事责任研究:公众利益与职业利益的平衡》,北京大学出版社 2004 年版。

[4]主力军:《欧盟与德国资本市场法研究》,上海社会科学院出版社 2018 年版。

[5]沈朝晖:《证券法的权力分配》,北京大学出版社 2016 年版。

[6]缪因知:《中国证券法律实施机制研究》,北京大学出版社 2017 年版。

[7]刘俊海:《现代证券法》,法律出版社 2011 年版。

[8]齐斌:《证券市场信息披露法律监管》,法律出版社 2002 年版。

[9]耿利航:《中国证券市场中介机构的作用与约

束机制——以证券律师为例证的分析》,法律出版社2011年版。

[10]郭锋:《中国证券监管与立法》,法律出版社2000年版。

[11]陆一:《闲不住的手——中国股市体制基因演化史》,中信出版社2008年版。

[12]尹蘅:《中国投资银行声誉机制研究》,中山大学出版社2008年版。

[13]黄韬:《"金融抑制"与中国金融法治的逻辑》,法律出版社2012年版。

[14]陈甦主编:《证券法专题研究》,高等教育出版社2006年版。

[15]彭岳:《跨境证券融资的法律规制:以境外公司在境内上市的监管为视角》,法律出版社2011年版。

[16]吴敬琏:《改革:我们正在过大关》,生活·读书·新知三联书店2001年版。

[17]邢会强:《证券欺诈规制的实证研究》,中国法制出版社2016年版。

[18]朱锦清:《证券法学》,北京大学出版社2004年版。

[19]何宝玉:《英国信托法原理与判例》,法律出版社2001年版。

[20]何勤华:《英国法律发达史》,法律出版社1999年版。

[21]金晓斌主编:《创业板市场的保荐人制度》,经济科学出版社2001年版。

[22]汤欣:《公司治理与资本市场法制》,法律出版社2015年版。

[23]沈四宝:《最新美国标准公司法》,法律出版社2006年版。

[24]沈达明编著:《衡平法初论》,对外经济贸易大学出版社1997年版。

[25]金泽刚:《证券市场监管与司法介入》,山东人民出版社2004年版。

[26]吴清、张洪水等:《美国投资银行经营失败案例研究》,中国财政经济出版社2010年版。

[27]王俊豪:《政府管制经济学导论——基本理论及其在政府管制实践中的应用》,商务印书馆2001年版。

[28]秦国楼:《现代金融中介论》,中国金融出版社2002年版。

[29]邓辉:《论公司法中的国家强制》,中国政法大学出版社 2004 年版。

[30]辜宏强:《中国股票发行监管制度研究》,经济管理出版社 2011 年版。

[31]黄茂荣:《法学方法论与现代民法》,法律出版社 2007 年版。

[32]潘静成、刘文华主编:《经济法》,中国人民大学出版社 2008 年版。

[33]林国全:《证券交易法研究》,中国政法大学出版社 2002 年版。

[34]张文显:《二十世纪西方法哲学思潮研究》,法律出版社 1996 年版。

[35]赵岗、朱忠明、王博林:《中国证券业监管发展与改革研究》,中国发展出版社 2015 年版。

[36]朱伟一:《美国证券法判例解析》,中国法制出版社 2002 年版。

[37]余辉:《英国信托法:起源、发展及其影响》,清华大学出版社 2007 年版。

[38]龚明华:《现代金融中介和金融市场理论:演进及前沿》,经济科学出版社 2006 年版。

[39]王书丽:《新政时期美国联邦政府证券监管问题研究》,人民出版社 2013 年版。

[40]易周律师行:《香港保荐人尽职调查指引》,HKCFEF Limited 2013 年版。

[41](春秋)老子:《道德经》,中国华侨出版社 2014 年版。

[42]王昶:《诗词曲名句赏析》,商务印书馆 2015 年版。

[43]苏力:《制度是如何形成的》,北京大学出版社 2007 年版。

[44]陈志武:《媒体、法律与市场》,中国政法大学出版社 2005 年版。

[45]陈学彬等:《论金融机构激励约束机制》,复旦大学出版社 2006 年版。

[46]邓峰:《普通公司法》,中国人民大学出版社 2009 年版。

[47]何美欢:《公众公司及其股权证券》(中册),北京大学出版社 1999 年版。

[48]黄振中编著:《美国证券法上的民事责任与民事诉讼》,法律出版

社 2003 年版。

[49]骆永家:《民事法研究》(第 3 卷),台北,三民书局 1989 年版。

[50]陈野华、王玉峰:《投资银行风险管理理论与中国的实践》,西南财经大学出版社 2016 年版。

[51]葛伟军:《英国公司法:原理与判例》,中国法制出版社 2007 年版。

[52]王利明:《侵权行为法归责原则研究》,中国政法大学出版社 2004 年版。

[53]杨立新:《侵权法论》,人民法院出版社 2005 年版。

[54]李亚虹:《美国侵权法》,法律出版社 1999 年版。

[55]程啸:《侵权行为法总论》,中国人民大学出版社 2008 年版。

[56]佟柔主编:《民法原理》,法律出版社 1983 年版。

[57]王利明:《侵权行为法研究》(上卷),中国人民大学出版社 2004 年版。

[58]王卫国:《过错责任原则:第三次勃兴》,中国法制出版社 2000 年版。

[59]王泽鉴:《侵权行为法——基本理论、一般侵权行为》(第 1 册),中国政法大学出版社 2001 年版。

[60]《马克思恩格斯全集》(第 25 卷),人民出版社 1974 年版。

[61]黄风编著:《罗马法词典》,法律出版社 2002 年版。

[62]林山田:《刑罚学》,台湾商务印书馆 1983 年版。

[63]柯湘:《中国股票公开发行监管合同的选择》,北京大学出版社 2009 年版。

[64]阚治东:《荣辱二十年——我的股市人生》,中信出版社 2010 年版。

[65]张育军:《投资者保护法研究》,人民出版社 2007 年版。

[66]皮天雷:《法与金融:理论研究及中国的证据》,中国经济出版社 2010 年版。

[67]漆多俊:《经济法基础理论》(第 4 版),法律出版社 2008 年版。

[68]沈宗灵:《现代西方法理学》,北京大学出版社 2003 年版。

[69]宋晓燕:《证券法律制度的经济分析》,法律出版社 2009 年版。

[70]胡乐明、刘刚:《新制度经济学原理》,中国人民大学出版社 2014 年版。

[71]冯果、李安安:《收入分配改革的金融法进路:以金融资源的公平配置为中心》,法律出版社 2016 年版。

[72]孙国华、朱景文主编:《法理学》,中国人民大学出版社 1999 年版。

[73]张维迎:《博弈与社会》,北京大学出版社 2013 年版。

[74]陈共炎:《证券公司治理机制与对策》,中国财政经济出版社 2005 年版。

[75]尚福林主编:《证券市场监管体制比较研究》,中国金融出版社 2006 年版。

[76]张维迎:《产权、政府与信誉》,生活·读书·新知三联书店 2001 年版。

[77]王家福、梁慧星:《民法债权》,法律出版社 1991 年版。

[78]彭和平、竹立家等编译:《国外公共行政理论精选》,中共中央党校出版社 1997 年版。

[79]姜涛:《管子新注》,齐鲁书社 2006 年版。

[80]李晓珊:《证券市场监管法律制度之比较研究》,中国法制出版社 2014 年版。

[81]万国华:《证券法前沿问题研究》,天津人民出版社 2002 年版。

[82]姜洋:《中国证券商监管制度研究》,中国金融出版社 2001 年版。

[83]夏征农主编:《辞海》(缩印本),上海辞书出版社 2000 年版。

[84]商务印书馆辞书研究中心:《应用汉语词典》,商务印书馆 2000 年版。

[85]刘艳军:《论证券欺诈诉讼》,西南政法大学 2007 年博士学位论文。

[86]刘志军:《保荐制下的投资银行声誉有效性研究》,苏州大学 2009 年博士学位论文。

[87]宁文昕:《保荐代表人、证券监管与保荐质量的提高》,山东大学 2012 年博士学位论文。

[88]刘连煜:《论证券交易法上之民事责任》,台湾中兴大学法律学研究所 1986 年硕士学位论文。

[89]陈少宏:《我国保荐人勤勉尽责认定标准研究》,中山大学 2015 年硕士学位论文。

[90]宋伟岩:《论证券市场法治化中的诚信原则》,吉林大学 2007 年博士学位论文。

[91]肖璞:《后危机时代中国有效金融监管问题研究》,湖南大学 2013 年博士学位论文。

[92]中国证券监督管理委员会编译:《德国证券法律汇编》(中德文对照本),法律出版社 2016 年版。

[93]中国证券监督管理委员会编译:《美国〈1933 年证券法〉及相关证券交易委员会规则与规章》,法律出版社 2015 年版。

[94]中国证券监督管理委员会编译:《英国 2000 年金融服务与市场法》,法律出版社 2014 年版。

[95]中国证券监督管理委员会编译:《日本金融商品交易法及金融商品销售等相关法律》,法律出版社 2015 年版。

[96]中国证券监督管理委员会编译:美国《多德—弗兰克华尔街改革和消费者保护法》(中英文对照本)(上册),法律出版社 2013 年版。

[97]中国证券监督管理委员会编译:美国《多德—弗兰克华尔街改革和消费者保护法》(中英文对照本)(下册),法律出版社 2013 年版。

(二)中文译著

[1][美]罗伯特·劳伦斯·库恩:《投资银行学》,李申、薛伯英等译,北京师范大学出版社 1996 年版。

[2][美]阿兰·莫里森、小威廉·维尔勒姆:《投资银行:制度、政治和法律》,何海峰译,中信出版社 2011 年版。

[3][德]托马斯·M. J. 默勒斯:《欧洲资本市场法的新发展——从德国的视角》,申柳华、李海等译,中国政法大学出版社 2015 年版。

[4][英]艾利斯·费伦:《公司金融法律原理》,罗培新译,北京大学出版社 2012 年版。

[5][德]托马斯·莱塞尔、吕迪格·法伊尔:《德国资合公司法》(第 3 版),高晓军等译,法律出版社 2005 年版。

[6][美]托马斯·李·哈森:《证券法》,张学安等译,中国政法大学出

版社 2003 年版。

[7][美]约翰·C. 科菲:《看门人机制:市场中介与公司治理》,黄辉、王长河等译,北京大学出版社 2011 年版。

[8][美]乔治·J. 施蒂格勒:《产业组织和政府管制》,潘振民译,上海人民出版社、上海三联书店 1996 年版。

[9][加]布莱恩·R. 柴芬斯:《公司法:理论、结构和运作》,林伟华、魏旻译,法律出版社 2001 年版。

[10][法]韦洛妮克·马尼耶主编:《金融危机背景下的上市公司治理——旨在更好地保护公司利益》,姜影译,法律出版社 2014 年版。

[11][美]路易斯·罗思、乔尔·赛里格曼:《美国证券监管法基础》,张路等译,法律出版社 2008 年版。

[12][美]查理斯·R. 吉斯特:《金融体系中的投资银行》,郭浩译,经济科学出版社 1998 年版。

[13][美]莱纳·克拉克曼、亨利·汉斯曼等:《公司法剖析:比较与功能的视角》(第 2 版),罗培新译,法律出版社 2012 年版。

[14][澳]杰弗瑞·布伦南、[美]詹姆斯·M. 布坎南:《宪政经济学》,冯克利、秋风等译,中国社会科学出版社 2004 年版。

[15][美]富勒:《法律的道德性》,郑戈译,江西人民出版社 1998 年版。

[16][古罗马]西塞罗:《西塞罗三论:论老年论友谊论责任》,徐奕春译,商务印书馆 1998 年版。

[17][美]哈威尔·E. 杰克逊、小爱德华·L. 西蒙斯:《金融监管》,吴志攀等译,中国政法大学出版社 2003 年版。

[18][美]乔尔·塞利格曼:《华尔街变迁史——证券交易委员会及现代公司融资制度的演化进程》(修订版),田风辉译,经济科学出版社 2004 年版。

[19][英]保罗·戴维斯、莎拉·沃辛顿:《现代公司法原理》(第九版),罗培新等译,法律出版社 2016 年版。

[20][美]P. S. 阿蒂亚、R. S. 萨默斯:《英美法中的形式与实质——法律推理、法律理论和法律制度的比较研究》,金敏、陈林林、王笑红译,中国政法大学出版社 2005 年版。

[21][美]理查德·斯考特·卡内尔、乔纳森·R.梅西、杰弗里·P.米勒:《美国金融机构法》(下册),高华军译,商务印书馆2016年版。

[22][美]弗兰克·B.克罗斯、罗伯特·A.普伦蒂斯:《法律与公司金融》,伍巧芳、高汉译,北京大学出版社2011年版。

[23][美]乔迪·S.克劳斯、史蒂文·D.沃特:《公司法和商法的法理基础》,金海军译,北京大学出版社2005年版。

[24][英]洛克:《政府论》(下篇),叶启芳、瞿菊农译,商务印书馆1964年版。

[25][美]路易斯·亨金:《宪政·民主·对外事务》,邓正来译,生活·读书·新知三联书店1996年版。

[26][德]乌茨·施利斯基:《经济公法》,喻文光译,法律出版社2006年版。

[27][美]戴维·H.罗森布鲁姆、罗伯特·S.克拉夫丘克:《公共行政学:管理、政治和法律的途径》(第5版),张成福等校译,中国人民大学出版社2002年版。

[28][美]戴维·奥斯本、特德·盖布勒:《改革政府:企业家精神如何改革着公共部门》,周敦仁等译,上海译文出版社2006年版。

[29][美]曼瑟·奥尔森:《权力与繁荣》,苏长和、嵇飞译,上海人民出版社2014年版。

[30][美]罗伯特·希勒:《金融与好的社会》,束宁译,中信出版社2012年版。

[31][美]拉里·哈里斯:《监管下的交易所》,上海证券交易所译,中信出版社2010年版。

[32][美]理查德·A.波斯纳:《正义/司法的经济学》,苏力译,中国政法大学出版社2002年版。

[33][美]斯蒂格利茨:《经济学》,梁小民、黄险峰译,中国人民大学出版社1997年版。

[34][美]罗伯特·D.考特、托马斯·S.尤伦:《法和经济学》,施少华、姜建强等译,上海财经大学出版社2002年版。

[35][美]弗兰克·伊斯特布鲁克、丹尼尔·费希尔:《公司法的经济结

构》(中译本第2版),罗培新、张建伟译,北京大学出版社2014年版。

[36][美]小奥利弗·温德尔·霍姆斯:《普通法》,冉昊、姚中秋译,中国政法大学出版社2006年版。

[37][美]彼得·德鲁克:《公司的概念》,慕凤丽译,机械工业出版社2006年版。

[38]《德国刑法典》(2002年修订),徐久生、庄敬华译,中国方正出版社2004年版。

[39][美]庞德:《法理学》(第3卷),廖德宇译,法律出版社2007年版。

[40]吴经熊:《正义之源泉:自然法研究》,张薇薇译,法律出版社2015年版。

[41][美]霍姆斯:《法律的生命在于经验——霍姆斯法学文集》,明辉译,清华大学出版社2007年版。

[42][美]汉密尔顿、杰伊、麦迪逊:《联邦党人文集》,程逢如等译,商务印书馆1980年版。

[43][美]E.博登海默:《法理学——法律哲学与法律方法》,邓正来译,中国政法大学出版社2004年版。

[44][英]约翰·梅纳德·凯恩斯:《就业、利息和货币通论》(重译本),高鸿业译,商务印书馆2009年版。

[45][美]斯科特·格林:《萨班斯—奥克斯利法案内控指南》,张翼、林小驰译,经济科学出版社2007年版。

[46][美]米歇尔·弗勒里耶:《一本书读懂投资银行》,朱凯誉译,中信出版社2010年版。

[47][挪威]马德斯·安德斯、[英]弗兰克·伍尔德里奇:《欧洲比较公司法》,汪丽丽等译,法律出版社2013年版。

[48][美]劳伦斯·M.弗里德曼:《法律制度》,李琼英、林欣译,中国政法大学出版社1994年版。

[49][英]彼得·斯坦:《西方社会的法律价值》,王献平等译,中国人民公安大学出版社1989年版。

[50][美]理查德·A.波斯纳:《法律的经济分析》(下),蒋兆康译,中

国大百科全书出版社 1997 年版。

[51][日]谷口平安:《程序的正义与诉讼》,王亚新、刘荣军译,中国政法大学出版社 1996 年版。

[52][美]莱瑞·D. 索德奎斯特:《美国证券法解读》,胡轩之、张云辉译,法律出版社 2004 年版。

[53][美]约翰·非尼斯:《自然法与自然权利》,董娇娇、杨奕、梁晓晖译,中国政法大学出版社 2005 年版。

[54][法]安娜·多米尼克·梅维尔:《法国金融法》,姜影译,法律出版社 2014 年版。

[55][美]詹姆斯·威拉德·赫斯特:《美国史上的市场与法律》,郑达轩等译,法律出版社 2006 年版。

[56][英]哈耶克:《个人主义与经济秩序》,贾湛等译,北京经济学院出版社 1991 年版。

[57][德]K. 茨威格特、H. 克茨:《比较法总论》,潘汉典、米健等译,法律出版社 2003 年版。

[58][美]詹姆斯·R. 菲舍尔:《权力没有过错——用权力实现有价值的目的》,张云峰、周红梅译,京华出版社 2006 年版。

[59][美]布莱克:《法律的运作行为》,唐越、苏力译,中国政法大学出版社 2004 年版。

[60][美]罗伯塔·罗曼诺编著:《公司法基础》(第 2 版),罗培新译,北京大学出版社 2013 年版。

[61][日]田中英夫、竹内昭夫:《私人在法实现中的作用》,李薇译,法律出版社 2006 年版。

[62][美]史蒂文·苏本、玛格瑞特·伍:《美国民事诉讼的真谛》,蔡彦敏、徐卉译,法律出版社 2002 年版。

[63][英]弗里德里希·冯·哈耶克:《通往奴役之路》,王明毅、冯兴元译,中国社会科学出版社 1997 年版。

[64][法]皮埃尔·布迪厄、[美]华康德:《实践与反思——反思社会学导刊》,李猛、李康译,邓正来校,中央编译出版社 2004 年版。

[65][美]理查德·波斯纳:《反托拉斯法》,孙秋宁译,中国政法大学

出版社 2003 年版。

[66][意]贝卡利亚:《论犯罪与刑罚》,黄风译,中国大百科全书出版社 1993 年版。

[67][美]弗雷德里克·S. 米什金、斯坦利·G. 埃金斯:《金融市场与金融机构》(第 5 版),张莹等译,机械工业出版社 2008 年版。

[68][美]庞德:《通过法律的社会控制——法律的任务》,沈宗灵译,商务印书馆 1995 年版。

[69][美]尼考拉斯·莱斯切尔:《认识经济论——知识理论的经济问题》,王晓秦译,江西教育出版社 1999 年版。

[70][美]卡尔·N. 卢埃林:《普通法传统》,陈绪刚、史大晓、仝宗锦译,中国政法大学出版社 2002 年版。

[71]国际货币基金组织、世界银行编著:《关于中国遵守〈证券监管目标和原则〉详细评估报告》,中国证券监督管理委员会译,中国金融出版社 2012 年版。

[72]世界银行编著:《1997 年世界发展报告:变革世界中的政府》,蔡秋生等译,中国财政经济出版社 1997 年版。

(三)英文著作

[1] Kurt Eichenwald, *Conspiracy of Fools: A True Story*, Broadway Books, 2005.

[2] John C. Coffee, Jr., Joel Seligman, Hillary A. Sale, *Securities Regulation: Cases & Materials* (10th Ed.), Foundation Press, 2006.

[3] David L. Ratner, *Securities Regulation in a Nutshell* (6th Ed.), West Publishing Co., 2013.

[4] Thomas Lee. Hazen, *Treaties on the Law of Securities Regulation*, West Publishing Co., 2013.

[5] George T. Bogert, *Trusts*, West Publishing Co., 1987.

[6] Paul L. Davies, S. Worthington, E. Micheler, *Gower and Davies' Principles of Modern Company Law* (7th Ed.), Sweet & Maxwell, 2003.

[7] Joel Seligman, *The Transformation of wall Street: A History of the Securities and Exchange Commission and Modern Corporate Finance*, Northeastern

University Press,1995.

[8] Charles R. Geisst, *Wall Street: A History*, Oxford University Press,1997.

[9] Laurence H. Sloan, *Corporation Profits*, Harper & Brothers,1929.

[10] J. A. Jolowicz, T. Ellislewis, *Winfieldon Tort* (7th Ed.), Sweet & Maxwell,1963.

[11] Marc I. Sreinberg, *Understanding Securities Law* (4th Ed.), Matthew Bender & Company,2007.

[12] J. William Hicks, *Civil Liabilities: Enforcement and Litigation under the* 1933 *Act* (4th Ed.), West Group,2008.

[13] Rm Jackson, Jllb Powell, *Jackson & Powell on Professional Negligence* (4th Ed.), Sweet & Maxwell,2002.

[14] Marc I. Steinberg, *Securities Regulation: Liabilities and Remedies*, Law Journal Press,1984.

[15] Oliver Wendellholmes, *The Common Law*, Createspace Independent Publishing Platform,2014.

[16] Richard A. Posner, *Economic Analysis of Law* (4th Ed.), Little, Brown, and Company,1992.

[17] Douglass C. North, *Institutions, Institutional Change, and Economic Performance*, Cambridge University Press,1990.

[18] Denis Keenan, *Smith & Keenan's Advanced Business Law* (11th Ed.), Pearson Education Limited,2000.

[19] David L. Ratner, Thomas Lee. Hazen, *Securities Regulation: Cases and Materials* (4th Ed.), West Publishing Co.,1996.

[20] William M. Landes, Richard A. Posner, *The Economic Structure of Tort Law*, Harvard University Press,1987.

[21] Edward Shils, Max Rheinstein, *Max Weber on Law in Economy and Society* (1st Ed.), Harvard University Press,1954.

[22][美]爱德华·J.柯恩卡:《侵权法》(第2版影印本),法律出版社1999年版。

[23]罗伯特·W.汉密尔顿:《公司法》(第4版),法律出版社1999年版。

二、论文

(一)中文论文

[1][美]拉菲·拉波塔、弗洛伦西奥·洛佩斯德西拉内斯、安德烈·施莱弗、罗伯特·维什尼:《投资者保护与公司治理》,缪因知译,载《金融法苑》2009年第1期。

[2]刘道远:《中国证券市场国际化改革的法律困境及其破解——以美国证券法制为镜鉴》,载《法商研究》2016年第4期。

[3]刘俊海:《打造投资者友好型证券法,推动资本市场治理现代化》,载《法学论坛》2015年第4期。

[4]陈甦、陈洁:《证券法的功效分析与重构思路》,载《环球法律评论》2012年第5期。

[5]主力军:《德国〈交易所法〉关于上市公司的上市申请材料不实陈述之民事责任介绍》,载《比较法研究》2005年第5期。

[6]赵英杰:《美国注册制下承销商法律责任研究》,载《上海金融》2015年第8期。

[7][美]约翰·H.兰贝恩:《信托法的合同基础》,何美欢译,载《清华法学》2004年第1期。

[8][美]安德鲁·克罗克特:《21世纪需要怎样的金融体系?》,吴祖鸿、林凯旋译,载《比较》2012年第1期。

[9]沈朝晖、缪因知:《SIPE对证券公司风险监控与处置的机制设计》,载《金融法苑》2010年第1期。

[10][美]乔纳森·R.梅西:《金融监管中的"监管者效应"》,赵渊译,载《证券法苑》2015年第1期。

[11][美]伯纳德·S.布莱克:《强大证券市场的法律和制度前提》,洪艳蓉译,载《金融法苑》2003年第7期。

[12]陈洁:《论保荐机构的担保责任》,载《环球法律评论》2010年第6期。

[13]陈思远:《论发行审核制度与保荐制度的同步重构——以注册制改革为背景展开》,载《证券法苑》2013 年第 2 期。

[14]醋卫华、李培功:《媒体监督公司治理的实证研究》,载《南开管理评论》2012 年第 1 期。

[15]肖钢:《监管执法:资本市场健康发展的基石》,载《求是》2013 年第 15 期。

[16]黄辉:《中国证券虚假陈述民事赔偿制度:实证分析与政策建议》,载《证券法苑》2013 年第 2 期。

[17]何朝丹:《"虚假陈述证券民事诉讼"法律实效研究》,载《证券法苑》2011 年第 2 期。

[18][美]安德烈·施莱弗:《有效监管》,潘方方、丁丁译,载《比较》2010 年第 2 期。

[19]谢平、邹传伟:《金融危机后有关金融监管改革的理论综述》,载《金融研究》2010 年第 2 期。

[20]刘志云、龙稳全:《论完善投资银行勤勉义务规制的路径选择》,载《南京大学学报》(哲学·人文科学·社会科学)2018 年第 6 期。

[21]罗培新、李剑、赵颖洁:《我国公司高管勤勉义务之司法裁量的实证分析》,载《证券法苑》2010 年第 3 期。

[22]应展宇:《美国投资银行监管制度演变的政治经济分析》,载《国际经济评论》2015 年第 5 期。

[23][美]J. H. 梅里曼等:《"法律与社会发展研究"的特性》,俗僧译,载《比较法研究》1990 年第 2 期。

[24]张维迎、邓峰:《信息、激励与连带责任——对中国古代连坐、保甲制度的法和经济学解释》,载《中国社会科学》2003 年第 3 期。

[25][美]小约翰·科菲、希拉里·塞尔:《重构美国证监会:财政部有更好的主意吗?》,辛亚杰译,载《比较》2009 年第 1 期。

[26]陈婉玲:《经济法责任的归责原则》,载《政法论坛》2010 年第 6 期。

[27]葛家澍、黄世忠:《安然事件的反思:对安然公司会计审计问题的剖析》,载《会计研究》2002 年第 2 期。

[28][美]威廉姆·T. 爱伦:《公司法和公司治理初论:当代中国公司法中新增勤勉信义义务的前景和问题展望》,黄婕、许世夺译,载《法学适用》2006 年第 3 期。

[29]蒋文玉:《理性人标准在侵权行为中的适用研究》,载《黑龙江省政法管理干部学院学报》2010 年第 12 期。

[30]喻敏:《对侵权行为法中过错问题的再思考》,载《现代法学》1998 年第 4 期。

[31]邓宝凌:《安然事件对金融市场监管的影响——香港证监会主席沈联涛访谈录》,载《国际经济评论》2002 年第 6 期。

[32][美]本·伯南克:《金融危机对经济学的启示》,王旭译,载《比较》2010 年第 5 期。

[33][德]埃里克·伯格洛夫、阿涅特·帕尤斯特:《逐步兴起的所有者,日渐衰退的市场?——中东欧国家的公司治理》,张安译,载《比较》2003 年第 5 期。

[34]吴泽勇:《集团诉讼在德国:"异类"抑或"蓝本"》,载《法学家》2009 年第 6 期。

[35]吴泽勇:《〈投资者示范诉讼法〉:一个群体性法律保护的完美方案?》,载《中国法学》2010 年第 1 期。

[36]周友苏、罗华兰:《论证券民事责任》,载《中国法学》2000 年第 4 期。

[37][日]能见善久:《论专家的民事责任》,载《民商法论丛》1996 年第 5 期。

[38]高基生:《德国证券市场行政执法机制研究》,载《证券市场导报》2005 年第 4 期。

[39]张明楷:《论刑事责任》,载《中国社会科学》1993 年第 2 期。

[40]庄玉友:《日本金融商品交易法述评》,载《证券市场导报》2008 年第 5 期。

[41]谈萧:《对我国推行证券发行上市保荐人制度的思考》,载《经济师》2004 年第 1 期。

[42]许小年:《从企业本位论到股东本位论——由〈基金黑幕〉引发的

联想》,载《国际经济评论》2000 年第 6 期。

[43]张舫、李响:《对证监会执法强度的实证分析》,载《现代法学》2016 年第 1 期。

[44]邢会强:《金融危机治乱循环与金融法的改进路径——金融法中“三足定理”的提出》,载《法学评论》2010 年第 5 期。

[45]张建伟:《复杂金融世界里的法律变革》,载《金融法苑》2015 年第 1 期。

[46]胡语文:《K 先生 5 年 40 倍的成功之道》,载《股市动态分析》2014 年第 27 期。

[47]徐可:《信用中介的责任标准——从合规性到合理性》,载《金融法苑》2013 年第 2 期。

[48]钱颖一:《激励与约束》,载《经济社会体制比较》1999 年第 5 期。

[49]吴元元:《信息基础、声誉机制与执法优化——食品安全治理的新视野》,载《中国社会科学》2012 年第 6 期。

[50]程金华:《市场治理模式与中国证券律师——基于 1148 家 IPO 案例的实证报告》,载《证券法苑》2013 年第 2 期。

[51]娄丙录:《反垄断法宽恕制度的理论基础与实效保障》,载《法律科学》2010 年第 5 期。

[52]陈峥嵘:《美林证券的风险管理之道》,载《金融博览》2008 年第 8 期。

[53][荷兰]伍特·威尔斯:《欧洲共同竞争法中的罚款处罚》,李国海译,载《经济法论丛》1999 年第 5 期。

[54]蔡奕、彭兴庭:《从上市公司再犯现象看诚信建设的重要性》,载《证券法苑》2012 年第 2 期。

[55]万国华、杨海静:《论反欺诈原则在证券法中的确立——对诚实信用作为证券法基本原则的反思》,载《南开学报》(哲学社会科学版)2015 年第 1 期。

[56]时延安:《行政处罚权与刑罚权的纠葛及其厘清》,载《东方法学》2008 年第 4 期。

[57][美]默顿·米勒:《论今日东南亚金融危机》,载《金融研究》1998

年第2期。

[58]盛学军:《冲击与回应:全球化中的金融监管法律制度》,载《法学评论》2005年第3期。

[59]程合红:《证券法的精神与活力——〈美国投资者保护经典案例选编〉评介》,载《证券法苑》2014年第2期。

[60]邓峰:《领导责任的法律分析——基于董事注意义务的视角》,载《中国社会科学》2006年第3期。

[61]吴汉东:《法律的道德化与道德的法律化——关于法制建设和道德建设协调发展的哲学思考》,载《法商研究》1998年第2期。

[62]蒋大兴、沈晖:《从私人选择走向公共选择——摧毁"保荐合谋"的利益墙》,载《证券法苑》2010年第2期。

[63]方流芳:《民事诉讼收费考》,载《中国社会科学》1999年第3期。

[64]陈和、蔡晓珊:《投资银行治理研究:基于专业服务企业特性的视角》,载《商业经济与管理》2015年第12期。

(二)英文论文

[1] Joel Seligman, "Accounting and the New Corporate Law", *Wash. & Lee L. Rev.*, 1993, 50(3).

[2] Joseph K. Leahy, "The Irrepressible Myths of Barchris", *Delaware Journal of Corporate Law*, 2012, 37(2).

[3] John C. Coffee, Jr., "Gatekeeper Failure and Reform: The Challenge of Fashioning Relevant Reforms", *Columbia Law and Economics Working Paper No.* 237. September 2003. Accessed October 11, 2017. http://ssrn.com/abstract = 447940.

[4] Geore J. Benston, Clifford W. Smith, Jr., "A Transaction Cost Approach to the Theory of Financial Intermediation", *Journal of Finance*, 2012, 31(2).

[5] Stephen J. Choi, "A Framework for the Regulation of Securities Market Intermediaries", *Berkeley Business Law Journal*, 2004, 1(1).

[6] George J. Stigler, "Imperfections in the Capital Market", *The Journal of Political Economy*, 1967, 75(3).

[7] Frank H. Easterbook, Daniel R. Fischel, "Mandatory Disclosure and the

Protection of Investors", *Virginia Law Review*, 1984, 70(4).

[8] William K. Sjostrom, Jr., "The Due Diligence Defense under Section 11 of the Securities Act of 1933", *Brandeis Law Journal*, 2006, 44.

[9] Donald C. Langevoort, "Information Technology and the Structure of Securities Regulation", *HARV. L. REV.*, 1985, 98(4).

[10] John C. Coffee, "Brave New World: The Impact(s) of the Internet on Modern Securities Regulation", *Business Lawyer*, 1997, 52(4).

[11] Frank Partnoy, "Barbarians at the Gatekeepers: A Proposal for a Modified Strict Liability Regime", *Washington University Law Review*, 2001, 79(2).

[12] Bernard S. Black, "The Legal and Institutional Precondition for Strong Securities Markets", *UCLA Law Review*, 2001, 48(4).

[13] Oliver E. Williamson, "Credible Commitments: Using Hostages to Support Exchanges", *American Economic Review*, 1983, 73(4).

[14] Edward L. Glaeser, Andrei Shleifer, "The Rise of the Regulatory State", *Journal of Economic Literature*, 2003, 41(2).

[15] John C. Coffee, Jr., "Racing Towards the Top? the Impact of Cross-Listing and Stock Market Competition on International Corporate Governance", *Columbia Law Review*, 2002, 102(7).

[16] Andrei Shleifer, "Understanding Regulation", *European Financial Management*, 2010, 11(4).

[17] Stavros Gadinis, Howell E. Jackson, "Markets as Regulators: A Survey", *Southern California Law Review*, 2007, 80(6).

[18] Conrad G. Goodkind, "Blue Sky Law: Is There Merit in the Merit Requirements", *Wis. L. Rev.*, 1976, 79.

[19] Gregory S. Miller, "The Press as A Watchdog for Accounting Fraud", *Journal of Accounting Research*, 2006, 44(5).

[20] Daniel R. Fischel, "The Regulation of Accounting: Some Economic Issues", *Brooklyn Law Review*, 1986, 52.

[21] B. S. Markesinis, S. Deakin, "The Random Element of their

Commission: The Lawyer as Prosecutor", *Law & Contemporary Problems*, 1998, 61(1).

[44] John C. Coffee, Jr., "Foreign Issuers Fear Global Actions", *The National Law Journal* (June 14, 2007), Accessed October 26, 2017. http://royaldutchshellplc. com/2007/06/14/lawcom-foreign-issuers-fear-global-class-actions/.

[45] Linda Silberman, "The Vicissitudes of the American Class Action—with a Comparative Eye", *Tulane Journal of International and Comparative Law*, 1999, 7.

[46] Alexander Dyck, Natalya Volchkova, Luigi Zingales, "The Corporate Governance Role of the Media: Evidence from Russia", *Journal of Finance*, 2008, 63(3).

[47] Julie A. Heisel, Panzirerv, "Wolf: An Extension of the Fraud-0n-the-Market Theory of Liability under SEC Rule 10b - 5", *Catholic University Law Review*, 1983, 32(3).

[48] Adam F. Ingber, "10b - 5 or No 10b - 5: Are the Current Efforts to Reform Securities Litigation Misguide?", *Fordham Law Review*, 1993, 61(6).

[49] Robert Mednick, Jeffrey Peck, "Proportionality: A Much-Needed Solution to the Legal Liability Crisis", *Valparaiso University Law Review*, 1994, 28(3).

[50] John C. Coffee, Jr., "Law and the Market: The Impact of Enforcement", *University of Pennsylvania Law Review*, 2007, 156(2).

[51] Ronald J. Gilson, "Corporate Governance and Economic Efficiency: When Do Institutions Matter?", *Washington University Law Review*, 1996, 74(2).

[52] Garicano Luis, "Hierarchies and the Organization of Knowledge in Production", *Journal of Political Economy*, 2000, 108(5).

[53] Elizabeth F. Browne, "The Tyranny of the Multitude is a Multiplied Tyranny: Is the United States Financial Regulatory Structure Undermining U. S.

Competitiveness?", *Brooklyn Corporate, Financial & Commercial Law*, 2008,2(2).

[54] Mariusz Golecki, "Economics of Law as Ajurisprudential Theory", *German Working Papers in Law and Economics*, Vol. 2002, Paper 13. Accessed September 18, 2018. http://citeseerx. ist. psu. edu/viewdoc/download; jsessionid = 9F49941A4685ABB6D6C567689F9F826C? doi = 10. 1. 1. 331. 6721&rep = rep1&type = pdf.

[55] Lynnsharp Paine, "Managing for Organizational Integrity", *Harvard Business Review*, 1994, 72(2).

[56] Jonathan M. Karpoff, D. Scottlee, Gerald S. Martin, "The Consequences to Managers for Financial Misrepresentation", *Journal of Financial Economics*, 2008, 88(2).

[57] Alexander Dyck, Adair Morse, Luigi Zingales, "Who Blows the Whistle on Corporate Fraud", *The Journal of Finance*, 2010, 65(6).

[58] Jordan H. Leibman, Anne S. Kelly, "Accountants to Third Parties for Negligent Misrepresentation: The Search for a New Limiting Principle", *American Business Law Journal*, 1992, 30(3).

三、英文案例

[1] Blue Grass Partners v. Bruns, Nordeman, Ra & Co., 75A. D. 2d791, N. Y. S 2d, 1980.

[2] Breakaway Solutions, Inc. v. Morgan Stanley & Co. Inc., WL1949300 * 12, Del. Ch. Aug. 27, 2004.

[3] Auriga Capital Corporation et al. v. Gatz Properties, LLC, et al., CA 4390 – CS.

[4] Charles Hughes & Co., Inc. v. SEC, 139 F. 2d 434, 2d Cir., 1943.

[5] In re Charles E. Bailey & Co., 35 SEC 33, 1953.

[6] Hedley Byrne & Co. Ltd. v. Heller & Partners Ltd., AC 465, 1964.

[7] AffiliatedUte Citizens v. United States, 406 U. S. 128, 1972.

[8] In re The Richmond Corp., 41 SEC 398, 1963.

[9] In Re WorldCom, Inc. Securities Litigation, 308 F. Supp. 2d 214,2004.

[10] Escott v. BarChris Constr. Corp., 283 F. Supp. 697, S. D. N. Y.,1968.

[11] Feit v. Leasco Data Processing Equip. Corp.,332F. Supp. 581, E. D. N. Y.,1971.

[12] In re Software Toolworks, Inc. Sec. Litig.,789 F. Supp. 1496, N. D. Cal.,1992.

[13] In re Software Toolworks, Inc. Sec. Litig., 50 F. 3d 615, 9th Cir.,1994.

[14] In re Orbital Sciences Corp. Securities Ligation, 58 F. Supp. 2d 682,1999.

[15] 1990 U. S. Dist. LEXIS 18394, N. D. Cal., Oct. 11, 1990.

[16] International Rectifier, 1997 WL at * 11. Quoted from DENNIS J. Block, Jonathan M. Hoff. Underwriter Due Diligence in Securities Offerings, Accessed December 30, 2017. http://corporate. findlaw. com/finance/underwriter-due-diligence-in-securities-offerings. htm.

[17] In re WorldCom, Inc. Securities Litigation, 346 F. Supp. 2d 660, S. D. N. Y.,2004.

[18] Blue Chip Stamps v. Manor Drug Stores,421 U. S. 737,1975.

[19] Wielgos v. Commonwealth Edison Co., 892 F. 2d 509, 7th Cir., 1989.

[20] John Nuveen & Co. v. Sanders,450 U. S. 1007,1981.

[21] In re Software Toolworks, Inc. Sec. Litig., 50 F. 3d 615, 9th Cir.,1994.

[22] In re Worlds of Wonder Securities Litigation, 814 F. Supp. 850, N. D. Cal.,1993.

[23] In re Worlds of Wonder Sec. Litig.,35 F. 3d 1407, -1421, 9th Cir., 1994.

[24] Harvard College v. Armory, 26 Mass. 469, 1830,

[25] Intercontinental Industries Inc. v. American Stock Exchange, 452 F. 2d 935, 1971.

[26] Villani v. New York Stock Exchange, Inc 348 F. Supp. 1185, S. D. N. Y., 1972.

[27] Amchem Products, Inc. v. Windsor, 521 U. S. 617, 1997.

[28] General Telephone Company of the Southwest v. Falcon, 457 U. S. 155, 1982.

[29] Hatrock v. Edward D Jones & Co, 750 F. 2d 767, Ninth Circuit, 1984.

[30] Basic Inc. v. Levinson, 485 U. S. 224, 1988.

[31] Shores v. Sklar, 647 F. 2d 462, 5th Cir., 1981.

[32] Caparo Industries plc v. Dickman, 2 AC 605, 1990.

[33] In Re Fortune Systems Securities Litigation, 680 F. Supp. 1360, 1987.

[34] Globus v. Law Research Services, Inc., 418 F. 2d 1288, 2d Cir., 1969.

[35] Kennedy v. Josephthal & Co., Inc, 814 F. 2d 798, 1987.

[36] Eichenholtz v. Brennan, 52 F. 3d 478, 3d Cir., 1995.

[37] Collins Securities Corp. v. SEC, 562 F. 2d 820, D. C. Cir., 1977.

[38] Steadman v. SEC, 450 U. S. 91, 1981.

[39] 3M Co. v. Browner, 17 F. 3d 1453, D. C. Cir., 1994.

[40] Johnson v. SEC, 87 F. 3d 484, D. C. Cir., 1996.

[41] Flight Transp. Corp. Sec. Litig., 593 F. Supp. 616, D. Minn., 1984.

[42] Vaughan v. Menlove, https://en.wikipedia.org/wiki/Vaughan_v_Menlove, 2017-10-21.

四、其他资料

[1]胡华勇:《投资银行的尽职调查责任:美国联邦立法及判例》,载《保荐业务通讯》2010年第1期。

[2]《中国证监会行政处罚决定书(平安证券有限责任公司、吴文浩、何涛等7名责任人)》(〔2013〕48号),载 http://www.csrc.gov.cn/pub/

zjhpublic/G00306212/201310/t20131018_236557. htm? keywords = % E4% B8% 87% E7% A6% 8F% E7% 94% 9F% E7% A7% 91,最后访问日期:2018 年 8 月 13 日。

[3]《中国证监会行政处罚决定书(南京证券有限责任公司、胡冰、廖建华)》(〔2013〕56 号),载 http://www. csrc. gov. cn/pub/zjhpublic/G00306212/201311/t20131115_238383. htm? keywords = % E6% 96% B0% E5% A4% A7% E5%9C% B0,最后访问日期:2018 年 8 月 13 日。

[4]中国证监会:《中国证监会对胜景山河项目中介机构及其责任人员采取监管措施》,载 http://www. csrc. gov. cn/pub/newsite/fxjgb/baxyjg/jghdbrmd/201111/t20111130_202459. html,最后访问日期:2018 年 8 月 13 日。

[5]《中国证监会行政处罚决定书(信达证券股份有限公司、寻源、李文涛)》(〔2016〕109 号),载 http://www. csrc. gov. cn/pub/zjhpublic/G00306212/201609/t20160907_303117. htm? keywords = % E6% 8C% AF% E9% 9A% 86% E7% 89% B9% E4% BA% A7,最后访问日期:2018 年 8 月 13 日。

[6]《中国证监会行政处罚决定书(平安证券有限责任公司、韩长风、霍永涛)》(〔2014〕103 号),载 http://www. csrc. gov. cn/pub/zjhpublic/G00306212/201412/t20141215_265059. htm? keywords = % E6% B5% B7% E8% 81% 94% E8% AE% AF,最后访问日期:2018 年 8 月 13 日。

[7]《中国证监会行政处罚决定书(李黎明)》(〔2015〕9 号),载 http://www. csrc. gov. cn/pub/zjhpublic/G00306212/201507/t20150701_280112. htm,最后访问日期:2018 年 8 月 13 日。

[8]《中国证监会行政处罚决定书(戴丽君、刘兴华)》(〔2015〕12 号),载 http://www. csrc. gov. cn/pub/zjhpublic/G00306212/201506/t20150623_279508. htm,最后访问日期:2018 年 8 月 13 日。

[9]中国证监会:《2016 年度证监会稽查执法情况通报》,载 http://www. csrc. gov. cn/pub/newsite/zjhxwfb/xwdd/201702/t20170210_310614. html,最后访问日期:2017 年 9 月 18 日。

[10]中国证监会:《证监会 2017 年稽查执法工作情况通报》,载 http://

www. csrc. gov. cn/pub/newsite/zjhxwfb/xwdd/201801/t20180126_333200. html,最后访问日期:2017 年 9 月 18 日。

[11]刘连泰:《宪法另一端的风景》,载 http://mp. weixin. qq. com/s/i8VnR04sG2kdFLCdfKwW5w,最后访问日期:2017 年 12 月 5 日。

[12]陈志武:《新闻媒体:市场经济的必要制度机制》,载 http://www. aisixiang. com/data/98410. html,最后访问日期:2018 年 7 月 18 日。

[13]肖钢:《证券法的法理与逻辑——肖钢主席在第四届"上证法治论坛"上的演讲》,载 http://www. csrc. gov. cn/pub/newsite/tzzbhl/tbgzdt/tbgzyw/201312/t20131218_240026. html,最后访问日期:2018 年 5 月 17 日。

[14]香港证券及期货事务监察委员会:《有关监管首次公开招股保荐人的咨询总结》(2012 年 12 月 12 日),载 http;//www. sfc. hk/edistributionWeb/gateway/TC/consultation/conclusion's refNo = 12CP1,最后访问日期:2017 年 9 月 20 日。

[15]香港证监会:《证监会向兆丰资本(亚洲)有限公司施加罚款并撤销其牌照》,载 http://sc. sfc. hk/gb/www. sfc. hk/edistributionWeb/gateway/TC/news-and-announcements/news/enforcement-news/doc? refNo = 12PR39,最后访问日期:2018 年 5 月 18 日。

[16]香港证监会:《交银国际(亚洲)有限公司因在担任保荐人期间的缺失而遭证监会谴责及罚款 1500 万元》,载 http://sc. sfc. hk/gb/www. sfc. hk/edistributionWeb/gateway/TC/news-and-announcements/news/enforcement-news/doc? refNo = 17PR34,最后访问日期:2018 年 7 月 18 日。

[17]高盛高华:《企业文化——十四条业务准则》,载 http://www. gsgh. cn/our_firm/business_principles/index. html,最后访问日期:2018 年 8 月 30 日。

[18]王利明:《证券市场民事赔偿责任与中小投资者利益保护研究》,上证联合研究计划,2000 年度课题研究成果。

[19]张旭东:《引入保荐制将给中国股市带来什么?》,载 http://news. sina. com. cn/o/2004 - 05 - 11/09372504653s. shtml,最后访问日期:2017 年 6 月 22 日。

[20]百度文库:《保荐代表人 2009 年第一期培训资料》(2009 年 5 月

8～9 日)，载 https://wenku.baidu.com/view/ae0fd6bef121dd36a32d8229.html，最后访问日期:2017 年 6 月 21 日。

[21]张思宁:《在 2010 年保荐代表人培训开班讲话》，载 https://wenku.baidu.com/view/20716c1b79563c1ec5da71d9.html，最后访问日期:2017 年 6 月 21 日。

[22]中国证监会:《证监会通报证券公司投资银行类业务专项检查情况》，载 http://www.cs.com.cn/xwzx/csrc_fbh/20161223/01/201612/t20161223_5133731.html，最后访问日期:2017 年 10 月 21 日。

[23]腾讯财经:《江平等五法学家上书肖钢呼吁对薛荣年"留情"》，载 http://finance.qq.com/a/20130614/018407.htm，最后访问日期:2018 年 9 月 12 日。

[24]中国证券业协会:《21 家证券公司联合公告》，载 http://www.sac.net.cn/tzgg/201507/t20150704_123599.html，最后访问日期:2018 年 9 月 7 日。

[25]佚名:《IPO 新规"先行赔付责任"惹争议保荐机构欲借"霸王协议"转移风险》，载 http://www.jiemian.com/article/558381.html，最后访问日期:2018 年 7 月 18 日。

[26]《中国证监会行政处罚决定书(兴业证券股份有限公司、兰翔、伍文祥)》(〔2016〕91 号)，载 http://www.csrc.gov.cn/pub/zjhpublic/G00306212/201608/t20160801_301479.htm，最后访问日期:2018 年 8 月 13 日。

[27]《中国证监会行政处罚决定书(联合证券有限责任公司、黎海祥、李迅冬)》(〔2013〕24 号)，载 http://www.csrc.gov.cn/pub/zjhpublic/G00306212/201307/t20130726_231830.htm，最后访问日期:2018 年 8 月 13 日。

[28]杨桐:《绿大地的上市路考问现行审批制度》，载 http://finance.ifeng.com/news/macro/20120716/6765139.shtml，最后访问日期:2017 年 9 月 18 日。

[29]李克强:《国务院总理李克强 2013 年 9 月 10 日在大连会见出席 2013 年夏季达沃斯论坛的企业家代表时的发言》，载 http://news.xinhuanet.

com/2013－09/10/c_117313822. htm，最后访问日期：2017年9月29日。

[30]周琼：《从美国证交会历史看如何打造专业证券监管机构》，载《21世纪经济报道》2015年10月16日(10)版。

[31]陈康亮：《证监会批准设立中证投资者发展中心加大投资者保护》，载http://www. chinanews. com/stock/2013/03－08/4628399. shtml，最后访问日期：2017年7月5日。

[32]敖颖婕：《上海一中院受理全国首例证券支持诉讼》，载http://www. chinacourt. org/article/detail/2016/07/id/2043564. shtml，最后访问日期：2017年7月5日。

[33]北大法宝：《北京二中院受理"欺诈发行退市第一股"引发的证券纠纷案》([法宝引证码]CLI. CR. 45929395)，载http://www. pkulaw. com/pal/21110623299228595. html，最后访问日期：2018年5月19日。

[34]王佳：《A股IPO市场年度报告(2017)》，载http://www. sse. com. cn/services/list/events/news/c/4471809. pdf，最后访问日期：2018年10月25日。

[35]上海证券交易所：《上市资讯》(2018年9月)，载http://www. sse. com. cn/services/list/events/news/c/4646900. pdf，最后访问日期：2018年10月25日。

[36]易肸：《2018年上半年A股IPO审核形势分析》，载http://www. sse. com. cn/services/list/events/news/c/4613556. pdf，最后访问日期：2018年10月25日。

[37]证监会：《2013年1月至10月证券期货稽查执法情况综述》，载http://www. csrc. gov. cn/pub/newsite/jcj/gzdt/201311/t20131126_238787. html，最后访问日期：2018年10月25日。

[38]证监会：《证监会通报对信息披露违法违规的执法工作情况》，载http://www. csrc. gov. cn/pub/newsite/jcj/gzdt/201502/t20150226_269079. html，最后访问日期：2018年10月25日。

[39]证监会：《2015年度中国证监会稽查执法情况通报》，载http://www. csrc. gov. cn/pub/newsite/jcj/gzdt/201601/t20160122_290097. html，最后访问日期：2018年10月25日。

[40]证监会:《2016 年度证监会稽查执法情况通报》,载 http://www.csrc.gov.cn/pub/newsite/jcj/gzdt/201702/t20170227_312733.html,最后访问日期:2018 年 10 月 25 日。

[41]证监会:《证监会 2017 年度案件办理情况通报》,载 http://www.csrc.gov.cn/pub/newsite/jcj/gzdt/201801/t20180122_333012.html,最后访问日期:2018 年 10 月 25 日。

[42]证监会:《证监会上半年稽查执法工作情况通报》,载 http://www.csrc.gov.cn/pub/newsite/jcj/gzdt/201808/t20180813_342587.html,最后访问日期:2018 年 10 月 25 日。

[43]Dale. Arthur Oesterle,"Securities Markets Regulation: Time to Move to a Market Based Approach", Accessed June 24, 2017. https://object.cato.org/pubs/pas/pa374.pdf.

[44]United States Bureau of the Census, *Historical Statistics of the United States: Colonial Times to* 1970, Government Printing Office, 1975, 12.

[45] Michael J. Missal, Richard M. Phillips, *The Securities Enforcement Manual: Tactics and Strategies* (2th Ed.), American Bar Association, 2007.

[46] Frank Musero, "Survey Says: Investors Get Downgraded", *IPO Reptr.*, Aug. 13, 2001.

[47] *Report of Task Force on Seller's Due Diligence and Similar Defensesunder the Federal Securities Laws* ("*Task Force Report*"), 991 PLI/Corp. 123, 172, reprinted in 48 Bus. L. 1185, May 1993.

[48]Lynnni Cholas, *The Integrated Disclosure System and Its Impact upon Underwriters' Due Diligence: Will Investors Be Protected*?, 11 SEC. REG. L. 3, 4 n. 37, 198328 - 29.

[49]Financial Service Authority, "The Listing Rules", Accessed August 29, 2018. http://www.fsa.gov.uk/pubs/other/merged_lrs.pdf /.

[50]SEC, "What We Do", Accessed June 23, 2017. https://www.sec.gov/Article/whatwedo.html.

[51]SEC, "Revised Statement on Well-Known Seasoned Issuer Waivers", Accessed October 20, 2018. https://www.sec.gov/divisions/corpfin/

guidance/wksi-waivers-interp-031214. htm.

[52] Michael Bobelian, "Uncertainty Looms for Underwriters after WorldCom", *New York Law Journal*, 2005 - 03 - 17.

[53] William H. Donaldson, "Speech by SEC Chairman; Remarks before the Bond Market Association", Accessed December 12, 2017. https://www. sec. gov/news/speech/spch042005whd. htm.

[54] The Regulation of Securities Offerings, File No. S7 - 30 - 98; Release No. 33 - 7606A, March 16, 1999, Accessed October 28, 2017. https:// www. sec. gov/rules/proposed/s73098/allison1. htm.

[55] Dennis J. Block, Jonathan M. Hoff, "Underwriter Due Diligence in Securities Offerings", Accessed December 30, 2017. http://corporate. findlaw. com/finance/underwriter-due-diligence-in-securities-offerings. htm.

[56] Christopher Cox, "Speech by SEC Chairman: Remarks before the Economic Club", New York, December 12, 2005, Accessed July 10, 2018. https://www. sec. gov/news/speech/spch121205cc. htm.

[57] Paul S. Atkins, "Speech by SEC Commissioner: Remarks before the Securities Traders Association", Boca Raton, FL October 7, 2004, Accessed October 19, 2017. https://www. sec. gov/news/speech/spch100704psa. htm.

[58] *Third and Final Report of Dick Thornburgh, Bankruptcy Court Examiner*, January 26, 2004, in In re WorldCom Inc, Ch. Ⅱ, Case No. 02 - 13533 (S. D. N. Y. 2004).

[59] Floyd Norris, "Are Auditors Not Doing Due Diligence?", *New York Times*, 2005 - 8 - 7 (C - 1). Accessed August 12, 2018. http://www. nytimes. com/2005/10/07/business/are-auditors-not-doing-due-diligence. html.

[60] London Stock Exchange, *AIM Rules for Companies*, Accessed September 7, 2018. https://www. londonstockexchange. com/companies-and-advisors/aim/publications/rules-regulations/aim-rules-for-companies-march-2018. pdf.

[61] Richard A. Epstein, "Class Actions: The Need for a Hard Second Look", Civil Justice Report No. 4 (March 2002), Accessed October 26, 2017.

https://www.manhattan-institute.org/pdf/cjr_04.pdf.

[62] 15 U.S. Code § 78u - 4-PrivateSecurities Litigation, Accessed September 7,2018. https://www.law.cornell.edu/uscode/text/15/78u-4.

[63] *Private Litigationunder Federal Securities Laws: Hearings before the Comm. On Banking, Housing and Urban Affairs, Subcomm*, On Securities, 102d Cong., 2d sess. 708.

五、相关网站

[1] 中国证券监督管理委员会(http://www.csrc.gov.cn/pub/newsite/)。

[2] 中国证券业协会(http://www.sac.net.cn/)。

[3] 上海证券交易所(http://www.sse.com.cn/)。

[4] 深圳证券交易所(http://www.szse.cn/)。

[5] 国际证监会(http://www.iosco.org/)。

[6] 英国行为监管局(http://www.fca.org.uk/)。

[7] 英国金融服务管理局(http://www.fsa.gov.uk/)。

[8] 英国伦敦证券交易所(https://www.londonstockexchange.com/home/homepage.htm)。

[9] 香港证监会(https://www.sfc.hk/web/TC/)。

[10] 香港联合交易所(http://www.hkex.com.hk/?sc_lang=en)。

[11] 美国证监会(https://www.sec.gov/)。

[12] 纽约证券交易所(https://www.nyse.com/index)。

后　记

以梦为马，不负韶华。而立之年再回到母校深造，提前一年博士毕业，过程艰辛唯自知。硕士毕业之后，冥冥之中总感觉有天会回到厦大，完成未尽理想。直到2016年，才得以顺利回到母校攻读博士学位。本书是在笔者博士学位论文的基础上修改而成，凝结了博士期间的艰辛、勤奋以及各方的支持和期许。

回首厦大10年，每次人生的关键总有母校呵护和支持，对于母校，唯有“感恩”二字。在这里，从当初的懵懵懂懂到完成蜕变。2000年从贵州赴厦大求学，在本科期间，由于经济条件所限，在母校的帮助下才得以顺利完成学业。2004年继续在母校攻读硕士学位，生活虽然艰难，但学业还是比较顺利，以优秀成绩毕业，并进入兴业证券从事投行工作。2011年因为家庭回到贵州工作。2015年工作稍显迷茫时，又顺利回到母校，拾回信心。母校兼容并包氛围，让我在这里得到了温暖、支持、成长。

人生总是会遇到一些让你铭记和感恩的人和事。回首一路以来的求学经历，厦大这10年，遇到了很多良师益友，在这里有我尊敬的博士导师刘志云教授，硕士导师李刚副教授，以及给了我很多帮助的林秀芹教授等各位老师。厦门大学法学院各位老师严谨的治学态度、无私的付出，让我受益匪浅。特别是我的两位导师，从硕士毕业以后，两位老师就一直不断地给我鼓励与帮助，回校读博后，更是给我悉心指导，让我能够提前一年博士毕业。师恩厚重，无以回报。还有黔东南州政府及我的工作单位州政府办公室的历任领导，在我读博期间给予了最大的支持。

当然，博士这三年能够顺利愉快地度过，自然还少不了 2016 级博士班的各位同学。在我学习和写作过程中，陈洌风、余鹏峰、石春雷、苗壮、褚睿刚、周平奇、江耀伟、董利民、马磊、黄波等各位同学给予了很多帮助。我们是一个团结、勤奋、活跃的团体，遇到你们是我的幸运。

人生最幸运的事情莫过于遇到了对的人。父母的勤劳、辛劳和读书能改变命运的坚定信念给予了我最大的支持，让我走出大山，成为厦大的博士。我的妻子吴晓玲女士，在最好的年华里遇见了最美的你，为家庭和事业默默奉献，是我最大的后盾，执子之手，与子偕老。儿子龙霖羿在成长关键时期，不能陪伴身边，全部由父母和妻子悉心照顾，甚为愧疚。我的岳父、岳母也给了我极大的支持，让我顺利完成学业。

感谢生活、感谢命运、感谢厦大，感谢所有我要感谢的人。

图书在版编目(CIP)数据

投资银行勤勉义务研究 / 龙稳全著. -- 北京：法律出版社，2019

ISBN 978 -7 -5197 -3811 -2

Ⅰ. ①投… Ⅱ. ①龙… Ⅲ. ①投资银行-银行工作-研究-中国 Ⅳ. ①F832.33

中国版本图书馆 CIP 数据核字(2019)第202610号

投资银行勤勉义务研究
TOUZI YINHANG QINMIAN YIWU YANJIU

龙稳全 著

策划编辑 黄琳佳
责任编辑 黄琳佳
装帧设计 马 帅

出版 法律出版社
总发行 中国法律图书有限公司
经销 新华书店
印刷 三河市龙大印装有限公司
责任校对 郭艳萍
责任印制 陶 松

编辑统筹 学术·对外出版分社
开本 710毫米×1000毫米 1/16
印张 19.75
字数 296千
版本 2019年10月第1版
印次 2019年10月第1次印刷

法律出版社/北京市丰台区莲花池西里7号(100073)
网址/www.lawpress.com.cn
投稿邮箱/info@lawpress.com.cn
举报维权邮箱/jbwq@lawpress.com.cn
销售热线/400-660-8393
咨询电话/010-63939796

中国法律图书有限公司/北京市丰台区莲花池西里7号(100073)
全国各地中法图分、子公司销售电话：
统一销售客服/400-660-8393/6393
第一法律书店/010-83938432/8433　西安分公司/029-85330678　重庆分公司/023-67453036
上海分公司/021-62071639/1636　深圳分公司/0755-83072995

书号:ISBN 978-7-5197-3811-2　**定价**:68.00元
(如有缺页或倒装,中国法律图书有限公司负责退换)